“十三五”职业教育规划教材
高职高专财经商贸类专业“互联网+”创新规划教材

EXCEL ZAI CAIWU HE GUANLI ZHONG DE YINGYONG

Excel 在财务和管理中的应用

（第2版）

张建成　陈跃安◎主　编
张瑞荣　洑建红　韩　芳◎副主编
成丙炎　樊淑琴◎主　审

北京大学出版社
PEKING UNIVERSITY PRESS

内 容 简 介

本书由常州科教城公选课“Excel 高级应用”主讲学校——常州纺织服装职业技术学院为牵头单位，与常州市高卓服饰有限公司及常州轻工职业技术学院、常州机电职业技术学院、常州建东职业技术学院、中国南车大学等单位具有丰富的Excel应用和教学经验的人员联合编写。

全书分为两大部分：Excel 在财务管理中的应用和 Excel 在人事管理中的应用。第一部分包括“Excel 在收支管理中的应用”“Excel 在工资管理中的应用”和“Excel 在进-销-存中的应用”3 个项目；第二部分包括“Excel 在档案管理中的应用”“Excel 在考勤管理中的应用”“Excel 在绩效管理中的应用”和“Excel 在个人管理中的应用”4 个项目。

本书既可作为高职高专财务类、管理类、计算机应用类等专业课程的教材，也可作为高职高专的公选课教材，还可作为从事人、财、物管理工作人员的自学教材。

图书在版编目(CIP)数据

Excel 在财务和管理中的应用/张建成，陈跃安主编．—2 版．—北京：北京大学出版社，2017.9
（高职高专财经商贸类专业“互联网+”创新规划教材）
ISBN 978-7-301-28433-9

Ⅰ．①E…　Ⅱ．①张…②陈…　Ⅲ．①表处理软件—应用—财务管理—高等职业教育—教材
Ⅳ．①F275-39

中国版本图书馆 CIP 数据核字（2017）第 137202 号

书　　名　Excel 在财务和管理中的应用（第 2 版）
著作责任者　张建成　陈跃安　主编
策 划 编 辑　蔡华兵
责 任 编 辑　蔡华兵
数 字 编 辑　陈颖颖
标 准 书 号　ISBN 978-7-301-28433-9
出 版 发 行　北京大学出版社
地　　址　北京市海淀区成府路 205 号　100871
网　　址　http://www.pup.cn　新浪微博：@北京大学出版社
电 子 信 箱　pup_6@163.com
电　　话　邮购部 62752015　发行部 62750672　编辑部 62750667
印 刷 者　三河市博文印刷有限公司
经 销 者　新华书店
787 毫米×1092 毫米　16 开本　17 印张　399 千字
2013 年 3 月第 1 版
2017 年 9 月第 2 版　2017 年 9 月第 1 次印刷（总第 6 次印刷）
定　　价　37.00 元

前　言

Excel是当今信息化社会各行各业均广泛应用的办公自动化工具软件之一。本书从应用岗位的实际需要出发，将 Excel 的实用性知识融入“人”“财”“物”管理过程之中，对拓展和提高读者的计算机在财务管理和人事管理中的应用能力，适应就业与创业的需要能起到较好的指导作用。

Excel在财务和管理中的应用是一门融合计算机学科与财务和管理学科的交叉学科，是一门实用性很强的课程。本课程从高职教育的特点出发，以知识的实用性作为教学的重点，培养学生应用 Excel 解决实际问题的能力。

在学习本课程时，要求学生已经具备一定的计算机操作能力及财务管理和人事管理知识。通过本课程的学习，学生可以进一步了解到 Excel 的数据处理、数据分析、公式与函数、图表与图形、宏与 VBA 等，并帮助读者发挥创意，灵活、有效地使用 Excel 来处理问题，提升工作效率，从而培养成既精通专业知识又精通计算机数据处理的复合型人才。

本书根据高职教育的实际情况，结合财务管理和人事管理专业的特点，以典型案例为载体，采用“教学做一体化”的教学模式，通过教学和实践操作，使学生掌握利用 Excel 进行财务管理和人事管理的基本操作技能。

本书编写具有以下特色：

（1）案例原创，资源丰富。本书所选项目均来源于企业实际和真实的学校管理工作，适用性强。本书除了提供教学示例文件之外，还提供训练参考文件（含历届学生参赛的优秀作品）。

（2）设计新颖，选学方便。本书具有很强的指导性，设有学习指南。读者可根据自己的专业和需要任选相关项目学习，而不必按项目编排次序逐一学习。为了照顾到不同层次的读者需求，本书主体部分简明扼要（可为基础好的读者节省时间）；对于基础较差的读者来说，也能轻松地根据指南进行学习。

（3）知技融合，分类得当。本书不仅将知识与技能要点融入项目内容之中，而且在附录中对其进行了梳理和总结，较好地解决了项目化教材知识系统性差的缺陷。附录分为操作说明、操作技巧、快捷键、函数应用和关于 VBA，并列出了两种索引（文字分类和操作编号），方便读者查询、学习。

（4）操作快捷，通用性好。本书介绍的命令广泛使用快捷键，适用于 Excel 2003 至 Excel 2016 版本的读者学习；对非快捷键调用的菜单命令，则在附录中列出了不同版本的操作对照说明。

本书根据课程目标创设学习项目及任务，进而引出相关知识，适合运用启发式教学的方式。因此，本书的教学过程应以学生为主体，以教师为引导，要做到“教学做一体化”，并通过相关任务的布置和训练，以达到教学效果和目标。

在对 Excel 进行一般性讲述的基础上，紧紧围绕软件的应用，对软件的主要模块的功能进行重点介绍。在和学生回顾财务和管理专业知识的同时，引导学生利用数据计算结果得出相关结论。

本书配备相关的教学示例文件、训练参考文件、教学课件等资料，可通过扫描二维码查阅，或跟编辑联系索取。

本书由常州纺织服装职业技术学院高级工程师张建成和陈跃安副教授担任主编；由常州纺织服装职业技术学院张瑞荣、常州轻工职业技术学院洑建红和常州机电职业技术学院韩芳担任副主编；由常州纺织服装职业技术学院研究员成丙炎和中国中车专家、中国南车戚墅堰所高级会计师樊淑琴担任主审。

本书在修订过程中，还得到常州纺织服装职业技术学院课程团队史京军、张丹丹、郭蕾、裴琴娟、季宁、乔正明等老师的帮助，在此向他们表示由衷的感谢！

在本书编写过程中，尽管团队每一位成员都未敢稍有疏虞，但书中纰缪和不足之处仍在所难免，敬请广大读者能够提出宝贵的意见和建议。编者的电子信箱是451842685@qq.com。

编　者

2017年4月

【主编简介】　【学习指南】　【资源索引】

目　录

第一部分

Excel 在财务管理中的应用

本部分包括：

项目 1　Excel 在收支管理中的应用

项目 2　Excel 在工资管理中的应用

项目 3　Excel 在进-销-存中的应用

项目 1

Excel 在收支管理中的应用

【项目导读】

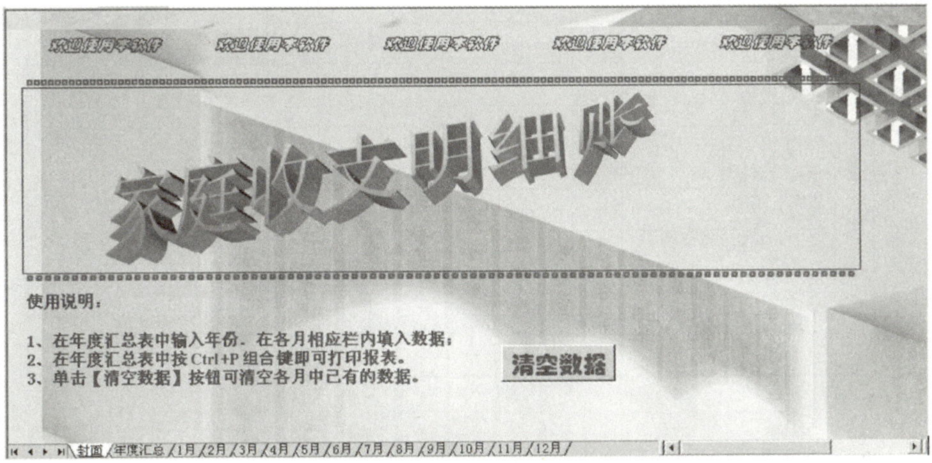

无论是家庭还是企业都需要进行收支管理。本项目先通过制作一款适合个人使用的简易收支管理软件，介绍使用 Excel 编制软件的基本方法，了解数据引用、建立表间联系、保护工作表等方法；再介绍公司财务收支账簿的制作，了解通过科目代码进行分类统计，进一步学习数据验证（2010 及以前版本称“数据有效性”）、函数、数据分析、VBA 等应用。

【任务导读】 【示例文件】

任务 1 个人收支管理软件的制作

个人收支管理软件参考示例文件：项目 1-1 在收支管理中的应用（个人）。

该软件包括以下 3 个部分：月收支明细表（1～12 月）、年度汇总表及收支统计图表。软件具有以下功能：

（1）在各月对应项目和日期的单元格中输入数字金额（文字内容可以记录在记事本栏目中），系统能自动生成年度汇总表和收支统计图表。

（2）系统能根据收支比例自动显示反馈信息，以激励用户合理消费。

（3）在汇总表界面，单击工具栏上的【打印】按钮（或按 Ctrl+P 组合键），能自动选择打印全年收支统计图表，以便存档和进行直观分析。

（4）在年度汇总表中，单击月份可进入相应月表查询明细；在月表中也可单击 A1 直接返回年度汇总表。

步骤一 建立月度收支明细表

1．建立月收支列表结构

月收支列表结构如图 1.1 所示。共有 33 列，采用窗口冻结方法可以显示所要看到的内容。**关于冻结方法见附录中的操作技巧 4。**[*]

	A	B	C	D	E	F	G	H	I	J	K	L	AF	AG	AH
1	月收支明细表														
2	项目 日期		1	2	3	4	5	6	7	8	9	10	30	31	本月小计
3	原有结余														
4	收入明细	工资													
5		奖金													
6		其他													
7		收入合计													
8	支出明细	餐饮													
9		生活用品													
10		水、电、气													
11		服饰													
12		教育													
13		娱乐、旅游													
14		居住、家电													
15		保健、美容													
16		交通、通信													
17		其他													
18		支出合计													
19		储蓄													
20		现金余额													
21	记事本														

1月

图 1.1 建立月收支列表结构

列表设计要点如下：

（1）输入工作表名。双击工作表标签，更名为“1 月”。

* 附录中的操作技巧是指附录部分介绍的操作技巧，按序号对应列示。

（2）合并单元格。先选择 A1:B1 区域，单击工具栏上的【合并及居中】按钮，再利用格式刷、复制单元格、填充、F4 键等方法分别对 A2:B2、A3:B3、A21:B21、A4:A7、A8:A20 进行合并。**关于快速复制格式的操作方法见附录中的操作技巧 7。**

（3）输入项目名称。在 A1 单元格中输入“月收支明细表”；在 A3 中输入“原有结余”，在 B4 ~ B20 中根据需要输入相关项目名称及“收入合计”“支出合计”“现金余额”。

（4）在单元格 A4 和 A8 中分别输入“收入明细”“支出明细”，按 Ctrl+1 组合键可打开“单元格格式”对话框（**不同软件版本操作方法见附录中的操作说明 23**），选择“对齐”选项卡，对 A4 和 A8 单元格分别单击“方向”框中的文本，其他“水平对齐”“垂直对齐”“缩进”等设置分别如图 1.2（a）和图 1.2（b）所示。

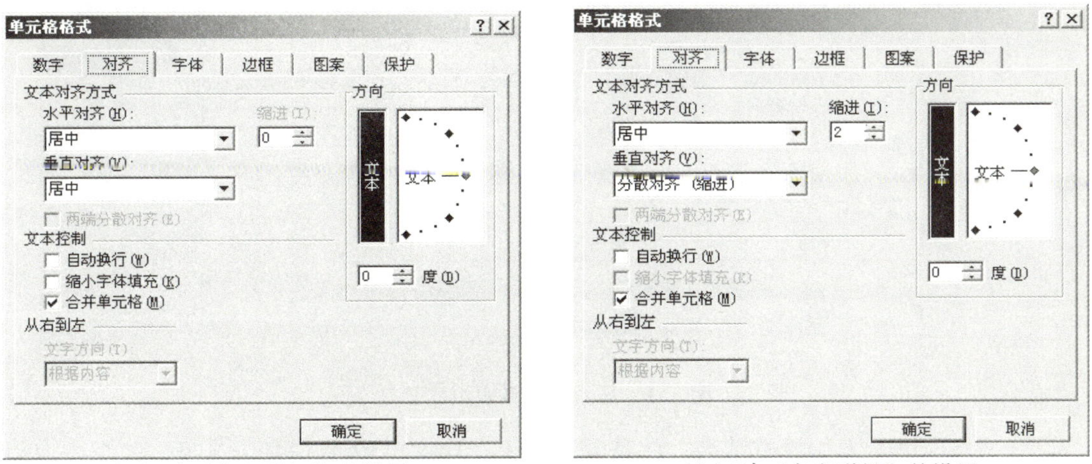

（a）对“收入明细”的设置　　　　（b）对“支出明细”的设置

图 1.2　设置单元格格式

（5）设置列宽。选择 A 列，单击鼠标右键，选择“列宽”命令，设置列宽为“3”；或者左右拖动列分隔线（变成十字形状左右有箭头时）。

（6）绘制斜线表头。对 A2 单元格设置左对齐（单击工具栏上的【左对齐】按钮），按 Ctrl+1 组合键，打开“单元格格式”对话框，在“边框”选项卡中分别单击【斜线】按钮和【确定】按钮。在编辑栏中输入若干空格，再输入“日期”，使“日期”靠右，然后按 Alt+Enter 组合键，手动换行，再输入“项目”，调整到合适位置。**关于斜线表头的制作方法见附录中的操作技巧 30。**

（7）自动填充日期数。在 C2 中输入“1”，在 D2 中输入“2”，然后选择 C2:D2，移动指针至该区域的右下角的填充柄（指针变成黑色实心十字形状时），按住鼠标左键向右拖动，直到 AG2 处释放，此时数值变为“31”。**关于智能填充复制的方法见附录中的操作技巧 37。**

（8）插入记事本。在 A21 中输入文字“记事本”后，在菜单中选择“插入→符号”命令，在字体下拉列表中选择 Wingdings 中的“🕮”，单击【插入】按钮。

（9）设置单元格格式。选择 C21:AH21，按 Ctrl+1 组合键，打开“单元格格式”对话框，在“对齐”选项卡中选中“自动换行”复选框。**关于在单元格中换行的方法见附录中的操作技巧 9。**

（10）设置适当的字号。选择 C3:AH21，设为 10 号字。**关于快速增大或减小字号的方法见附录中的操作技巧 10。**

（11）美化表格。选择整张数据表（单击表内任何有数据的单元格，按 Ctrl+A 组合键即可），单击鼠标右键，选择“设置单元格格式”命令，打开“设置单元格格式”对话框，单击“填充”（2003 版为“图案”）选项卡，选择图案及背景效果；单击“边框”选项卡，分别设置内、外边框效果。**关于快速设置边框的方法见附录中的操作技巧 8。**

2．建立月收支计算公式

月收支计算公式如图 1.3 所示。

	A	B	C	D	AE	AF	AG	AH
1		月收支明细表						
2		日期 项目	1	2	29	30	31	本月小计
3		原有结余		=C20	=AD20	=AE20	=AF20	=C3
4	收入明细	工资						=SUM(C4:AG4)
5		奖金						=SUM(C5:AG5)
6		其他						=SUM(C6:AG6)
7		收入合计	=SUM(C4:C6)	=SUM(D4:D6)	=SUM(AE4:AE6	=SUM(AF4:AF6	=SUM(AG4:AG6)	=SUM(C7:AG7)
8	支出明细	餐饮						=SUM(C8:AG8)
9		生活用品						=SUM(C9:AG9)
10		水、电、气						=SUM(C10:AG10)
11		服饰						=SUM(C11:AG11)
12		教育						=SUM(C12:AG12)
13		娱乐、旅游						=SUM(C13:AG13)
14		居住、家电						=SUM(C14:AG14)
15		保健、美容						=SUM(C15:AG15)
16		交通、通信						=SUM(C16:AG16)
17		其他						=SUM(C17:AG17)
18		支出合计	=SUM(C8:C17)	=SUM(D8:D17)	=SUM(AE8:AE1	=SUM(AF8:AF1	=SUM(AG8:AG17)	=SUM(C18:AG18)
19		储蓄						=SUM(C19:AG19)
20		现金余额	=C3+C7-C18-C19	=D3+D7-D18-D19	=AE3+AE7-AE1	=AF3+AF7-AF1	=AG3+AG7-AG18-AG19	=AG20

1月

图 1.3　月收支计算表中的公式

（1）1 月份第 1 天的原有结余。此条数据从上一年度“12 月份现金余额”数据中取得，或手工输入。

（2）每日的原有结余。从上一天“现金余额”数据中取得，例如 D3=C20，并将此公式向右填充至 AG3。**关于向大范围填充公式的方法见附录中的操作技巧 36。**

（3）每天的收入合计。等于当天“金额”数据中对应的收入明细项目之和，例如 C7=SUM（C4:C6），并向右填充至 AG7。

（4）每天的支出合计。等于当天“金额”数据中对应的支出明细项目之和，例如 C18=SUM（C8:C17），并向右填充至 AG18。

（5）每天的现金余额。等于当天“金额”数据中“原有结余+收入合计-支出合计-信用卡（储蓄）”，如 C20=C3+C7-C18-C19，并向右填充至 AG20。

（6）本月小计。除原有结余为本月第 1 天的“原有结余”，现金余额为本月最后 1 天的“现金余额”（即 AH3=C3、AH20=AG20）外，其他项目均使用 SUM 函数对每日进行求和。**关于快速求和的方法见附录中的操作技巧 28，输入公式及函数参数的方法见附录中的操作技巧 22。**

（7）设置数据有效性。对用户需要输入金额的空白区域进行有效性设置，例如允许输入 1～100000 范围的整数。选择 C4:AG20，按 F5 键，在“定位”对话框中，单击【定位条件】按钮，选中【空值】单选按钮，单击【确定】按钮；打开“数据有效性”对话框（**不同软件版本操作方法见附录中的操作说明 11**），选择“设置”选项卡，在“允许”下拉列表中选择“整数”选项介于 1～100000，单击【确定】按钮。对月收支计算表中的用户输入区设置如图 1.4 所示。**关于定位选择不连续区域的方法见附录中的操作技巧 55。**

（8）模拟运行。输入测试数据，观察计算结果。按 Ctrl+`组合键，可在工作表中切换显示单元格值和公式。**关于在公式和数值两者间切换的方法见附录中的操作技巧 23。**

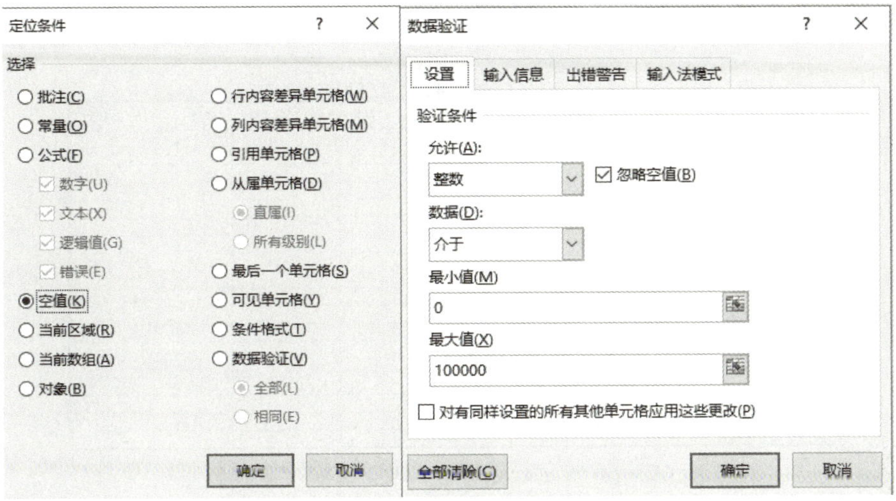

图 1.4　月收支计算表中的用户输入区设置

3．生成其他各月明细表

（1）复制工作表。将已制作的“1 月”表复制，并更改工作表名为“2 月”。若选择 *N* 个表，则一次可复制 *N* 个表。**关于复制或移动工作表的方法见附录中的操作技巧 17。**

也可以先插入 11 张工作表并分别重命名，然后利用“1 月”表向其他工作表进行工作组填充。**关于快速插入、删除及重命名工作表的方法见附录中的操作技巧 18，向工作组填充及取消“成组工作表”模式的方法见附录中的操作技巧 38。**

（2）编辑其他各月收支明细表。分别将每月第 1 天对应的“原有结余”公式修改为上一个月的“现金余额”。例如在“2 月”工作表的单元格 C3 中输入“=”后，选择“1 月”工作表中的 AH20 单元格，按 Enter 键，即完成。

（3）对各月表设置不显示“0”及网格线。选择“1 月”表后按住 Shift 键，再选择“12 月”表，打开“选项”对话框，取消“零值”和“网络线”的选中（**不同软件版本操作方法见附录中的操作说明 14**），即完成对“1～12 月”工作表的同步操作，单击其他工作表，退出对工作组的操作。**关于不显示网络线的方法见附录中的操作技巧 52，不显示“0”的方法见附录中的操作技巧 50。**

步骤二　制作年度收支汇总表

1．制作全年收支汇总表

（1）年度汇总表可利用月收支明细表复制而来，删除第 21 行（“记事本”标题所在行），清除所有公式，保留 12 列，并将“日期”改为“月份”，如图 1.5 所示。**关于编辑单元格内容的方法见附录中的操作技巧 42。**

（2）引用各月汇总数据。在“年度汇总”表的单元格 C3 中输入“=”，再选取“1 月”表中的 AH3，即 C3='1 月'!AH3（其中的“'1 月'!”是引用的工作表名），确定后向下填充至 C20。用同样的方法完成其他各月。这种方法与“粘贴链接”的效果一致，即选择“1 月”表中的

AH3:AH20，执行复制操作后，再对“年度汇总”表的 C3 单元格单击鼠标右键，选择“选择性粘贴”命令，在“选择性粘贴”对话框中分别单击【粘贴链接】和【确定】按钮。**关于使复制粘贴的信息自动更新的方法见附录中的操作技巧 29。**

图 1.5　年度汇总表列表结构

也可以将“年度汇总”表中 1 月份的引用公式向右填充至其他各月，再对其中的表名进行查找和替换，如图 1.6 所示。为防止向右填充后列号发生相对变化，在公式填充前，应在公式中的 AH 前添加“$”（在公式中选择 AH，多次按 F4 键可在各种引用方式之间切换）。**关于查找和替换的方法见附录中的操作技巧 1，引用的类别及快速切换引用的方法见附录中的操作技巧 27。**

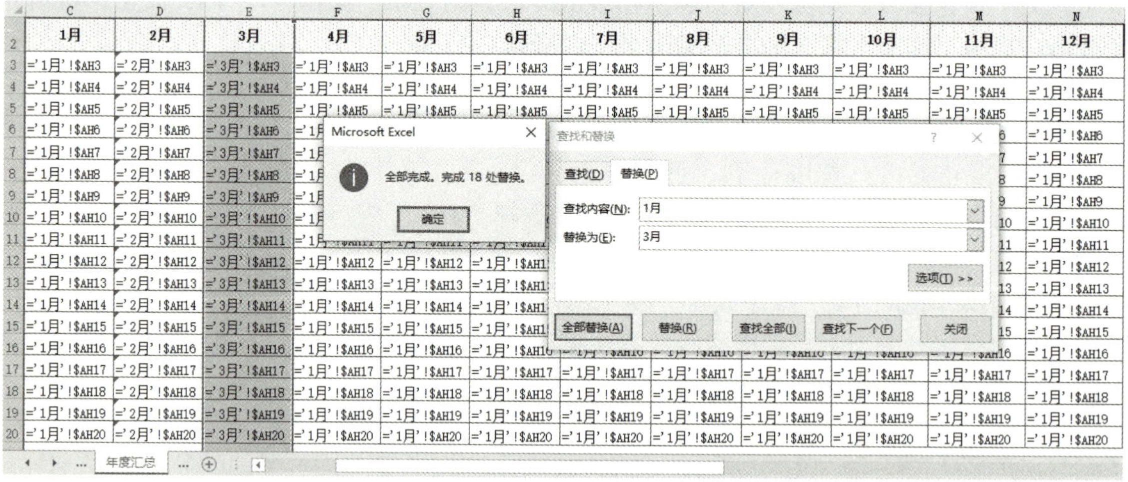

图 1.6　将 1 月汇总公式向右填充至 12 月，并选择替换其中的表名

（3）设置格式等。选择 C3:N20，设置字号为 8，千位分隔符，不显示“0”和网格线。

2．建立汇总表与月表的联系

通过超链接建立各月表与汇总表之间的联系，可以方便地在各表之间查看数据。

（1）建立各月表与汇总表的联系。将各月明细表标题指向“年度汇总”表。例如，选择“1 月”表 A1 单元格，按 Ctrl+K 组合键，弹出“编辑超链接”对话框，选择“本文档中的位置”，在列表框中选择“年度汇总”工作表，单击【确定】按钮。可以利用填充工作组的方法快速完成各月表中 A1 单元格指向年度汇总表的操作。

（2）建立汇总表与各月表的联系。将“年度汇总”表中的各月标志分别指向相应月明细表。例如选择“年度汇总”表中的 C2 单元格（“1 月”），单击鼠标右键，选择“超链接”命令，或按 Ctrl+K 组合键，打开“编辑超链接”对话框，选择“本文档中的位置”，在列表框中选择“1 月”工作表，单击【确定】按钮，如图 1.7 所示。用同样的方法分别完成年度汇总表中的各月份与月表的超链接（由于链接的目标不同，所以必须逐一设置）。

图 1.7　建立表间联系

（3）对有超链接的单元格进行格式设置。鼠标单击有超链接的单元格时，将自动打开目标，要选定这些单元格以便进行格式设置，可以利用方向键选择要编辑的第一个单元格，按住 Shift 键，按方向键选择要编辑的最后一个单元格即可。**关于选取带有超链接的单元格的方法见附录中的操作技巧 56。**

3．制作项目年度统计图表

制作收支统计图表可以直观地显示各项目经费使用情况，并通过文字提示显示各类项目占收支比例及理财信息。

（1）建立项目年度统计表。在“年度汇总”表中 P:R 列建立收支汇总统计表，如图 1.8 所示。其中标题中的公式为=A1&"年度收支统计表"，使用时只要在 A1 中输入当年的年份，如“2017”，则自动显示“2017 年度收支统计表”。P2:R2 为收入部分的列表标题，P7:R7 为支出部分的列表标题，P3:P6、P8:P20 分别引用 B4:B7、B8:B20 的项目名称。

图 1.8 中隐藏了 J:M 列信息。**关于快速隐藏和取消隐藏行、列的方法见附录中的操作技巧 54。**

（2）计算各项汇总金额。对照图 1.8 可知：工资项的总和 Q3=SUM(C4:N4)，将 Q3 中的公式向下填充至 Q6，可分别获得其他各对应收入项目的合计。同样，餐饮项的总和 Q8=SUM(C8:N8)，将 Q8 中的公式向下填充至 Q19，可分别获得其他各对应支出项目的合计。最后一项“现金余额”则引用 12 月份的现金余额，即 Q20=N20。

（3）添加中文大写数字。在“收入合计”与“支出合计”的右侧单元格中分别输入 R6=Q6、R18=Q18，选择 R6 和 R18，按 Ctrl+1 组合键，打开“单元格格式”对话框，在“数字”选项卡“分类”中选择“特殊”选项，在“类型”中选择“中文大写数字”选项，单击【确定】按钮即可。**关于将数值转换为中文大写的方法见附录中的操作技巧 12。**

2017 年度收支汇总表

	项目＼月份	1月	2月	3月	4月	5月	6月	7月	12月
	原有结余	50	1,200	2,350	3,500	4,650	5,800	6,950	12,700
收入明细	工资	2,000	2,000	2,000	2,000	2,000	2,000	2,000	2,000
	奖金	1,000	1,000	1,000	1,000	1,000	1,000	1,000	1,000
	其他	500	500	500	500	500	500	500	500
	收入合计	3,500	3,500	3,500	3,500	3,500	3,500	3,500	3,500
支出明细	餐饮	600	600	600	600	600	600	600	600
	生活用品	200	200	200	200	200	200	200	200
	水、电、气	100	100	100	100	100	100	100	100
	服饰	500	500	500	500	500	500	500	500
	教育	200	200	200	200	200	200	200	200
	娱乐、旅游	300	300	300	300	300	300	300	8,000
	居住、家电	200	200	200	200	200	200	200	200
	保健、美容	50	50	50	50	50	50	50	50
	交通、通信	200	200	200	200	200	200	200	200
	其他								6,500
	支出合计	2,350	2,350	2,350	2,350	2,350	2,350	2,350	16,550
	储蓄								
	现金余额	1,200	2,350	3,500	4,650	5,800	6,950	8,100	-350

2017年度收支统计表

收入	收入金额	占总收入百分比
工资	24,000	57.1%
奖金	12,000	28.6%
其他	6,000	14.3%
收入合计	42,000	肆万贰仟
支出	支出金额	占总支出百分比
餐饮	7,200	17.0%
生活用品	2,400	5.7%
水、电、气	1,200	2.8%
服饰	6,000	14.2%
教育	2,400	5.7%
娱乐、旅游	11,300	26.7%
居住、家电	2,400	5.7%
保健、美容	600	1.4%
交通、通信	2,400	5.7%
其他	6,500	15.3%
支出合计	42,400	肆万贰仟肆佰
储蓄		要学会理财哟！
现金余额	-350	

图 1.8　收支统计表

（4）计算各收（支）项目占总收（支）的百分比。由图 1.8 可知，计算“工资”收入占“总收入”比例的公式为 R3=Q3/Q6，其他项目所占的比例分别为 R4=Q4/Q6、R5=Q5/Q6，若采取将 R3 中的公式向下填充的方法，则应将 R3 中的公式修改为 R3=Q3/Q$6（以确保向下复制时 Q6 的行号不变）。在分母 Q6 为零时，以上公式会出现报错信息。为此，可将公式改为 R3=IF(Q$6=0,"",Q3/Q$6)。**关于不显示公式错误信息的方法见附录中的操作技巧 24。**

用同样的方法计算“餐饮”占总“支出”的比例为 R8=Q8/Q18，若采取将 R8 中的公式向下填充，则应将 R8 中的公式修改为 R8=Q8/Q$18。为避免显示错误信息，可将公式再修改为 R8=IF(Q$18=0,"",Q8/Q$18)。

（5）设置百分比格式。选择 R3:R6，再按住 Ctrl 键，选择 R8:R18 单元格区域，利用工具栏上的按钮 % 和 ←.0 .00，设置格式为百分比，保留 1 位小数。也可在“设置单元格格式”对话框中设置。

（6）制作收（支）统计图。按住 Ctrl 键，分别选取 P2:P5、R2:R5 单元格区域（汇总表中的收入部分列表），单击“插入”选项卡中的图表起动器按钮，在“插入图表”对话框中选择想要的图表类型，制作收入比例图；若对某对象不满意，可对其单击鼠标右键，选择相应的命令进行细节设置。用同样的方法，分别选取 P7:P17、R7:R17（汇总表中的支出部分的列表）制作支出比例图。**关于图表编辑的方法见附录中的操作技巧 31。**

（7）根据收支比输入自动提示信息。合并 R19:R20 单元格，并输入公式=IF（Q6/Q18>1.2,"理财有方！",IF（Q6/Q18<1,"要学会理财哟！","节约光荣！")），该公式能根据收支比例显示不同文字。若总收入 Q6/总支出 Q18>1.2，则显示“理财有方！”；若总收入/总支出<1，则显示“要学会理财哟！”，其他情形显示“节约光荣！”。也可将该公式改为=IF（Q6>1.2*Q18,

"理财有方！",IF（Q6<Q18,"要学会理财哟！","节约光荣！")），则可避免因分母为 0 时公式报错。

（8）根据收支比显示相应格式。打开“条件格式”对话框（**不同软件版本操作方法见附录中的操作说明 13**），打开“条件格式规则管理器”对话框。单击【新建规则】按钮，选择“公式”，输入公式=$Q$6>1.2*$Q$18（即收入大于 1.2 倍支出），单击【格式】按钮，设置红底白字粗体；单击【确定】按钮；再次单击【新建规则】按钮，选择“公式”，输入公式=$Q$6<$Q$18（即收入小于支出），单击【格式】按钮，设置蓝底白字粗体，单击【确定】按钮，如图 1.9 所示。对于不符合上述条件的其他情形可直接在“设置单元格格式”对话框中进行设置。

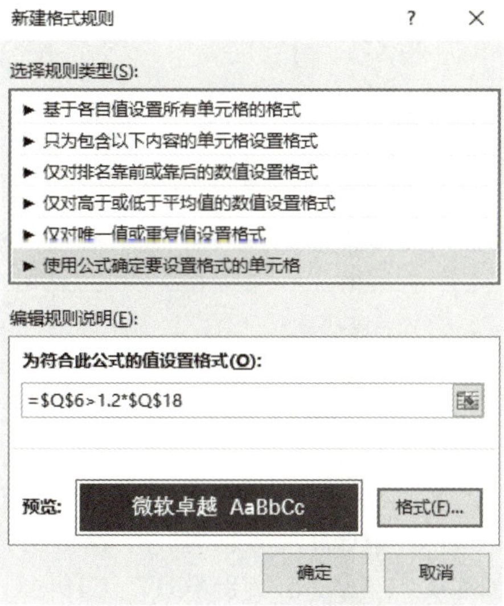

（a）对符合“收入大于 1.2 倍支出”的设置

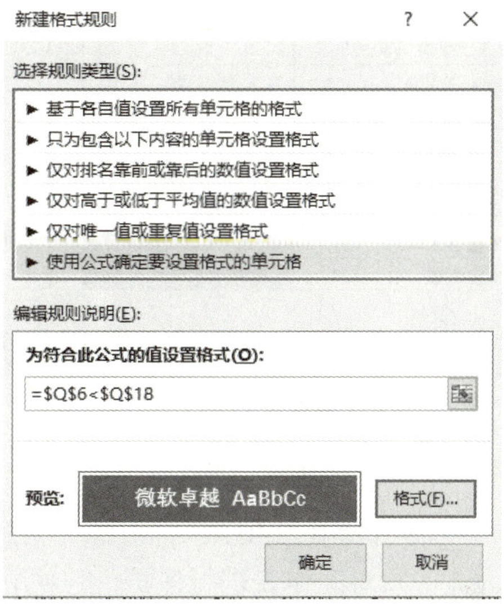

（b）对符合“收入小于支出”的设置

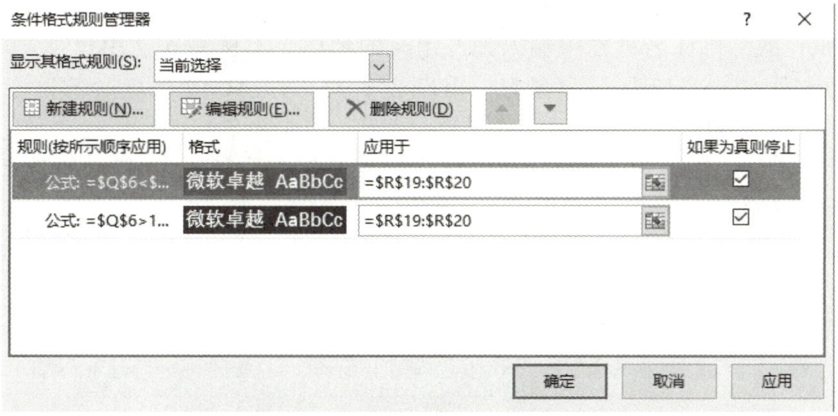

（c）利用条件格式规则管理器可新建多个规则

图 1.9 设置条件格式

（9）打印设置。选择要打印的范围，设置为打印区域（**不同软件版本操作方法见附录中的操作说明 19**），本例中为 O1:Z21，打开“页面设置”对话框（**不同软件版本操作方法见附录中的操作说明 15**），分别在“页面”选项卡选择“横向”，在“页边距”选项卡设置“上、下、左、右边距”各为 1.5，设置“水平和垂直”居中方式。打印预览效果如图 1.10 所示。

2017年度收支统计表

收入	收入金额	占总收入百分比
工资	24,000	57.1%
奖金	12,000	28.6%
其他	6,000	14.3%
收入合计	42,000	肆万贰仟
支出	支出金额	占总支出百分比
餐饮	7,200	17.0%
生活用品	2,400	5.7%
水、电、气	1,200	2.8%
服饰	6,000	14.2%
教育	2,400	5.7%
娱乐、旅游	11,300	26.7%
居住、家电	2,400	5.7%
保健、美容	600	1.4%
交通、通信	2,400	5.7%
其他	6,500	15.3%
支出合计	42,400	肆万贰仟肆佰
储蓄		要学会理财哟!
现金余额	-350	

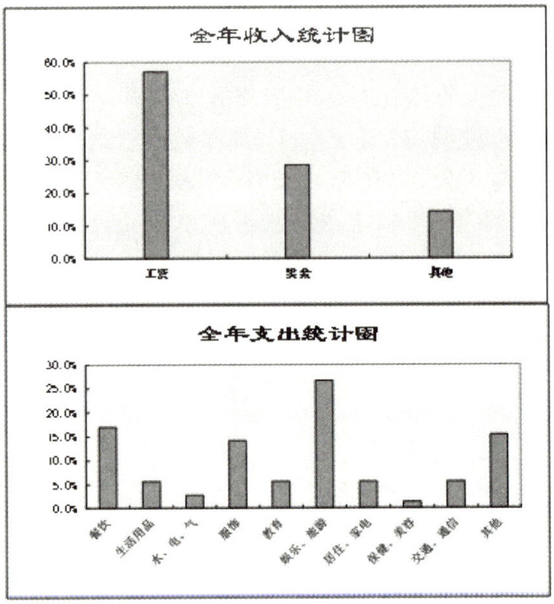

图 1.10　打印预览效果

步骤三　保护工作表及其他

1. 保护工作表元素

在月收支明细表中，由于一部分单元格输入了公式，当用户输入信息时，很容易误将公式清除，为此必须对工作表进行保护，但对用户输入的区域（C4:AG6、C8:AG17、C19:AG19、C21:AG21）则必须开放。

（1）为用户区域命名（以方便调用）。方法是选择“1 月”工作表，在“名称”框中输入 C4:AG6，按 Enter 键，再在名称框中输入允许定义的名称，本例输入“用户 1”并按 Enter 键；用同样的方法对 C8:AG17 区域命名为“用户 2”；对 C19:AG19 区域命名为“用户 3”；对 C21:AG21 命名为“用户 4”。

（2）取消对各工作表用户输入区的锁定。选择“1 月”表，按 Shift 键，再选择“12 月”工作表，在名称栏下拉列表中选择“用户 1”，如图 1.11 所示。

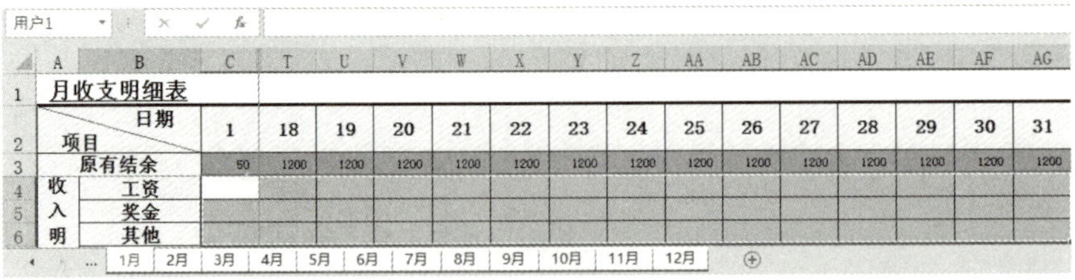

图 1.11　快速调用定义的区域

按 Ctrl+1 组合键，打开“单元格格式”对话框，选择“保护”选项卡，取消选中“锁定”复选项，单击【确定】按钮；打开“填充成组工作表”对话框（**不同软件版本操作方法见附录中的操作说明 12**），选择“全部”；用同样的方法对“用户 2”“用户 3”“用户 4”进行设置后，再退出工作组模式（单击工作组之外的任何一张表即可）。

（3）隐藏不希望显示的公式。选择“1～12 月”工作表，按 F5 键，打开“定位”对话框，单击【定位条件】按钮，选中“公式”单选按钮，单击【确定】按钮。再次打开“单元格格式”对话框，在“保护”选项卡中选中“隐藏”复选框。单击【确定】按钮，最后退出工作组模式（单击工作组之外的任何一张表即可）。

（4）对工作表其他单元格进行保护。打开“保护工作表”对话框（**不同软件版本操作方法见附录中的操作说明 1**），在“允许此工作表的所有用户进行”列表中，选择需要用户更改的元素，输入密码（也可不输入），单击【确定】按钮即可。对各月工作表进行保护，必须逐一设置。

（5）测试数据。在用户区和非用户区分别输入一些数字，观察效果（前者应可以输入，后者不允许输入），并查看年度汇总表的统计结果。再选择“1～12 月”工作表，在名称栏下拉列表中分别选择“用户 1”“用户 2”“用户 3”“用户 4”，并分别按 Delete 键，退出工作组后再观察年度汇总表的统计结果（应能全部清空各月数据）。

2．录制、编辑 VBA

由于对 12 张表进行保护时需要重复 12 次，如果能将第一次的操作录制下来，再将其宏程序适当修改，那么只要运行一次程序，就能完成对所有工作表的保护，从而大大提高效率。

具体操作方法如下：

（1）打开“录制新宏”对话框（**不同软件版本操作方法见附录中的操作说明 8**），默认宏名“宏 1”，单击【确定】按钮，如图 1.12 所示；选择“1 月”工作表打开“保护工作表”对话框，直接单击【确定】按钮，如图 1.13 所示；按 Ctrl+PageDown 组合键，自动切换到“2 月”工作表，再次选择“保护工作表”命令后选择“停止录制宏”命令（**不同软件版本操作方法见附录中的操作说明 9**）。

（2）按 Alt+F11 组合键，打开 VBA 工作窗口，查看宏名为“宏 1”的程序，如图 1.14 所示。

该程序的主体共有 4 句，第 1 句为选择“1 月”表，第 2 句为对当前表保护，第 3 句为选择下一张工作表，第 4 句与第 2 句相同。选择第 3 句、第 4 句，复制（按 Ctrl+C 组合键），再粘贴（按 Ctrl+V 组合键）10 次。修改后的程序如图 1.15（a）所示。也可将第 3 句、第 4 句两句作为循环体，在其前后各加一句，如图 1.15（b）所示。

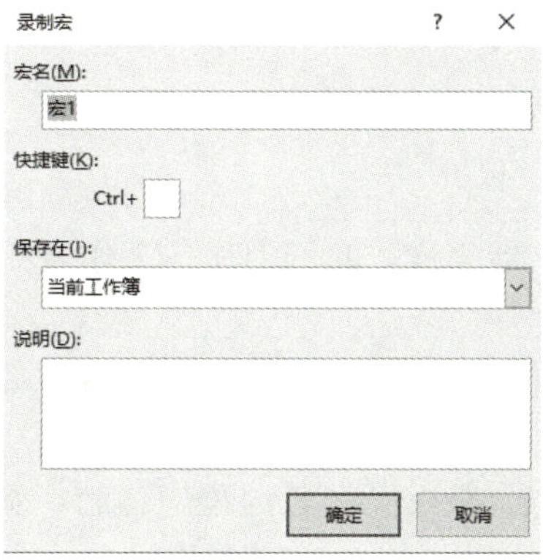

图 1.12　在“录制新宏”对话框中默认并确定

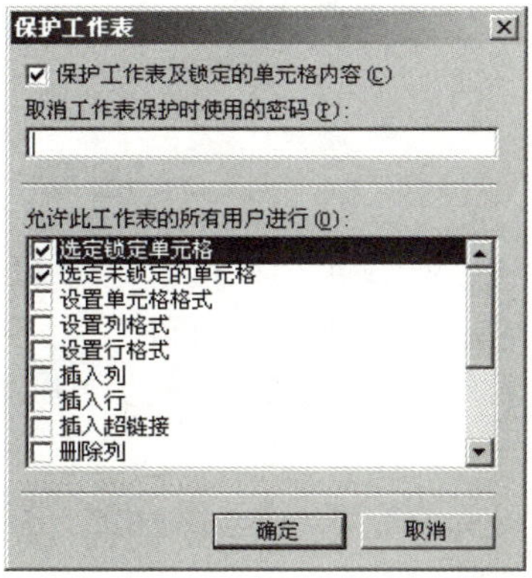

图 1.13　在“保护工作表”对话框中默认并确定

```
(通用)                                   宏1
Sub 宏1()
'
' 宏1 宏
'

'
    Sheets("1月").Select
    ActiveSheet.Protect DrawingObjects:=False, Contents:=True, Scenarios:= _
        False
    ActiveSheet.Next.Select
    ActiveSheet.Protect DrawingObjects:=True, Contents:=True, Scenarios:=True
End Sub
```

图 1.14　录制的宏名为“宏 1”的程序（“'”为解释性程序，可以删除）

```
(通用)                                   宏1
Sub 宏1()
    Sheets("1月").Select
    ActiveSheet.Protect DrawingObjects:=False, Contents:=True, Scenarios:= _
        False
    ActiveSheet.Next.Select
    ActiveSheet.Protect DrawingObjects:=True, Contents:=True, Scenarios:=True
    ActiveSheet.Next.Select
    ActiveSheet.Protect DrawingObjects:=True, Contents:=True, Scenarios:=True
    ActiveSheet.Next.Select
    ActiveSheet.Protect DrawingObjects:=True, Contents:=True, Scenarios:=True
    ActiveSheet.Next.Select
    ActiveSheet.Protect DrawingObjects:=True, Contents:=True, Scenarios:=True
    ActiveSheet.Next.Select
    ActiveSheet.Protect DrawingObjects:=True, Contents:=True, Scenarios:=True
    ActiveSheet.Next.Select
    ActiveSheet.Protect DrawingObjects:=True, Contents:=True, Scenarios:=True
    ActiveSheet.Next.Select
    ActiveSheet.Protect DrawingObjects:=True, Contents:=True, Scenarios:=True
    ActiveSheet.Next.Select
    ActiveSheet.Protect DrawingObjects:=True, Contents:=True, Scenarios:=True
    ActiveSheet.Next.Select
    ActiveSheet.Protect DrawingObjects:=True, Contents:=True, Scenarios:=True
    ActiveSheet.Next.Select
    ActiveSheet.Protect DrawingObjects:=True, Contents:=True, Scenarios:=True
    ActiveSheet.Next.Select
    ActiveSheet.Protect DrawingObjects:=True, Contents:=True, Scenarios:=True
End Sub
```

（a）程序一

```
(通用)                                   保护
Sub 保护()
    Sheets("1月").Select
    ActiveSheet.Protect DrawingObjects:=False, Contents:=True, Scenarios:= _
        False
For x = 1 To 11
    ActiveSheet.Next.Select
    ActiveSheet.Protect DrawingObjects:=True, Contents:=True, Scenarios:=True
Next x
End Sub
```

（b）程序二

图 1.15　编辑并更改宏名为“保护”

（3）在 VBA 工作窗口中，按 F5 键，运行该程序，即完成“1～12 月”工作表的保护。

（4）关闭 VBA 工作窗口。

用同样的方法录制并修改能撤销“1～12 月”工作表保护的宏程序，编辑后如图 1.16 所示。

需要时可按 Alt+F8 组合键，打开“宏”对话框，选择相应宏名的程序运行，如图 1.17 所示。

也可以录制一段能自动清空用户所输入数据的宏。**关于打开带有宏文件的方法及 VBA 的相关知识见附录 5。**

```
Sub 撤销()
    Sheets("1月").Select
    ActiveSheet.Unprotect
For x = 1 To 11
    ActiveSheet.Next.Select
    ActiveSheet.Unprotect
Next x
End Sub
```

图 1.16　录制编辑能撤销 1～12 月保护表的程序

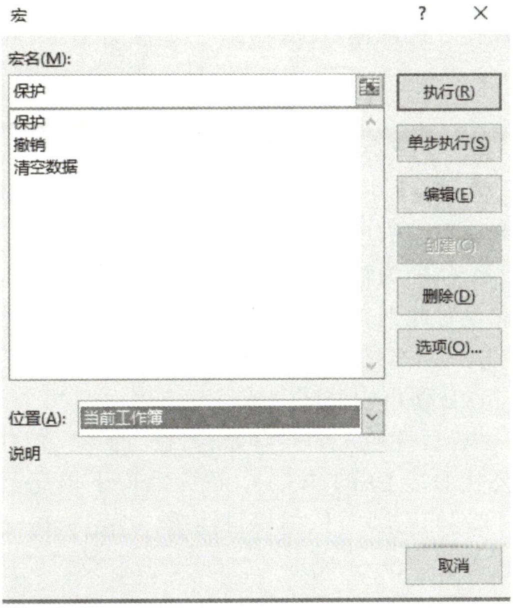

图 1.17　按 Alt+F8 组合键，可选择宏执行或编辑

3．制作封面的技巧

（1）填充背景图案。打开“工作表背景”对话框（**不同软件版本操作方法见附录中的操作说明 5**），再选择背景图案要使用的图形文件。所选图形将填充整个工作表中。**关于填充工作表背景的方法见附录中的操作技巧 15。**

（2）填充花边。要制作“*”或“¤”等字符组成的花边，可先选择要填充的单元格，按 Ctrl+1 组合键，打开“单元格格式”对话框，在“对齐”选项卡中的“水平对齐”下拉列表中选择“填充”，单击【确定】按钮后，在编辑栏输入“*”或插入字符，例如“¤”，再按 Ctrl+Enter 组合键，适当缩小字号和行高（本例中字号为“6”）。**关于填充花边的方法见附录中的操作技巧 39。**

（3）添加艺术字。选择“插入艺术字”命令（**不同软件版本操作方法见附录中的操作说明 20**），单击【确定】按钮；在“编辑‘艺术字’文字”对话框里输入文字，选择字体、字号并设置加粗、倾斜等，然后单击【确定】按钮。

（4）不显示行号列标及滚动条。**关于不显示行号、列标、滚动条的方法见附录中的操作技巧 53**。效果如项目导读所示。

任务 2　公司财务收支账簿的制作

【任务导读】　【示例文件】

公司财务收支账簿的制作与个人收支账簿有显著的不同，它有统一的规范要求。本任务将以一家经营小型家电销售的公司简化业务为例，帮助读者了解如何建立会计账簿，如何输入凭证，如何生成总账、明细账，如何进行期末结转。参考示例文件：项目 1-2　在收支管理中的应用（公司）。

步骤一　凭证输入及技巧

1．建立代码信息库

1）一级会计科目代码

在“代码库”工作表的 A:E 列输入“工业企业常用的一级会计科目和名称对照表”，如图 1.18 所示。其中，各列设置方法如下：

A:C 列为输入数据，共计 158 行。要求总账科目按升序排列，并且为字符型数据（输入前先设置此列，按 Ctrl+1 组合键，打开“设置单元格格式”对话框，在“数字”选项卡中选择“文本”，或每次输入时先输入“’”）。

D:E 列可由公式完成。

“科目性质”为“总账科目”的第一位代码，可以使用 LEFT 函数提取，例如在 D3 中输入公式 D3= LEFT(B3,1)，确定后向下填充至 D158。**关于 LEFT 函数的用法见附录 4。**

“科目分类”依据科目性质，规定：1——资产类，2——负债类，3——共同类，4——所有者权益类，5——成本类，6——损益类。应用 IF 函数自动判断生成。例如在 E3 中输入公式 E3= IF(D3="1","资产类",IF(D3="2","负债类",IF(D3="3","共同类",IF(D3="4","所有者权益类",IF(D3="5","成本类",IF(D3="6","损益类","")))))), 确定后向下填充至 E158。**关于 IF 函数的用法见附录 4。**

关于输入公式及函数参数的方法见附录中的操作技巧 22。

2）本公司所使用的明细科目代码

该公司所使用的科目代码和名称对照表建立在“代码库”工作表的 G:J 列中，其中 I 列代码必须按升序排序，如图 1.18 所示。该公司根据会计核算的需要，添加了明细科目代码，例如，公司分别在工商银行和建设银行开设账户，因此将 1002 科目分解为明细科目“100201”（代表银行存款下的中国工商银行存款）和“100202”（代表银行存款下的中国建设银行存款）。

	A	B	C	D	E	G	H	I	J	L	M
1	工业企业常用的一级会计科目和名称对照表					本公司明细科目				本公司现金流量代码	
2	序号	总账科目	会计科目名称	科目性质	科目分类	总账科目	科目名称	明细科目代码	明细科目名称	代码	项目名称
3	1	1001	库存现金	1	资产类	1001	库存现金	1001	库存现金	101	销售商品、提供劳务收到的现金
4	2	1002	银行存款	1	资产类	1002	银行存款	100201	工行存款	102	收到的税费返还
5	3	1003	存放中央银行款项	1	资产类	1122	应收账款	100202	建行存款	103	收到的其他与经营活动有关的现金
6	4	1011	存放同业	1	资产类	1405	库存商品	1122	应收账款	111	购买商品、接受劳务支付的现金
7	5	1012	其他货币资金	1	资产类	1601	固定资产	1405	库存商品	112	支付给职工及为职工支付的现金
8	6	1021	结算备付金	1	资产类	2001	短期借款	1601	固定资产	113	支付的各项税费
9	7	1031	存出保证金	1	资产类	2201	应付票据	2001	短期借款	114	支付的其他与经营活动有关的现金
10	8	1101	交易性金融资产	1	资产类	2203	预收账款	2201	应付票据	201	收回投资所收到的现金
11	9	1111	买入返售金融资产	1	资产类	2501	长期借款	2203	预收账款	202	取得投资收益所收到的现金
12	10	1121	应收票据	1	资产类	4001	实收资本	2501	长期借款	203	处置固定资产等长期资产收回的现金净额
13	11	1122	应收账款	1	资产类	4103	本年利润	4001	实收资本	204	收到的其他与投资活有关的现金
14	12	1123	预付账款	1	资产类	4104	利润分配	4103	本年利润	211	购建固定资产等长期资产支付的现金
15	13	1131	应收股利	1	资产类	6001	主营业务收入	4104	利润分配	212	投资所支付的现金
16	14	1132	应收利息	1	资产类	6401	主营业务成本	410401	未分配利润	213	支付的其他与投资活动有关的现金
17	15	1201	应收代位追偿款	1	资产类	6602	管理费用	6001	主营业务收入	301	吸收投资所收到的现金
18	16	1211	应收分保账款	1	资产类			6401	主营业务成本	302	借款所收到的现金
19	17	1212	应收分保合同准备金	1	资产类			6602	管理费用	303	收到的其他与筹资活动有关的现金
20	18	1221	其他应收款	1	资产类						

代码库

图 1.18　代码库

3）本公司所使用的现金流量代码

为方便现金流量表的编制，需要根据流量代码自动生成项目名称，为此将该公司使用的现金流量代码和项目名称对照表建立在“代码库”工作表的 L:M 列中，其中代码必须按升序排序，如图 1.18 所示。

2. 建立各月账簿表

1）建立各月账簿表

插入工作表，分别重命名为“1，2，3，…，12”，建立目录表和表间链接关系，以方便管理，如图 1.19 所示。**关于快速接入、删除及重命名工作表的方法见附录中的操作技巧 18。**

	A	B
1	编号	工作表名称
2	1	1月会计科目与账簿
3	2	2月会计科目与账簿
4	3	3月会计科目与账簿
5	4	4月会计科目与账簿
6	5	5月会计科目与账簿
7	6	6月会计科目与账簿
8	7	7月会计科目与账簿
9	8	8月会计科目与账簿
10	9	9月会计科目与账簿
11	10	10月会计科目与账簿
12	11	11月会计科目与账簿
13	12	12月会计科目与账簿
14	13	资产负债表
15	14	损益表
16	15	现金流量表

	C	D	E	F	G	H	I	J	K	L
1	摘要	科目代码	科目名称	科目性质	总账科目	借	贷	余额	数量	单价
2	提现	1001	库存现金	1	1001	1000		1000		
3	提现	100201	工行存款	1	1002		1000	-1000		
4	采购产品	1122	应收账款	1	1122	10000		10000	100	100
5	采购产品	100201	工行存款	1	1002		10000	-10000		
6	销售产品	1122	应收账款	1	1122	6000		6000		
7	销售产品	6001	主营业务收入	6	6001		6000	-6000		
8	销售产品	100202	建行存款	1	1002	3600		3600		
9	销售产品	6001	主营业务收入	6	6001		3600	-3600		
10	结销售成本	6401	主营业务成本	6	6401	8000		8000		
11	结销售成本	1405	库存商品	1	1405		8000	-8000	-80	100
12	报销办公费	6602	管理费用	6	6602	700		700		

图 1.19 建立目录工作表

图 1.19 中显示了同一工作簿的不同窗口。**关于同时查看不同工作表的方法见附录中的操作技巧 3。**

2）输入月账簿表字段名称

单击 A1，输入“凭证号”，然后单击→键，依次输入其他字段，如图 1.20 所示。更快捷的方法是，选择要输入的区域（例如 A1:Q1），然后按习惯输入即可，即输入一个字段按 Enter 键，此时光标不会下移，而是在选定的区域中右移。**关于单元格之间的快速切换方法见附录中的操作技巧 61。**

选择该行，设置格式为自动换行、加粗、居中等，并在 A1 单元格建立与目录工作表的超链接。**关于设置自动换行的方法见附录中的操作技巧 9，设置、编辑、取消超链接的方法见附录中的操作技巧 2。**

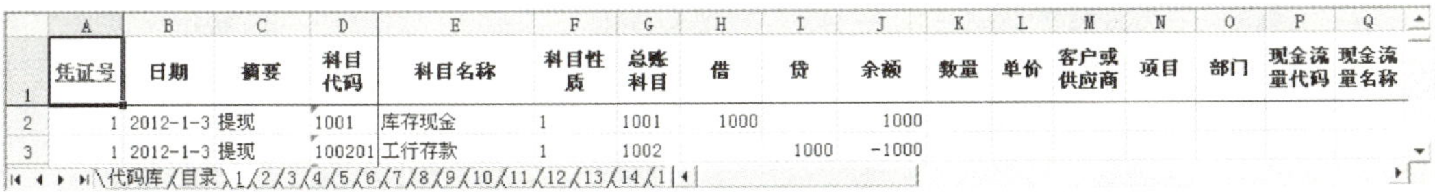

	A	B	C	D	E	F	G	H	I	J	K	L	M	N	O	P	Q
1	凭证号	日期	摘要	科目代码	科目名称	科目性质	总账科目	借	贷	余额	数量	单价	客户或供应商	项目	部门	现金流量代码	现金流量名称
2	1	2012-1-3	提现	1001	库存现金	1	1001	1000		1000							
3	1	2012-1-3	提现	100201	工行存款	1	1002		1000	-1000							

图 1.20 凭证中各项信息标题

3. 凭证信息的输入

1）“日期”的快速输入

输入当年的日期时只需输入月-日，例如 10/20 或 10-20 均可。若输入当前日期也可以按 Ctrl+；组合键，按 Ctrl+Shift+`（在数字 1 左侧）或按 Ctrl+Shift+#组合键可在日期与序列号之间切换。**关于输入日期与日期-序列号转换的方法见附录中的操作技巧 21。**

2）“科目代码”的有效输入

输入的科目代码必须为代码库中的代码。为提高输入代码的效率和准确性，可设置数据有效性。分两步进行，具体步骤如下：

（1）先为代码区域定义名称（若代码区域与输入凭证的工作表同表，则可省去此步骤）。选择“代码库”工作表中的代码区域 I3:I26，在名称框中输入“dm”，并单击 Enter 键。**关于定义名称、修改、查看名称的方法见附录中的操作技巧 6。**

（2）然后选择表“1”输入科目代码的单元格区域 D2:D2000，打开“数据有效性”对话框（**不同软件版本操作方法见附录中的操作说明 11**），选择“设置”选项卡，在“允许”下拉列表中选择“序列”选项，在“来源”输入框中输入“=dm”，单击【确定】按钮，如图 1.21 所示。

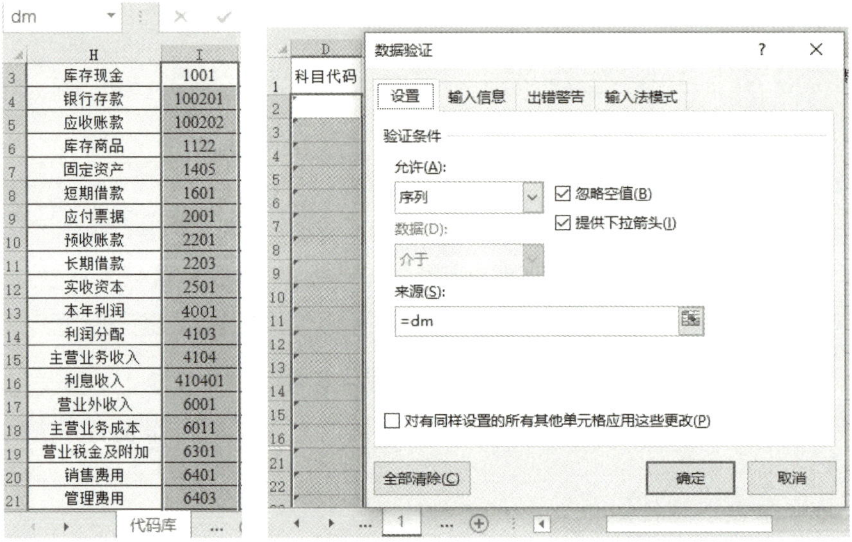

图 1.21 为表“1”中的“科目代码”列设置数据验证（先定义“代码库”中的 I3:I26 为“dm”）

在设置了数据有效性的区域，输入信息时可直接在下拉列表中选择。

用同样的方法完成对“现金流量代码”列的数据验证设置，如图 1.22 所示。

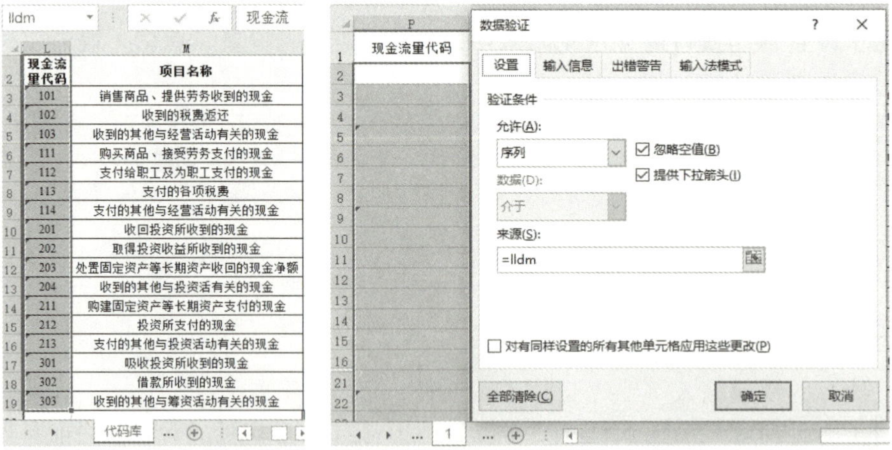

图 1.22 为表“1”中的“现金流量代码”列设置数据验证（先定义“代码库”中的 L3:L19 为“lldm”）

3）“科目名称”由公式输入

科目名称列的信息可用查找类函数自动引用，例如用 LOOKUP 或 VLOOKUP 函数实现。这里介绍用 LOOKUP 函数引用。

在单元格 E2 中输入公式 E2=LOOKUP（D2,代码库! I3: I26,代码库! J3: J26），该公式的作用是：根据参数 1（D2 中的值），在参数 2（“代码库”工作表的 I3:I26）中查找，并返回参数 3（“代码库”工作表的 J3:J26）中与参数 2 相同位置的值。

关于 LOOKUP 函数的用法见附录 4。

要将该公式向下填充，必须保证参数 2 和参数 3 的区域锁定，其中参数 2 可用已定义的区域名称“dm”替换，只要在参数 3 的行号前添加“$”符号即可，公式改写为 E2=LOOKUP(D2,dm,代码库!J$3:J$26)（在公式编辑栏中选定参数 3，按 F4 键两次即可自动添加锁定行号标记）。

考虑到记账工作的需要，可将输入的公式向下填充至 2000 行（在名称框中输入 E2:E2000，按 Enter 键，并按 Ctrl+D 组合键即可）。

如果要避免由于参数 1 未输入而造成的无效显示，可将公式修改为 E2=IF(D2="","",LOOKUP(D2,dm,代码库!J$3:J$26))，如图 1.23 所示。确定后，双击 E2 单元格右下角的填充句柄即可重新填充公式。**关于向大范围填充公式的方法见附录中的操作技巧 36。**

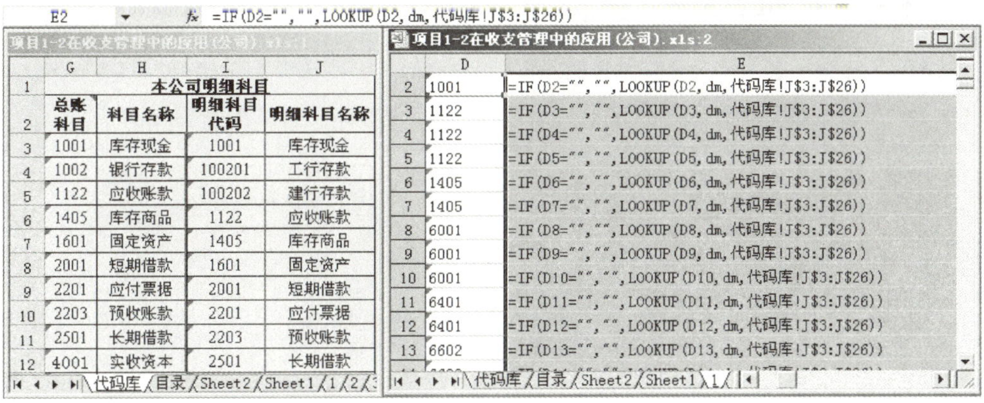

图 1.23　根据科目代码添加科目名称（I3:I26 为定义过“dm”的区域）

用同样的方法完成对“现金流量名称”列的公式输入，如图 1.24 所示。

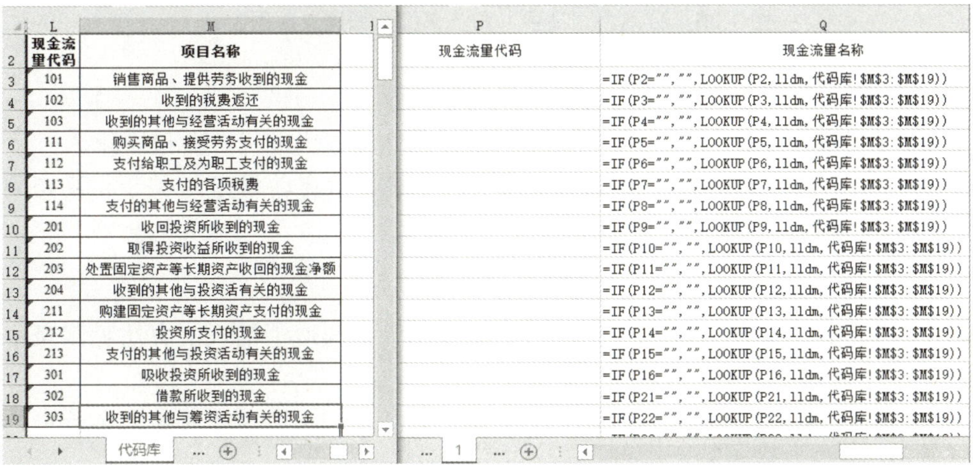

图 1.24　根据现金流量代码添加现金流量名称

图 1.23 和图 1.24 为查看全部公式的情形，如果要转换到只显示值，可以在英文状态下按

Ctrl+`组合键。**关于在公式和数值两者间切换的方法见附录中的操作技巧 23。**

4）“科目性质”与“总账科目”的输入

科目性质为科目代码左 1 位，总账科目为科目代码左 4 位，这两列信息均可用 LEFT 函数提取，F2=LEFT(D2,1)，G2=LEFT(D2,4)，并向下填充至 2000 行。

5）“余额”的计算

余额=借-贷，输入计算公式 J2=H2-I2，向下填充至 2000 行，并设置不显示“0”。**关于不显示“0”的方法见附录中的操作技巧 50。**

6）“项目”和“部门”列的输入

这两列的信息主要为分析管理费用而设置，为了方便输入和防止出错，可分别进行“数据验证”设置。

例如对“项目”列设置，选择 N2:N2000（在名称框中输入 N2:N2000 并确定即可），打开“数据验证”对话框，在“来源”输入框中输入项目的种类“办公费,工资”（注意英文下的“,”）。用同样的方法对“部门”列进行数据验证设置，如图 1.25 所示。**关于设置下拉列表选择输入的方法见附录中的操作技巧 45。**

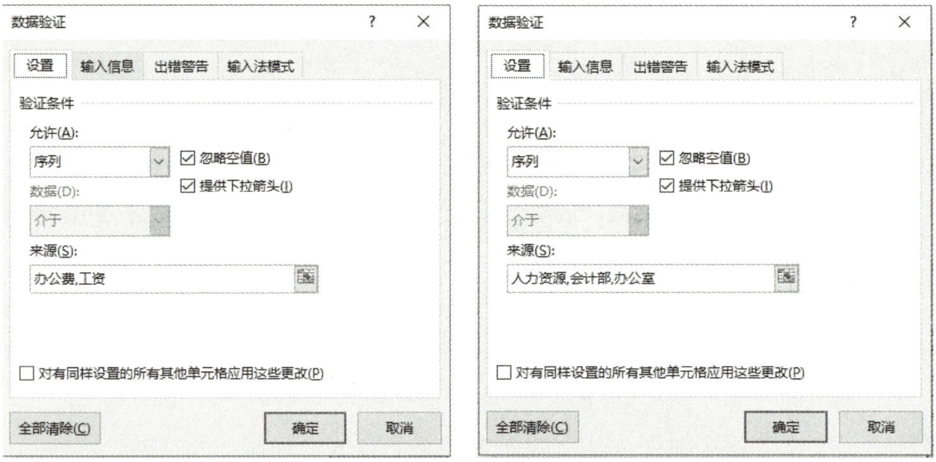

图 1.25　分别为“项目”和“部门”列建立数据验证

步骤二　凭证查询与统计

运用 Excel 中的筛选、透视、分类汇总、函数计算等方法进行查询和统计。

1 月会计科目与账簿输入信息如图 1.26 所示（表中设置自动列宽）。**关于行高与列宽的设置方法见附录中的操作技巧 16。**

1．利用筛选功能查询和统计

Excel 筛选包括自动筛选和高级筛选。**关于应用筛选与取消筛选的方法见附录中的操作技巧 49。**

例 1： 利用筛选功能计算 2012 年 1 月 1 日—2012 年 1 月 15 日的凭证记录中“借”列之和。

（1）单击表“1”中的任一有数据的单元格，进入筛选状态（**不同软件版本操作方法见附录中的操作说明 17**）。

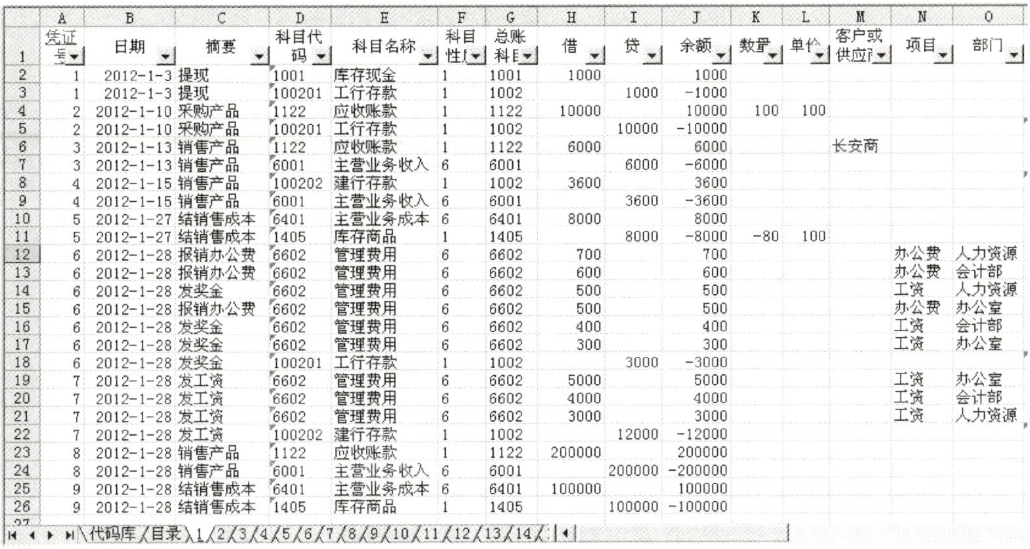

	A 凭证号	B 日期	C 摘要	D 科目代码	E 科目名称	F 科目性质	G 总账科目	H 借	I 贷	J 余额	K 数量	L 单价	M 客户或供应商	N 项目	O 部门
2	1	2012-1-3	提现	1001	库存现金	1	1001	1000		1000					
3	1	2012-1-3	提现	100201	工行存款	1	1002		1000	-1000					
4	2	2012-1-10	采购产品	1122	应收账款	1	1122	10000		10000	100	100			
5	2	2012-1-10	采购产品	100201	工行存款	1	1002		10000	-10000					
6	3	2012-1-13	销售产品	1122	应收账款	1	1122	6000		6000			长安商		
7	3	2012-1-13	销售产品	6001	主营业务收入	6	6001		6000	-6000					
8	4	2012-1-15	销售产品	100202	建行存款	1	1002	3600		3600					
9	4	2012-1-15	销售产品	6001	主营业务收入	6	6001		3600	-3600					
10	5	2012-1-27	结销售成本	6401	主营业务成本	6	6401	8000		8000					
11	5	2012-1-27	结销售成本	1405	库存商品	1	1405		8000	-8000	-80	100			
12	6	2012-1-28	报销办公费	6602	管理费用	6	6602	700		700				办公费	人力资源
13	6	2012-1-28	报销办公费	6602	管理费用	6	6602	600		600				办公费	会计部
14	6	2012-1-28	发奖金	6602	管理费用	6	6602	500		500				工资	人力资源
15	6	2012-1-28	报销办公费	6602	管理费用	6	6602	500		500				办公费	办公室
16	6	2012-1-28	发奖金	6602	管理费用	6	6602	400		400				工资	会计部
17	6	2012-1-28	发奖金	6602	管理费用	6	6602	300		300				工资	办公室
18	6	2012-1-28	发奖金	100201	工行存款	1	1002		3000	-3000					
19	7	2012-1-28	发工资	6602	管理费用	6	6602	5000		5000				工资	办公室
20	7	2012-1-28	发工资	6602	管理费用	6	6602	4000		4000				工资	会计部
21	7	2012-1-28	发工资	6602	管理费用	6	6602	3000		3000				工资	人力资源
22	7	2012-1-28	发工资	100202	建行存款	1	1002		12000	-12000					
23	8	2012-1-28	销售产品	1122	应收账款	1	1122	200000		200000					
24	8	2012-1-28	销售产品	6001	主营业务收入	6	6001		200000	-200000					
25	9	2012-1-28	结销售成本	6401	主营业务成本	6	6401	100000		100000					
26	9	2012-1-28	结销售成本	1405	库存商品	1	1405		100000	-100000					

代码库 目录 1 2 3 4 5 6 7 8 9 10 11 12 13 14

图 1.26　1 月会计科目与账簿输入信息

（2）单击“日期”列右边的筛选按钮，打开“自定义自动筛选方式”对话框，输入筛选条件，如图 1.27 所示。

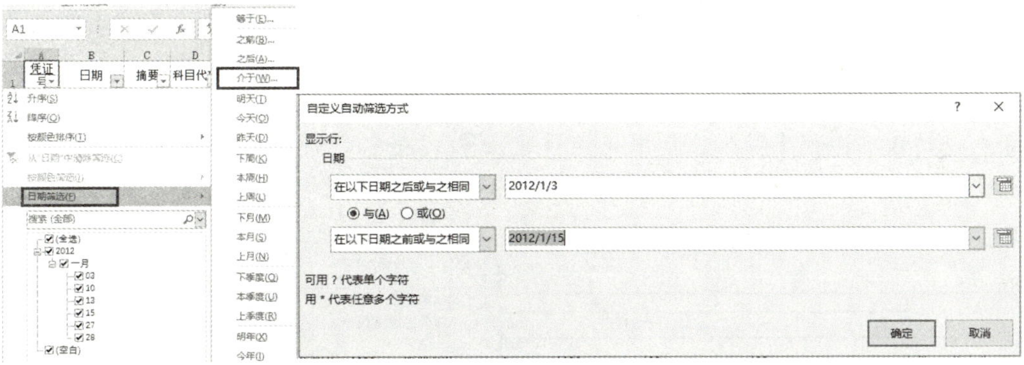

图 1.27　“日期筛选——介于”2012 年 1 月 1 日—2012 年 1 月 15 日的记录

单击【确定】按钮，选择 H 列，在状态栏上单击鼠标右键可打开快速计算工具，这里选择“求和”，结果显示如图 1.28 所示。**关于打开快速计算工具的方法见附录中的操作技巧 20。**

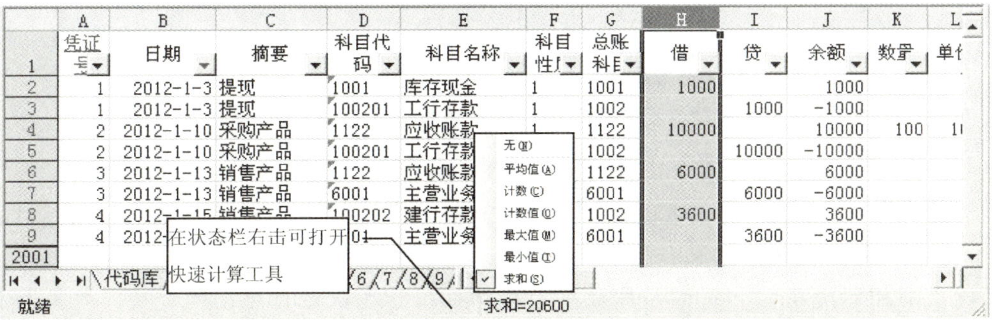

	A 凭证号	B 日期	C 摘要	D 科目代码	E 科目名称	F 科目性质	G 总账科目	H 借	I 贷	J 余额	K 数量	L 单价
2	1	2012-1-3	提现	1001	库存现金	1	1001	1000		1000		
3	1	2012-1-3	提现	100201	工行存款	1	1002		1000	-1000		
4	2	2012-1-10	采购产品	1122	应收账款	1	1122	10000		10000	100	1(
5	2	2012-1-10	采购产品	100201	工行存款		1002		10000	-10000		
6	3	2012-1-13	销售产品	1122	应收账款		1122	6000		6000		
7	3	2012-1-13	销售产品	6001	主营业务		6001		6000	-6000		
8	4	2012-1-15	销售产品	100202	建行存款		1002	3600		3600		
9	4	2012-		01	主营业务		6001		3600	-3600		
2001												

图 1.28　利用快速计算工具，在状态栏查看符合筛选条件记录的“借”列之和（一）

例 2：利用筛选功能计算科目性质为“6”、部门为“人力资源”的凭证中“借”列之和。

（1）取消上一步筛选状态。**关于取消筛选的方法见附录中的操作技巧 49**。

（2）单击“科目性质”列右侧的筛选按钮，选择“6”，再单击“部门”列右侧的筛选按钮，选择“人力资源”，再选择“借”列，利用快速计算工具显示求和，求和结果为 4200，如图 1.29 所示。

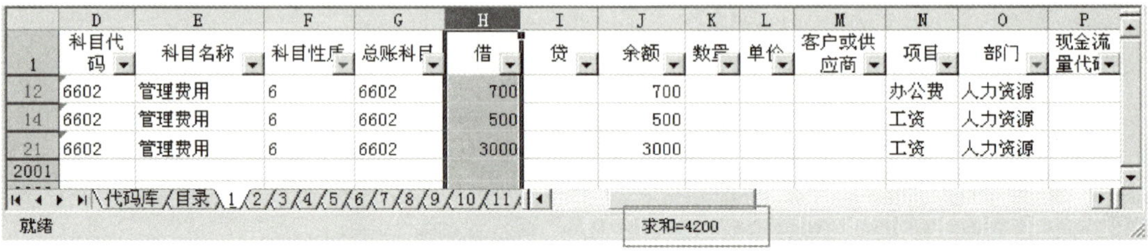

	D	E	F	G	H	I	J	K	L	M	N	O	P
1	科目代码	科目名称	科目性质	总账科目	借	贷	余额	数量	单价	客户或供应商	项目	部门	现金流量代码
12	6602	管理费用	6	6602	700		700				办公费	人力资源	
14	6602	管理费用	6	6602	500		500				工资	人力资源	
21	6602	管理费用	6	6602	3000		3000				工资	人力资源	
2001													

图 1.29　利用快速计算工具，在状态栏查看符合筛选条件记录的“借”列之和（二）

（3）退出自动筛选模式，方法同步骤（1）。

2．利用透视功能查询和统计

例 3：利用透视功能计算科目性质为“6”、部门为“人力资源”的凭证中借方发生额。**关于创建数据透视表的方法见附录中的操作技巧 34。**

单击表“1”中任意一个有数据的单元格，选择“数据透视表”命令（**不同软件版本操作方法见附录中的操作说明 22**），直接单击【完成】按钮，将新建一个工作表，其中有数据透视框架结构。

分别将“数据透视字段列表”中的“科目性质”“借”“部门”字段拖至数值区、行标签区、列标签区（2003 版为数据项、行字段、列字段）（行、列字段可以交换），如图 1.30 所示。

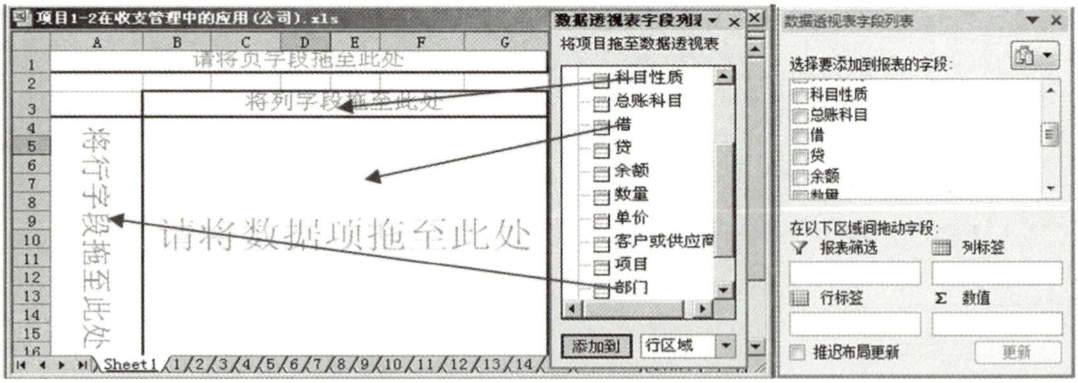

图 1.30　分别将数据透视字段列表中的“科目性质”“借”“部门”
作为数据项、行字段和列字段拖至指定处（左为 2003 版）

在“科目性质”下拉列表中选择“6”（先取消“全部显示”）；在“部门”下拉列表中选择“人力资源”，双击 A3 单元格，在弹出的“数据透视表字段”对话框中选择汇总方式“求和”，单击【确定】按钮，结果如图 1.31 所示。

可以重新组织透视，如将“科目性质”和“部门”字段进行行、列交换，效果如图 1.32 所示。

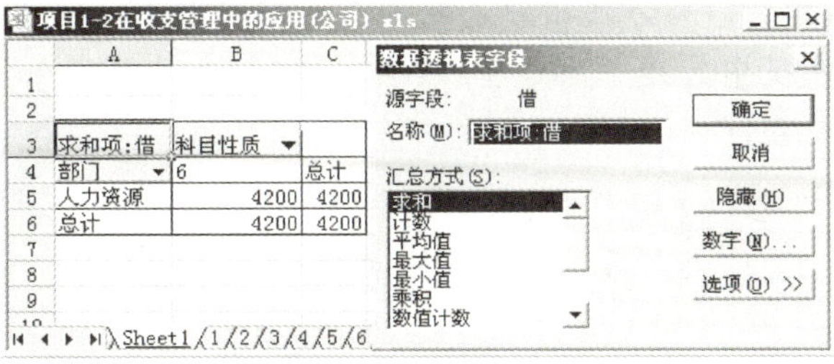

图 1.31 数据透视结果（与例 2 计算结果一致）

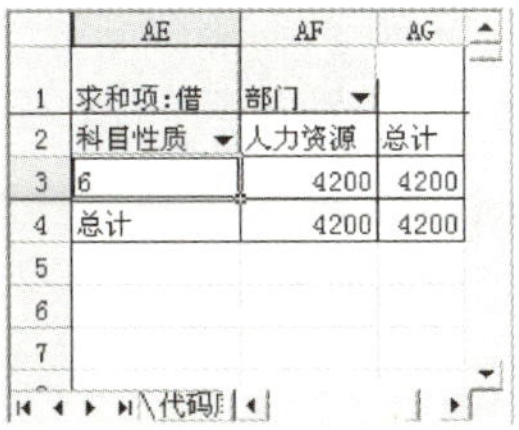

图 1.32 行列字段交换后的效果

双击透视表中的数据“4200”，可以查看明细，此时将新插入一张工作表“Sheet2”，如图 1.33 所示。

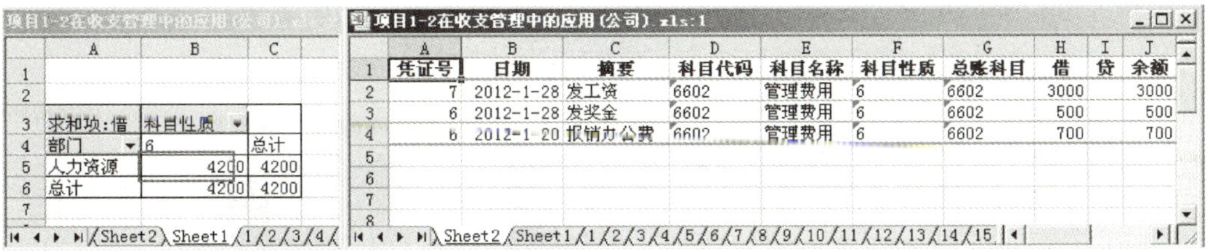

图 1.33 新插入一张工作表 Sheet2 显示明细数据

例 4：将例 3 数据透视结果更改为按“部门”和“项目”汇总借方数据。

要取消图 1.32 的透视结果，可以将“部门”“科目性质”“借”等字段拖至透视表外（出现✕时松手），如果未出现“数据透视字段列表”，可在数据透视表中单击鼠标右键，选择“显示字段列表”命令。

分别将“部门”“项目”“借”作为行字段、列字段和数据项拖至指定位置。在“部门”和“项目”下拉选项中选择全部（除去空白），双击 A3 单元格，在对话框中设置，或单击鼠标右键，选择“值汇总依据→求和”命令，透视结果如图 1.34 所示。

如果按费用项目进行百分比分析，可双击 A3 单元格在对话框中设置，或单击鼠标右键，选择“值显示方式”下的“占同行数据总和的百分比”“占同列数据总和的百分比”或“占总和的百分比”，单击【确定】按钮，分别如图 1.35、图 1.36 和图 1.37 所示。

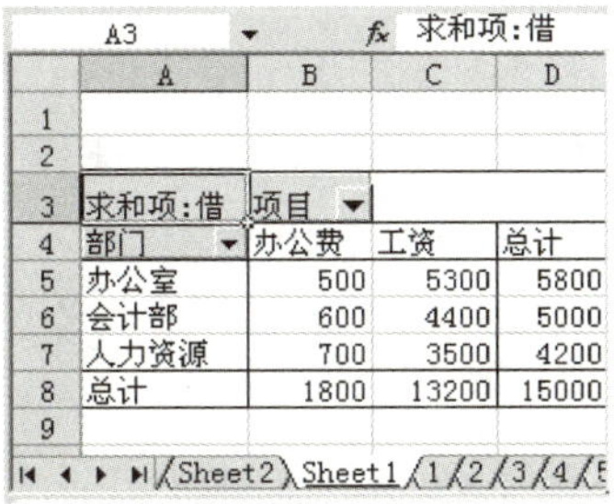

图 1.34 按“部门”和“项目”汇总借方数据

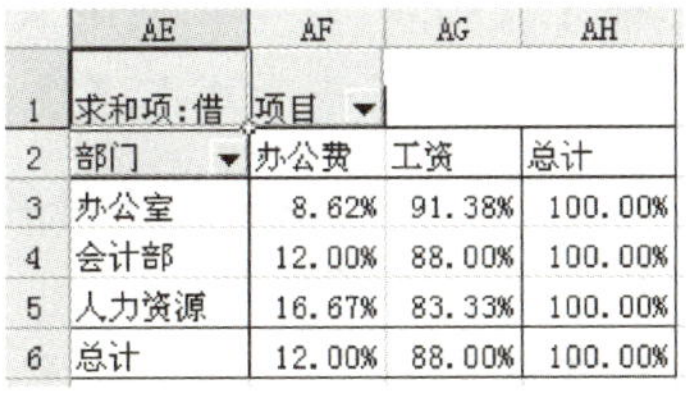

图 1.35 占同行数据总和的百分比

要汇总贷方发生额，只要将数据项中的“借”拖出透视表，再将“数据透视字段列表”中的“贷”拖至其中即可。

如果要生成数据透视图，可单击透视表中任一单元格，单击“数据透视表”工具中的“分析”工具，再单击【数据透视图】按钮，将自动生成透视图。与普通图表所不同的是：数据透视图与数据透视表均带有三维下拉筛选按钮，可方便用户选择要查看的信息。如图 1.38 所示为在页字段中选择“管理费用”，在行字段中选择“办公室”“会计部”“人力资源”，在列字段中选择“办公费”“工资”所对应的图表。

	AE	AF	AG	AH
1	求和项:借	项目		
2	部门	办公费	工资	总计
3	办公室	27.78%	40.15%	38.67%
4	会计部	33.33%	33.33%	33.33%
5	人力资源	38.89%	26.52%	28.00%
6	总计	100.00%	100.00%	100.00%

图 1.36　占同列数据总和的百分比

	AE	AF	AG	AH
1	求和项:借	项目		
2	部门	办公费	工资	总计
3	办公室	3.33%	35.33%	38.67%
4	会计部	4.00%	29.33%	33.33%
5	人力资源	4.67%	23.33%	28.00%
6	总计	12.00%	88.00%	100.00%

图 1.37　占总和的百分比

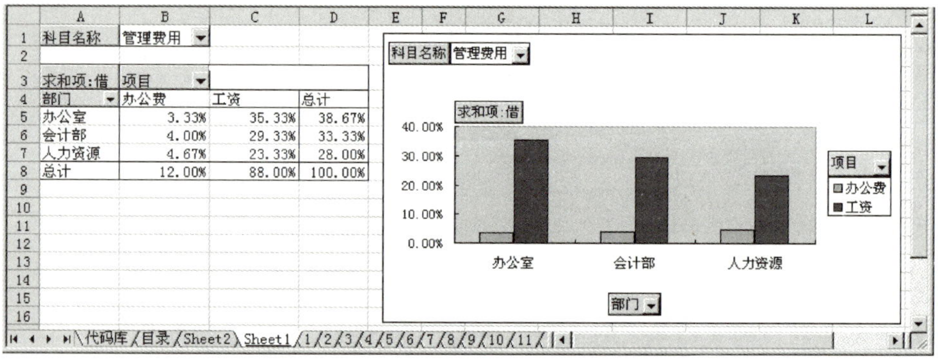

图 1.38　通过三维筛选按钮查看相关数据

3．利用分类汇总功能查询和统计

分类汇总的前提条件是对要分类的字段进行排序。

例 5：利用分类汇总功能计算科目代码的余额与发生额。

（1）首先取消筛选，显示全部数据。

（2）单击“科目代码”列中的任一单元格，在功能区单击【数据】【排序】按钮（升序或降序均可），如果要多重排序，则可在“排序”对话框中设置。**关于排序的方法见附录中的操作技巧 32，关于分类汇总的方法见附录中的操作技巧 33。**

（3）在功能区单击【数据】【分类汇总】按钮，分别在“分类汇总”对话框的“分类字段”中选择“科目代码”，在“汇总方式”中选择“求和”，在“选定汇总项”中选择“借”“贷”“余额”，如图 1.39 所示。单击【确定】按钮，分类汇总结果如图 1.40 所示。

（4）查看。分类汇总可分三级查看。图 1.40、图 1.41、图 1.42 分别为单击左上角按钮 3、按钮 2 和按钮 1 的显示效果。

可以展开其中的【+】按钮，查看局部明细数据。如图 1.43 所示为展开科目代码“6602”的明细显示。展开后其汇总行左侧的按钮变为【-】。

若要删除分类汇总模式，请先单击按钮【3】，然后在在功能区单击【数据】【分类汇总】按钮，在“分类汇总”对话框中单击【全部删除】按钮。

如果需要将分类汇总中的部分数据复制后编制新的数据表，可以使用“复制可见单元格”命令。**关于复制可见单元格的方法见附录中的操作技巧 59。**

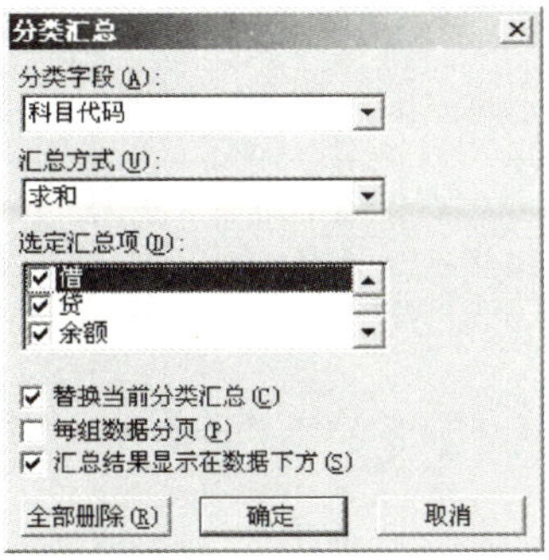

图 1.39 “分类汇总”对话框

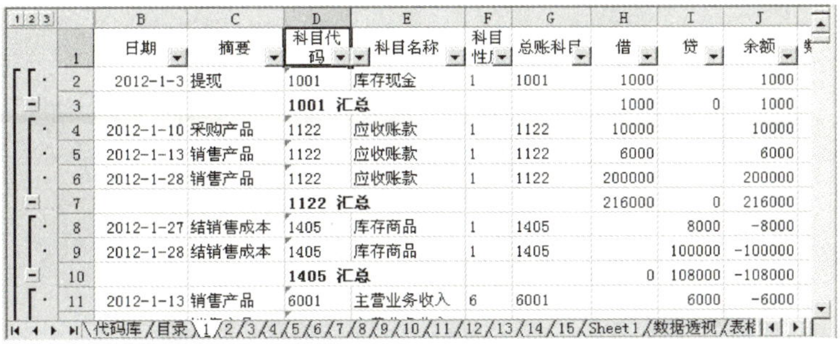

	B	C	D	E	F	G	H	I	J
1	日期	摘要	科目代码	科目名称	科目性	总账科目	借	贷	余额
2	2012-1-3	提现	1001	库存现金	1	1001	1000		1000
3			1001 汇总				1000	0	1000
4	2012-1-10	采购产品	1122	应收账款	1	1122	10000		10000
5	2012-1-13	销售产品	1122	应收账款	1	1122	6000		6000
6	2012-1-28	销售产品	1122	应收账款	1	1122	200000		200000
7			1122 汇总				216000	0	216000
8	2012-1-27	结销售成本	1405	库存商品	1	1405		8000	-8000
9	2012-1-28	结销售成本	1405	库存商品	1	1405		100000	-100000
10			1405 汇总				0	108000	-108000
11	2012-1-13	销售产品	6001	主营业务收入	6	6001		6000	-6000

图 1.40 分类汇总（单击按钮 3 对应的显示）

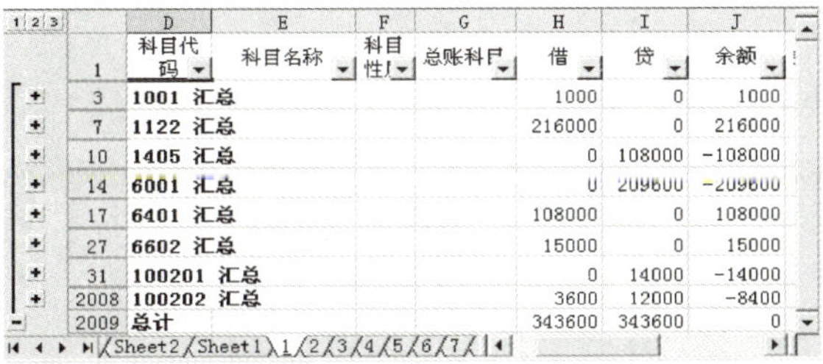

	D	E	F	G	H	I	J
1	科目代码	科目名称	科目性	总账科目	借	贷	余额
3	1001 汇总				1000	0	1000
7	1122 汇总				216000	0	216000
10	1405 汇总				0	108000	-108000
14	6001 汇总				0	209600	-209600
17	6401 汇总				108000	0	108000
27	6602 汇总				15000	0	15000
31	100201 汇总				0	14000	-14000
2008	100202 汇总				3600	12000	-8400
2009	总计				343600	343600	0

图 1.41 分类汇总（单击按钮 2 对应的显示）

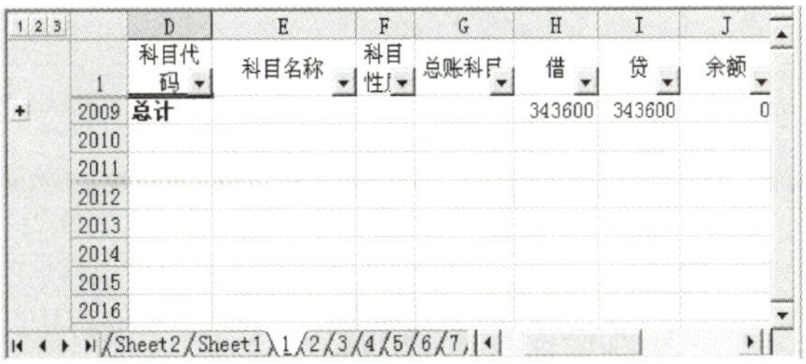

	D	E	F	G	H	I	J
1	科目代码	科目名称	科目性	总账科目	借	贷	余额
2009	总计				343600	343600	0
2010							
2011							
2012							
2013							
2014							
2015							
2016							

图 1.42 分类汇总（单击按钮 1 对应的显示）

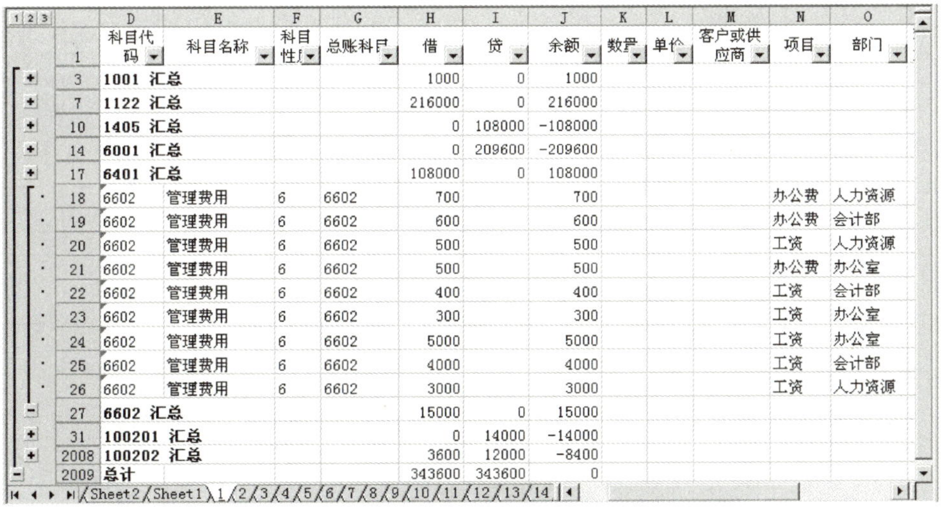

	D	E	F	G	H	I	J	K	L	M	N	O
1	科目代码	科目名称	科目性	总账科目	借	贷	余额	数量	单价	客户或供应商	项目	部门
3	1001 汇总				1000	0	1000					
7	1122 汇总				216000	0	216000					
10	1405 汇总				0	108000	-108000					
14	6001 汇总				0	209600	-209600					
17	6401 汇总				108000	0	108000					
18	6602	管理费用	6	6602	700		700				办公费	人力资源
19	6602	管理费用	6	6602	600		600				办公费	会计部
20	6602	管理费用	6	6602	500		500				工资	人力资源
21	6602	管理费用	6	6602	500		500				办公费	办公室
22	6602	管理费用	6	6602	400		400				工资	会计部
23	6602	管理费用	6	6602	300		300				工资	办公室
24	6602	管理费用	6	6602	5000		5000				工资	办公室
25	6602	管理费用	6	6602	4000		4000				工资	会计部
26	6602	管理费用	6	6602	3000		3000				工资	人力资源
27	6602 汇总				15000	0	15000					
31	100201 汇总				0	14000	-14000					
2008	100202 汇总				3600	12000	-8400					
2009	总计				343600	343600	0					

图 1.43 展开科目代码“6602”后的明细显示

4．利用 SUMIF 函数按条件统计

（1）建立月表统计区。

在表“1”的 S:Y 列建立数据统计区，与凭证输入区之间有空列“R 列”分隔，如图 1.44 所示。可将该空列隐藏，其目的是各数据表之间互相独立，便于选择和操作。

关于全选工作表和数据表的区别与技巧见附录中的操作技巧 58。

统计区中的“明细科目代码”与“明细科目名称”两列，由“代码库”工作表中的 I3:J26 复制、粘贴获得。“期初余额”为上一期的期末数据。

项目1-2在收支管理中的应用(公

	H	I	J
2	科目名称	明细科目代码	明细科目名称
3	库存现金	1001	库存现金
4	银行存款	100201	工行存款
5	应收账款	100202	建行存款
6	库存商品	1122	应收账款
7	固定资产	1405	库存商品
8	短期借款	1601	固定资产
9	应付票据	2001	短期借款
10	预收账款	2201	应付票据
11	长期借款	2203	预收账款
12	实收资本	2501	长期借款
13	本年利润	4001	实收资本

A 凭证号	B 日期	R	S 明细科目代码	T 明细科目名称	U 期初余额	V 借方发生额	W 贷方发生额	X 期末余额	Y 本期利润
1	2012-1-3		1001	库存现金	105000	1000	0	106000	
2	2012-1-10		100201	工行存款	50000	0	14000	36000	
3	2012-1-13		100202	建行存款	50000	3600	12000	41600	
8	2012-1-28		1122	应收账款	0	216000	0	216000	
5	2012-1-27		1405	库存商品	100000	0	108000	-8000	
9	2012-1-28		1601	固定资产	0	0	0	0	
3	2012-1-13		2001	短期借款	0	0	0	0	
4	2012-1-15		2201	应付票据	-5000	0	0	-5000	
8	2012-1-28		2203	预收账款	0	0	0	0	
5	2012-1-27		2501	长期借款	-100000	0	0	-100000	
9	2012-1-28		4001	实收资本	-200000	0	0	-200000	

图 1.44　在表“1”中建立数据统计区

（2）借方和贷方发生额可由 SUMIF 函数生成。

在单元格 V2 中输入公式 V2=SUMIF($D:$D,$S2,H:H)，并向下填充至数据表末行，如图 1.45 所示。

该公式的作用是：在 D 列（科目代码）中筛选符合单元格 S2 的代码（1001），并计算 H 列（借方）总和。**关于 SUMIF 函数的用法见附录 4。**

在单元格 W2 中输入公式 W2 =SUMIF(D:D,S2,I:I)，并向下填充至数据表末行。

该公式的作用是：在 D 列（科目代码）中筛选符合单元格 S2 的代码（1001），并计算 I 列（贷方）总和。

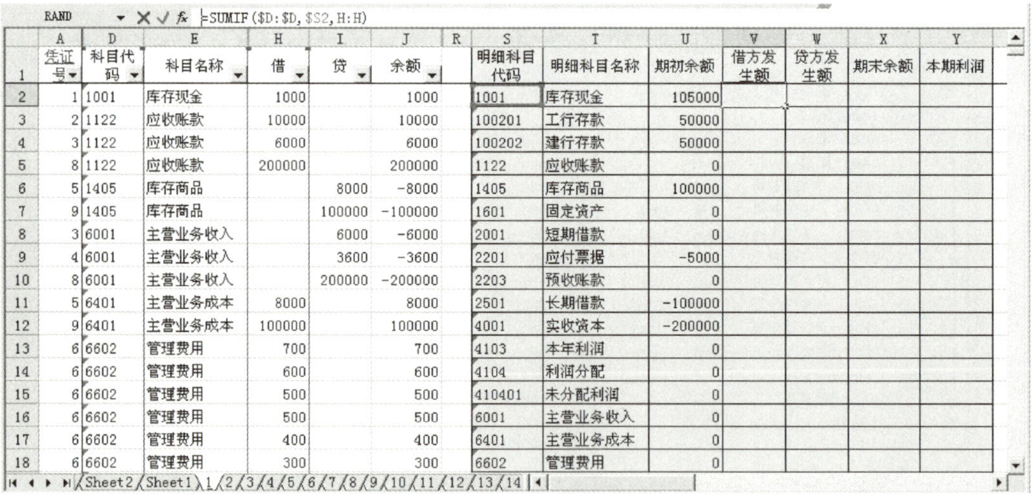

RAND =SUMIF($D:$D,$S2,H:H)

	A 凭证号	D 科目代码	E 科目名称	H 借	I 贷	J 余额	R	S 明细科目代码	T 明细科目名称	U 期初余额	V 借方发生额	W 贷方发生额	X 期末余额	Y 本期利润
2	1	1001	库存现金	1000		1000		1001	库存现金	105000				
3	2	1122	应收账款	10000		10000		100201	工行存款	50000				
4	3	1122	应收账款	6000		6000		100202	建行存款	50000				
5	8	1122	应收账款	200000		200000		1122	应收账款	0				
6	5	1405	库存商品		8000	-8000		1405	库存商品	100000				
7	9	1405	库存商品		100000	-100000		1601	固定资产	0				
8	3	6001	主营业务收入		6000	-6000		2001	短期借款	0				
9	4	6001	主营业务收入		3600	-3600		2201	应付票据	-5000				
10	8	6001	主营业务收入		200000	-200000		2203	预收账款	0				
11	5	6401	主营业务成本	8000		8000		2501	长期借款	-100000				
12	9	6401	主营业务成本	100000		100000		4001	实收资本	-200000				
13	6	6602	管理费用	700		700		4103	本年利润	0				
14	6	6602	管理费用	600		600		4104	利润分配	0				
15	6	6602	管理费用	500		500		410401	未分配利润	0				
16	6	6602	管理费用	500		500		6001	主营业务收入	0				
17	6	6602	管理费用	400		400		6401	主营业务成本	0				
18	6	6602	管理费用	300		300		6602	管理费用	0				

图 1.45　借方发生额的统计

也可以利用 V2 中的公式向右填充至 W2，比较上述 V2 与 W2 中的公式，不难发现 D 列和 S 列均必须锁定，即 D:D 应改为$D:$D，S 应改为$S。修改后的公式为 V2=SUMIF($D:$D,$S2,H:H)，当向右填充至 W2 时，公式变为 W2=SUMIF($D:$D,$S2,I:I)，再选择 V2:W25 区域，按 Ctrl+D 组合键，即完成公式的填充。**关于引用的类别及快速切换引用的方法见附录中的操作技巧 27。**

运用 SUMIF 函数求值结果如图 1.46 所示。将其与图 1.41 按科目代码分类汇总的“借”“贷”总和相比，完全一致。

	A	E	H	I	J	R	S	T	U	V	W	X	Y
1	凭证号	科目名称	借	贷	余额		明细科目代码	明细科目名称	期初余额	借方发生额	贷方发生额	期末余额	本期利润
2	1	库存现金	1000		1000		1001	库存现金	105000	1000	0		
3	2	应收账款	10000		10000		100201	工行存款	50000	0	14000		
4	3	应收账款	6000		6000		100202	建行存款	50000	3600	12000		
5	8	应收账款	200000		200000		1122	应收账款	0	216000	0		
6	5	库存商品		8000	-8000		1405	库存商品	100000	0	108000		
7	9	库存商品		100000	-100000		1601	固定资产	0	0	0		
8	3	主营业务收入		6000	-6000		2001	短期借款	0	0	0		
9	4	主营业务收入		3600	-3600		2201	应付票据	-5000	0	0		
10	8	主营业务收入		200000	-200000		2203	预收账款	0	0	0		
11	5	主营业务成本	8000		8000		2501	长期借款	-100000	0	0		
12	9	主营业务成本	100000		100000		4001	实收资本	-200000	0	0		
13	6	管理费用	700		700		4103	本年利润	0	0	0		
14	6	管理费用	600		600		4104	利润分配	0	0	0		
15	6	管理费用	500		500		410401	未分配利润	0	0	0		
16	6	管理费用	500		500		6001	主营业务收入	0	0	209600		
17	6	管理费用	400		400		6401	主营业务成本	0	108000	0		
18	6	管理费用	300		300		6602	管理费用	0	15000	0		

Sheet2 / Sheet1 / 1 / 2 / 3 / 4 / 5 / 6 / 7 / 8 / 9 / 10 / 11 / 12 / 1

图 1.46　运用 SUMIF 函数求值结果

下面对以上筛选、透视、分类汇总和函数统计 4 种方法进行比较：函数法可以动态更新统计数据；透视法简便灵活，但数据源发生变化时，须对透视数据表执行“刷新”命令；筛选法配合快速计算工具能进行统计，但统计结果不能保存；分类汇总法一次可对多项求和，适合形成规范的报表，但操作复杂，每次汇总前须对相关字段排序。

步骤三　期末结转与输出

1．期末余额的计算

期末余额=期初余额+借方发生额-贷方发生额

在单元格 X2 中输入公式 X2 =U2+V2-W2，并向下填充至 X25。

2．本期利润的计算

本期利润=收入（主营业务收入+投资收入+营业外收入）-
支出（主营业务成本+营业税金及附加+销售费用+管理费用+
财务费用+营业外支出+所得税费用）

即 Y13=SUM(W16: W18)-SUM(V19:V25)，同样在未分配利润 Y15 中输入=-Y13，如图 1.47 所示。

RAND　=SUM(W16:W18)-SUM(V19:V25)

	A	B	R	S	T	U	V	W	X	Y
1	凭证号	日期		明细科目代码	明细科目名称	期初余额	借方发生额	贷方发生额	期末余额	本期利润
13	6	2012-1-28		4103	本年利润					=SUM(W16:
14	6	2012-1-28		4104	利润分配					
15	6	2012-1-28		410401	未分配利润					-86600
16	6	2012-1-28		6001	主营业务收入			209600	-209600	
17	6	2012-1-28		6011	投资收入					
18	6	2012-1-28		6301	营业外收入					
19	7	2012-1-28		6401	主营业务成本		108000		108000	
20	7	2012-1-28		6403	营业税金及附加					
21	7	2012-1-28		6601	销售费用					
22	7	2012-1-28		6602	管理费用		15000		15000	
23	8	2012-1-28		6603	财务费用					
24	8	2012-1-28		6711	营业外支出					
25	9	2012-1-28		6801	所得税费用					

代码库 / 目录 / Sheet2 / Sheet1 / 1 / 2 / 3 / 4 / 5 / 6 / 7

图 1.47　本期利润的计算

3. 制作下月账簿工作表

（1）选择表“1”中的全部数据，再选择表“2”，用填充工作组法完成全部填充后，再退出工作组。**关于向工作组填充及取消“成组工作表”模式的方法见附录中的操作技巧 38。**

（2）清除凭证数据。按 F5 键，在“定位”对话框的“引用位置”栏中输入 A2:D2000、H2:I2000、K2:P2000，单击【确定】按钮后，按 Delete 键。或者按 Ctrl+`组合键，切换到公式模式，选择输入的数据后按 Delete 键。再次按 Ctrl+`组合键，切换到正常显示。**关于定位选择不连续区域的方法见附录中的操作技巧 55，清除的种类及操作方法见附录中的操作技巧 35，在公式与值之间快速切换的方法见操作技巧 23。**

（3）修改 2 月的期初余额。2 月的期初余额引用 1 月的期末余额（但“本年利润”“利润分配”“未分配利润”3 项应为本期与期末累加）。例如 U13=SUM('1'!X13:Y13)，如图 1.48 所示。**关于 SUM 函数的用法见附录 4。**

4. 制作其他各月账簿表

将表“2”的全部信息以工作组方式填充至其他各月表，然后退出工作组，再分别选择统计计算区，用查找替换的方式，将“期初余额”列中的表名替换为上月表名。**关于查找和替换的方法见附录中的操作技巧 1。**

5. 保护会计数据

会计数据或其他业务数据输入到 Excel 表格后，需要对数据加以保护，以达到会计内部控制的目的。

项目1-2在收支管理中的应用(公司).xls:2

	T	U	V	W	X	Y	Z
1	明细科目名称	期初余额	借方发生额	贷方发生额	期末余额	本期利润	
2	库存现金	105000	1000	0	106000		
3	工行存款	50000	0	14000	36000		
4	建行存款	50000	3600	12000	41600		
5	应收账款	0	216000	0	216000		
6	库存商品	100000	0	108000	-8000		
7	固定资产	0	0	0	0		
8	短期借款	0	0	0	0		
9	应付票据	-5000	0	0	-5000		
10	预收账款	0	0	0	0		
11	长期借款	-100000	0	0	-100000		
12	实收资本	-200000	0	0	-200000		
13	本年利润	0	0	0	0	86600	
14	利润分配	0	0	0	0		
15	未分配利润	0	0	0	0	-86600	
16	主营业务收入	0	0	209600	-209600		
17	主营业务成本	0	108000	0	108000		
18	管理费用	0	15000	0	15000		

Sheet2 / Sheet1 / 1 / 2 / 3 / 4 / 5 / 6 / 7 / 8 / 9 / 10 / 11 / 12 / 13 / 14 / 1

项目1-2在收支管理中的应用(公司).xls:1

	T	U
1	明细科目名称	期初余额
2	库存现金	='1'!X2
3	工行存款	='1'!X3
4	建行存款	='1'!X4
5	应收账款	='1'!X5
6	库存商品	='1'!X6
7	固定资产	='1'!X7
8	短期借款	='1'!X8
9	应付票据	='1'!X9
10	预收账款	='1'!X10
11	长期借款	='1'!X11
12	实收资本	='1'!X12
13	本年利润	=SUM('1'!X13:Y13)
14	利润分配	=SUM('1'!X14:Y14)
15	未分配利润	=SUM('1'!X15:Y15)
16	主营业务收入	='1'!X16
17	主营业务成本	='1'!X17
18	管理费用	='1'!X18

Sheet2 / Sheet1 / 1 / 2 / 3 / 4

图 1.48　2 月的期初余额的公式与 1 月（期末及本期利润）对照

1）保护工作簿

对已打开的工作簿，按 F12 键，打开“另存为”对话框，选择“工具”中的“常规选项”，输入打开或修改工作簿的密码（并重新输入），再分别单击【确定】和【保存】按钮。以后打开此工作簿必须输入打开与修改工作簿的密码，如果密码不正确，将不能打开或修改。

如果要撤销对工作簿的保护，可对已打开的工作簿按 F12 键，打开“另存为”对话框，选择“工具”中的“常规选项”，将密码撤销后再保存此工作簿。

2）保护工作簿中的元素

打开“保护工作簿”对话框（**不同软件版本操作方法见附录中的操作说明 2**），选择下列一项或多项操作：如果要保护工作簿的结构，请选中“结构”复选框，这样工作簿中的工作表将不能进行移动、删除、隐藏、取消隐藏或重新命名，而且也不能插入新的工作表；如果要保护窗口以便在每次打开工作簿时使其具有固定的位置和大小，请选中“窗口”复选框；若要禁止其他用户撤销工作簿保护，请输入密码，接着单击【确定】按钮，然后重新输入密码加以确认。

3）保护工作表

关于保护工作表中部分单元格的方法见附录中的操作技巧 19。

任务 3　公司会计常用报表的编制

【任务导读】

企业常用的会计报表有资产负债表、损益表、现金流量表等，编制会计报表的主要依据为总账及相关明细账。

本任务将在上一任务的基础上，介绍常用报表的编制。参考示例文件：同任务 2。

背景资料：

1 月、2 月的凭证数据已分别输入在表“1”和表“2”中，如图 1.49 和图 1.50 所示。

	A	B	C	D	E	F	G	H	I	J
1	凭证号	日期	摘要	科目代码	科目名称	科目性质	总账科目	借	贷	余额
2	1	2012-1-3	提现	1001	库存现金	1	1001	1000		1000
3	1	2012-1-3	提现	100201	工行存款	1	1002		1000	-1000
4	2	2012-1-10	采购产品	1122	应收账款	1	1122	10000		10000
5	2	2012-1-10	采购产品	100201	工行存款	1	1002		10000	-10000
6	3	2012-1-13	销售产品	1122	应收账款	1	1122	6000		6000
7	3	2012-1-13	销售产品	6001	主营业务收入	6	6001		6000	-6000
8	4	2012-1-15	销售产品	6001	主营业务收入	6	6001		3600	-3600
9	4	2012-1-15	销售产品	100202	建行存款	1	1002	3600		3600
10	5	2012-1-27	结销售成本	1405	库存商品	1	1405		8000	-8000
11	5	2012-1-27	结销售成本	6401	主营业务成本	6	6401	8000		8000
12	6	2012-1-28	报销办公费	6602	管理费用	6	6602	700		700
13	6	2012-1-28	报销办公费	6602	管理费用	6	6602	600		600
14	6	2012-1-28	发奖金	6602	管理费用	6	6602	500		500
15	6	2012-1-28	报销办公费	6602	管理费用	6	6602	500		500
16	6	2012-1-28	发奖金	6602	管理费用	6	6602	400		400
17	6	2012-1-28	发奖金	6602	管理费用	6	6602	300		300
18	6	2012-1-28	发奖金	100201	工行存款	1	1002		3000	-3000
19	7	2012-1-28	发工资	6602	管理费用	6	6602	5000		5000
20	7	2012-1-28	发工资	6602	管理费用	6	6602	4000		4000
21	7	2012-1-28	发工资	6602	管理费用	6	6602	3000		3000
22	7	2012-1-28	发工资	100202	建行存款	1	1002		12000	-12000
23	8	2012-1-28	销售产品	1122	应收账款	1	1122	200000		200000
24	8	2012-1-28	销售产品	6001	主营业务收入	6	6001		200000	-200000
25	9	2012-1-28	结销售成本	1405	库存商品	1	1405		100000	-100000
26	9	2012-1-28	结销售成本	6401	主营业务成本	6	6401	100000		100000

1 / 2 / 3 / 4 / 5 / 6 / 7 / 8 / 9 / 10 / 11 / 12 / 13 / 14 / 15

图 1.49　1 月凭证数据

	凭证号	日期	摘要	科目代码	科目名称	科目性质	总账科目	借	贷	余额
2	1	2012-2-8	提现	1001	库存现金	1	1001	2000		2000
3	1	2012-2-8	提现	100201	工行存款	1	1002		2000	-2000
4	2	2012-2-9	采购产品	1405	库存商品	1	1405	20000		20000
5	2	2012-2-9	采购产品	100201	工行存款	1	1002		20000	-20000
6	3	2012-2-9	销售产品	1122	应收账款	1	1122	6000		6000
7	3	2012-2-9	销售产品	6001	主营业务收.	6	6001		6000	-6000
8	4	2012-2-10	销售产品	100202	建行存款	1	1002	40000		40000
9	4	2012-2-10	销售产品	6001	主营业务收.	6	6001		40000	-40000
10	5	2012-2-29	结销售成本	6401	主营业务成:	6	6401	16000		16000
11	5	2012-2-29	结销售成本	1405	库存商品	1	1405		16000	-16000
12	6	2012-2-29	发奖金	6602	管理费用	6	6602	700		700
13	6	2012-2-29	发奖金	6602	管理费用	6	6602	700		700
14	6	2012-2-29	办公费	6602	管理费用	6	6602	700		700
15	6	2012-2-29	发奖金	6602	管理费用	6	6602	600		600
16	6	2012-2-29	办公费	6602	管理费用	6	6602	500		500
17	6	2012-2-29	办公费	6602	管理费用	6	6602	300		300
18	6	2012-2-29	办公费	100202	建行存款	1	1002		3500	-3500
19	7	2012-2-29	发工资	6602	管理费用	6	6602	5000		5000
20	7	2012-2-29	发工资	6602	管理费用	6	6602	4000		4000
21	7	2012-2-29	发工资	6602	管理费用	6	6602	3000		3000
22	7	2012-2-29	发工资	100202	建行存款	1	1002		12000	-12000

图 1.50　2 月凭证数据

1 月和 2 月的统计数据如图 1.51 所示。

项目1-2在收支管理中的应用(公司).xls:2

	明细科目代码	明细科目名称	期初余额	借方发生额	贷方发生额	期末余额	本期利润
2	1001	库存现金	105000	1000		106000	
3	100201	工行存款	50000		14000	36000	
4	100202	建行存款	50000	3600	12000	41600	
5	1122	应收账款		216000		216000	
6	1405	库存商品	100000		108000	-8000	
7	1601	固定资产					
8	2001	短期借款					
9	2201	应付票据	-5000			-5000	
10	2203	预收账款					
11	2501	长期借款	-100000			-100000	
12	4001	实收资本	-200000			-200000	
13	4103	本年利润					86600
14	4104	利润分配					
15	410401	未分配利润					-86600
16	6001	主营业务收入			209600	-209600	
17	6011	投资收入					
18	6301	营业外收入					
19	6401	主营业务成本		108000		108000	
20	6403	营业税金及附加					
21	6601	销售费用					
22	6602	管理费用		15000		15000	
23	6603	财务费用					
24	6711	营业外支出					
25	6801	所得税费用					

项目1-2在收支管理中的应用(公司).xls:1

	明细科目代码	明细科目名称	期初余额	借方发生额	贷方发生额	期末余额	本期利润
2	1001	库存现金	106000	2000		108000	
3	100201	工行存款	36000		22000	14000	
4	100202	建行存款	41600	40000	15500	66100	
5	1122	应收账款	216000	6000		222000	
6	1405	库存商品	-8000	20000	16000	-4000	
7	1601	固定资产					
8	2001	短期借款					
9	2201	应付票据	-5000			-5000	
10	2203	预收账款					
11	2501	长期借款	-100000			-100000	
12	4001	实收资本	-200000			-200000	
13	4103	本年利润	86600			86600	14500
14	4104	利润分配					
15	410401	未分配利润	-86600			-86600	-14500
16	6001	主营业务收入	-209600		46000	-255600	
17	6011	投资收入					
18	6301	营业外收入					
19	6401	主营业务成本	108000	16000		124000	
20	6403	营业税金及附加					
21	6601	销售费用					
22	6602	管理费用	15000	15500		30500	
23	6603	财务费用					
24	6711	营业外支出					
25	6801	所得税费用					

图 1.51　1 月和 2 月的统计数据

步骤一　资产负债表的编制

资产负债表也称财务状况表，是表示企业在一定日期（通常为各会计期末）的财务状况（即资产、负债和业主权益的状况）的主要会计报表。

1. 建立资产负债表结构

资产负债表建立在表名为“13”的工作表中，在“目录”表中单击编号“13”即可进入。资产负债表的结构如图 1.52 所示。

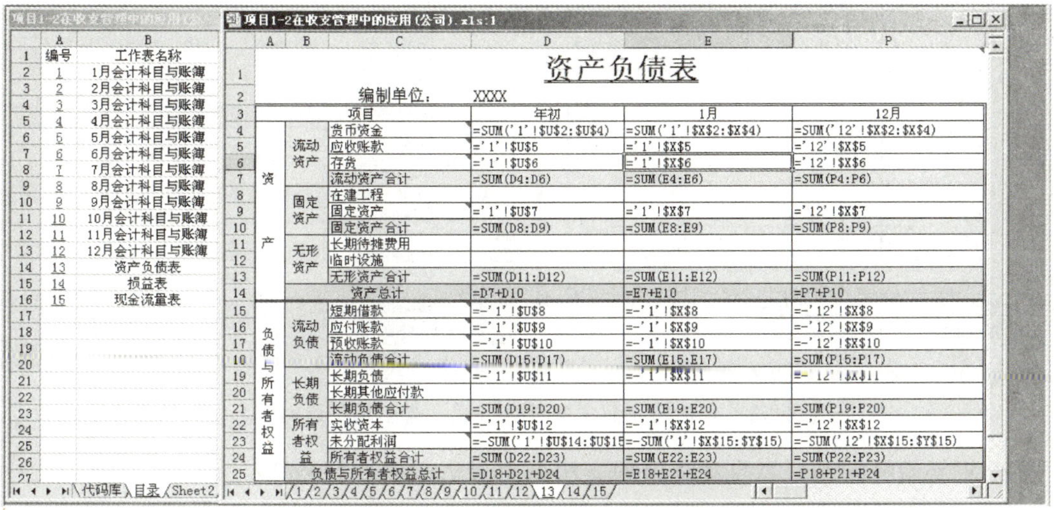

编号	工作表名称
1	1月会计科目与账簿
2	2月会计科目与账簿
3	3月会计科目与账簿
4	4月会计科目与账簿
5	5月会计科目与账簿
6	6月会计科目与账簿
7	7月会计科目与账簿
8	8月会计科目与账簿
9	9月会计科目与账簿
10	10月会计科目与账簿
11	11月会计科目与账簿
12	12月会计科目与账簿
13	资产负债表
14	损益表
15	现金流量表

资产负债表

编制单位： XXXX

项目			年初	1月	12月
资产	流动资产	货币资金	=SUM('1'!$U$2:$U$4)	=SUM('1'!$X$2:$X$4)	=SUM('12'!$X$2:$X$4)
		应收账款	='1'!$U$5	='1'!$X$5	='12'!$X$5
		存货	='1'!$U$6	='1'!$X$6	='12'!$X$6
		流动资产合计	=SUM(D4:D6)	=SUM(E4:E6)	=SUM(P4:P6)
	固定资产	在建工程			
		固定资产	='1'!$U$7	='1'!$X$7	='12'!$X$7
		固定资产合计	=SUM(D8:D9)	=SUM(E8:E9)	=SUM(P8:P9)
	无形资产	长期待摊费用			
		临时设施			
		无形资产合计	=SUM(D11:D12)	=SUM(E11:E12)	=SUM(P11:P12)
	资产总计		=D7+D10	=E7+E10	=P7+P10
负债与所有者权益	流动负债	短期借款	=-'1'!$U$8	=-'1'!$X$8	=-'12'!$X$8
		应付账款	=-'1'!$U$9	=-'1'!$X$9	=-'12'!$X$9
		预收账款	=-'1'!$U$10	=-'1'!$X$10	=-'12'!$X$10
		流动负债合计	=SUM(D15:D17)	=SUM(E15:E17)	=SUM(P15:P17)
	长期负债	长期负债	=-'1'!$U$11	=-'1'!$X$11	=-'12'!$X$11
		长期其他应付款			
		长期负债合计	=SUM(D19:D20)	=SUM(E19:E20)	=SUM(P19:P20)
	所有者权益	实收资本	=-'1'!$U$12	=-'1'!$X$12	=-'12'!$X$12
		未分配利润	=-SUM('1'!$U$14:$U$15	=-SUM('1'!$X$15:$Y$15)	=-SUM('12'!$X$15:$Y$15)
		所有者权益合计	=SUM(D22:D23)	=SUM(E22:E23)	=SUM(P22:P23)
负债与所有者权益总计			=D18+D21+D24	=E18+E21+E24	=P18+P21+P24

图 1.52 资产负债表列表结构

资产负债表包括“资产”和“负债与所有者权益”两大部分，资产部分又分为“流动资产”“固定资产”和“无形资产”3 个部分；负债与所有者权益也分为“流动负债”“长期负债”和“所有者权益”3 个部分。其中的信息均由公式生成。

关于表格的制作可参见项目 1 任务 1。

图 1.52 中显示了同一工作簿的不同窗口。**关于同时查看不同工作表的方法见附录中的操作技巧 3。**

2. 建立年初及 1 月计算公式

1）资产部分

（1）流动资产货币资金的计算。

对于年初：D4=SUM('1'!$U$2:$U$4)，该公式的作用是计算表“1”中的“库存现金”“工行存款”“建行存款”项的期初余额之和。

对于 1 月：E4=SUM('1'!$X$2:$X$4)，该公式的作用是计算表“1”中的“库存现金”“工行存款”“建行存款”项的期末余额之和。

公式及引用区域如图 1.53 所示。

（2）流动资产应收账款的计算。

对于年初：D5='1'!$U$5，即引用表“1”中的“应收账款”项的期初余额。

对于 1 月：E5='1'!$X$5，即引用表“1”中的“应收账款”项的期末余额。

（3）流动资产存货的计算。

对于年初：D6='1'!$U$6，即引用表“1”中的“库存商品”项的期初余额。

对于 1 月：E5='1'!$X$6，即引用表“1”中的“库存商品”项的期末余额。

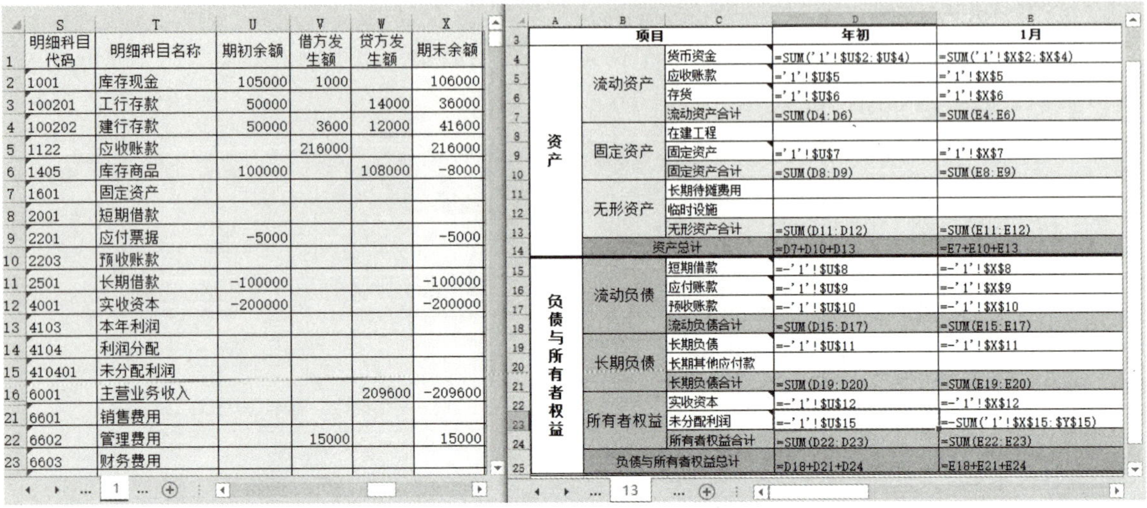

	S	T	U	V	W	X
1	明细科目代码	明细科目名称	期初余额	借方发生额	贷方发生额	期末余额
2	1001	库存现金	105000	1000		106000
3	100201	工行存款	50000		14000	36000
4	100202	建行存款	50000	3600	12000	41600
5	1122	应收账款		216000		216000
6	1405	库存商品	100000		108000	-8000
7	1601	固定资产				
8	2001	短期借款				
9	2201	应付票据	-5000			-5000
10	2203	预收账款				
11	2501	长期借款	-100000			-100000
12	4001	实收资本	-200000			-200000
13	4103	本年利润				
14	4104	利润分配				
15	410401	未分配利润				
16	6001	主营业务收入			209600	-209600
21	6601	销售费用				
22	6602	管理费用		15000		15000
23	6603	财务费用				

	A	B	C	D	E
3	项目			年初	1月
4	资产	流动资产	货币资金	=SUM('1'!$U$2:$U$4)	=SUM('1'!$X$2:$X$4)
5			应收账款	='1'!$U$5	='1'!$X$5
6			存货	='1'!$U$6	='1'!$X$6
7			流动资产合计	=SUM(D4:D6)	=SUM(E4:E6)
8		固定资产	在建工程		
9			固定资产	='1'!$U$7	='1'!$X$7
10			固定资产合计	=SUM(D8:D9)	=SUM(E8:E9)
11		无形资产	长期待摊费用		
12			临时设施		
13			无形资产合计	=SUM(D11:D12)	=SUM(E11:E12)
14		资产总计		=D7+D10+D13	=E7+E10+E13
15	负债与所有者权益	流动负债	短期借款	=-'1'!$U$8	=-'1'!$X$8
16			应付账款	=-'1'!$U$9	=-'1'!$X$9
17			预收账款	=-'1'!$U$10	=-'1'!$X$10
18			流动负债合计	=SUM(D15:D17)	=SUM(E15:E17)
19		长期负债	长期负债	=-'1'!$U$11	=-'1'!$X$11
20			长期其他应付款		
21			长期负债合计	=SUM(D19:D20)	=SUM(E19:E20)
22		所有者权益	实收资本	=-'1'!$U$12	=-'1'!$X$12
23			未分配利润	=-'1'!$U$15	=-SUM('1'!$X$15:$Y$15)
24			所有者权益合计	=SUM(D22:D23)	=SUM(E22:E23)
25		负债与所有者权益总计		=D18+D21+D24	=E18+E21+E24

图 1.53　年初与 1 月末的计算公式（含引用区域对照）

关于使复制粘贴的信息自动更新的方法见附录中的操作技巧 29。

（4）流动资产合计。

对于年初和 1 月的合计分别为 D7=SUM(D4:D6)、E7=SUM(E4:E6)。

用以上方法可以完成“资产”部分表格中其他各项目的年初与 1 月的公式计算及各分类的合计和资产总计。

2）负债与所有者权益部分

“流动负债”“长期负债”和“所有者权益”3 个部分的计算方法与“资产”部分中“流动资产”“固定资产”和“无形资产”相似，只需在公式前添加“-”即可。

其中，1 月的“未分配利润”计算，应等于表“1”中“未分配利润”项的期末余额与本期利润之和，即 E23=-SUM('1'!$X$15:$Y$15)。

3. 添加其他各月计算公式

1）填充公式

由于表“1～12 月”的结构完全一致，故可用填充方法完成对各月的公式计算，然后修改表名即可。但需要注意的是：向右填充公式时，要防止列的相对移动（应在填充前将各公式设置为绝对引用）。

选择 E4:P25 区域，按 Ctrl+R 组合键，即完成公式向右填充，如图 1.54 所示。

图中部分列被隐藏。**关于隐藏和取消隐藏行列的方法见附录中的操作技巧 54。**

2）编辑公式

打开“查找和替换”对话框（按 Ctrl+F 或 Shift+F5 组合键均可），选择“2 月”所在列（F 列），在“查找内容”和“替换为”框中分别输入“'1'!”“'2'!”，单击【全部替换】按钮，即完成对 2 月的公式编辑，如图 1.55 所示。

用同样的方法，分别完成其他各月中的公式编辑。

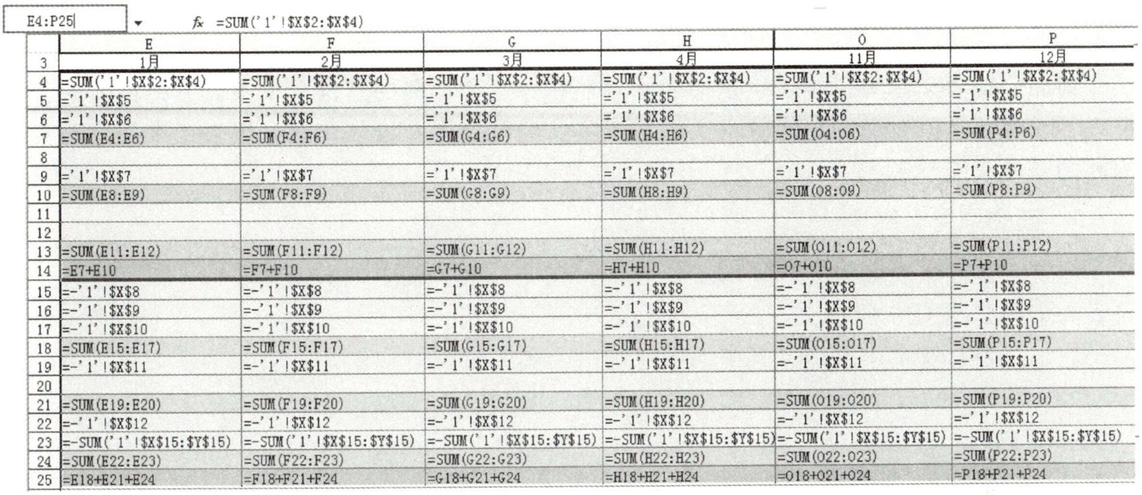

E4:P25　　fx =SUM('1'!$X$2:$X$4)

	E	F	G	H	O	P
3	1月	2月	3月	4月	11月	12月
4	=SUM('1'!$X$2:$X$4)	=SUM('1'!$X$2:$X$4)	=SUM('1'!$X$2:$X$4)	=SUM('1'!$X$2:$X$4)	=SUM('1'!$X$2:$X$4)	=SUM('1'!$X$2:$X$4)
5	='1'!$X$5	='1'!$X$5	='1'!$X$5	='1'!$X$5	='1'!$X$5	='1'!$X$5
6	='1'!$X$6	='1'!$X$6	='1'!$X$6	='1'!$X$6	='1'!$X$6	='1'!$X$6
7	=SUM(E4:E6)	=SUM(F4:F6)	=SUM(G4:G6)	=SUM(H4:H6)	=SUM(O4:O6)	=SUM(P4:P6)
8						
9	='1'!$X$7	='1'!$X$7	='1'!$X$7	='1'!$X$7	='1'!$X$7	='1'!$X$7
10	=SUM(E8:E9)	=SUM(F8:F9)	=SUM(G8:G9)	=SUM(H8:H9)	=SUM(O8:O9)	=SUM(P8:P9)
11						
12						
13	=SUM(E11:E12)	=SUM(F11:F12)	=SUM(G11:G12)	=SUM(H11:H12)	=SUM(O11:O12)	=SUM(P11:P12)
14	=E7+E10	=F7+F10	=G7+G10	=H7+H10	=O7+O10	=P7+P10
15	=-'1'!$X$8	=-'1'!$X$8	=-'1'!$X$8	=-'1'!$X$8	=-'1'!$X$8	=-'1'!$X$8
16	=-'1'!$X$9	=-'1'!$X$9	=-'1'!$X$9	=-'1'!$X$9	=-'1'!$X$9	=-'1'!$X$9
17	=-'1'!$X$10	=-'1'!$X$10	=-'1'!$X$10	=-'1'!$X$10	=-'1'!$X$10	=-'1'!$X$10
18	=SUM(E15:E17)	=SUM(F15:F17)	=SUM(G15:G17)	=SUM(H15:H17)	=SUM(O15:O17)	=SUM(P15:P17)
19	=-'1'!$X$11	=-'1'!$X$11	=-'1'!$X$11	=-'1'!$X$11	=-'1'!$X$11	=-'1'!$X$11
20						
21	=SUM(E19:E20)	=SUM(F19:F20)	=SUM(G19:G20)	=SUM(H19:H20)	=SUM(O19:O20)	=SUM(P19:P20)
22	=-'1'!$X$12	=-'1'!$X$12	=-'1'!$X$12	=-'1'!$X$12	=-'1'!$X$12	=-'1'!$X$12
23	=-SUM('1'!$X$15:$Y$15)	=-SUM('1'!$X$15:$Y$15)	=-SUM('1'!$X$15:$Y$15)	=-SUM('1'!$X$15:$Y$15)	=-SUM('1'!$X$15:$Y$15)	=-SUM('1'!$X$15:$Y$15)
24	=SUM(E22:E23)	=SUM(F22:F23)	=SUM(G22:G23)	=SUM(H22:H23)	=SUM(O22:O23)	=SUM(P22:P23)
25	=E18+E21+E24	=F18+F21+F24	=G18+G21+G24	=H18+H21+H24	=O18+O21+O24	=P18+P21+P24

图 1.54　在名称框中输入 E4:P25，按 Enter 键后，再按 Ctrl+R 组合键，即快速完成向右填充

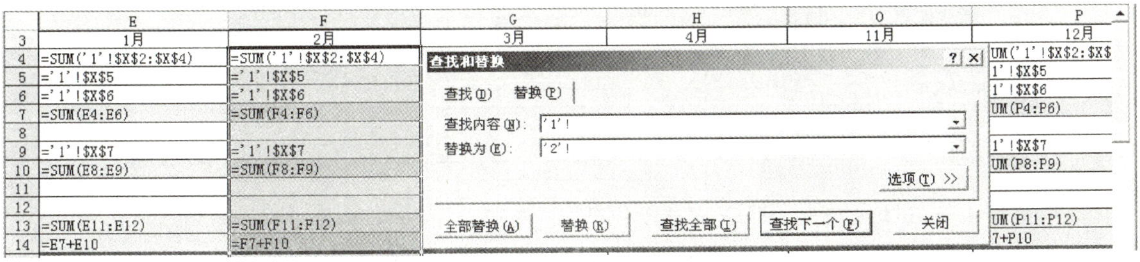

图 1.55　用查找替换的方法编辑公式

3）显示数据

按 Ctrl+`组合键，可返回正常显示，如图 1.56 所示。

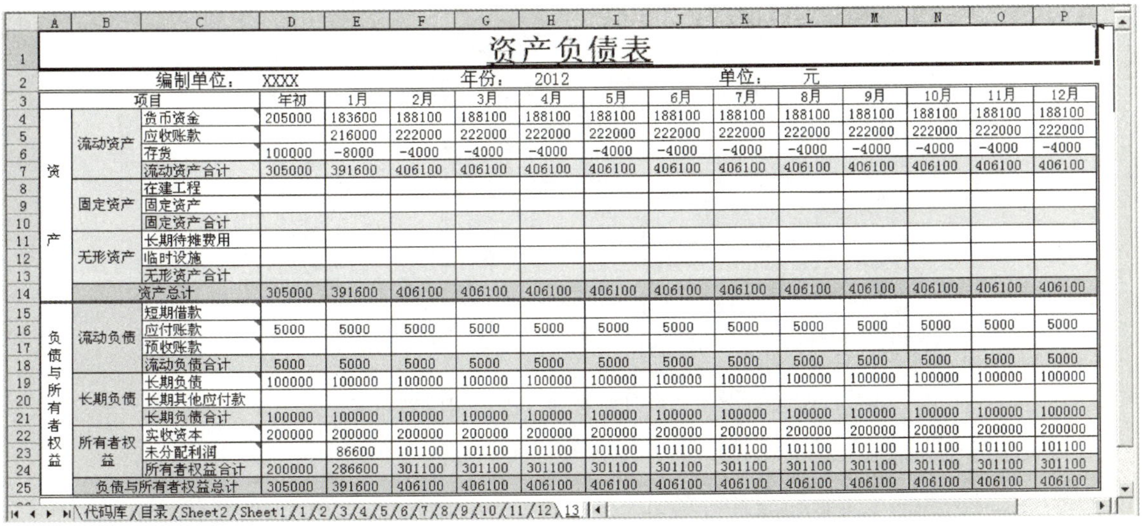

资产负债表

编制单位：XXXX　　年份：2012　　单位：元

		项目	年初	1月	2月	3月	4月	5月	6月	7月	8月	9月	10月	11月	12月
资产	流动资产	货币资金	205000	183600	188100	188100	188100	188100	188100	188100	188100	188100	188100	188100	188100
		应收账款		216000	222000	222000	222000	222000	222000	222000	222000	222000	222000	222000	222000
		存货	100000	-8000	-4000	-4000	-4000	-4000	-4000	-4000	-4000	-4000	-4000	-4000	-4000
		流动资产合计	305000	391600	406100	406100	406100	406100	406100	406100	406100	406100	406100	406100	406100
	固定资产	在建工程													
		固定资产													
		固定资产合计													
	无形资产	长期待摊费用													
		临时设施													
		无形资产合计													
	资产总计		305000	391600	406100	406100	406100	406100	406100	406100	406100	406100	406100	406100	406100
负债与所有者权益	流动负债	短期借款													
		应付账款	5000	5000	5000	5000	5000	5000	5000	5000	5000	5000	5000	5000	5000
		预收账款													
		流动负债合计	5000	5000	5000	5000	5000	5000	5000	5000	5000	5000	5000	5000	5000
	长期负债	长期负债	100000	100000	100000	100000	100000	100000	100000	100000	100000	100000	100000	100000	100000
		长期其他应付款													
		长期负债合计	100000	100000	100000	100000	100000	100000	100000	100000	100000	100000	100000	100000	100000
	所有者权益	实收资本	200000	200000	200000	200000	200000	200000	200000	200000	200000	200000	200000	200000	200000
		未分配利润		86600	101100	101100	101100	101100	101100	101100	101100	101100	101100	101100	101100
		所有者权益合计	200000	286600	301100	301100	301100	301100	301100	301100	301100	301100	301100	301100	301100
负债与所有者权益总计			305000	391600	406100	406100	406100	406100	406100	406100	406100	406100	406100	406100	406100

代码库 / 目录 / Sheet2 / Sheet1 / 1 / 2 / 3 / 4 / 5 / 6 / 7 / 8 / 9 / 10 / 11 / 12 / 13

图 1.56　资产负债表的数据显示

由于仅输入了“1 月”和“2 月”的凭证数据，所以资产负债表中“2 月”以后的数据将保持与“2 月”一致。

步骤二　利润分配表的编制

利润分配表又称为损益表，是指表示企业在一定会计期的经营成果及其分配情况的会计报表，反映了这段时间的销售收入、销售成本、经营费用及税收状况，报表结果为公司实现的利润或形成的亏损。

1．建立损益表结构

损益表建立在表名为“14”的工作表中，在“目录”表中单击编号“14”即可进入。损益表的结构如图 1.57 所示。

它包括各月及本年累计。其中的信息均由公式生成。

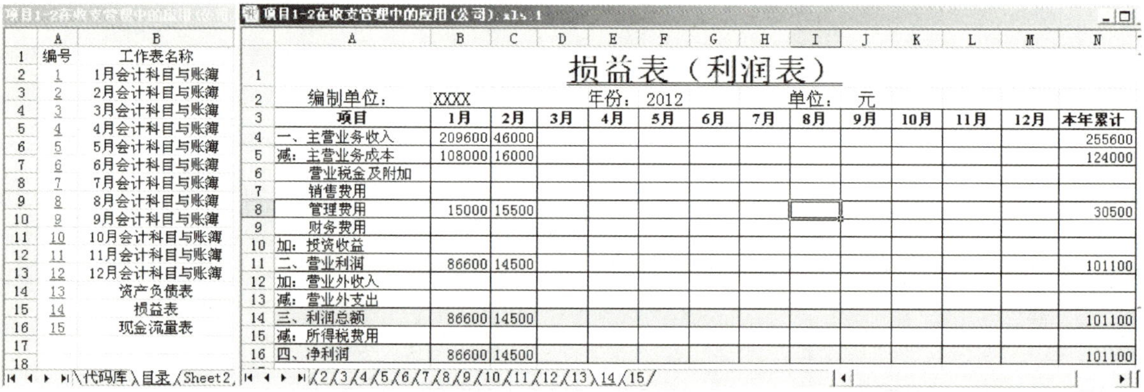

项目1-2在收支管理中的应用(公司).xls:2

	A	B
1	编号	工作表名称
2	1	1月会计科目与账簿
3	2	2月会计科目与账簿
4	3	3月会计科目与账簿
5	4	4月会计科目与账簿
6	5	5月会计科目与账簿
7	6	6月会计科目与账簿
8	7	7月会计科目与账簿
9	8	8月会计科目与账簿
10	9	9月会计科目与账簿
11	10	10月会计科目与账簿
12	11	11月会计科目与账簿
13	12	12月会计科目与账簿
14	13	资产负债表
15	14	损益表
16	15	现金流量表
17		
18		

项目1-2在收支管理中的应用(公司).xls:1

损益表（利润表）

编制单位：XXXX　年份：2012　单位：元

	A	B	C	D	E	F	G	H	I	J	K	L	M	N
3	项目	1月	2月	3月	4月	5月	6月	7月	8月	9月	10月	11月	12月	本年累计
4	一、主营业务收入	209600	46000											255600
5	减：主营业务成本	108000	16000											124000
6	营业税金及附加													
7	销售费用													
8	管理费用	15000	15500											30500
9	财务费用													
10	加：投资收益													
11	二、营业利润	86600	14500											101100
12	加：营业外收入													
13	减：营业外支出													
14	三、利润总额	86600	14500											101100
15	减：所得税费用													
16	四、净利润	86600	14500											101100

图 1.57　损益表列表结构

2．建立 1 月计算公式

（1）损益表中的白色区域（B4:B10、B12:B13、B15）均可以引用方法完成。例如 B4、B5 分别与表 1 中的 W16、V19 相等。图 1.58 显示了公式及引用区域。

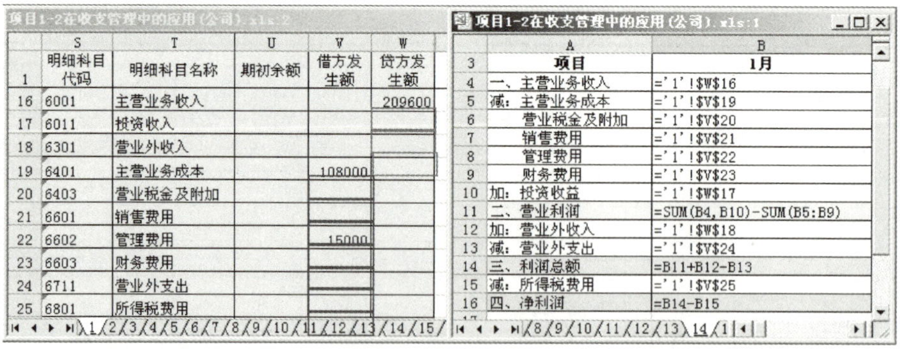

项目1-2在收支管理中的应用(公司).xls:2

	S	T	U	V	W
1	明细科目代码	明细科目名称	期初余额	借方发生额	贷方发生额
16	6001	主营业务收入			209600
17	6011	投资收入			
18	6301	营业外收入			
19	6401	主营业务成本		108000	
20	6403	营业税金及附加			
21	6601	销售费用			
22	6602	管理费用		15000	
23	6603	财务费用			
24	6711	营业外支出			
25	6801	所得税费用			

项目1-2在收支管理中的应用(公司).xls:1

	A	B
3	项目	1月
4	一、主营业务收入	='1'!$W$16
5	减：主营业务成本	='1'!$V$19
6	营业税金及附加	='1'!$V$20
7	销售费用	='1'!$V$21
8	管理费用	='1'!$V$22
9	财务费用	='1'!$V$23
10	加：投资收益	='1'!$W$17
11	二、营业利润	=SUM(B4,B10)-SUM(B5:B9)
12	加：营业外收入	='1'!$W$18
13	减：营业外支出	='1'!$V$24
14	三、利润总额	=B11+B12-B13
15	减：所得税费用	='1'!$V$25
16	四、净利润	=B14-B15

图 1.58　1 月的计算公式（含引用区域对照）

（2）分段累计如下：

① 在 B11 中输入营业利润计算公式

B11=(B4+B10)-(B5+B6+B7+B8+B9)=SUM(B4,B10)-SUM(B5:B9)

② 在 B14 中输入利润总额计算公式

B14=B11+B12-B13

③ 在 B16 中输入净利润公式

B16=B14-B15

3. 添加其他各月及本年累计计算公式

添加其他各月计算公式的方法同本任务步骤一之 3。

在“本年累计”列输入求和公式 N4=SUM(B4:M4)，并向下填充至 N16，在智能选项下拉列表中选中“不带格式填充”单选按钮，如图 1.59 所示。

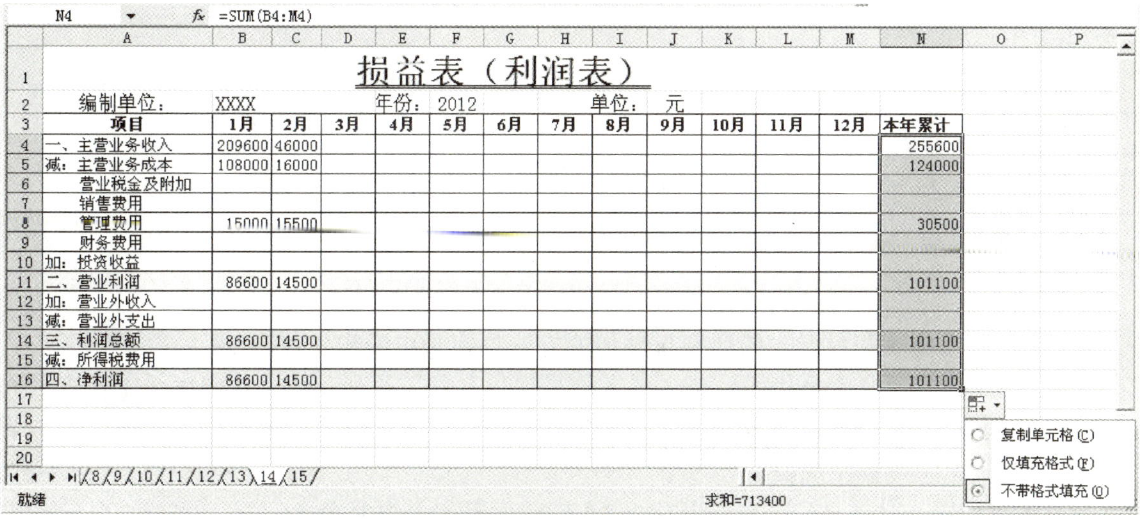

损益表（利润表）

项目	1月	2月	3月	4月	5月	6月	7月	8月	9月	10月	11月	12月	本年累计
编制单位：	XXXX			年份：	2012			单位：	元				
一、主营业务收入	209600	46000											255600
减：主营业务成本	108000	16000											124000
营业税金及附加													
销售费用													
管理费用	15000	15500											30500
财务费用													
加：投资收益													
二、营业利润	86600	14500											101100
加：营业外收入													
减：营业外支出													
三、利润总额	86600	14500											101100
减：所得税费用													
四、净利润	86600	14500											101100

图 1.59 损益表中本年累计公式及向下填充

由于仅输入了“1 月”和“2 月”的凭证数据，所以损益表中“2 月”以后的数据均为零。**关于不显示“0”的方法见附录中的操作技巧 50，不显示网络线的方法见附录中的操作技巧 52。**

也可以对数字加单位（例如“元”）。**关于批量为单元格数据添加单位并保持其运算功能的方法见附录中的操作技巧 13。**

步骤三 现金流量表的编制

现金流量表是财务报表的 3 个基本报表之一，也叫财务状况变动表，所表达的是在一个固定期间（通常是每月或每季）内，企业现金（包含现金等价物）的增减变动情形。

现金流量表的编制有两种方法：一种是直接法，另一种是间接法。这里介绍用直接法编制现金流量表（设在凭证输入时，已经对有关现金流量的科目，例如现金、银行存款等输入过现金流量的项目）。

1. 建立各月现金流量统计区

1）在表“1”中建立现金流量统计区

在表“1”的 AA:AC 列建立现金流量统计区，与其他列表有空列（Z 列）分隔，如图 1.60 所示。可将该空列隐藏，其目的是各数据表之间互相独立，便于选择和操作。

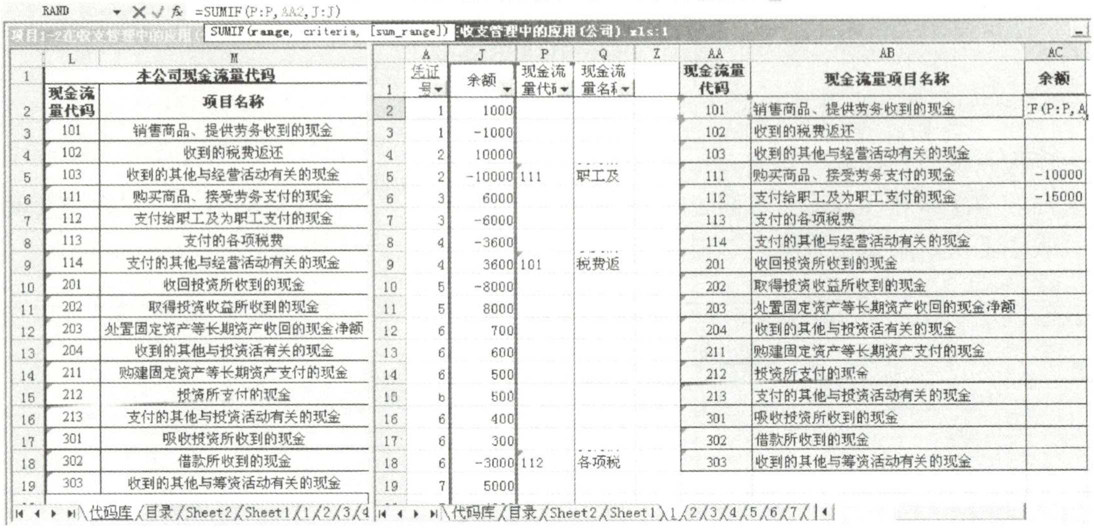

图 1.60　在表“1”中建立现金流量统计区

关于全选工作表和数据表的区别与操作的方法见附录中的操作技巧 58。

统计区中的“现金流量代码”与“现金流量项目名称”两列，由“代码库”工作表中的 L3:M18 复制、粘贴获得。

2）由 SUMIF 函数生成余额

在 AC2 中输入公式 AC2 =SUMIF(P:P,AA2,J:J)，并向下填充至 AC18。

该公式的作用是：在 P 列（现金流量代码）中筛选符合 AA2 的代码（101），并计算 J 列（余额）总和。**关于 SUMIF 函数的用法见附录 4。**

3）向其他各月表填充

选择表“1”的现金流量统计区 AA1:AC18，按住 Shift 键，单击表“12”，用填充工作组法完成各月表的填充，再退出工作组。**关于向工作组填充及取消“成组工作表”模式的方法见附录中的操作技巧 38。**

2．建立现金流量表结构

现金流量表建立在表名为“15”的工作表中，在“目录”表中单击编号“15”即可进入。现金流量表的结构如图 1.61 所示。本例中主要以经营活动产生的现金流量为统计对象。

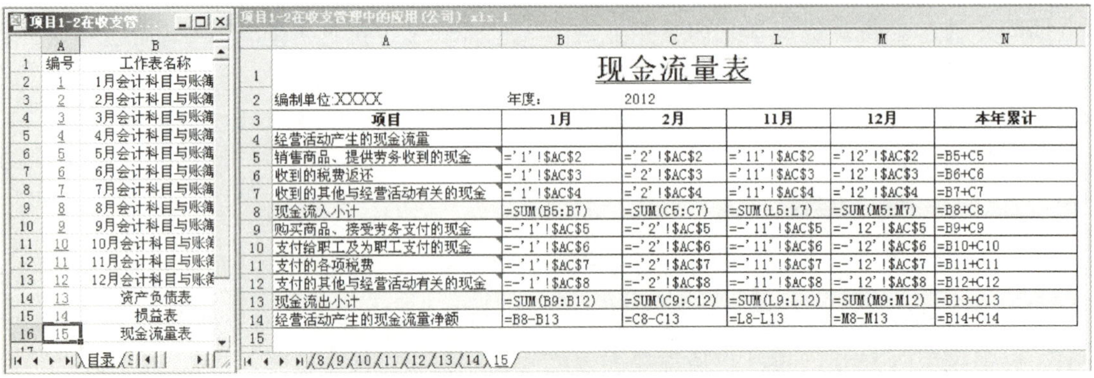

图 1.61　现金流量表列表结构

现金流量表包括各月及本年累计。其中的信息均由公式生成。

3. 建立1月计算公式

（1）用引用方法完成。

例如B5、B6、B7分别与表“1”中的AC2、AC3、AC4相等。图1.62显示了公式及引用区域（注意用绝对引用，以便向其他各月填充公式）。

	AA	AB	AC
1	现金流量代码	现金流量项目名称	余额
2	101	销售商品、提供劳务收到的现金	3600
3	102	收到的税费返还	0
4	103	收到的其他与经营活动有关的现金	0
5	111	购买商品、接受劳务支付的现金	-10000
6	112	支付给职工及为职工支付的现金	-15000
7	113	支付的各项税费	0
8	114	支付的其他与经营活动有关的现金	0
9	201	收回投资所收到的现金	0
10	202	取得投资收益所收到的现金	0
11	203	处置固定资产等长期资产收回的现金净额	0
12	204	收到的其他与投资活动有关的现金	0
13	211	购建固定资产等长期资产支付的现金	0
14	212	投资所支付的现金	0
15	213	支付的其他与投资活动有关的现金	0
16	301	吸收投资所收到的现金	0
17	302	借款所收到的现金	0
18	303	收到的其他与筹资活动有关的现金	0

	A	B
3	项目	1月
4	经营活动产生的现金流量	
5	销售商品、提供劳务收到的现金	='1'!$AC$2
6	收到的税费返还	='1'!$AC$3
7	收到的其他与经营活动有关的现金	='1'!$AC$4
8	现金流入小计	=SUM(B5:B7)
9	购买商品、接受劳务支付的现金	=-'1'!$AC$5
10	支付给职工及为职工支付的现金	=-'1'!$AC$6
11	支付的各项税费	=-'1'!$AC$7
12	支付的其他与经营活动有关的现金	=-'1'!$AC$8
13	现金流出小计	=SUM(B9:B12)
14	经营活动产生的现金流量净额	=B8-B13

图1.62 计算1月的公式（含引用区域对照）

（2）分段累计。

现金流入小计：B8=SUM(B5:B7)

现金流出小计：B13=SUM(B9:B12)

经营活动产生的现金流量净额：B14=B8-B13

4. 添加其他各月及本年累计计算公式

添加其他各月计算公式的方法同本任务步骤一之3。

在“本年累计”列输入求和公式N5=SUM(B5:M5)，并向下填充至N14，在智能选项下拉列表中选中“不带格式填充”单选按钮，如图1.63所示。

	A	B	C	D	E	F	G	H	I	J	K	L	M	N
1	现金流量表													
2	编制单位:XXXXX	年度:	2012				单位:	元						
3	项目	1月	2月	3月	4月	5月	6月	7月	8月	9月	10月	11月	12月	本年累计
4	经营活动产生的现金流量													
5	销售商品、提供劳务收到的现金	3600	40000											43600元
6	收到的税费返还													
7	收到的其他与经营活动有关的现金													
8	现金流入小计	3600	40000											43600元
9	购买商品、接受劳务支付的现金	10000	20000											30000元
10	支付给职工及为职工支付的现金	15000	12000											27000元
11	支付的各项税费													
12	支付的其他与经营活动有关的现金		3500											3500元
13	现金流出小计	25000	35500											60500元
14	经营活动产生的现金流量净额	-21400	4500											-16900元

代码库/目录/Sheet2/Sheet1/1/2/3/4/5/6/7/8/9/10/11/12/13/14/15/

图1.63 现金流量表的数据显示

由于仅输入了 1 月和 2 月的凭证数据，所以现金流量表中 2 月以后的数据均为零。

用户也可对本年累计的数字自动添加单位“元”，如图 1.63 所示。**关于批量为单元格数据添加单位并保持其运算功能的方法见附录中的操作技巧 13。**

项目回顾

本项目通过家庭收支管理软件及公司财务收支账簿的制作介绍了 Excel 表格制作、格式设置，SUM、SUMIF、IF、LOOKUP、LEFT 等函数，以及公式填充、数据引用、数据的有效性、表间链接、查找/替换、保护工作表和工作簿、数据分析（筛选、透视、分类汇总）、VBA 等知识与技巧。

项目训练

1. 怎样在单元格中使文本换行？
2. 怎样快速定位向下或向右填充公式？
3. 怎样建立表间联系？
4. 避免公式中分母为零时系统显示错误信息，有哪些方法？
5. 怎样设置条件格式？
6. 怎样使部分单元格受到保护？
7. 如何运用数据验证快速输入数据？
8. 某组同学模仿任务一编制了一个收支软件（见项目 1 训练参考 个人收支管理账），将按日记录改为按周记录，并设有内容栏，以便记录有关信息，如图 1.64 所示。请设计一个收支软件。

【训练参考】

每月收支明细表

	项目 \ 周次	第1周		第2周		第3周		第4周		合计
		内容	金额	内容	金额	内容	金额	内容	金额	
	原有余额		50		830		830		830	50
收入明细	工资		1500							1500
	奖金									0
	其他									0
	收入合计		1500		0		0		0	1500
支出明细	餐饮		350							350
	生活用品		20							20
	水、电、气		50							50
	服饰									0
	教育									0
	娱乐、旅游									0
	居住、家电		200							200
	保健、美容									0
	交通、通信		100							100
	其他									0
	支出合计		720		0		0		0	720
	信用卡									0
	现金余额		830		830		830		830	830
记事本										

年度汇总 | 1月 | 2月 | 3月 | 4月 | 5月 | 6月 | 7月 | 8月 | 9月 | 10月 | 11月 | 12月

图 1.64 每月按周记录的收支软件（可记录相关的文字说明）

9. 某组同学自创了一个人理财软件（见项目1训练参考　个人理财软件）。该软件具有以下功能：

【训练参考】

（1）月表中的日期列用于记录记账日期，单击该单元格即能自动显示当前日期（也可手动更改日期）。

（2）在各月的“收支项目”列中均可选择已有的序列（该序列名称可以编辑修改，存放在“1月”表的H列），月工作表中设有【清除数据】按钮和跳转至“个人理财汇总”表的超链接对象（双五角星图标），如图1.65所示。

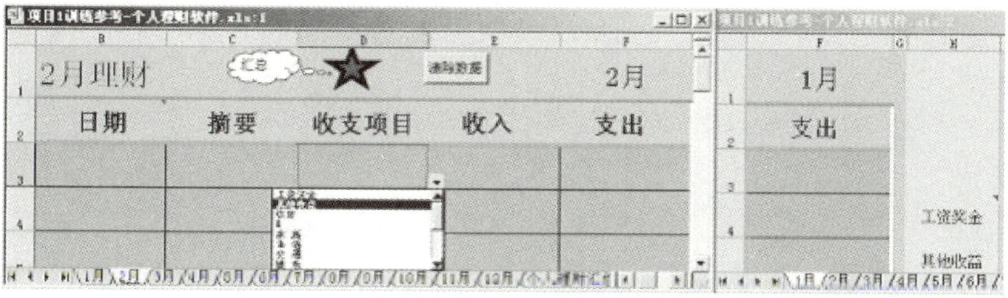

图 1.65　月表结构　（收支项目的序列建在“1月”表的H列中）

（3）个人理财汇总表如图1.66所示，运用SUMIF、SUM函数完成自动统计。请分析其原理，并设置不显示0。

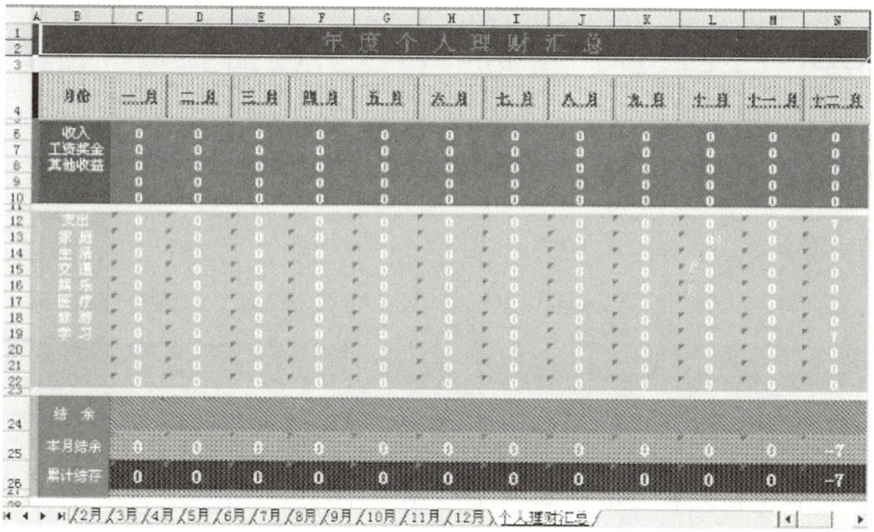

图 1.66　汇总表结构

项目 2

Excel 在工资管理中的应用

【项目导读】

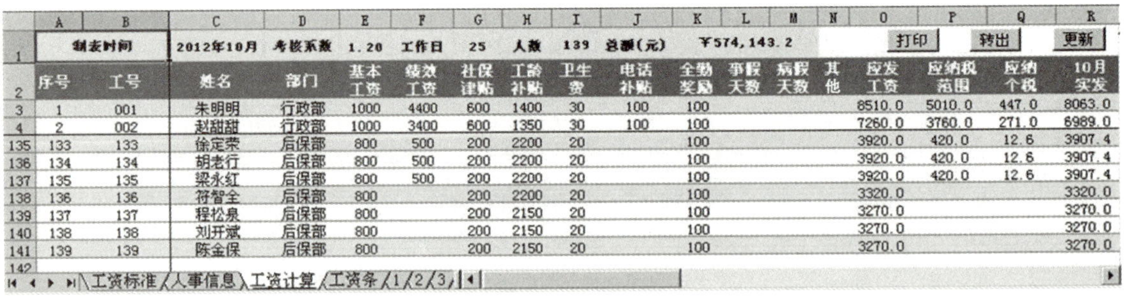

	A	B	C	D	E	F	G	H	I	J	K	L	M	N	O	P	Q	R
1	制表时间		2012年10月	考核系数	1.20	工作日	25	人数	139	总额(元)	¥574,143.2				打印	转出		更新
2	序号	工号	姓名	部门	基本工资	绩效工资	社保津贴	工龄补贴	卫生费	电话补贴	全勤奖励	事假天数	病假天数	其他	应发工资	应纳税范围	应纳个税	10月实发
3	1	001	朱明明	行政部	1000	4400	600	1400	30	100	100				8510.0	5010.0	447.0	8063.0
4	2	002	赵甜甜	行政部	1000	3400	600	1350	30	100	100				7260.0	3760.0	271.0	6989.0
135	133	133	徐定荣	后保部	800	500	200	2200	20		100				3920.0	420.0	12.6	3907.4
136	134	134	胡老行	后保部	800	500	200	2200	20		100				3920.0	420.0	12.6	3907.4
137	135	135	梁永红	后保部	800	500	200	2200	20		100				3920.0	420.0	12.6	3907.4
138	136	136	符智全	后保部	800		200	2200	20		100				3320.0			3320.0
139	137	137	程松泉	后保部	800		200	2150	20		100				3270.0			3270.0
140	138	138	刘开斌	后保部	800		200	2150	20		100				3270.0			3270.0
141	139	139	陈金保	后保部	800		200	2150	20		100				3270.0			3270.0
142																		

工资管理是指根据国家劳动法规和政策，对职工工资的发放实行计划、组织、协调、指导和监督。

许多企业根据实际情况，建立了具有激励机制的工资形式（计时工资、计件工资、定额工资、浮动工资、奖金、津贴）等，以调动员工的工作积极性，有效地降低工资成本，提高生产效率。

本项目以几种典型的工资方案为例，介绍 Excel 进行数据的输入、计算、修饰、打印、转出、合并等方法，学习常用的统计方法、报表套用格式、动态区域的打印控制，VBA 与按钮控制，数据合并、数据透视等知识。

【任务导读】

任务 1　计时类工资的计算

【示例文件】

计时工资是指按照劳动者的工作时间来计算工资的一种方式。计时工资可分为：月工资制、日工资制和小时工资制。本任务依据某企业工资改革方案，模拟进行月工资计算。参考示例文件：项目 2-1　在工资管理中的应用（计时）。

背景资料：

某企业为进一步规范企业行为，建立科学、规范、公平、合理的工资体系，制定了如下的工资改革方案。

1．工资标准

（1）根据员工的工作劳动强度、技术难度、岗位职责等确定工资标准。

（2）职务等级分为 A、B、C、D、E 五级，见表 2-1。

（3）该企业不为员工代缴社会保障，采用发放社保津贴的方式发给员工，员工自行到社保管理部门缴纳，见表 2-1。

表 2-1　某企业工资标准

职　别	基本工资	绩效工资	社保津贴	合　计	对　象
A1	1000	4400	600	6000	总经理
A2	1000	3400	600	5000	副总经理
B1	1000	2600	400	4000	部门经理
B2	1000	1600	400	3000	部门副经理
C1	800	1400	300	2500	基层主管
C2	800	900	300	2000	组长或高级职员
D1	800	700	300	1800	一般职员中具有中级职称
D2	800	500	200	1500	一般职员
E	800		200	1000	勤杂工或保洁工

2．工资构成

工资=基本工资+绩效工资+社保津贴+工龄津贴+电话津贴+卫生津贴+全勤奖金

1）基本工资

基本工资是企业为保证维持员工的基本生活需要给予员工的基本生活费用。A～B 级基本工资均为 1000 元/月；C～E 级基本工资均为 800 元/月。

2）绩效工资

绩效工资是按企业产能（销售量）确定一个基数，与绩效工资基数挂钩，每月按产能完成情况，发放相应比例。

相同岗位的员工同工同酬，执行相同的标准。

对于工作性质与企业产能联系不大的岗位，不设立绩效工资，如杂工、保洁员等岗位，见表 2-1。

3）工龄津贴

工龄津贴是企业为稳定员工队伍，鼓励员工长期留任而设立的奖励性工资。在册的员工每满一年均可享受50元/月（中途离职再进入本企业的，其离职前的工龄不再计算，病假、事假超过一个月，超过的部分不计算企业工龄）。

4）其他津贴

对公司中的高管人员、采购/销售人员提供电话费补贴：100元/月。

全勤津贴：对当月全勤员工，奖励100元/月。

卫生津贴：男性职工每月20元，女性职工每月30元。

月工资 =（基本工资 + 绩效工资×绩效考核系数）/当月总工作天数×当月实际出勤天数 + 津贴

步骤一　建立月度工资计算表

1.“工资计算”表的结构

“工资计算”表包括：“序号”“工号”“姓名”“部门”“基本工资”“绩效工资”“社保津贴”“工龄补贴”“卫生费”“电话补贴”“全勤奖励”“事假天数”“病假天数”“其他”“应发工资”“应纳税范围”“应纳个税”“月实发”等栏目；表头部分有：“制表时间”“（绩效）考核系数”“工作日（数）”“人数”“（本月）总额”及【打印】【转出】【更新】等快捷按钮，如图2.1所示。

	A	B	C	D	E	F	G	H	I	J	K	L	M	N	O	P	Q	R
1	制表时间		2012年1月	考核系数	1.20	工作日	25	人数	139	总额(元)	¥569,955.7				打印		转出	更新
2	序号	工号	姓名	部门	基本工资	绩效工资	社保津贴	工龄补贴	卫生费	电话补贴	全勤奖励	事假天数	病假天数	其他	应发工资	应纳税范围	应纳个税	1月实发
3	1	001	朱明明	行政部	1000	4400	600	1350	30	100	100				8460.0	4960.0	437.0	8023.0
4	2	002	赵甜甜	行政部	1000	3400	600	1300	30	100	100				7210.0	3710.0	266.0	6944.0
140	138	138	刘开斌	后保部	800		200	2150	20		100				3270.0			3270.0
141	139	139	陈金保	后保部	800		200	2100	20		100				3220.0			3220.0
142																		

工资标准　人事信息　工资计算

图2.1　“工资计算”表结构

2.表头的设计

（1）显示制表时间。C1单元格输入公式C1= TODAY()。该公式返回的是系统当前日期，可随系统自动更新。**关于TODAY函数的用法见附录4。**

（2）输入（绩效）考核系数。E1单元格设置为小数2位；手工输入数据。

（3）输入（本月）工作日数。G1单元格为常规格式，手工输入天数。

（4）显示（本月）人数。I1单元格为常规格式，输入公式I1=COUNT(A:A)。该公式返回的是A列中值型的单元格个数。**关于COUNT函数的用法见附录4。**

（5）显示（本月工资）总额。K1单元格设置为货币、小数1位格式，输入公式K1=SUM(R:R)。

（6）表头中的“？月实发”。R2单元格输入公式R2=MONTH(C1)&"月实发"，该公式的作用是：提取C1中的当前系统日期的月数，并与“月实发”文本共同组成新的文本。例如设C1为2012-1-30，则函数=MONTH(C1)显示为“1”，R2显示为“1月实发”，该单元格中的月数能随系统自动更新（在月实发前添加月号是为了方便后期的数据分析）。**关于函数MONTH的用法见附录4。**

（7）字数较长的字段设置为手动换行，并选择格式，设置垂直和水平居中，自动行高和列宽。**关于在单元格内换行的方法见附录中的操作技巧 9，关于行高与列宽的设置方法见附录中的操作技巧 16。**

3．序号列的输入

在 A3 中输入能自动填充序列号的公式 A3=IF(B3=0,"",IF(ROW()=3,1,A2+1))，并向下填充至 A200，如图 2.2 所示。

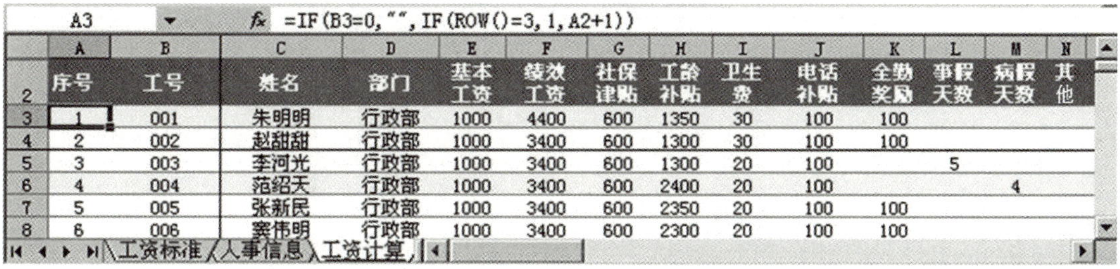

A3　=IF(B3=0,"",IF(ROW()=3,1,A2+1))

	A	B	C	D	E	F	G	H	I	J	K	L	M	N
2	序号	工号	姓名	部门	基本工资	绩效工资	社保津贴	工龄补贴	卫生费	电话补贴	全勤奖励	事假天数	病假天数	其他
3	1	001	朱明明	行政部	1000	4400	600	1350	30	100	100			
4	2	002	赵甜甜	行政部	1000	3400	600	1300	30	100	100			
5	3	003	李河光	行政部	1000	3400	600	1300	20	100		5		
6	4	004	范绍天	行政部	1000	3400	600	2400	20	100			4	
7	5	005	张新民	行政部	1000	3400	600	2350	20	100	100			
8	6	006	窦伟明	行政部	1000	3400	600	2300	20	100	100			

工资标准 / 人事信息 / 工资计算

图 2.2　在 A3 中输入自动编序号的公式

该公式的作用是：判断相邻的工号单元格，如果为空，则不显示序号；若行号为 3，则值为 1，否则为上一行的值+1。**关于 IF、ROW 函数的用法见附录 4。**

4．基本数据的引入

“工号”“姓名”“部门”“基本工资”“绩效工资”和“社保津贴”6 列信息直接引用“人事信息”表的相关列（“人事信息”表的数据由相关部门每月提供），如图 2.3 所示。**关于使复制数据的信息自动更新的方法见附录中的操作技巧 29。**

具体操作如下：

B3 =人事信息!A3，确定后向右填充至 D 列。

E3 =人事信息!J3，确定后向右填充至 G 列。

在“工资计算”表的名称框中输入 B3:G200，确定后，按 Ctrl+D 组合键即向下填充至 200 行。

	A	B	C	J	K	L
2	工号	姓名	部门	基本工资	绩效工资	社保津贴
3	001	朱明明	行政部	1000	4400	600
4	002	赵甜甜	行政部	1000	3400	600
5	003	李河光	行政部	1000	3400	600
6	004	范绍天	行政部	1000	3400	600
7	005	张新民	行政部	1000	3400	600
8	006	窦伟明	行政部	1000	2600	400
9	007	佳龙	行政部	1000	1600	400

人事信息 / 工资计算 / 扣税速查表

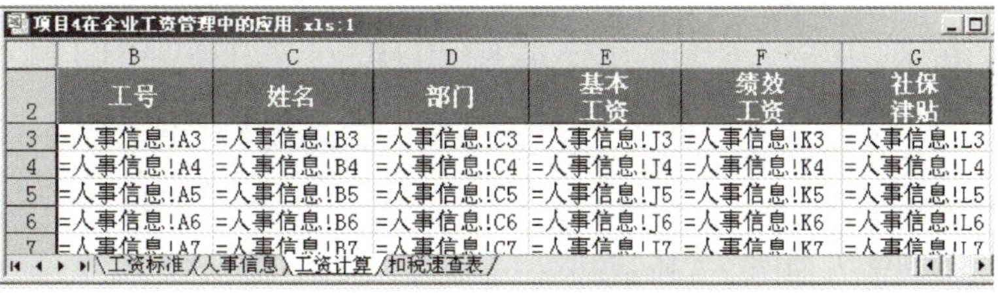

项目4在企业工资管理中的应用.xls:1

	B	C	D	E	F	G
2	工号	姓名	部门	基本工资	绩效工资	社保津贴
3	=人事信息!A3	=人事信息!B3	=人事信息!C3	=人事信息!J3	=人事信息!K3	=人事信息!L3
4	=人事信息!A4	=人事信息!B4	=人事信息!C4	=人事信息!J4	=人事信息!K4	=人事信息!L4
5	=人事信息!A5	=人事信息!B5	=人事信息!C5	=人事信息!J5	=人事信息!K5	=人事信息!L5
6	=人事信息!A6	=人事信息!B6	=人事信息!C6	=人事信息!J6	=人事信息!K6	=人事信息!L6
7	=人事信息!A7	=人事信息!B7	=人事信息!C7	=人事信息!J7	=人事信息!K7	=人事信息!L7

工资标准 / 人事信息 / 工资计算 / 扣税速查表

图 2.3　“工资计算”表中 A:F 列信息引用“人事信息”表中的相关信息

步骤二　计算工资生成工资条

1．计算各类补贴

1）工龄补贴和卫生费

在 H3 中输入工龄补贴公式 H3=人事信息!H3*50，并向下填充至 200 行；该公式根据“人事信息”表中的 H3（即工龄数）进行*50 的运算（即 50 元/年）。

在 I3 中输入卫生费计算公式 I3=IF(B3=0,"",IF(人事信息!D3="男",20,30))，并向下填充至 200 行；该公式的作用是：如果 B3 中没有工号（即无此人），则不显示卫生费，否则根据“人事信息”表中的 D3（即“性别”）进行判断，男职工补贴 20 元，女职工补贴 30 元。

以上公式输入如图 2.4 所示。

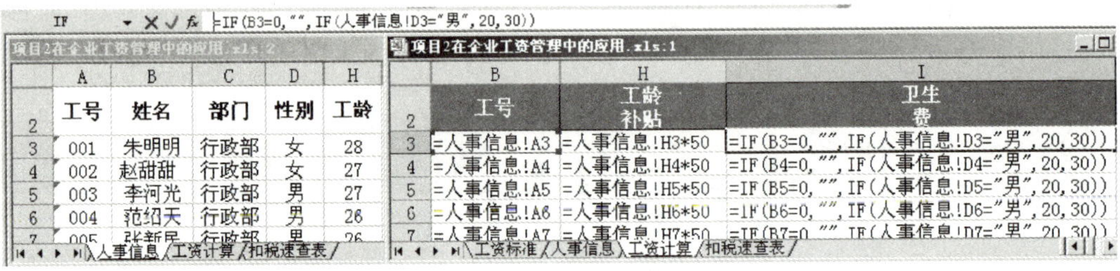

图 2.4　计算工龄补贴和卫生费的公式

2）电话费补贴

在 J3 中输入电话费补贴公式：J3=IF(OR(人事信息!I3="A1",人事信息!I3="A2",人事信息!C3="销售部"),100,"")，并向下填充至 200 行；该公式根据“人事信息”表中的 I3（即“职别”）和 C3（即“部门”）进行判断，职别为 A1 或 A2（高管人员），或部门为销售部（营销人员），补贴 100 元。

公式输入如图 2.5 所示。

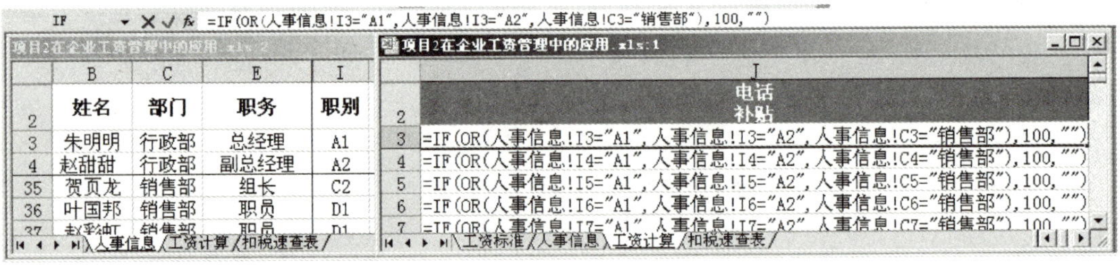

图 2.5　计算电话费补贴的公式

3）全勤奖励

在 K3 中输入全勤奖励公式 K3=IF(B3=0,"",IF(SUM(L3:M3)=0,100,""))，并向下填充至 200 行。

该公式的作用是：如果 B3 中没有工号（即无此人），则不显示全勤奖，否则根据 L3（即事假天数）和 M3（即病假天数）进行判断，若两者之和为零，则奖励 100 元。

公式输入如图 2.6 所示。

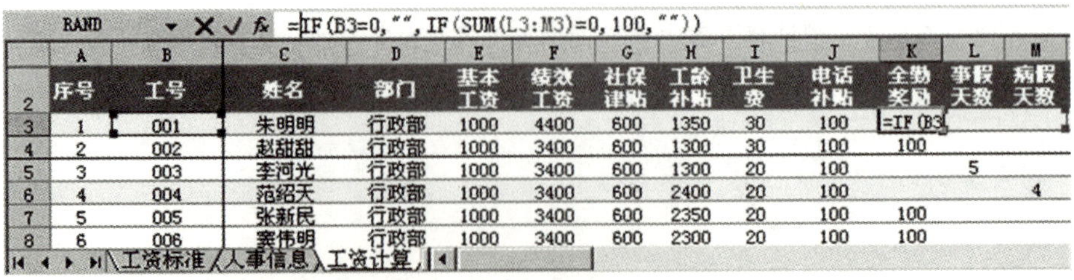

图 2.6　计算全勤奖励的公式

2．计算应发工资

在 O3 中输入应发工资公式=IF(B3=0,0,(E3+F3*$E$1)/$G$1*($G$1-L3-M3)+SUM(G3:K3)+N3)，并向下填充至 200 行；该列设小数位 2 位。

该公式的作用是：若 B3 中工号为 0（即无此人），则应发工资为 0，否则计算应发工资。

应发工资=(基本工资 E3+绩效工资 F3*考核系数 E1)/当月工作日数 G1*当月实际出勤天数(G1−L3−M3)+各种津贴 SUM(G3:K3)+其他 N3

公式输入如图 2.7 所示。

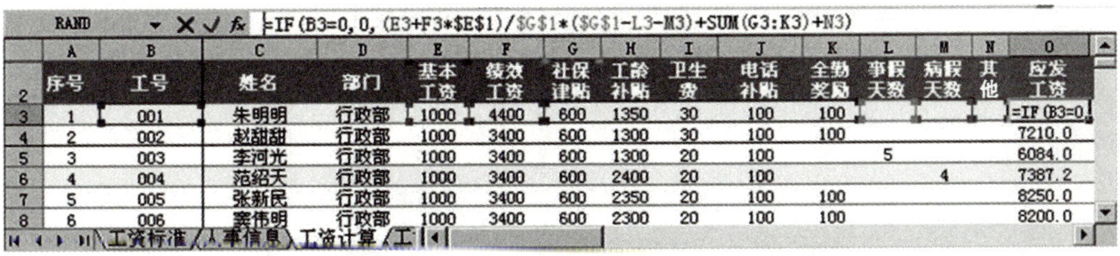

图 2.7　计算应发工资的公式

3．计算个人所得税

1）确定应纳税范围

“应纳个税”是工资表中的一个重要栏目，在 P3 中输入应纳税范围公式 P3=IF(O3>3500,O3−3500,0)，并向下填充至 200 行。

说明： 我国 2011 年 9 月起执行的个人所得税法规定个税起征点为 3500 元，即大于 3500 元的部分为应纳税范围，该公式根据应发工资 O3 判断，若 O3>3500，则超出的部分（O3−3500）为纳税范围，否则不需要纳税。

公式输入如图 2.8 所示。

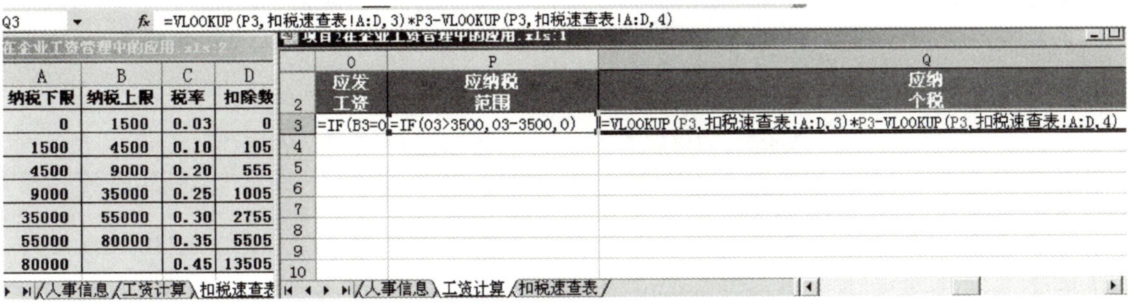

图 2.8　计算应纳税范围及应纳个税的公式

2）计算应纳个税

我国个税分为 7 级，每一级的税率不同。一种简单的算法是按个人应纳税额相应的最高级段的税率计算，再减去速算表中对应的扣除数。扣税速算表见表 2-2。

表 2-2　扣税速算表

全月应纳税额	税　率	速算扣除数/元
不超过 1500 元	3%	0

续表

全月应纳税额	税　率	速算扣除数/元
超过 1500 元至 4500 元	10%	105
超过 4500 元至 9000 元	20%	555
超过 9000 元至 35000 元	25%	1005
超过 35000 元至 55000 元	30%	2755
超过 55000 元至 80000 元	35%	5505
超过 80000 元	45%	13505

巧用 VLOOKUP 函数可以很容易地实现扣税。具体公式为 Q3=VLOOKUP(P3,扣税速查表!A:D,3)*P3-VLOOKUP(P3,扣税速查表!A:D,4)，并向下填充至 200 行，公式运行的结果如图 2.9 所示。

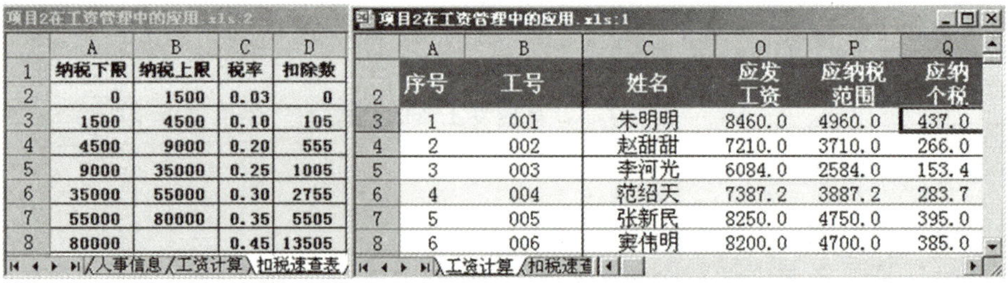

项目2在工资管理中的应用.xls:2

	A	B	C	D
1	纳税下限	纳税上限	税率	扣除数
2	0	1500	0.03	0
3	1500	4500	0.10	105
4	4500	9000	0.20	555
5	9000	35000	0.25	1005
6	35000	55000	0.30	2755
7	55000	80000	0.35	5505
8	80000		0.45	13505

人事信息 / 工资计算 / 扣税速查表

项目2在工资管理中的应用.xls:1

	A	B	C	O	P	Q
2	序号	工号	姓名	应发工资	应纳税范围	应纳个税
3	1	001	朱明明	8460.0	4960.0	437.0
4	2	002	赵甜甜	7210.0	3710.0	266.0
5	3	003	李河光	6084.0	2584.0	153.4
6	4	004	范绍天	7387.2	3887.2	283.7
7	5	005	张新民	8250.0	4750.0	395.0
8	6	006	窦伟明	8200.0	4700.0	385.0

工资计算 / 扣税速查

图 2.9　应纳税范围及应纳个税公式计算结果

说明：该公式中使用了两次 VLOOKUP 函数，前者引用的是“扣税速查”表中的第 3 列（即税率）并乘以应纳税范围（P3），后者引用的是“扣税速查”表中的第 4 列（即扣除数）。

公式中的 VLOOKUP 函数省略了第 4 个参数，为近似查找。即当找不到 P3 中引用的值（4960.0）时，会按“扣税速查”表中的首列（A 列）查找比该数小的最大数（4500）所对应的信息行，相应的税率是 0.20，扣除数为 555。**关于函数 VLOOKUP 的用法见附录 4。**

如果对 P3 用分段计算扣税再求和，其结果与用 VLOOKUP 函数计算的结果一致，见表 2-3。

表 2-3　分段计算 P3（4960.00）的应纳个税

分　段	该段数值	对应税率	分段扣税
0 ~ 1500	1500	0.03	45
1500 ~ 4500	3000	0.10	300
4500 ~ 4960	460	0.20	92
累计扣税			437

4．计算实发工资

个人实发工资=应发工资-应纳个税，在 R3 中输入计算公式 R3=ROUND(O3-Q3,1)，并向下填充至 200 行，如图 2.10 所示。

该公式的作用是：对实发工资四舍五入取 1 位小数。**关于 ROUND 函数的用法见附录 4。**

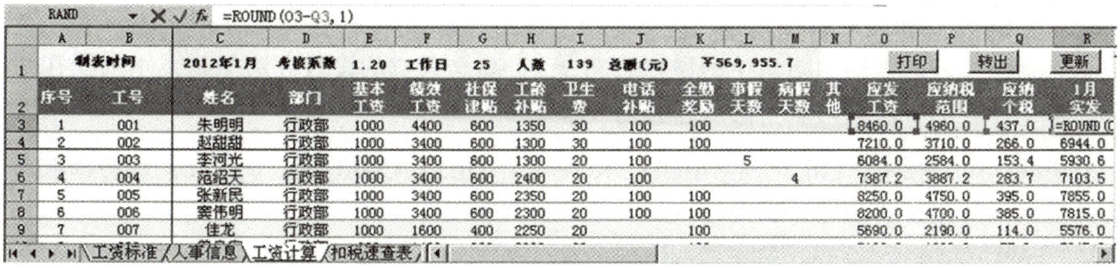

图 2.10　计算个人实发工资及本月总额

5．生成工资条

制作如图 2.11 所示的工资条，可方便员工核对。具体操作有以下 4 步：

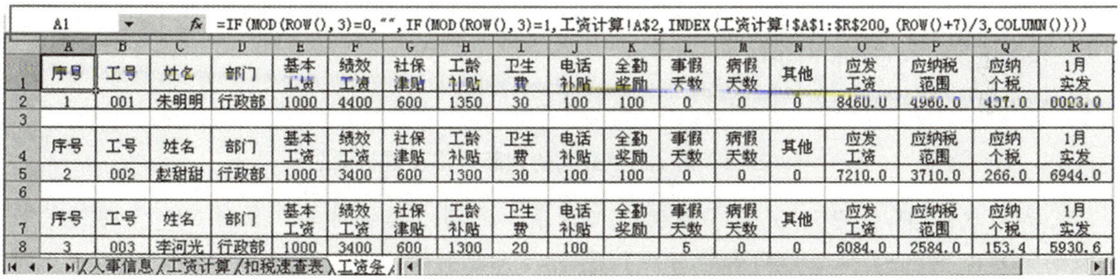

图 2.11　制作工资条（在 A1 中输入公式）

（1）插入空表并更名为“工资条”。

（2）在 A1 中输入公式 A1=IF(MOD(ROW(),3)=0,"",IF(MOD(ROW(),3)=1,工资计算!A$2, INDEX(工资计算!$A$1: $R$200,(ROW()+7)/3,COLUMN())))

（3）在 A1 中设置条件格式。打开“条件格式规则管理器”对话框（2003 版为“条件格式”对话框）（**不同软件版本操作方法见附录中的操作说明 13**），输入公式=OR(MOD (ROW(),3)=1,MOD(ROW(),3)=2)，设置格式为有外边框和浅蓝色底纹，如图 2.12 所示。

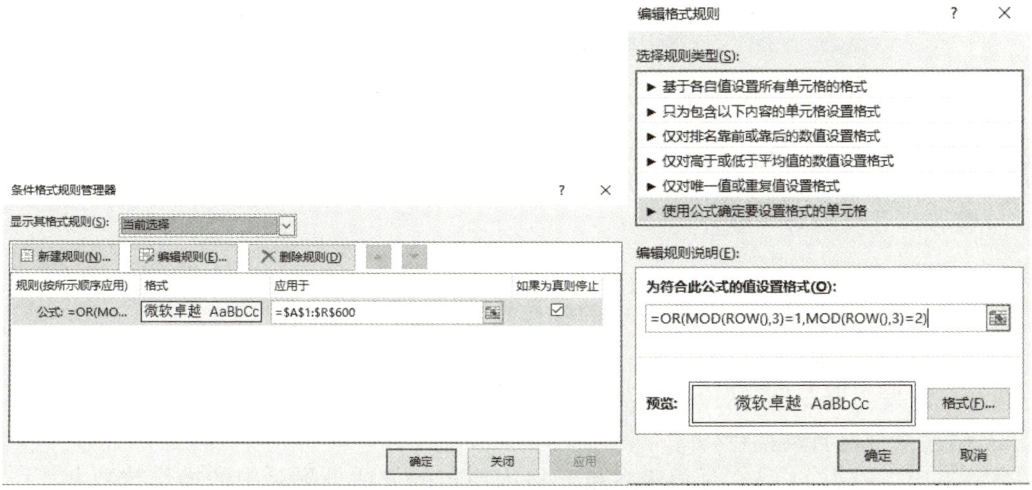

图 2.12　制作工资条（在 A1 中设置条件格式）

（4）在名称框中输入 A1:R600，按 Enter 键后，分别按 Ctrl+D 和 Ctrl+R 组合键（向下填充和向右填充）。再设置自动换行、文字居中、自动行高、自动列宽、后四列小数1位。**关于在单元格内换行的方法见附录中的操作技巧9，行高与列宽的设置方法见附录中的操作技巧16，格式设置的方法见附录中的操作技巧11。**

说明：A1中公式使用了IF、MOD、ROW、INDEX、COLUMN等函数。**这些函数的用法见附录4。**图2.13为对该公式的判断流程及解析说明。

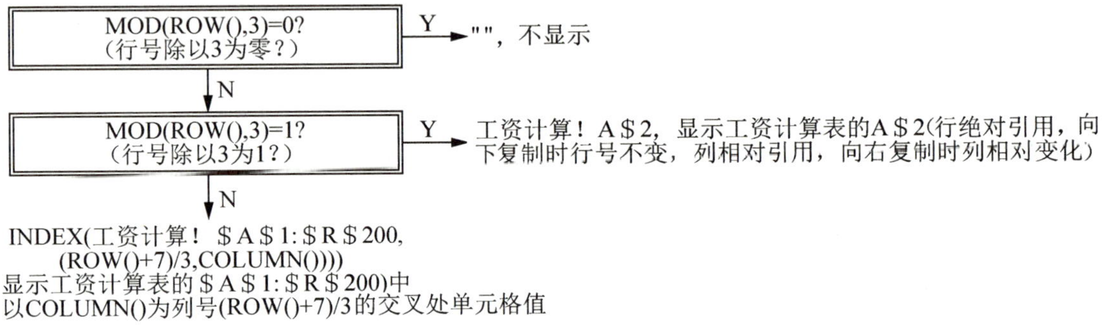

图2.13 对A1中公式的判断流程及解析说明

公式中的(ROW()+7)/3是为了匹配“工资条”表与“工资计算”表对应人员的行号关系而做的调整。图2.14所示为两表的对照信息。

例如，“工资条”表中当前行号为2时，(ROW()+7)/3=(2+7)/3=3，显示的“工资计算”表中的第3行信息（即序号为1，工号为001，姓名为朱明明……）；“工资条”表中当前行号为5时，(ROW()+7)/3=(5+7)/3=4，显示的“工资计算”表中的第4行信息（即序号为2，工号为002，姓名为赵甜甜……）。

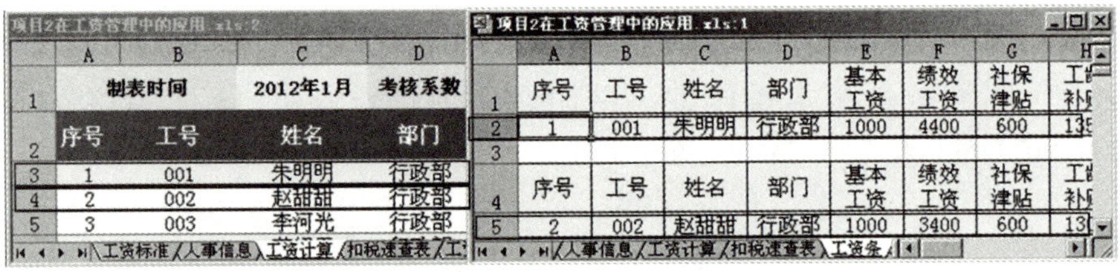

图2.14 “工资计算”表与“工资条”表对照

步骤三 修饰、打印、保护工资表

1. 修饰“工资计算”表

1）“0”不显示

关于不显示“0”的方法见附录中的操作技巧50。

2）设置小数位数

选择“应发工资”“应纳税范围”“应纳个税”“实发工资”列，设小数位数为1位。

3）设置字号及自动换行

全选表格，设为11号字。**关于在单元格内换行的方法见附录中的操作技巧9。**

4）设置列宽和行高

全选工作表，双击列标线和行标线即调整为自动列宽和行高。

5）设置底纹格式

以下列出了几种常用的行列底纹格式设置公式：

（1）若要对行设置间隔式底纹，“公式”=Mod(Row(),2)=0

（2）若要对列设置间隔式底纹，“公式”=Mod(Column(),2)=0

（3）若要每3行应用一次行底纹，“公式”=Mod(Row(),3)=0

（4）若要显示国际象棋盘式底纹，“公式”=Mod(Row(),2)=Mod(Column(),2)

（5）若要显示每4行一组间隔式底纹，“公式”=Mod(Int((Row()−1)/4)+1,2)

以上几种底纹的显示效果如图2.15所示。

上述公式中使用了Row、Column、Mod函数。**关于Row、Column、Int、Mod函数的用法见附录4。**

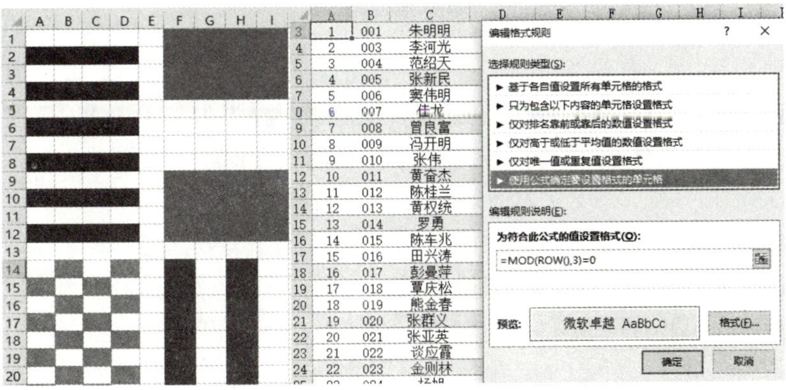

图2.15 几种常用的底纹样式及本例中隔3行显示的条件格式设置

财务人员经常面对大量的数据输入，为防止视觉疲劳，既希望能隔行显示不同的底纹，又要求仅当数据表行首单元格中输入了信息才显示当前行的底纹。**这种显示方法见附录中的操作技巧48。**

另一种快捷设置底纹的方法是利用自动套用格式。

例如，要对第二行以下的区域套用现有格式，可以在名称框中输入A2:R200，确定后，打开“自动套用格式”对话框（**不同软件版本操作方法见附录中的操作说明18**），选择“序列2”，单击【确定】按钮，效果如图2.16所示。这种套用格式的方法比较简单。

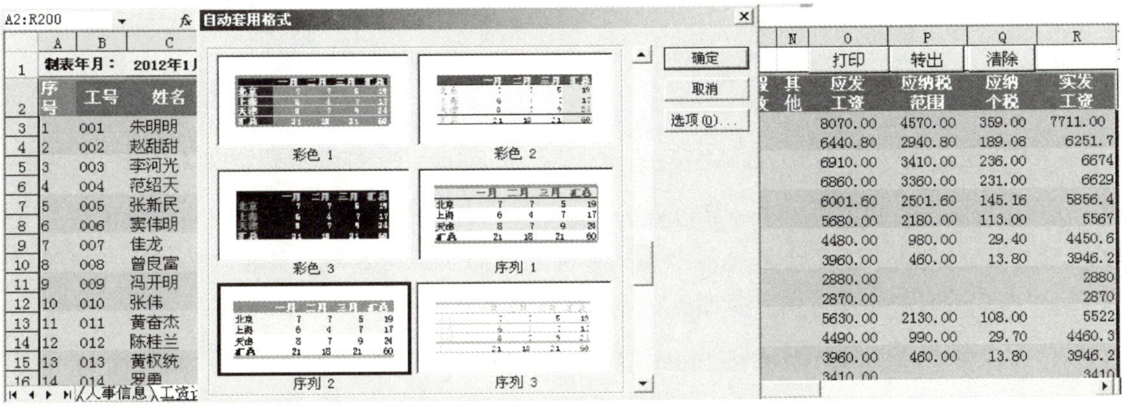

图2.16 选择区域自动套用格式

2．设置动态打印区

工资表是企业财务部门必须打印保存的档案，因此必须进行打印设置。由于“工资计算”表中公式填充到了 200 行，比实际员工人数多，而每月的员工人数又可能有变化，为了只打印有效区域，必须进行特殊的设置。

1）设置自动统计人数的公式

前面曾在 A3:A200 中输入过自动计算序号的公式，其主要作用是可以在 I1 中建立统计人数的公式=COUNT(A:A)，这也为设置动态打印区域提供了依据。

2）设置打印区域

打开“页面设置”对话框（**不同软件版本操作方法见附录中的操作说明 15**），在“页面”“页边距”“页眉页脚”“工作表”等选项卡进行常规设置，本例中设置如下。

“页面”：选横向。

“页边距”：设置左、右均为 0，水平居中；上下均为 2，页眉、页脚各为 1。

“页眉/页脚”：页眉为“XXXX 公司工资汇总表”；页脚为“第 1 页，共？页”。

“工作表”：顶端标题行$1:$2，在打印区域中输入“PP”。

这是非常关键的一步，“PP”为待定义的动态区域名称。

3）定义动态区域名称

按 Ctrl+F3 组合键，打开“定义名称”对话框，在“引用位置”文本框中输入公式=OFFSET(工资计算!$A$1,0,0,COUNT(工资计算!$A:$A)+2,18)，在“在当前工作簿中的名称”栏里输入定义的名称“PP”，如图 2.17 所示，单击【确定】按钮。以后需要打印时，只要在“工作表”选项卡中的“打印区域”栏中输入“PP”即可，如图 2.18 所示。

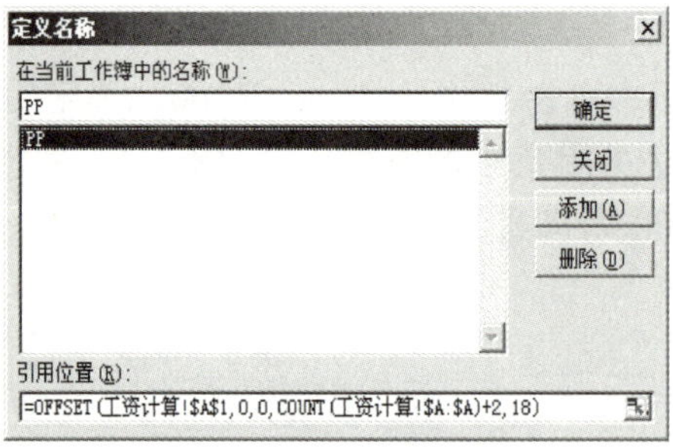

图 2.17　定义动态打印区域函数及名称

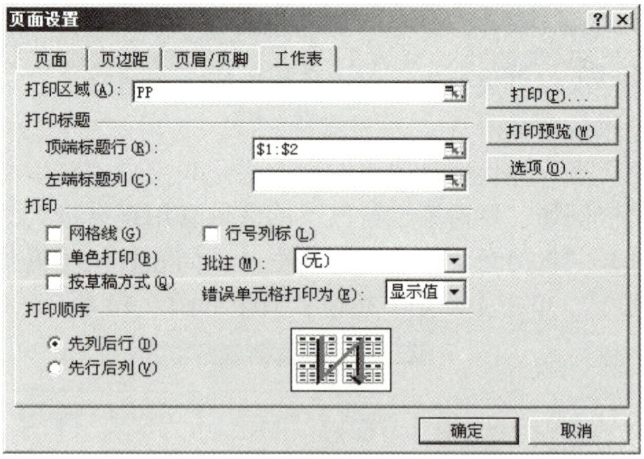

图 2.18　在“打印区域”中输入“PP”

说明：公式 OFFSET(工资计算!$A$1,0,0,COUNT(工资计算!$A:$A)+2,18)的作用是产生一个区域，该区域以“工资计算”表 A1 为参考点，向下、向右均不偏移，区域的行数为“工资计算”表 A 列的有序号的计数值+2，列数为 18 列。

在名称框中输入“PP”并按 Enter 键时，所选取的范围行数为 139+2=141，而 I1 中显示的人数为 139（I1= COUNT(A:A)），如图 2.19 所示。

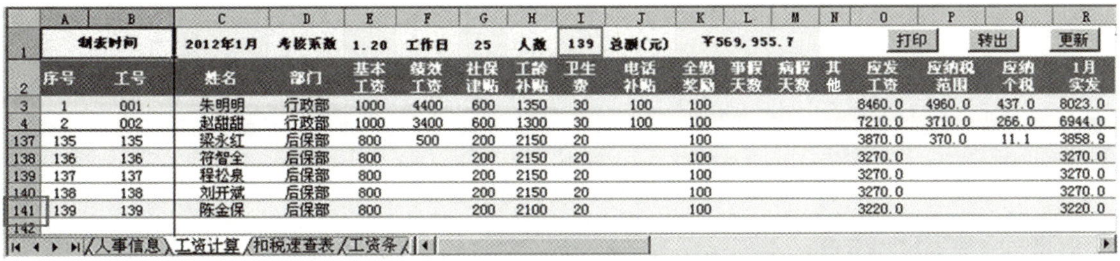

	A	B	C	D	E	F	G	H	I	J	K	L	M	N	O	P	Q	R
1	制表时间		2012年1月	考核系数	1.20	工作日	25	人数	139	总额(元)	¥569,955.7				打印	转出		更新
2	序号	工号	姓名	部门	基本工资	绩效工资	社保津贴	工龄补贴	卫生费	电话补贴	全勤奖励	事假天数	病假天数	其他	应发工资	应纳税范围	应纳个税	1月实发
3	1	001	朱明明	行政部	1000	4400	600	1350	30	100	100				8460.0	4960.0	437.0	8023.0
4	2	002	赵甜甜	行政部	1000	3400	600	1300	30	100	100				7210.0	3710.0	266.0	6944.0
137	135	135	梁永红	后保部	800	500	200	2150	20		100				3870.0	370.0	11.1	3858.9
138	136	136	符智全	后保部	800		200	2150	20		100				3270.0			3270.0
139	137	137	程松泉	后保部	800		200	2150	20		100				3270.0			3270.0
140	138	138	刘开斌	后保部	800		200	2150	20		100				3270.0			3270.0
141	139	139	陈金保	后保部	800		200	2100	20		100				3220.0			3220.0
142																		

图 2.19　当 I1 中显示人数为 139 人时，在名称框中输入“PP”并确定后自动选取的区域至 141 行

关于 OFFSET、COUNT 函数的用法见附录 4。

4）自定义按钮控制动态打印区域

如果要在每次打印时都能自动选择有记录的动态区域，可以制作一个按钮，并将操作过程录制下来，再与该按钮关联起来，步骤如下：

（1）打开“录制新宏”对话框（**不同软件版本操作方法见附录中的操作说明 8**），修改宏名为“打印”，并确定，如图 2.20 所示。

（2）打开“页面设置”对话框，选择“工作表”选项卡，在“打印区域”栏中输入“PP”并确定，再选择“停止录制宏”命令（**不同软件版本操作方法见附录中的操作说明 9**）。

（3）打开“窗体”工具箱（**不同软件版本操作方法见附录中的操作说明 3**），选用“按钮”工具画出一只按钮，在“指定宏”对话框中选择相应的宏名，如图 2.21 所示。

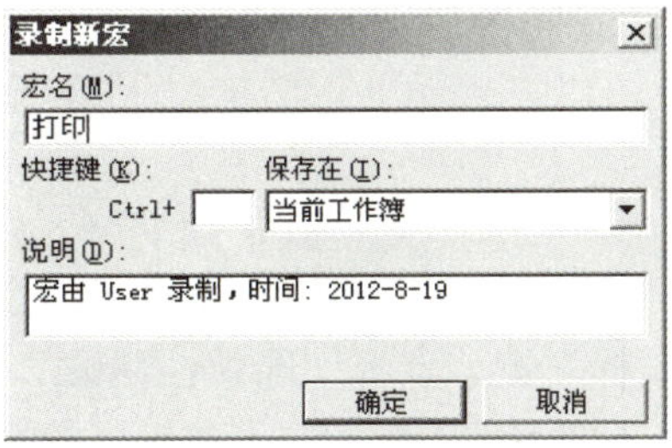

图 2.20　录制新宏

图 2.21　将按钮指定宏

关于打开带有宏文件的方法及 VBA 的相关知识见附录 5。

（4）对录制的宏程序进行编辑。

为了使打印区域能自动适应人数的动态变化，可对录制的宏程序进行编辑。按 Alt+F11 组合键，进入 VBA 窗口（再次按此组合键可退出该窗口），将程序中的"$A$1:$R$141"修改为"$A$1:" & Range("S1").Value 即可（即将范围设为 A1 与 S1 值组成的动态区域）。

其中 S1 单元格存放有公式 S1=ADDRESS(COUNT($A:$A)+2,18)，该公式表明以 A 列中的序号个数+2 为行号（即员工人数+表头的 2 行）、18 为列号构成新的单元格地址。设当前人数为 139，则 S1 中的公式为$R$141。

关于 ADDRESS、COUNT 函数的用法见附录 4。

以后单击自定义的【打印】按钮，即自动弹出下标能随人数变化的打印预览界面，如图 2.22 所示。

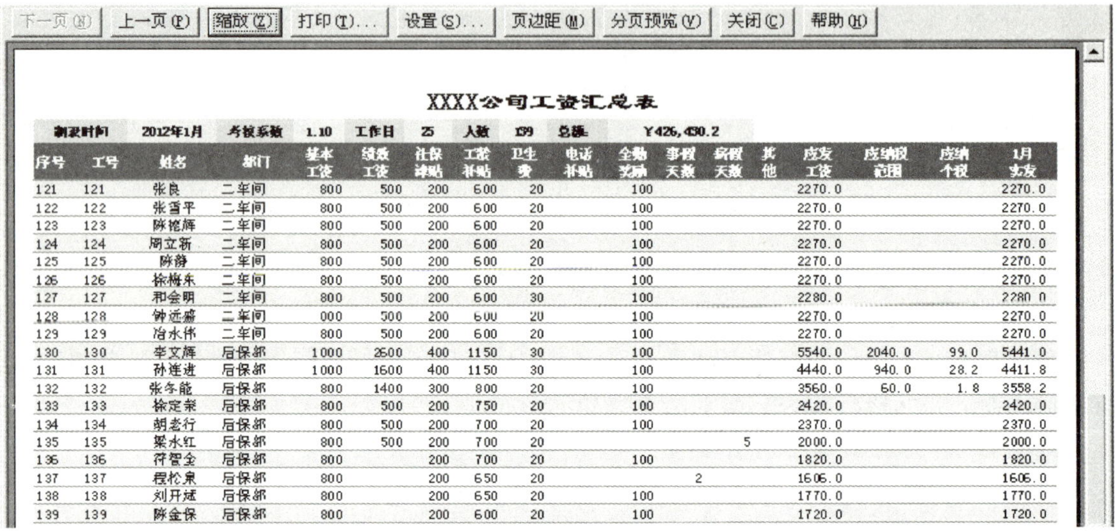

XXXX公司工资汇总表

制表时间	2012年1月	考核系数	1.10	工作日	25	人数	139	总额	￥426,430.2

序号	工号	姓名	部门	基本工资	绩效工资	社保津贴	工龄补贴	卫生费	电话补贴	全勤奖励	事假天数	病假天数	其他	应发工资	应纳税范围	应纳个税	1月实发
121	121	张良	二车间	800	500	200	600	20		100				2270.0			2270.0
122	122	张雪平	二车间	800	500	200	600	20		100				2270.0			2270.0
123	123	陈铭辉	二车间	800	500	200	600	20		100				2270.0			2270.0
124	124	周立新	二车间	800	500	200	600	20		100				2270.0			2270.0
125	125	陈静	二车间	800	500	200	600	20		100				2270.0			2270.0
126	126	徐梅东	二车间	800	500	200	600	20		100				2270.0			2270.0
127	127	和会明	二车间	800	500	200	600	30		100				2280.0			2280.0
128	128	钟远盛	二车间	000	500	200	600	20		100				2270.0			2270.0
129	129	冶永伟	二车间	800	500	200	600	20		100				2270.0			2270.0
130	130	李文辉	后保部	1000	2600	400	1150	30		100				5540.0	2040.0	99.0	5441.0
131	131	孙连进	后保部	1000	1600	400	1150	30		100				4440.0	940.0	28.2	4411.8
132	132	张冬能	后保部	800	1400	300	800	20		100				3560.0	60.0	1.8	3558.2
133	133	徐定荣	后保部	800	500	200	750	20		100				2420.0			2420.0
134	134	胡老行	后保部	800	500	200	700	20		100				2370.0			2370.0
135	135	梁水红	后保部	800	500	200	700	20				5		2000.0			2000.0
136	136	符智全	后保部	800		200	700	20		100				1820.0			1820.0
137	137	程松泉	后保部	800		200	650	20			2			1606.0			1606.0
138	138	刘开斌	后保部	800		200	650	20		100				1770.0			1770.0
139	139	陈金保	后保部	800		200	600	20		100				1720.0			1720.0

图 2.22　单击自定义的【打印】按钮可以运行 VBA 中的打印程序

3. 保护工资计算表

工资计算表将作为模板反复使用，因此必须对其进行保护，防止其中的公式遭受破坏。方法是：先全选工作表，取消对所有单元格的保护，再定位在公式单元格设置保护和隐藏，最后设置工作表保护。**关于保护工作表中部分单元格的方法见附录中的操作技巧 19。**

步骤四　生成并转出月工资表

在制作下月工资表之前，必须先将上月的工资表转出。

1. 工资表的转出

在“名称”框中输入“PP”，按 Enter 键后即选取“工资计算”表中的有序号行的全部内容，按 Ctrl+C 组合键，至新插入的工作表 A1 处，单击鼠标右键，选择“选择性粘贴”命令，在“选择性粘贴”对话框中选择“数值”（以后该数据表将不再受“人事信息”表变更的影响），并单击【确定】按钮。再将新工作表命名为月份名称，例如“1”（表示 1 月份工资）。

也可以自定义一个名为【转出】的按钮，将以上操作（含部分格式的设置）录制成宏，并与该按钮关联。需要时单击一下该按钮即可将数据表内容导出。

2. 清除上月数据

若要清除上月工资计算表中的手工输入数据（包括考核系数、工作日数、病事假天数、其他加扣奖金），可按 F5 键，打开“定位”对话框，在“引用位置”栏中输入 E1,G1,L3:N200，按【确定】按钮后再按 Delete 键，即清除了上月的信息。**关于定位与选择不连续区域的方法见附录中的操作技巧 55，清除种类及操作方法见附录中的操作技巧 35。**

可以制作一个名为【更新】的按钮，将以上操作录制成宏，并与该按钮关联。图 2.23 为在 3 月份工资转出后单击【更新】按钮后的效果。

3．制作下月工资表

将“工资计算”表中的（绩效）考核系数、月工作日（天数），以及各成员的病事假天数、其他（特殊加扣奖）等栏目按实际输入，如有员工职务或职称变更或有员工新增或离职，只需在“人事信息”表中更改即可。

设 2012 年 4 月该公司有人事变更，工号为 002 的赵甜甜辞职，新进两名员工，一名为工号 140，张三，女，销售部，职员；另一名为工号 141，李四，男，行政部，部门经理，高级职称。以上信息由人事部门提供，并在“人事信息”表中更新。如图 2.24 所示，A:G 列为手工输入，H:M 列自动生成。

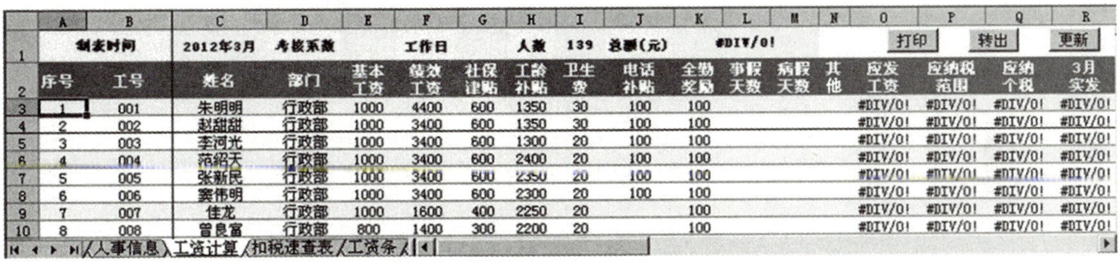

	A	B	C	D	E	F	G	H	I	J	K	L	M	N	O	P	Q	R
1	制表时间		2012年3月	考核系数		工作日		人数	139	总额(元)		#DIV/0!			打印	转出		更新
2	序号	工号	姓名	部门	基本工资	绩效工资	社保津贴	工龄补贴	卫生费	电话补贴	全勤奖励	事假天数	病假天数	其他	应发工资	应纳税范围	应纳个税	3月实发
3	1	001	朱明明	行政部	1000	4400	600	1350	30	100	100				#DIV/0!	#DIV/0!	#DIV/0!	#DIV/0!
4	2	002	赵甜甜	行政部	1000	3400	600	1350	30	100	100				#DIV/0!	#DIV/0!	#DIV/0!	#DIV/0!
5	3	003	李河光	行政部	1000	3400	600	1300	20	100	100				#DIV/0!	#DIV/0!	#DIV/0!	#DIV/0!
6	4	004	范绍天	行政部	1000	3400	600	2400	20	100	100				#DIV/0!	#DIV/0!	#DIV/0!	#DIV/0!
7	5	005	张新民	行政部	1000	3400	600	2350	20	100	100				#DIV/0!	#DIV/0!	#DIV/0!	#DIV/0!
8	6	006	窦伟明	行政部	1000	3400	600	2300	20	100	100				#DIV/0!	#DIV/0!	#DIV/0!	#DIV/0!
9	7	007	佳龙	行政部	1000	1600	400	2250	20		100				#DIV/0!	#DIV/0!	#DIV/0!	#DIV/0!
10	8	008	曾良富	行政部	800	1400	300	2200	20		100				#DIV/0!	#DIV/0!	#DIV/0!	#DIV/0!

人事信息 / 工资计算 / 扣税速查表 / 工资条

图 2.23　单击【更新】按钮后的效果

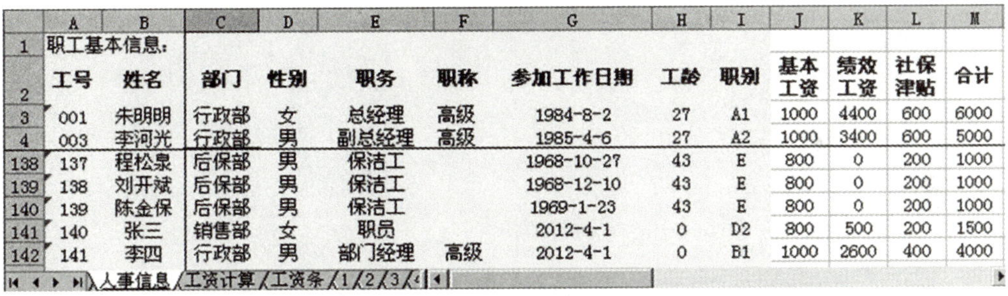

	A	B	C	D	E	F	G	H	I	J	K	L	M
1	职工基本信息:												
2	工号	姓名	部门	性别	职务	职称	参加工作日期	工龄	职别	基本工资	绩效工资	社保津贴	合计
3	001	朱明明	行政部	女	总经理	高级	1984-8-2	27	A1	1000	4400	600	6000
4	003	李河光	行政部	男	副总经理	高级	1985-4-6	27	A2	1000	3400	600	5000
138	137	程松泉	后保部	男	保洁工		1968-10-27	43	E	800	0	200	1000
139	138	刘开斌	后保部	男	保洁工		1968-12-10	43	E	800	0	200	1000
140	139	陈金保	后保部	男	保洁工		1969-1-23	43	E	800	0	200	1000
141	140	张三	销售部	女	职员		2012-4-1	0	D2	800	500	200	1500
142	141	李四	行政部	男	部门经理	高级	2012-4-1	0	B1	1000	2600	400	4000

人事信息 / 工资计算 / 工资条 / 1 / 2 / 3

图 2.24　“人事信息”表中信息更新（新增 140、141，删除 002）

进入“工资计算”表查看，发现序号为 2 的行出现了无效显示，这是因为引用的“人事信息”表中对应行已被删除（建议“从事信息”表中的信息不要删除，而采取复制粘贴为宜），如图 2.25 所示。

项目2在工资管理中的应用.xls

	A	B	C
1	职工基本信息:		
2	工号	姓名	部门
3	001	朱明明	行政部
4	003	李河光	行政部
5	004	范绍天	行政部
6	005	张新民	行政部
7	006	窦伟明	行政部
8	007	佳龙	行政部

人事信息 / 工资计算

项目2在工资管理中的应用.xls:1

	A	B	C	D	E	F	G	H	I	J	K
1	制表时间		2012年4月	考核系数		工作日		人数	1	总额(元)	
2	序号	工号	姓名	部门	基本工资	绩效工资	社保津贴	工龄补贴	卫生费	电话补贴	全勤奖励
3	1	001	朱明明	行政部	1000	4400	600	1350	30	100	100
4	#REF!	#REF!	#REF!	#REF!	#REF!	#REF!	#REF!	#REF!	#REF!	#REF!	#REF!
5	#REF!	003	李河光	行政部	1000	3400	600	1350	20	100	100
6	#REF!	004	范绍天	行政部	1000	3400	600	2400	20	100	100
7	#REF!	005	张新民	行政部	1000	3400	600	2350	20	100	100
8	#REF!	006	窦伟明	行政部	1000	3400	600	2300	20	100	100
9	#REF!	007	佳龙	行政部	1000	1600	400	2250	20		100

人事信息 / 工资计算 / 工资条

图 2.25　由于引用的“人事信息”表中工号为 002 的行记录被删除，产生无效显示

若要清除无效数据即更新记录，需要解除对工作表的保护（因为受保护的工作表中有公式的单元格及其所在行均不能删除和编辑），因此可以把解除工作表保护的过程录制下来，添加到【清除】按钮对应的 VBA 子程序之前。

在名称框中输入 A3:K200，分别按 Enter 键（选定区域）和 Ctrl+D 组合键（向下复制公式）即可使“工资计算”表中的公式恢复正常，再对“工资计算”表进行保护。可以将以上操作过程录制下来，添加到【更新】按钮对应的 VBA 子程序之后。

输入相关月份和考核系数、工作日数、病事假天数、其他等信息后，即生成了 4 月份工资单，如图 2.26 所示。

单击【转出】按钮，重命名工作表为数字 4（即 4 月份工资），单击【更新】按钮，准备输入下月信息。依此类推，即可完成各月工资表的计算。

	A	B	C	D	E	F	G	H	I	J	K	L	M	N	O	P	Q	R
1	制表时间		2012年4月	考核系数	1.20	工作日	24	人数	140	总额(元)	¥572,182.9				打印	转出		更新
2	序号	工号	姓名	部门	基本工资	绩效工资	社保津贴	工龄补贴	卫生费	电话补贴	全勤奖励	事假天数	病假天数	其他	应发工资	应纳税范围	应纳个税	4月实发
3	1	001	朱明明	行政部	1000	4400	600	1350	30	100	100				8460.0	4960.0	437.0	8023.0
4	2	003	李河光	行政部	1000	3400	600	1350	20	100	100				7250.0	3750.0	270.0	6980.0
136	134	135	梁永红	后保部	800	500	200	2150	20		100				3870.0	370.0	11.1	3858.9
137	135	136	符智全	后保部	800	0	200	2150	20			4			3036.7	0.0	0.0	3036.7
138	136	137	程松泉	后保部	800	0	200	2150	20		100				3270.0	0.0	0.0	3270.0
139	137	138	刘开斌	后保部	800	0	200	2150	20				5		3003.3	0.0	0.0	3003.3
140	138	139	陈金保	后保部	800	0	200	2150	20		100				3270.0	0.0	0.0	3270.0
141	139	140	张三	销售部	800	500	200	0	30	100	100				1830.0	0.0	0.0	1830.0
142	140	141	李四	行政部	1000	2600	400	0	20		100				4640.0	1140.0	34.2	4605.8

人事信息 / 工资计算 / 工资条 / 1 / 2 / 3 /

图 2.26　输入相关信息后自动生成 4 月份工资单

关于【更新】按钮所对应的宏程序及解释如图 2.27 所示。

```
Sub 更新()
        ActiveSheet.Unprotect                                  '解除当前活动工作表的保护
    If IsError(Range("A3").Value) Then                         '判断A3单元格数据是否发生错误
        Rows("3:3").Select                                     '选择第3行
        Selection.Delete Shift:=xlUp                           '删除该行
        Range("A4").Select                                     '选择A4单元格
        Selection.Copy                                         '复制该单元格数据
        Range("A3").Select                                     '选择A3单元格
        ActiveSheet.Paste                                      '将复制的公式贴粘至该单元格
    Else                                                       '如果A3单元格错误不存在，则执行以下步骤
       Application.Goto Reference:="R3C1:R200C11"              '选择A3：K200单元格区域
       Selection.FillDown                                      '向下填充公式
    End If                                                     'IF语句结束
    Application.Goto Reference:="R1C5,R1C7,R3C12:R200C14"      '选择E1，G1，L3：M200区域
    Selection.ClearContents                                    '清除数据
    ActiveSheet.Protect DrawingObjects:=False, Contents:=True, Scenarios:=False '恢复保护
    Range("A3").Select                                         '激活A3单元格
End Sub
```

图 2.27　【更新】按钮所对应的宏程序及解释

任务 2　年薪制工资的计算

【任务导读】　　年薪制工资是以年度为单位，依据企业的生产经营规模和经营业绩，确定并支付经营者年薪的分配方式。

设上一任务中的该公司为鼓励员工，根据公司效益设有年薪工资上限，在已支付月工资的基础上将年薪工资的结余部分分两次（上半年、下半年）且根据考核按规定发放。参考示例文件：同任务 1。

步骤一　多月合并汇总

设上半年各月工资表已生成，分别存放在表名为 1、2、3、4、5、6 的表格中，公司要对

上半年工资进行汇总分析，必须汇总已经发放的工资数。可运用数据合并的方法实现。操作过程如下。

1. 数据合并

（1）插入一空表，工作表名为“上半年”。

（2）在“上半年”表A1中输入姓名并确定，在菜单栏选择“数据→合并计算”命令。

（3）在“合并计算”对话框“函数”下拉列表中选择“求和”，在“引用位置”栏中单击“1”表，选择C2:R200，单击【添加】按钮，再选择“2”表（以后不需要选择范围，系统默认与“1”表选择的区域相同），单击【添加】按钮；再按此方式依次添加各表。选中“标签位置”区域中的“首行”和“最左列”复选框，如图2.28所示。

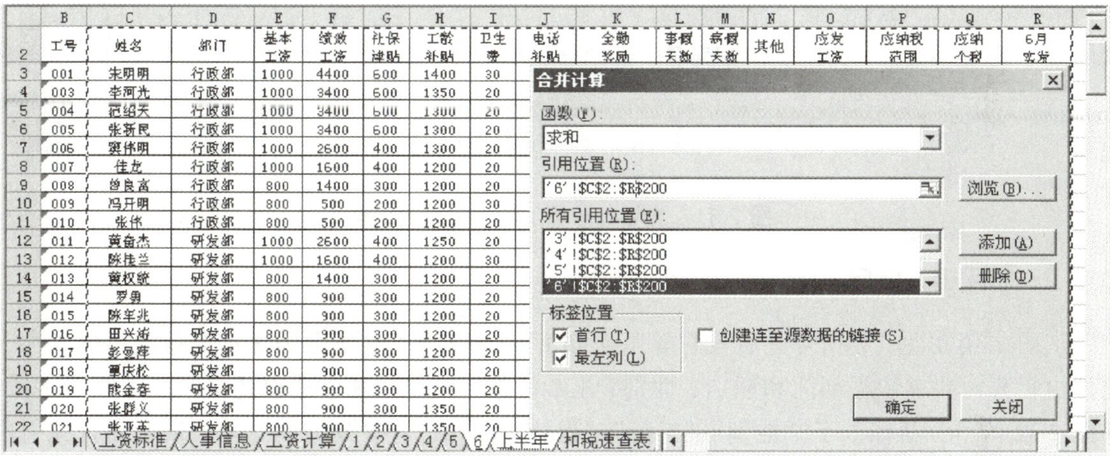

图2.28 在“合并计算”对话框中，逐一选择并添加待合并数据表

（4）单击【确定】按钮后，在“上半年”表中获得合并数据，其中C:O列为各栏目半年求和，如图2.29所示；P:U列为各月实发工资，如图2.30所示。

	A	B	C	D	E	F	G	H	I	J	K	L	M	N	O
1	姓名	部门	基本工资	绩效工资	社保津贴	工龄补贴	卫生费	电话补贴	全勤奖励	事假天数	病假天数	其他	应发工资	应纳税范围	应纳个税
2	朱明明		6000	26400	3600	8400	180	600	600				46176.0	25176.0	1901.6
3	赵甜甜		3000	10200	1800	4050	90	300	200	2			19090.8	8590.8	544.1
4	李河光		6000	20400	3600	8100	120	600	400	2	5		37985.1	16985.1	1068.5
5	范绍天		6000	20400	3600	7800	120	600	500	3			38754.8	17754.8	1145.5
6	张新民		6000	20400	3600	7800	120	600	400	4	3		37849.1	16849.1	1054.9

图2.29 合并数据（C:O列为各项目求和）

	A	B	P	Q	R	S	T	U	V
1	姓名	部门	1月实发	2月实发	3月实发	4月实发	5月实发	6月实发	
2	朱明明		7711	6530	7520.0	7480.4	7322.0	7711.0	
3	赵甜甜		6251.7	5765	6530.0				
4	李河光		6674	5756	6521.0	6029.3	6368.0	5568.3	
5	范绍天		6629	5711	5871.9	6445.4	6323.0	6629.0	
6	张新民		5856.4	5711	6476.0	5798.7	6323.0	6629.0	

图2.30 合并数据（P:U列为各月实发工资）

说明：由于参与合并的数据表中的实发栏目名称中包含月名，故在选择合并数据命令后，分月列出（这正是数据分析所需要的）。如果各月表中的实发工资标志完全相同，则将与 C:O 列一样为求和结果。

2．计算半年实发工资

在 V 列输入计算每位员工的半年工资总和 V2=SUM(P2:U2)，并向下填充至数据表末行。**关于快速求矩形区域行列和的方法见附录中的操作技巧 28。**

合并的数据是否正确？不妨检查一下 4 月份曾有过人事变动的几位员工，离职的赵甜甜工资发放至 3 月，而张三和李四两人则自 4 月份开始领发工资。由图 2.31 可见合并数据的结果完全正确。

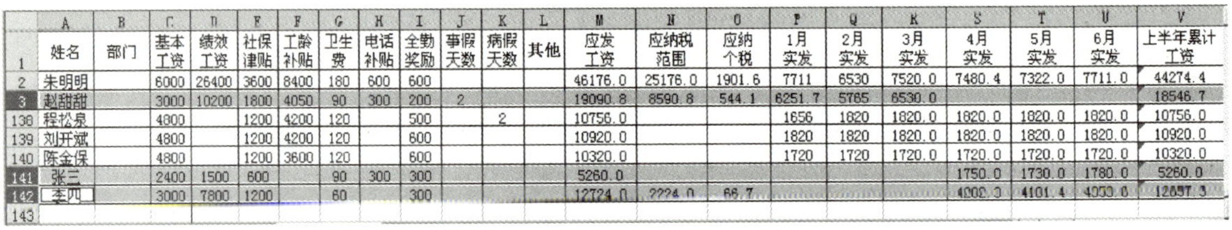

	A	B	C	D	E	F	G	H	I	J	K	L	M	N	O	P	Q	R	S	T	U	V
1	姓名	部门	基本工资	绩效工资	社保津贴	工龄补贴	卫生费	电话补贴	全勤奖励	事假天数	病假天数	其他	应发工资	应纳税范围	应纳个税	1月实发	2月实发	3月实发	4月实发	5月实发	6月实发	上半年累计工资
2	朱明明		6000	26400	3600	8400	180	600	600				46176.0	25176.0	1901.6	7711	6530	7520.0	7480.4	7322.0	7711.0	44274.4
3	赵甜甜		3000	10200	1800	4050	90	300	200	2			19090.8	8590.8	544.1	6251.7	5765	6530.0				18546.7
138	程松泉		4800		1200	4200	120		500		2		10756.0			1656	1820	1820.0	1820.0	1820.0	1820.0	10756.0
139	刘开斌		4800		1200	4200	120		600				10920.0			1820	1820	1820.0	1820.0	1820.0	1820.0	10920.0
140	陈金保		4800		1200	3600	120		600				10320.0			1720	1720	1720.0	1720.0	1720.0	1720.0	10320.0
141	张三		2400	1500	600		90	300	300				5260.0						1750.0	1730.0	1780.0	5260.0
142	李四		3000	7800	1200		60		300				12724.0	2224.0	66.7				[illegible]	4101.4	[illegible]	12657.3
143																						

图 2.31　查看部分员工的工资发放记录

步骤二　引用相关信息

从图 2.40 可见，数据合并后没有显示“部门”列的信息（这是因为文本类信息不可求和）。此外由于公司要求依据部门和职别、性别、工龄等进行统计分析，所以还必须增加相关字段，如图 2.32 所示，新插入了“性别”“工龄”“职别”等列，这些列的信息均可以利用查找引用类函数 VLOOKUP 将“人事信息”表中的内容自动引入。

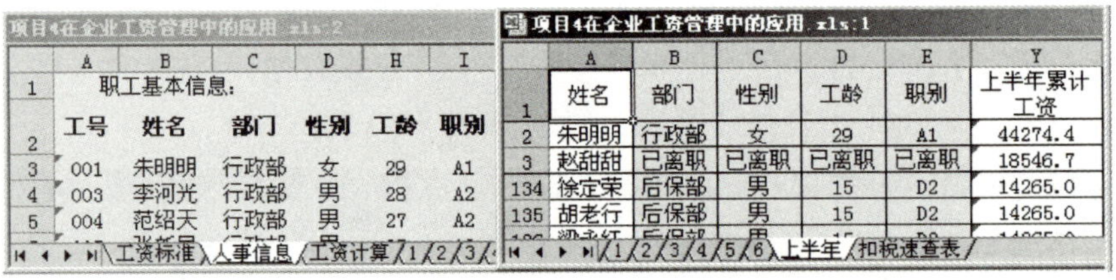

项目4在企业工资管理中的应用.xls:2

	A	B	C	D	H	I
1	职工基本信息:					
2	工号	姓名	部门	性别	工龄	职别
3	001	朱明明	行政部	女	29	A1
4	003	李河光	行政部	男	28	A2
5	004	范绍天	行政部	男	27	A2

工资标准 / 人事信息 / 工资计算 / 1 / 2 / 3

项目4在企业工资管理中的应用.xls:1

	A	B	C	D	E	Y
1	姓名	部门	性别	工龄	职别	上半年累计工资
2	朱明明	行政部	女	29	A1	44274.4
3	赵甜甜	已离职	已离职	已离职	已离职	18546.7
134	徐定荣	后保部	男	15	D2	14265.0
135	胡老行	后保部	男	15	D2	14265.0

1 / 2 / 3 / 4 / 5 / 6 / 上半年 / 扣税速查表

图 2.32　新增的各列均可用 VLOOKUP 函数从“人事信息”表中引入

图 2.32 中各列输入的公式如下：

（1）“部门”列。B2=IF(ISERROR(VLOOKUP(A2,人事信息!B:I,2,0)),"已离职",VLOOKUP(A2,人事信息!B:I,2,0))，并向下填充至数据表末行。

（2）“性别”列。C2=IF(ISERROR(VLOOKUP(A2,人事信息!B:I,3,0)),"已离职",VLOOKUP(A2,人事信息!B:I,3,0))，并向下填充至数据表末行。

（3）“工龄”列。D2=IF(ISERROR(VLOOKUP(A2,人事信息!B:I,7,0)),"已离职",VLOOKUP(A2,人事信息!B:I,7,0))，并向下填充至数据表末行。

（4）“职别”列。E2=IF(ISERROR(VLOOKUP(A2,人事信息!B:I,8,0)),"已离职",VLOOKUP(A2,人事信息!B:I,8,0))，并向下填充至数据表末行。

以上公式中使用了 VLOOKUP、ISERROR 函数，该公式的作用是：根据 A2 中的姓名，在“人事信息”表 B:I 列中查找，并显示匹配的值，如果找不到则不显示错误（#N/A）而显示“已离职”。**关于 VLOOKUP、ISERROR 函数的用法见附录 4。**

步骤三　计算年薪工资

表 2-4 列出了某企业年薪工资标准及按半年奖发放的规定。

表 2-4　某企业年薪工资

职　别	对　象	年薪工资上限	半年奖发放条件
A1	总经理	200000	工作满 6 个月，且累计病事假小于或等于 10 天者、无违纪者，半年奖按（年薪工资上限/2-累计半年实发工资）计算；半年累计病事假天数超过 30 天，或已离职或有违纪者，不发放；半年病事假天数超过 10 天者，减半发放；工作月数不足 6 个月按实际月数比例发放
A2	副总经理	150000	
B1	部门经理	120000	
B2	部门副经理	100000	
C1	基层主管	80000	
C2	组长或高级职员	60000	
D1	一般职员中具有中级职称	50000	
D2	一般职员	40000	
E	勤杂工或保洁工	25000	

1．输入年薪上限计算公式

根据表 2-4 规定，在“上半年”表中的 Z 列输入公式 Z2=IF(E2="已离职","",VLOOKUP(E2,工资标准!A:G,7,0))，并向下填充到数据表末行，如图 2.33 所示。

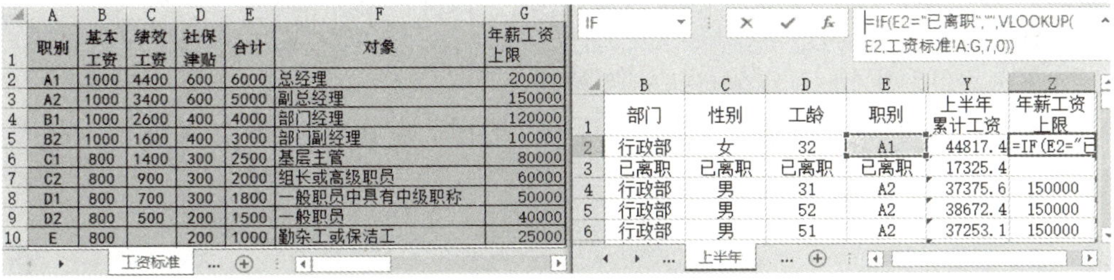

职别	基本工资	绩效工资	社保津贴	合计	对象	年薪工资上限
A1	1000	4400	600	6000	总经理	200000
A2	1000	3400	600	5000	副总经理	150000
B1	1000	2600	400	4000	部门经理	120000
B2	1000	1600	400	3000	部门副经理	100000
C1	800	1400	300	2500	基层主管	80000
C2	800	900	300	2000	组长或高级职员	60000
D1	800	700	300	1800	一般职员中具有中级职称	50000
D2	800	500	200	1500	一般职员	40000
E	800		200	1000	勤杂工或保洁工	25000

=IF(E2="已离职","",VLOOKUP(E2,工资标准!A:G,7,0))

部门	性别	工龄	职别	上半年累计工资	年薪工资上限
行政部	女	32	A1	44817.4	=IF(E2="已
已离职	已离职	已离职	已离职	17325.4	
行政部	男	31	A2	37375.6	150000
行政部	男	52	A2	38672.4	150000
行政部	男	51	A2	37253.1	150000

图 2.33　输入年薪上限计算公式

2．输入半年奖金计算公式

根据表 2-4 规定，在“上半年”表中的 AA 列输入公式 AA2=IF(OR(SUM(M2:N2)>=30,O2<0,X2=0),0,IF(SUM(M2:N2)>10,Z2/4-Y2,Z2/2*COUNT(S2:X2)/6-Y2))，并向下填充到数据表末行，如图 2.34 所示。

该公式中使用了 IF、OR、SUM、COUNT 等函数。**关于这些函数的用法见附录 4。**

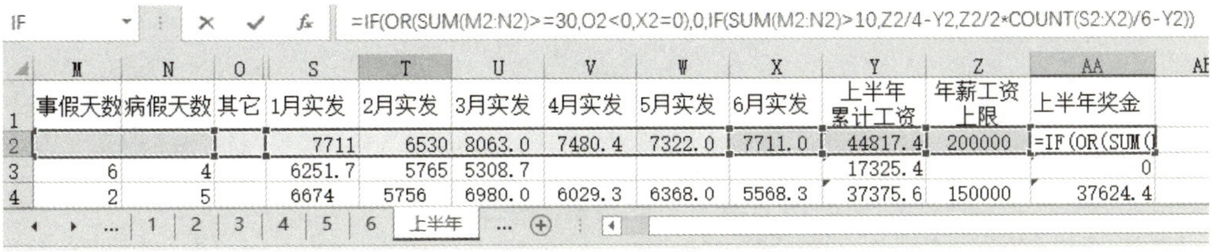

=IF(OR(SUM(M2:N2)>=30,O2<0,X2=0),0,IF(SUM(M2:N2)>10,Z2/4-Y2,Z2/2*COUNT(S2:X2)/6-Y2))

事假天数	病假天数	其它	1月实发	2月实发	3月实发	4月实发	5月实发	6月实发	上半年累计工资	年薪工资上限	上半年奖金
			7711	6530	8063.0	7480.4	7322.0	7711.0	44817.4	200000	=IF(OR(SUM(
6	4		6251.7	5765	5308.7				17325.4		0
2	5		6674	5756	6980.0	6029.3	6368.0	5568.3	37375.6	150000	37624.4

图 2.34　输入上半年奖金计算公式

图 2.35 列出对该公式的判断说明。

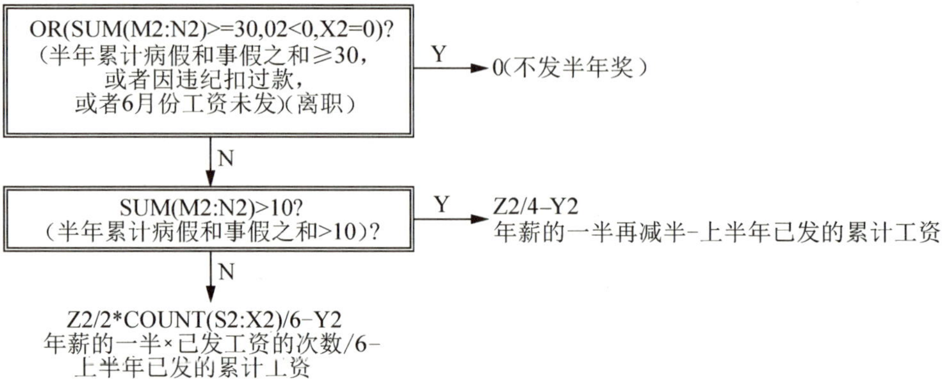

图 2.35　对上半年奖金计算公式的判断说明

步骤四　阶段数据分析

根据公司要求，每半年要进行一次工资数据分析，可用数据透视的方法完成。**关于创建数据透视表的方法见附录中的操作技巧 34**。

1．依据部门和职别进行分析

1）计算每一部门每一职别“上半年累计工资”的汇总数

（1）选择上半年表中任何一有数据的单元格，选择“数据透视表”命令（**不同软件版本操作方法见附录中的操作说明 22**），直接单击【完成】按钮，系统会自动添加一张工作表，并出现数据透视表字段。通过滚动条可以选择字段拖到下方的区域，例如将“数据透视表字段”中“部门”“职别”“上半年累计工资”拖放至下方的“列”“行”“值”区域中。并选择“值”下拉列表选项，打开“值字段设置”对话框，选择“求和”，如图 2.36 所示。

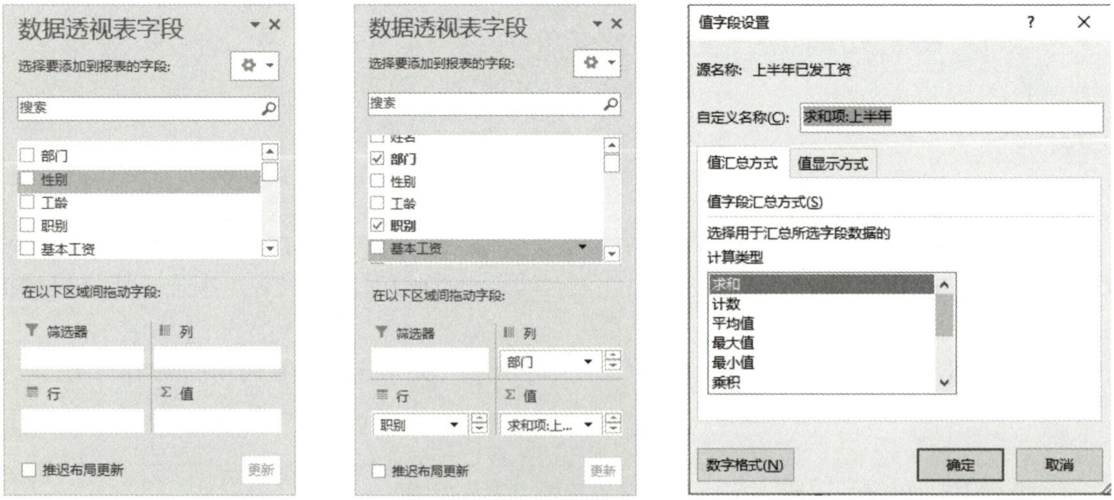

（a）数据透视表字段　　（b）将字段拖至相关区域　　（c）设置“值”字段汇总方式

图 2.36　数据透视表字段设置

（2）图 2.37 和图 2.38 所示为将“部门”和“职别”交换拖至“行”和“列”的数据透视效果。

	A	B	C	D	E	F	G	H	I
1									
2									
3	求和项:上半年已发工资	列标签							
4	行标签	二车间	行政部	后保部	销售部	研发部	一车间	已离职	总计
5	A1		44817.4						44817.4
6	A2		145091.1						145091.1
7	B1	31960.6	12657.3	32015.3	32552.6	32279.1	32234.1		173699
8	B2	26144.9	26096.4	25441.9	26678.4	26154.6	26096.4		156612.6
9	C1	23139.8	23139.8	20675.1	23721.8	21906.1	24119.5		136702.1
10	C2	140722			41426.9	183599.1	79473.6		445221.6
11	D1	187598			74262	92308	114408		468576
12	D2	249590	33716.6	42920	189070		393490		908786.6
13	E			43066					43066
14	已离职							17325.4	17325.4
15	总计	659155.3	285518.6	164118.3	387711.7	356246.9	669821.6	17325.4	2539897.8

图 2.37　“部门”拖至列、“职别”拖至行的效果

	A	B	C	D	E	F	G	H	I	J	K	L
1												
2												
3	求和项:上半年累计工资	列标签										
4	行标签	A1	A2	B1	B2	C1	C2	D1	D2	E	已离职	总计
5	二车间			31960.6	26144.9	23139.8	140722	187598	249590			659155.3
6	行政部	44817.4	145091.1	12657.3	26096.4	23139.8			33716.6			285518.6
7	后保部			32015.3	25441.9	20675.1			42920	43066		164118.3
8	销售部			32552.6	26678.4	23721.8	41426.9	74262	189070			387711.7
9	研发部			32279.1	26154.6	21906.1	183599.1	92308				356246.9
10	一车间			32234.1	26096.4	24119.5	79473.6	114408	393490			669821.6
11	已离职										17325.4	17325.4
12	总计	44817.4	145091.1	173699	156612.6	136702.1	445221.6	468576	908786.6	43066	17325.4	2539897.8

图 2.38　“部门”拖至行、“职别”拖至列的效果

要想获得数据透视图，可单击透视表中任一单元格，单击“数据透视表”工具中的“分析”工具，再单击“数据透视图”按钮，将自动生成透视图。结果如图 2.39 所示。在图中任何对象均可单击鼠标右键，在弹出的快捷菜单中选择相应命令进行编辑。本例中在“职别”中未选择“已离职”类别，在“图表类型”中选择了“簇状柱形图”，在系列 D2 中选择了“添加数据标签”。

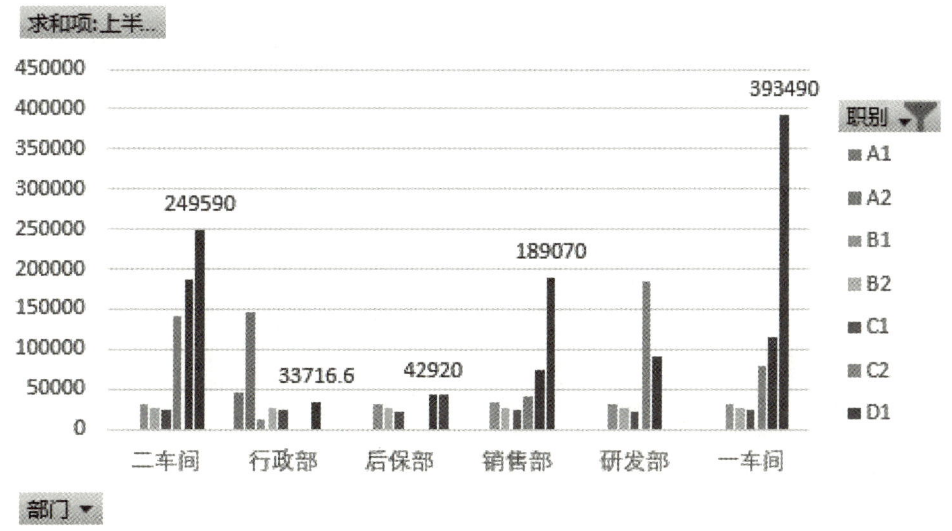

图 2.39　与普通图表的相比，数据透视图可以筛选查看

2）计算部门、职别上半年累计工资的“平均值”

在图 2.37 中，对任一数据单元格右击鼠标，在弹出的快捷菜单中选择“值汇总依据→平均值”，如图 2.40 所示。

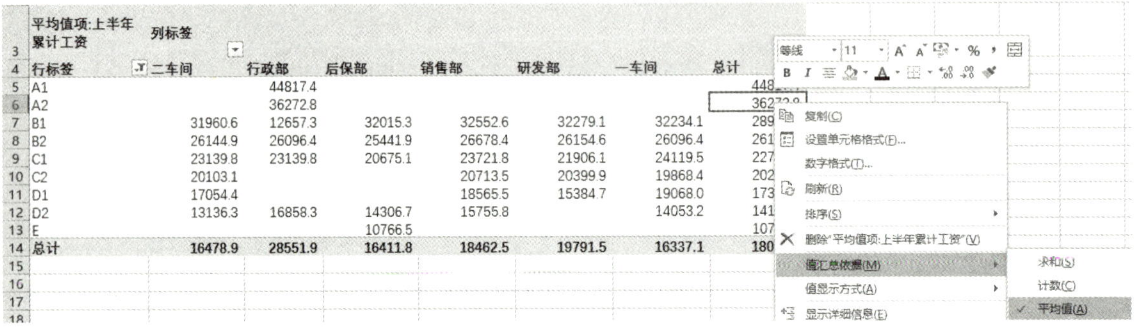

平均值项:上半年累计工资	列标签						
行标签	二车间	行政部	后保部	销售部	研发部	一车间	总计
A1		44817.4					448
A2		36272.8					36272.8
B1	31960.6	12657.3	32015.3	32552.6	32279.1	32234.1	289
B2	26144.9	26096.4	25441.9	26678.4	26154.6	26096.4	261
C1	23139.8	23139.8	20675.1	23721.8	21906.1	24119.5	227
C2	20103.1			20713.5	20399.9	19868.4	202
D1	17054.4			18565.5	15384.7	19068.0	173
D2	13136.3	16858.3	14306.7	15755.8		14053.2	141
E			10766.5				107
总计	16478.9	28551.9	16411.8	18462.5	19791.5	16337.1	180

图 2.40　计算部门、职别上半年累计工资的“平均值”

3）计算部门、职别上半年累计工资总和占总计的百分比

在图 2.37 中，对任一数据单元格右击鼠标，在弹出的快捷菜单中选择“值显示方式→总计的百分比”，如图 2.41 所示。

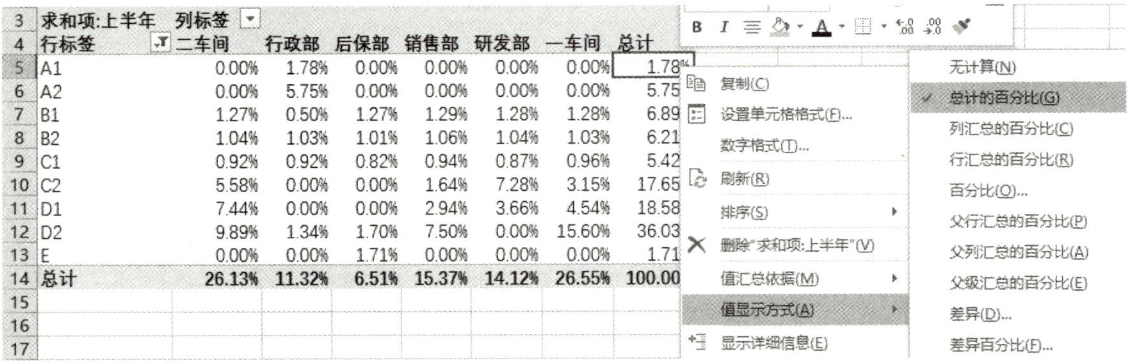

求和项:上半年	列标签						
行标签	二车间	行政部	后保部	销售部	研发部	一车间	总计
A1	0.00%	1.78%	0.00%	0.00%	0.00%	0.00%	1.78
A2	0.00%	5.75%	0.00%	0.00%	0.00%	0.00%	5.75
B1	1.27%	0.50%	1.27%	1.29%	1.28%	1.28%	6.89
B2	1.04%	1.03%	1.01%	1.06%	1.04%	1.03%	6.21
C1	0.92%	0.92%	0.82%	0.94%	0.87%	0.96%	5.42
C2	5.58%	0.00%	0.00%	1.64%	7.28%	3.15%	17.65
D1	7.44%	0.00%	0.00%	2.94%	3.66%	4.54%	18.58
D2	9.89%	1.34%	1.70%	7.50%	0.00%	15.60%	36.03
E	0.00%	0.00%	1.71%	0.00%	0.00%	0.00%	1.71
总计	26.13%	11.32%	6.51%	15.37%	14.12%	26.55%	100.00

图 2.41　计算部门、职别上半年累计工资总和占总计的百分比

还可以计算各部门中不同职别“上半年累计工资”占该部门总和的百分比，或计算各职别中不同部门“上半年累计工资”占该职别总和的百分比，分别如图 2.42、图 2.43 所示。

求和项:上半年	列标签						
行标签	二车间	行政部	后保部	销售部	研发部	一车间	总计
A1	0.00%	15.70%	0.00%	0.00%	0.00%	0.00%	1.78%
A2	0.00%	50.82%	0.00%	0.00%	0.00%	0.00%	5.75%
B1	4.85%	4.43%	19.51%	8.40%	9.06%	4.81%	6.89%
B2	3.97%	9.14%	15.50%	6.88%	7.34%	3.90%	6.21%
C1	3.51%	8.10%	12.60%	6.12%	6.15%	3.60%	5.42%
C2	21.35%	0.00%	0.00%	10.68%	51.54%	11.86%	17.65%
D1	28.46%	0.00%	0.00%	19.15%	25.91%	17.08%	18.58%
D2	37.87%	11.81%	26.15%	48.77%	0.00%	58.75%	36.03%
E	0.00%	0.00%	26.24%	0.00%	0.00%	0.00%	1.71%
总计	100.00%	100.00%	100.00%	100.00%	100.00%	100.00%	100.00%

图 2.42　计算各部门中不同职别“上半年累计工资”占该部门总和的百分比

求和项:上半年	列标签						
行标签	二车间	行政部	后保部	销售部	研发部	一车间	总计
A1	0.00%	100.00%	0.00%	0.00%	0.00%	0.00%	100.00%
A2	0.00%	100.00%	0.00%	0.00%	0.00%	0.00%	100.00%
B1	18.40%	7.29%	18.43%	18.74%	18.58%	18.56%	100.00%
B2	16.69%	16.66%	16.25%	17.03%	16.70%	16.66%	100.00%
C1	16.93%	16.93%	15.12%	17.35%	16.02%	17.64%	100.00%
C2	31.61%	0.00%	0.00%	9.30%	41.24%	17.85%	100.00%
D1	40.04%	0.00%	0.00%	15.85%	19.70%	24.42%	100.00%
D2	27.46%	3.71%	4.72%	20.80%	0.00%	43.30%	100.00%
E	0.00%	0.00%	100.00%	0.00%	0.00%	0.00%	100.00%
总计	**26.13%**	**11.32%**	**6.51%**	**15.37%**	**14.12%**	**26.55%**	**100.00%**

图 2.43　计算各职别中不同部门"上半年累计工资"占该职别总和的百分比

4）计算各部门各职别的人数

在图 2.43 中，对任一数据单元格右击鼠标，在弹出的快捷菜单中选择"值显示方式→无计算"（即恢复到图 2.37），再次右击鼠标，在弹出的快捷菜单中选择"值汇总依据→计数"（设置无小数），如图 2.44 所示。

计数项:上半年	列标签						
行标签	二车间	行政部	后保部	销售部	研发部	一车间	总计
A1		1					1
A2		4					4
B1	1	1	1	1	1	1	6
B2	1	1	1	1	1	1	6
C1	1	1	1	1	1	1	6
C2	7			2	9	4	22
D1	11			4	6	6	27
D2	19	2	3	12		28	64
E			4				4
总计	**40**	**10**	**10**	**21**	**18**	**41**	**140**

图 2.44　计算各部门各职别的人数

2．依据性别进行分析

1）按性别计算"上半年累计工资"的平均数

将透视表中的【部门】和【职别】按钮分别拖到透视表外，或清除图 2.36（b）中选择的"行""列"字段，再将"性别"字段拖至"行"，将"汇总方式"改为"平均值"，结果如图 2.45 所示。

2）计算"男""女"人数

对图 2.45 中任一数据单元格右击鼠标，在弹出的快捷菜单中选择"值汇总依据→计数"，并设置数据为整数，透视结果即为"男"和"女"人数（在性别中未选择查看"已离职"）。透视结果如图 2.46 所示。

行标签	平均值项:上半年
男	17808.4
女	18897.2
总计	**18018.4**

图 2.45　按性别计算"上半年累计工资"的平均数

行标签	计数项:上半年
男	113
女	27
总计	**140**

图 2.46　选择"计数"，即为"男"和"女"人数

3．依据工龄段或月平均工资段进行分析

公司要求按表 2-5 进行工龄与月平均工资分段，并进行相应的统计分析。

表 2-5　工龄与月平均工资分段

工　　龄	月平均工资
工龄≥30	月均工资≥6000
30>工龄≥20	6000>月均工资≥5000
20>工龄≥10	5000>月均工资≥4000
10>工龄≥1	4000>月均工资≥3000
工龄=0	3000>月均工资≥2000
	月均工资<2000

（1）按工龄段、月平均工资段计算“上半年累计工资”的平均数。

① 分别在“上半年”表中增加“工龄段”（F 列）“月平均工资”（G 列）“月平均工资段”（H 列），如图 2.47 所示。

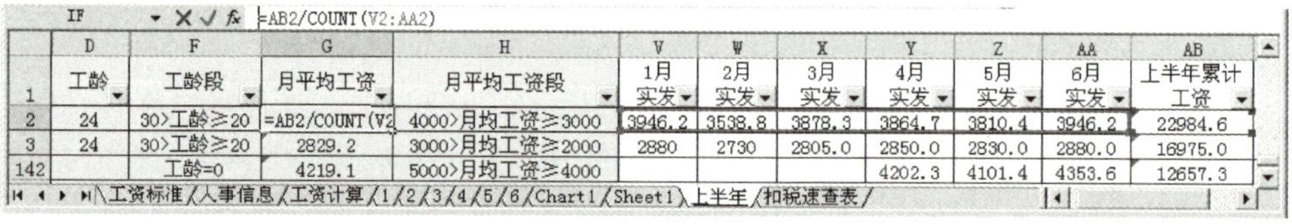

IF　=AB2/COUNT(V2:AA2)

	D	F	G	H	V	W	X	Y	Z	AA	AB
1	工龄	工龄段	月平均工资	月平均工资段	1月实发	2月实发	3月实发	4月实发	5月实发	6月实发	上半年累计工资
2	24	30>工龄≥20	=AB2/COUNT(V2	4000>月均工资≥3000	3946.2	3538.8	3878.3	3864.7	3810.4	3946.2	22984.6
3	24	30>工龄≥20	2829.2	3000>月均工资≥2000	2880	2730	2805.0	2850.0	2830.0	2880.0	16975.0
142		工龄=0	4219.1	5000>月均工资≥4000				4202.3	4101.4	4353.6	12657.3

图 2.47　在“上半年”表中增加“工龄段”“月平均工资”“月平均工资段”

② 分别在 F2、G2、H2 中输入以下公式：

F2=IF(D2>30,"工龄≥30",IF(D2>20,"30>工龄≥20",IF(D2>10,"20>工龄≥10",IF(D2>=1,"10>工龄≥1","工龄=0"))))，并向下填充至数据表末行。

G2=AB2/COUNT(V2:AA2)，并向下填充至数据表末行。式中 AB2 为上半年累计工资，COUNT(V2:AA2)为发放工资的月数。

H2=IFG2>=6000,"月均工资≥6000",IF(G2>=5000,"6000>月均工资≥5000",IF(G2>=4000,"5000>月均工资≥4000",IF(G2>=3000,"4000>月均工资≥3000",IF(G2>=2000,"3000>月均工资≥2000","月均工资<2000")))))，并向下填充至数据表末行。

上述公式中使用了 IF、COUNT 函数。**关于 IF、COUNT 函数的用法见附录 4。**

③ 选择“上半年”表中任意一个有数据的单元格，选择“数据透视表”命令（**不同软件版本操作方法见附录中的操作说明 22**），直接单击【完成】按钮，系统会另添加一张工作表，并出现数据透视表框架和字段列表。

将“月平均工资段”“工龄段”“上半年累计工资”等字段分别拖至“行”“列”“值”区域，并单击“值”下拉列表选项，打开“值字段设置”对话框，选择“平均值”，如图 2.48 所示。

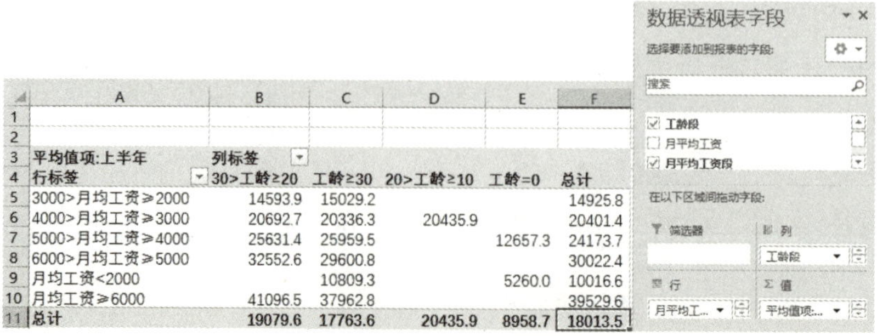

	A	B	C	D	E	F
1						
2						
3	平均值项:上半年	列标签				
4	行标签	30>工龄≥20	工龄≥30	20>工龄≥10	工龄=0	总计
5	3000>月均工资≥2000	14593.9	15029.2			14925.8
6	4000>月均工资≥3000	20692.7	20336.3	20435.9		20401.4
7	5000>月均工资≥4000	25631.4	25959.5		12657.3	24173.7
8	6000>月均工资≥5000	32552.6	29600.8			30022.4
9	月均工资<2000		10809.3		5260.0	10016.6
10	月均工资≥6000	41096.5	37962.8			39529.6
11	总计	19079.6	17763.6	20435.9	8958.7	18013.5

图 2.48　按工龄段、月平均工资段计算“上半年累计工资”的平均数

（2）按工龄段、月平均工资段计算“上半年累计工资”的最大值。对图2.48中任一数据单元格右击鼠标，在弹出的快捷菜单中选择“值汇总依据→最大值”，结果如图2.49所示。

最大值项:上半年	列标签				
行标签	30>工龄≥20	工龄≥30	20>工龄≥10	工龄=0	总计
3000>月均工资≥2000	16536.0	17590.0			17590.0
4000>月均工资≥3000	21027.7	23139.8	23721.8		23721.8
5000>月均工资≥4000	26678.4	26154.6		12657.3	26678.4
6000>月均工资≥5000	32552.6	32279.1			32552.6
月均工资<2000		11640.0		5260.0	11640.0
月均工资≥6000	44817.4	38672.4			44817.4
总计	44817.4	38672.4	23721.8	12657.3	44817.4

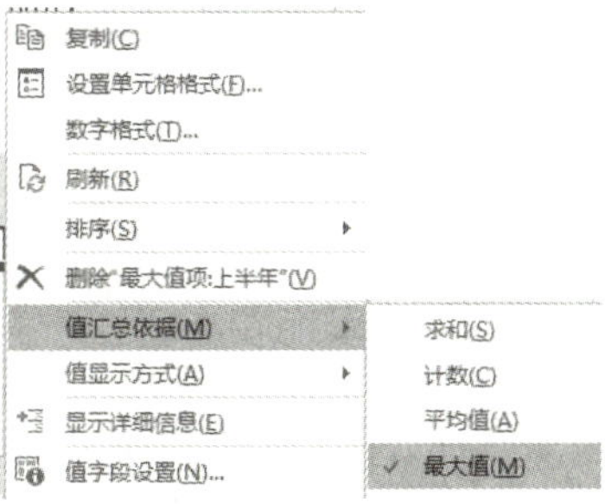

图2.49 按工龄段、月平均工资段计算“上半年累计工资”的最大值

（3）按工龄段、月平均工资段计算“上半年累计工资”的最小值。修改图2.49“值汇总依据→最小值”，结果如图2.50所示。

最小值项:上半年	列标签				
行标签	30>工龄≥20	工龄≥30	20>工龄≥10	工龄=0	总计
3000>月均工资≥2000	13440.0	12190.0			12190.0
4000>月均工资≥3000	19498.0	18838.0	18838.0		18838.0
5000>月均工资≥4000	24119.5	25441.9		12657.3	12657.3
6000>月均工资≥5000	32552.6	17325.4			17325.4
月均工资<2000		10150.0		5260.0	5260.0
月均工资≥6000	37375.6	37253.1			37253.1
总计	13440.0	10150.0	18838.0	5260.0	5260.0

图2.50 按工龄段、月平均工资段计算“上半年累计工资”的最小值

（4）按工龄段、月平均工资段计算人数。修改图2.50“值汇总依据→计数”，并设置数据无小数位，结果如图2.51所示。

计数项:上半年	列标签				
行标签	30>工龄≥20	工龄≥30	20>工龄≥10	工龄=0	总计
3000>月均工资≥2000	19	61			80
4000>月均工资≥3000	5	25	5		35
5000>月均工资≥4000	3	4		1	8
6000>月均工资≥5000	1	6			7
月均工资<2000		6		1	7
月均工资≥6000	2	2			4
总计	30	104	5	2	141

图2.51 按工龄段、月平均工资段计算人数

任务3 计件类工资的计算

【任务导读】

计件工资是按照工人生产的合格品的数量（或作业量）和预先规定的计件单价，来计算报酬的一种工资形式。计件工资可分个人计件工资和集体计件工资。

步骤一 个人计件工资的计算

【示例文件】

个人计件工资适用于个人能单独操作而且能够制定个人劳动定额的工种。为了调动员工的积极性，某服装厂实行计件工资。参考示例文件：项目2-2 在工资管理中的应用（计件）。

1．规范数据报表

如图 2.52（a）所示为该企业车间每日记录的产量数据表，其中省略了与上一行相同的信息。还有一些操作也会出现类似的空格，如合并单元格被取消，数据透视表中也会出现空单元格，需要填入与上方一致的内容。

快速定位填充空白单元格的方法如下：

（1）选定区域，如图 2.52（a）所示。

（2）按 F5 键定位，打开“定位”对话框，单击【定位条件】按钮，选中【空值】单选按钮，结果如图 2.52（b）所示。

（3）在编辑栏里输入公式，若当前地址为 A5，则在编辑栏中输入=A4（即与上一行相同），如图 2.52（c）所示。

（4）按 Ctrl+Enter 组合键，即完成全部空单元格的填充，如图 2.52（d）所示。

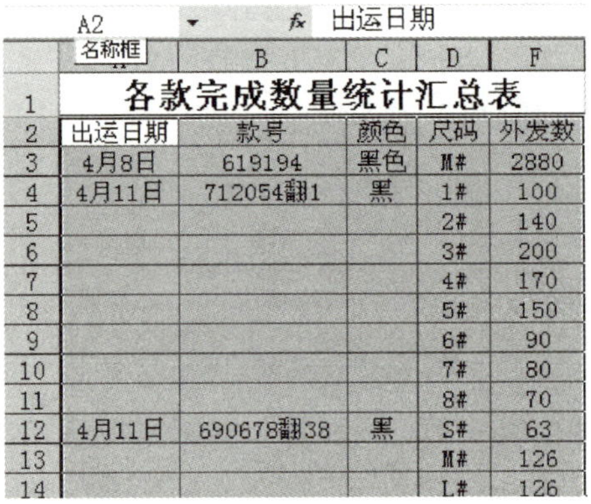

	A	B	C	D	F
1	各款完成数量统计汇总表				
2	出运日期	款号	颜色	尺码	外发数
3	4月8日	619194	黑色	M#	2880
4	4月11日	712054翻1	黑	1#	100
5				2#	140
6				3#	200
7				4#	170
8				5#	150
9				6#	90
10				7#	80
11				8#	70
12	4月11日	690678翻38	黑	S#	63
13				M#	126
14				L#	126

（a）选定区域

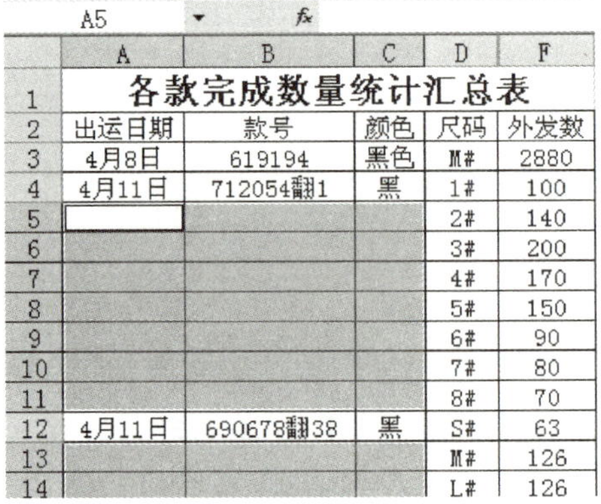

	A	B	C	D	F
1	各款完成数量统计汇总表				
2	出运日期	款号	颜色	尺码	外发数
3	4月8日	619194	黑色	M#	2880
4	4月11日	712054翻1	黑	1#	100
5				2#	140
6				3#	200
7				4#	170
8				5#	150
9				6#	90
10				7#	80
11				8#	70
12	4月11日	690678翻38	黑	S#	63
13				M#	126
14				L#	126

（b）定位空值区域

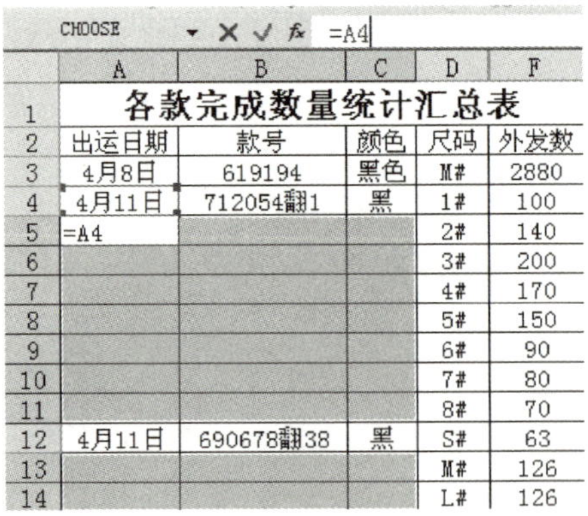

	A	B	C	D	F
1	各款完成数量统计汇总表				
2	出运日期	款号	颜色	尺码	外发数
3	4月8日	619194	黑色	M#	2880
4	4月11日	712054翻1	黑	1#	100
5	=A4			2#	140
6				3#	200
7				4#	170
8				5#	150
9				6#	90
10				7#	80
11				8#	70
12	4月11日	690678翻38	黑	S#	63
13				M#	126
14				L#	126

（c）编辑公式

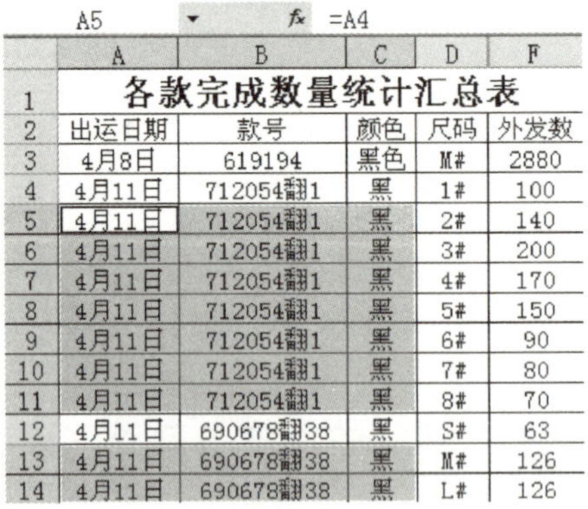

	A	B	C	D	F
1	各款完成数量统计汇总表				
2	出运日期	款号	颜色	尺码	外发数
3	4月8日	619194	黑色	M#	2880
4	4月11日	712054翻1	黑	1#	100
5	4月11日	712054翻1	黑	2#	140
6	4月11日	712054翻1	黑	3#	200
7	4月11日	712054翻1	黑	4#	170
8	4月11日	712054翻1	黑	5#	150
9	4月11日	712054翻1	黑	6#	90
10	4月11日	712054翻1	黑	7#	80
11	4月11日	712054翻1	黑	8#	70
12	4月11日	690678翻38	黑	S#	63
13	4月11日	690678翻38	黑	M#	126
14	4月11日	690678翻38	黑	L#	126

（d）填充空单元格的结果

图 2.52　快速定位填充空白单元格

图 2.53 为经过规范处理后的某车间 2011 年 8 月计件工作量数据表，共有 2473 条记录。

2．建立工序款号单价标准

建立单价标准是实现计件工资计算的前提条件。

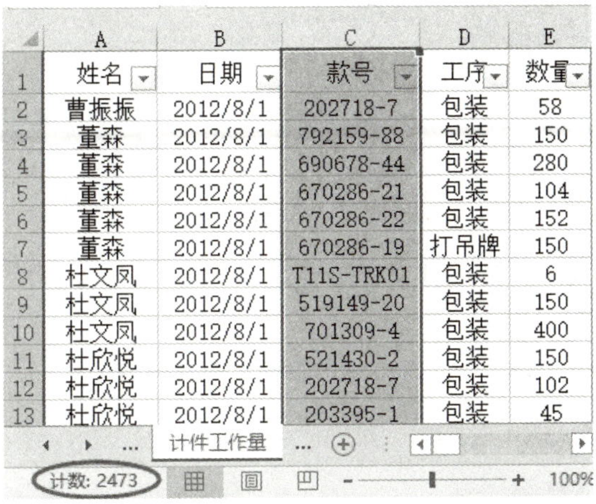

	A	B	C	D	E
1	姓名	日期	款号	工序	数量
2	曹振振	2012/8/1	202718-7	包装	58
3	董森	2012/8/1	792159-88	包装	150
4	董森	2012/8/1	690678-44	包装	280
5	董森	2012/8/1	670286-21	包装	104
6	董森	2012/8/1	670286-22	包装	152
7	董森	2012/8/1	670286-19	打吊牌	150
8	杜文凤	2012/8/1	T11S-TRK01	包装	6
9	杜文凤	2012/8/1	519149-20	包装	150
10	杜文凤	2012/8/1	701309-4	包装	400
11	杜欣悦	2012/8/1	521430-2	包装	150
12	杜欣悦	2012/8/1	202718-7	包装	102
13	杜欣悦	2012/8/1	203395-1	包装	45

图 2.53　某车间 2011 年 8 月计件工作量数据表

单价表内容包括“款号”“工序”和“单价”，其中对“款号”列的要求不可有重号，可以通过预设数据验证加以防范，如图 2.54 所示，选择“款号”列，打开“数据验证”对话框（**不同软件版本操作方法见附录中的操作说明 11**），选择“设置”选项卡，在“允许”下拉列表中选择“自定义”选项，输入公式=COUNTIF(A:A,A1)=1（注意：参数 2 必须与当前名称框中显示的一致）。**关于 COUNTIF 函数的用法见附录 4。**

关于防重设置或检测重复数据的方法见附录中的操作技巧 46。

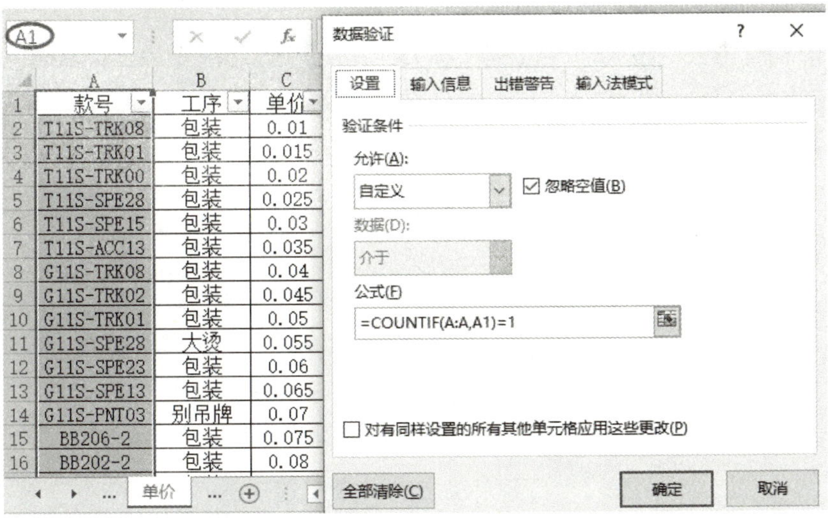

	A	B	C
1	款号	工序	单价
2	T11S-TRK08	包装	0.01
3	T11S-TRK01	包装	0.015
4	T11S-TRK00	包装	0.02
5	T11S-SPE28	包装	0.025
6	T11S-SPE15	包装	0.03
7	T11S-ACC13	包装	0.035
8	G11S-TRK08	包装	0.04
9	G11S-TRK02	包装	0.045
10	G11S-TRK01	包装	0.05
11	G11S-SPE28	大烫	0.055
12	G11S-SPE23	包装	0.06
13	G11S-SPE13	包装	0.065
14	G11S-PNT03	别吊牌	0.07
15	BB206-2	包装	0.075
16	BB202-2	包装	0.08

图 2.54　设置数据有效性防重复输入

3．用函数添加对应款号的单价与金额

在“计件工作量”表的“单价”列输入公式 F2=VLOOKUP(C2,单价!A:C,3,0)，并向下填充至数据表最后一行。**关于 VLOOKUP 函数的用法见附录 4，关于输入公式及函数参数的方法见附录中的操作技巧 22。**

在“金额”列，输入公式 G2=E2×F2，并向下填充至相应行，如图 2.55 所示。

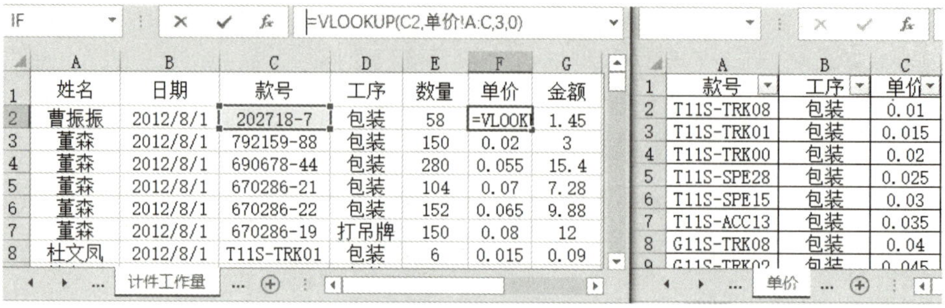

图 2.55　输入单价和金额列的计算公式

4. 计算个人计件工资总和

1）方法一：合并数据法

新插入一张工作表，命名为“计件工资”，在A1中输入“姓名”字段，在菜单栏选择“数据→合并计算”命令，在打开的“合并计算”对话框的“函数”下拉列表中选择“求和”选项，在“引用位置”中选择“工作量汇总”表的A:G列，单击【添加】按钮，选中“标签位置”选项区的“首行”和“最左列”复选框，如图2.56所示。单击【确定】按钮，即可得到每人的工资总和，通过快速计算工具可知该列总和为84597.3，如图2.57所示。

关于打开快速计算工具的方法见附录中的操作技巧20。

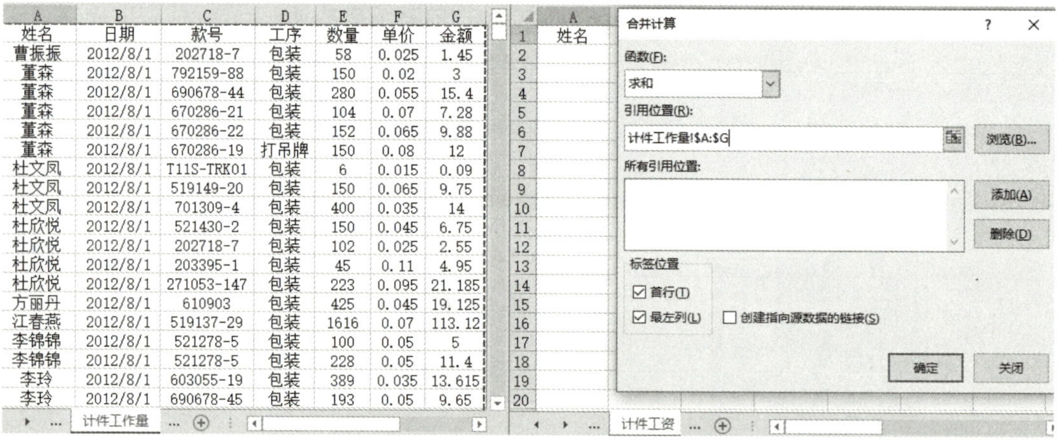

图 2.56　设置“合并计算”参数

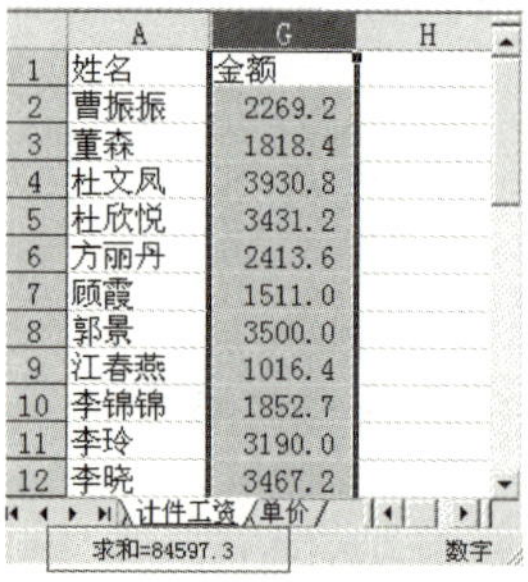

图 2.57　合并后总和为84597.3

2）方法之二：数据透视法

在“计件工作量”表单击任意一个有数据的单元格，选择“数据透视表”命令（**不同软件版本操作方法见附录中的操作说明22**），在打开的对话框中选中“现有工作表”，并单击将要存放的首单元格，如“计件工资”表I1，单击【完成】按钮，如图2.58所示。**关于创建数据透视表的方法见附录中的操作技巧34。**

将字段列表中的“姓名”“金额”分别拖至“行”和“值”区域，并选择“求和”，结果如图2.59所示。与图2.57数据合并进行比较，两者的求和结果均为84597.3。

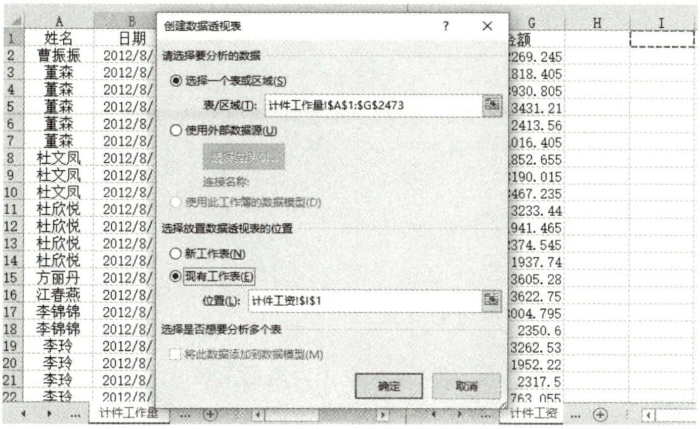

图 2.58　将透视表放在“计件工资”表以 I1 为首的区域

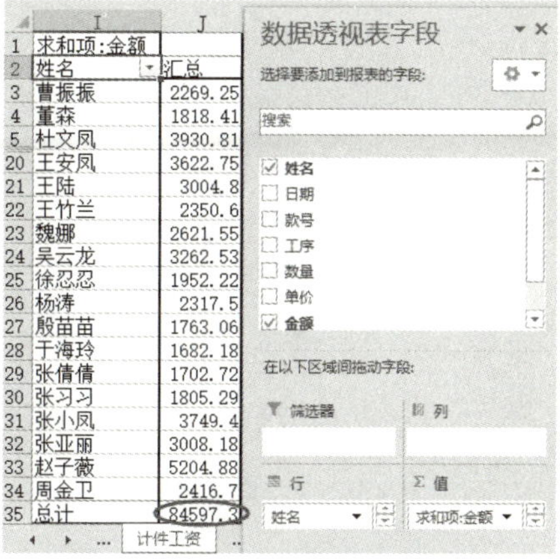

图 2.59　透视结果

3）两者之比较

数据透视表操作简便灵活，且当源数据区信息有变化时，只要在数据透视表中单击鼠标右键，选择“刷新数据”命令即自动更新，但数据透视表为只读性表格，不可操作和编辑。

数据合并既可对单表进行合并（如本例），也可对多表合并（如上一任务的步骤一中曾将 1～6 月份的工资表进行过合并），但它不能自动更新数据，如果源数据区的信息有变化，必须重新打开“数据合并”对话框，单击【确定】按钮，再重新进行一次数据合并操作。

4）其他方法

除合并计算和数据透视法以外，还可以用函数法（如 SUMIF 函数）和分类汇总法进行统计，请读者自己实践并规纳比较。

步骤二　集体计件工资的计算

集体计件工资适用于工艺过程要求集体完成，不能直接计算个人完成合格产品的数量的工种。

例如，一个班组有 20 个人，在一个月中完成 A 产品 3000 件，单价为 10 元； B 产品 1000 件，单价为 15 元，C 产品 1000 件，单价为 20 元。

其中 5 人工作 200 小时，6 人工作 210 小时，9 人工作 230 小时，现为每人结算工资。

1．计算集体工资

将集体完成的项目输入“集体项目”表，如图 2.60 所示。

（1）计算完成各产品工作量所对应的工资金额：D2=B2×C2，并向下填充至 D4 单元格。

（2）计算集体完成工资总额：D5=SUM(D2:D4)=3000×10+1000×15+1000×20=65000。

2．分配个人工资

基本思路是：把所有人的工时相加，得出总工时，然后按每个人工时占总工时的比例将集体工资分配给个人。

将个人完成的工时数输入“工资分配”表，如图 2.61 所示。

	A	B	C	D
1	产品	产量	单价	金额
2	A	3000	10	=B2*C2
3	B	1000	15	=B3*C3
4	C	1000	20	=B4*C4
5	集体工资			=SUM(D2:D4)
6				
7				
8				

图 2.60　计算集体工资

	A	B	C
1	姓名	工时	个人分配工资
2	职工1	200	=B2/$B$22*集体项目!$D$5
15	职工14	230	=B15/$B$22*集体项目!$D$5
16	职工15	230	=B16/$B$22*集体项目!$D$5
17	职工16	230	=B17/$B$22*集体项目!$D$5
18	职工17	230	=B18/$B$22*集体项目!$D$5
19	职工18	230	=B19/$B$22*集体项目!$D$5
20	职工19	230	=B20/$B$22*集体项目!$D$5
21	职工20	230	=B21/$B$22*集体项目!$D$5
22	总工时	=SUM(B2:B21)	=B22/$B$22*集体项目!$D$5

图 2.61　计算个人所得工资

（1）计算总工时：B22=SUM(B2:B21)=5×200+6×210 +9×230=4330。

（2）计算个人分配工资：按个人工时占总工时的比例分配集体总工资。C2=B2/$B$22*集体项目!$D$5，并向下填充至 C22。

其中$B$22 为总工时，采用绝对引用方式，以保证向下填充公式时该单元格被锁定。

集体项目!$D$5 为“集体项目”表中的 D5（即集体总工资），该单元格采用绝对引用方式，以保证向下填充公式时该单元格被锁定。

最终结果如图 2.62 所示。

	A	B	C	D	E
1	产品	产量	单价	金额	
2	A	3000	10	30000	
3	B	1000	15	15000	
4	C	1000	20	20000	
5	集体工资			65000	
6					
7					
8					

	A	B	C	D
1	姓名	工时	个人分配工资	
2	职工1	200	3002.3	
3	职工2	200	3002.3	
4	职工3	200	3002.3	
5	职工4	200	3002.3	
6	职工5	200	3002.3	
7	职工6	210	3152.4	
21	职工20	230	3452.7	
22	总工时	4330	65000.0	
23				

图 2.62　公式计算结果

项目回顾

本项目以几种典型的工资方案为例，介绍了企业工资管理及 Excel 数据输入、公式计算、表格修饰、动态打印、数据合并、数据透视、利用有效性设置防重及 VBA 与按钮控制技术。本项目还介绍了 IF、AND、OR、ISERROR、SUM、ROUND、COUNT、INT、TODAY、MONTH、NOW、VLOOKUP、MOD、INDEX、COLUMN、ROW、OFFSET、ADDRESS 等函数。

项目训练

【训练参考】

1. 图 2.63 所示工作簿里包含某企业 1 ~ 12 月各月所发工资及合同年薪标准。根据各月所发的工资，计算年终一次性补发每人的剩余款（见项目 2 训练参考　年终补发工资）。

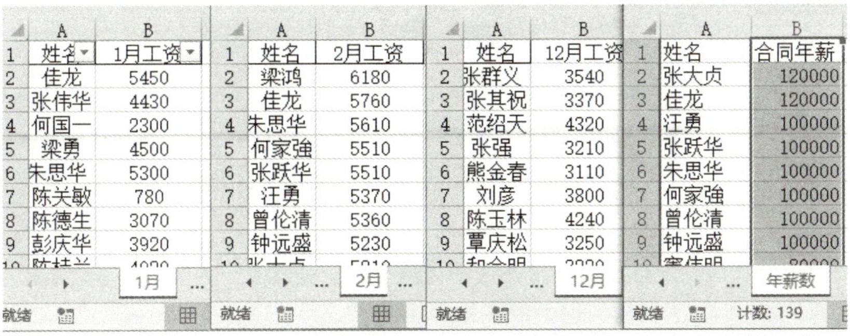

（a）1 月份工资　（b）2 月份工资　（c）12 月份工资　（d）合同年薪

图 2.63　企业年终补足工资

2. 某组同学针对一小公司设计了员工工资管理方案（见项目 2 训练参考　制作工资条）。该方案具有两个功能：一是选择 A1:P2，向下填充后能生成简易的工资条；二是只要输入 C:L 列信息，每人工资即能自动生成。“工资计算”表表头如图 2.64 所示。

【训练参考】

（1）将第一行设置为白字绿底，在 A2 中输入序号 1，在 B2 中输入公式=NOW()，并在“单元格格式”对话框中，选择“数字”选项卡，在“分类”列表框中选择“自定义”选项，在“类型”文本框中输入 mm.dd，单击【确定】按钮。M、N、O、P 列为相关计算公式：

M 列（应发工资）——基本工资+绩效工资+工龄补贴+卫生费+电话补贴+缺勤扣奖

N 列（应纳税范围）——应发工资大于 3500 元的部分

O 列（应纳个税）——根据国家规定，可利用扣税速查表获得

P 列（实发工资）——实发工资=应发工资-应纳个税

请写出以上 4 个计算公式。

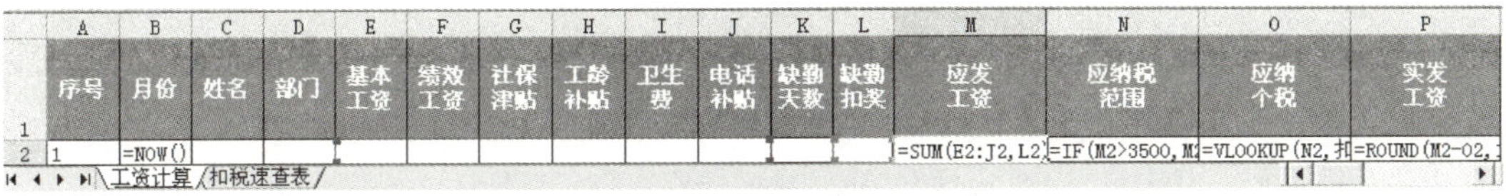

图 2.64　“工资计算”表表头样式

（2）选择 A1:P2，向下填充的效果如图 2.65 所示，请解释简易工资条生成的原理。

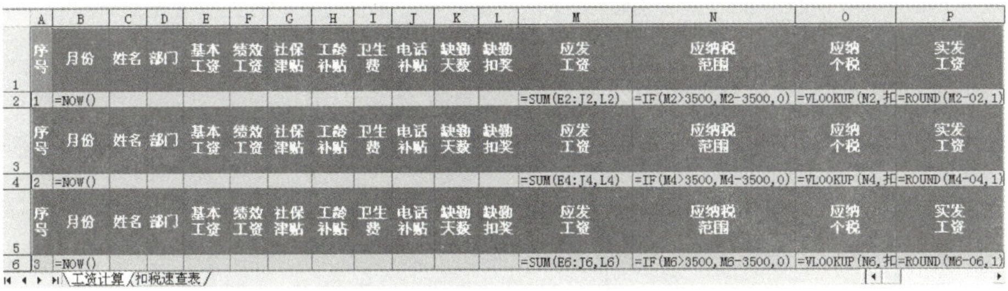

图 2.65　选择 A1:P2 向下填充后的效果及公式

（3）在 C:L 列输入数据后工资表形成如图 2.66 所示。请用自动筛选方式隐藏序号的内容，并对各列进行求和计算，效果如图 2.67 所示。

	A	B	C	D	E	F	G	H	I	J	K	L	M	N	O	P
1	序号	月份	姓名	部门	基本工资	绩效工资	社保津贴	工龄补贴	卫生费	电话补贴	缺勤天数	缺勤扣奖	应发工资	应纳税范围	应纳个税	实发工资
2	1	08.29	朱明明	行政部	1000	4400	600	1950	30	100	4	-80	8000.0	4500.0	345.0	7655.0
3	序号	月份	姓名	部门	基本工资	绩效工资	社保津贴	工龄补贴	卫生费	电话补贴	缺勤天数	缺勤扣奖	应发工资	应纳税范围	应纳个税	实发工资
4	2	08.29	范绍天	行政部	1000	3400	600	2450	20	100			7570.0	4070.0	302.0	7268.0
5	序号	月份	姓名	部门	基本工资	绩效工资	社保津贴	工龄补贴	卫生费	电话补贴	缺勤天数	缺勤扣奖	应发工资	应纳税范围	应纳个税	实发工资
6	3	08.29	张新民	行政部	1000	3400	600	2350	20	100			7470.0	3970.0	292.0	7178.0
7	序号	月份	姓名	部门	基本工资	绩效工资	社保津贴	工龄补贴	卫生费	电话补贴	缺勤天数	缺勤扣奖	应发工资	应纳税范围	应纳个税	实发工资
8	4	08.29	黄奋杰	研发部	1000	2600	400	2050	20		3	-60	6010.0	2510.0	146.0	5864.0
9	序号	月份	姓名	部门	基本工资	绩效工资	社保津贴	工龄补贴	卫生费	电话补贴	缺勤天数	缺勤扣奖	应发工资	应纳税范围	应纳个税	实发工资
10	5	08.29	陈桂兰	研发部	1000	1600	400	2000	30				5030.0	1530.0	48.0	4982.0
11	序号	月份	姓名	部门	基本工资	绩效工资	社保津贴	工龄补贴	卫生费	电话补贴	缺勤天数	缺勤扣奖	应发工资	应纳税范围	应纳个税	实发工资
12	6	08.29	刘尚武	销售部	1000	2600	400	1100	20	100			5220.0	1720.0	67.0	5153.0
13	序号	月份	姓名	部门	基本工资	绩效工资	社保津贴	工龄补贴	卫生费	电话补贴	缺勤天数	缺勤扣奖	应发工资	应纳税范围	应纳个税	实发工资
14	7	08.29	丁小飞	销售部	800	500	200	1550	30	100			3180.0			3180.0

图 2.66　在 C:L 列输入数据后的效果

	A	B	C	D	E	F	G	H	I	J	K	L	M	N	O	P
1	序号	月份	姓名	部门	基本工资	绩效工资	社保津贴	工龄补贴	卫生费	电话补贴	缺勤天数	缺勤扣奖	应发工资	应纳税范围	应纳个税	实发工资
2	1	08.29	朱明明	行政部	1000	4400	600	1950	30	100	4	-80	8000.0	4500.0	345.0	7655.0
4	2	08.29	范绍天	行政部	1000	3400	600	2450	20	100			7570.0	4070.0	302.0	7268.0
6	3	08.29	张新民	行政部	1000	3400	600	2350	20	100			7470.0	3970.0	292.0	7178.0
8	4	08.29	黄奋杰	研发部	1000	2600	400	2050	20		3	-60	6010.0	2510.0	146.0	5864.0
10	5	08.29	陈桂兰	研发部	1000	1600	400	2000	30				5030.0	1530.0	48.0	4982.0
12	6	08.29	刘尚武	销售部	1000	2600	400	1100	20	100			5220.0	1720.0	67.0	5153.0
14	7	08.29	丁小飞	销售部	800	500	200	1550	30	100			3180.0			3180.0
16	8	08.29	张武	一车间	1000	1600	400	1450	20				4470.0	970.0	29.1	4440.9
18	9	08.29	周小红	一车间	800	1400	300	1250	30				3780.0	280.0	8.4	3771.6
20	10	08.29	张其森	二车间	800	900	300	2450	20				4470.0	970.0	29.1	4440.9
22	11	08.29	张冬能	后保部	800	1400	300	2200	20				4720.0	1220.0	36.6	4683.4
24				合计	10200	23800	4500	20800	260	500	7	-140	59920	21740	1303.2	58616.8

工资计算 / 扣税速查表

图 2.67　筛选“序号”字段中不等于“序号”的选项，并进行各列求和的效果

3．某组同学将图 2.7 所示的计算应发工资的公式 O3=IF(B3=0,0,(E3+F3*$E$1)/$G$1*($G$1-L3-M3)+SUM(G3:K3)+N3)修改为 O3=IF(B3=0,$E$1=0,$G$1=0),0,(E3+F3*$E$1)/$G$1*($G$1-L3-M3)+SUM(G3:K3)+N3)，请分析其有何优点。

4．本项目任务 1，设有工龄津贴，在“人事信息”表中提供有工龄，如图 2.68 所示。某组同学设计了计算动态工龄的 3 种方案：

方案 1=IF(G3=0, "",DATEDIF(G3, TODAY (),"y"))

方案 2=IF(G3=0, "",INT((NOW()-G3)/365))

方案 3=YEAR(NOW())-YEAR(G3)

请查找所用函数的作用，分别在 N、O、P 列中输入验证，并分析有何区别。

	A	B	C	D	E	F	G	H
1	基本信息:							
2	工号	姓名	部门	性别	职务	职称	参加工作日期	工龄
3	001	朱明明	行政部	女	总经理	高级	1988/12/19	28
4	003	李河光	行政部	男	副总经理	高级	1989/8/23	27
5	004	范绍天	行政部	男	副总经理	高级	1976/4/3	41

人事信息

图 2.68　计算动态工龄

项目 3

Excel 在进-销-存中的应用

【项目导读】

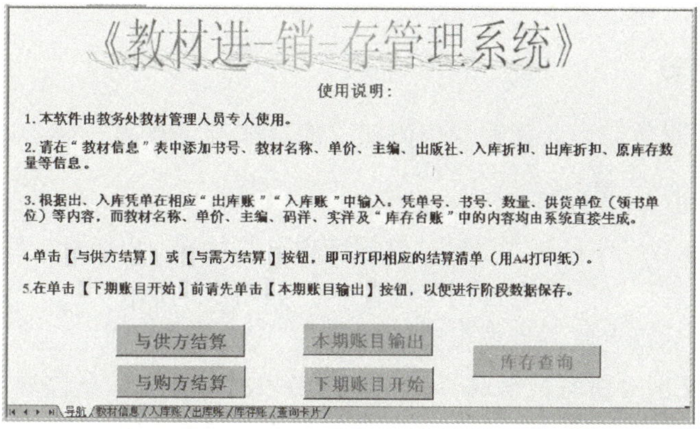

“进-销-存”是指企业管理过程中采购（进）→入库（存）→销售（销）的动态管理过程。不论是商品流通类企业还是产品加工类企业都涉及对进-销-存的管理，例如商店从商品的采购（进）→入库（存）→销售（销），企业从原材料的采购（进）→入库（存）→领料加工→产品入库（存）→销售（销）。“进-销-存”也是企业成本核算的一个重要内容，加强对进-销-存的信息化、科学化管理，对提高公司企业的管理水平具有重要的作用和意义。

本项目先以事业型单位中某院校教材进-销-存管理软件的制作为例，介绍如何运用 Excel 进行有效管理，确保统计数据能够适时更新，并能快速生成自动报表。再介绍企业中“异进-异销”（同类产品采购价或销售价均有差异）的进-销-存的管理。学习输入技巧、统计方法、毛利计算、报表的自动生成及 VBA 等知识。

【任务导读】

任务1　同价进-销-存管理

背景资料：

某院校教材管理部门通过招投标，确定有3家供应商，规定各家提供的相同教材价格必须一致；而学院提供给各班学生的教材价格也完全相同，因此相应的进-销-存管理称为同价进销存。

学校付款方式为期末一次性结算；学生交款方式为开学时一次性预交代办费，期末结算时多退少补。

学校要求随时提供库存信息，并将各班领用教材清单及信息在内网公示。

【示例文件】

为此编制了相应的软件，参考示例文件：项目 3-1　在进-销-存管理中的应用（同价）。

该软件具有以下功能：

（1）在“入库账”表和“出库账”表中输入教材书号、数量、供应商（或购买方），即可生成书名、主编、出版社、单价、码洋、实洋等信息。

（2）系统能自动产生实时更新的统计信息。

（3）单击【与供方结算】【与购方结算】【本期账目输出】等按钮，报表能自动生成或转出。

（4）单击【下期账目开始】按钮，能自动计算新的库存数，并清空“入库账”和“出库账”中已有的信息。

（5）单击【库存查询】按钮将进入查询界面。

步骤一　建立管理账簿

管理账簿包含教材信息、入库账、出库账、库存账等工作表。

1. 建立“教材信息”表

“教材信息”表包含“序号”“书号”“教材名称”“主编”“出版社”“单价”“入库折扣率”“出库折扣率”“原库存”和“订购部门”等内容，如图3.1所示。

（1）对“书号”列设置唯一性的保障条件。

“教材信息”表要求对所有教材编号，即使同名教材只要有信息差异（如主编不同或单价不同等）均必须独立编制书号，且B列中所编制的书号不得相同（即不可有重复记录）。

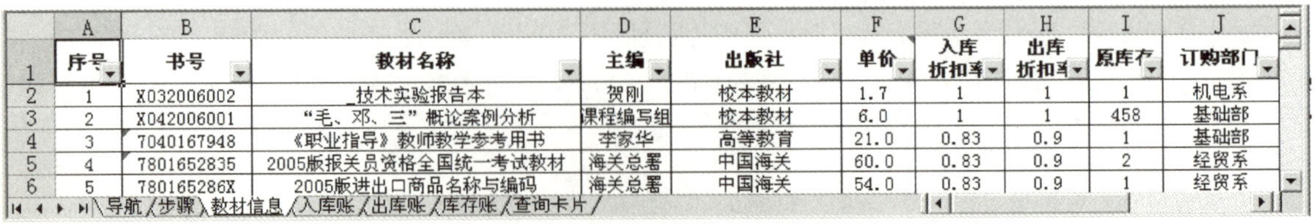

	A	B	C	D	E	F	G	H	I	J
1	序号	书号	教材名称	主编	出版社	单价	入库折扣率	出库折扣率	原库存	订购部门
2	1	X032006002	_技术实验报告本	贺刚	校本教材	1.7	1	1	1	机电系
3	2	X042006001	“毛、邓、三”概论案例分析	课程编写组	校本教材	6.0	1	1	458	基础部
4	3	7040167948	《职业指导》教师教学参考用书	李家华	高等教育	21.0	0.83	0.9	1	基础部
5	4	7801652835	2005版报关员资格全国统一考试教材	海关总署	中国海关	60.0	0.83	0.9	2	经贸系
6	5	780165286X	2005版进出口商品名称与编码	海关总署	中国海关	54.0	0.83	0.9	1	经贸系

图3.1　“教材信息”表结构

防重设置方法见项目 2 任务 3 步骤一，这里不再赘述。**关于防重设置或检测重复数据的方法见附录中的操作技巧 46**。

（2）对“序号”列利用公式自动生成。

“序号”有利于后续的查询、统计，可用公式自动添加，在 A2 中输入公式 A2=IF(B2<>"",ROW()-1,"")，并将该公式填充至 2000 行。该公式的作用是，如果 B2 不为空值，则按当前行号-1，否则不显示。**关于输入公式及函数参数的方法见附录中的操作技巧 22，向大范围填充公式的方法见附录中的操作技巧 36，在公式和数值两者间切换的方法见附录中的操作技巧 23**。

（3）“教材名称”“主编”“出版社”“单价”等信息如实录入。

（4）“入库折扣率”“出库折扣”列依据学校与供应商签订的合同及相关规定输入。

（5）“原库存”列按管理员首次接手时确认的数字输入。

（6）“订购部门”（J）列可设置数据验证（2003 版为“数据有效性”），如图 3.2 所示。**关于设置下拉列表选择输入的方法见附录中的操作技巧 45**。

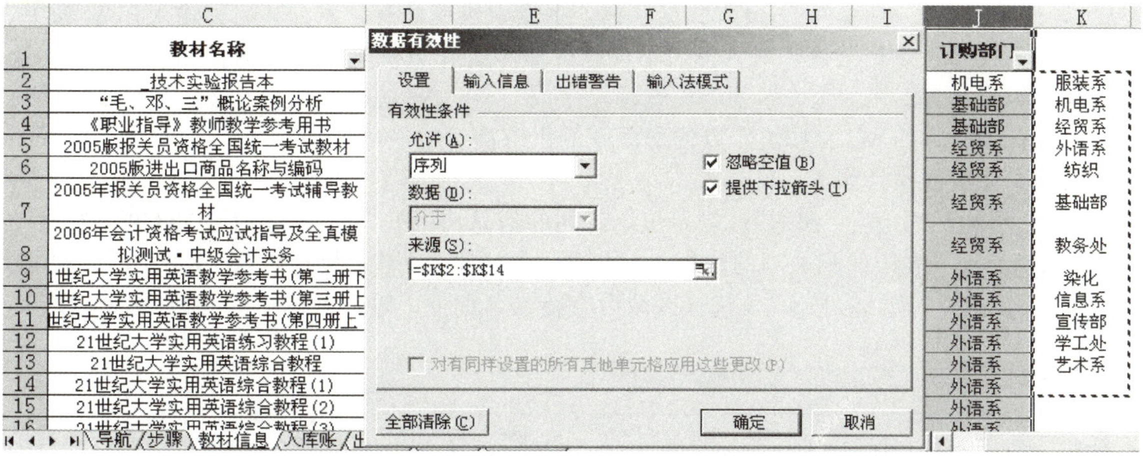

图 3.2　对 J 列设置数据有效性（预先建在 K2:K14 序列，可以隐藏但不能删除）

2．建立“入库账”表

“入库账”表中建有凭证录入区、统计区及表头。

凭证录入区包含“凭单号”“日期”“书号”“书名”“主编”“出版社”“单价”“数量”“供应商”“码洋”和“实洋”等内容。

统计区主要完成对各供应商的结算数据。

表头部分设有“当前记录数”字段及【与供方结算】按钮，如图 3.3 所示。

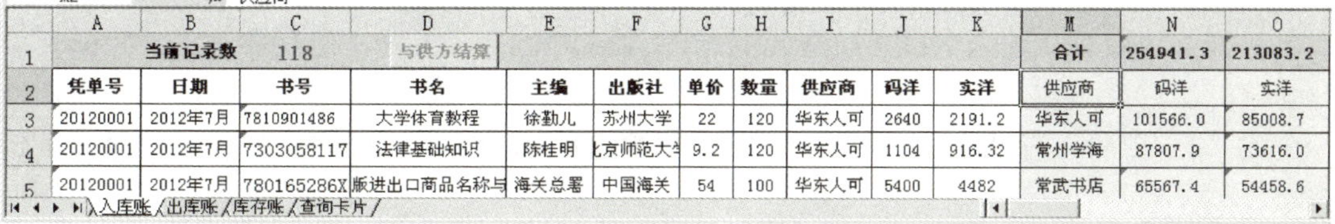

图 3.3　“入库账”工作表结构

1）凭证录入区

手工输入的栏目如下：

（1）“凭单号”列（A列），为各供应商送货单的单证号码，按实输入。

（2）“日期”列（B列），输入当年的日期时只需输入月-日，如10/20或10-20均可。若输入当前日期也可以按Ctrl+;组合键，按Ctrl+Shift+`（在数字1左边）或按Ctrl+Shift+3组合键可在日期与序列号之间切换。

关于输入日期与日期和序列号转换的方法见附录中的操作技巧21。

（3）“书号”列（C列），必须输入“教材信息”表中已有的书号，为防止错误，可进行数据验证设置。由于引用的序列不在当前表中，因此需要先将序列所在的区域（“教材信息”表中的B2:B2000）定义为工作簿内通用的名称（本例中定义为“书号”），然后再对“入库账”表的C3:C5000区域（用户需要的范围）设置数据验证。

关于设置下拉列表选择输入的方法见附录中的操作技巧45。

（4）“数量”列（H列）按实际输入。

（5）“供应商”列（I列），设置数据验证。本例中供应商有3家，其名称输入在M列中，选择I列，打开“数据验证”对话框（**不同软件版本操作方法见附录中的操作说明11**），选择“设置”选项卡，在“允许”列表中选择“序列”，在“来源”中选择M列中的相关区域，可适当留有余量（如M3:M100），以便增添新的供应商。

由公式完成的栏目如下：

（1）“书名”“主编”“出版社”“单价”等列的信息均根据书号通过VLOOKUP函数自动引用“教材信息”表中的相关列的信息。为方便函数的输入，将“教材信息”表中的B1:J2000区域定义名称为“教材信息库”（选择区域后直接在名称框中输入名称即可），如图3.4所示。

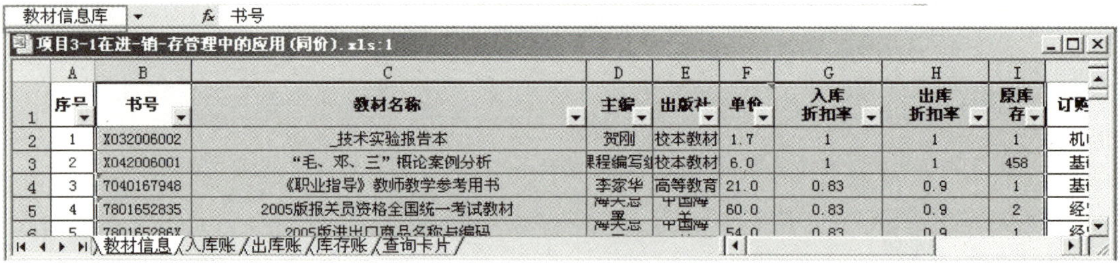

图3.4　将区域B1:J2000定义为“教材信息库”

在D列（书名）输入公式D3=IF(C3="","",VLOOKUP(C3,教材信息库,2,0)，并向下填充至5000行。

在E列（主编）输入公式E3=IF(C3="","",VLOOKUP(C3,教材信息库,3,0)，并向下填充至5000行。

在F列（出版社）输入公式F3=IF(C3="","",VLOOKUP(C3,教材信息库,4,0)，并向下填充至5000行。

在G列（单价）输入公式G3=IF(C3="","",VLOOKUP(C3,教材信息库,5,0)，并向下填充至5000行。

如图3.5所示，以上公式的主体是VLOOKUP函数，即根据C3中的书号，到教材信息库（定义“教材信息”表的B1:J2000区域）的首列查找该书号，返回第2列（教材名称）、第3列（主编）、第4列（出版社）、第5列（单价）对应的信息；IF函数起到判别作用，即C3中若无内容，则不显示书名，有书号后才显示书名。**关于 IF、VLOOKUP 函数的用法见附录 4。**

也可用数组方式快速完成多列公式的输入。方法是：选择 D3:G3 单元格区域，在编辑栏输入公式=IF(C3="","",VLOOKUP(C3,教材信息库,{2,3,4,5},0))，并按 Ctrl+Shift+Enter 组合键。

在名称框中输入 D3:G5000，分别按 Enter 键和 Ctrl+D 组合键，即快速将公式填充至 D:G 列的 5000 行。

	C	D	E	F	G
2	书号	书名	主编	出版社	单价
3	7810901486	=IF(C3="","",VLOOKUP(C3,教材信息库,2,0))	=IF(C3="","",VLOOKUP(C3,教材信息库,3,0))	=IF(C3="",""	=IF(C3="",
4	7303058117	=IF(C4="","",VLOOKUP(C4,教材信息库,2,0))	=IF(C4="","",VLOOKUP(C4,教材信息库,3,0))	=IF(C4="",""	=IF(C4="",
5	780165286X	=IF(C5="","",VLOOKUP(C5,教材信息库,2,0))	=IF(C5="","",VLOOKUP(C5,教材信息库,3,0))	=IF(C5="",""	=IF(C5="",

教材信息 入库账

图 3.5 “入库账”表中 D、E、F、G 列的信息由 VLOOKUP 函数自动添加

（2）“码洋”列（J 列）。“码洋”是图书出版发行部门定价总额的词语。在 J 列输入公式 J3=IF(C3="","",G3*H3)，并向下填充至 5000 行。该公式的主体为单价*数量，IF 函数用于判断是否有书号，如图 3.6 所示。

	C	G	H	J	K
2	书号	单价	数量	码洋	实洋
3	7810901486	=IF(C3="	120	=IF(C3="","",G3*H3)	=IF(C3="","",VLOOKUP(C3,教材信息库,6,0)*J3)
4	7303058117	=IF(C4="	120	=IF(C4="","",G4*H4)	=IF(C4="","",VLOOKUP(C4,教材信息库,6,0)*J4)
5	780165286X	=IF(C5="	100	=IF(C5="","",G5*H5)	=IF(C5="","",VLOOKUP(C5,教材信息库,6,0)*J5)

教材信息 入库账

图 3.6 “入库账”表中“实洋”为“入库折扣率”*“码洋”

（3）“实洋”列（K 列）。实洋是指实际价格与数量相乘。实际价格由学校与供应商签订的合同中所规定的折扣率与单价相乘。在 H 列输入公式 H3=IF(C3="","",VLOOKUP(C3,教材信息库,6,0)*J3)，并向下填充至 5000 行。

式中的 VLOOKUP 函数取出的是对应 C3 的入库折扣率（见图 3.4 中定义的区域）。

2）统计区

统计区建在 M:O 列，与凭证信息录入区有空列分隔。可将该空列隐藏，其目的是各数据表之间互相独立，便于选择和操作。

关于全选工作表和数据表的区别与操作方法见附录中的操作技巧 58。

供应商的名称输入在 M 列中，如图 3.7 所示。

（1）计算各供应商提供的码洋和实洋。

选择 N3:O100，在公式编辑栏中输入 N3 单元格中对应的公式，即=SUMIF($I:$I,$M3,J:J)，然后按 Ctrl+Enter 组合键，即完成该区域中所有单元格的输入。**关于对一批单元格快速输入相同信息或公式的方法见附录中的操作技巧 40。**

说明：参数 1——$I:$I，为供应商所在列范围，采用绝对引用方式，以便向右填充时此范围不变；参数 2——$M3，为计算区供应商中第一个单位所在单元格（华东人可），采用列绝对、行相对的引用方式，以便向右填充列号不变，向下填充行相对（分别引用各供应商名称）；参数 3——J:J，为求码洋总和的区域，采用列相对引用方式，以便向右填充至 O 列时此范围变为计算实洋所在列范围 K:K。

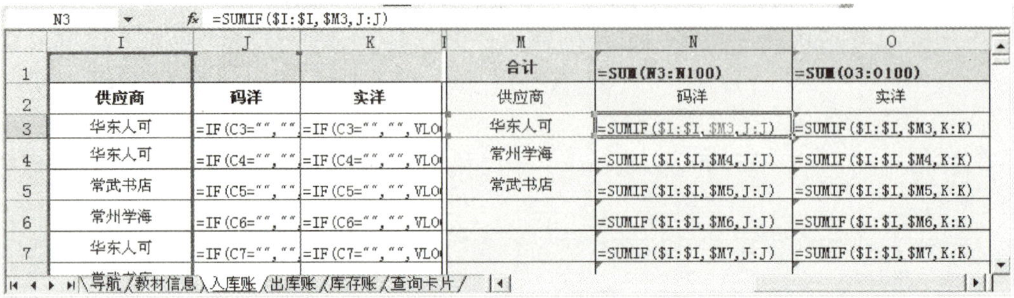

N3 =SUMIF($I:$I,$M3,J:J)

	I	J	K	M	N	O
1				合计	=SUM(N3:N100)	=SUM(O3:O100)
2	供应商	码洋	实洋	供应商	码洋	实洋
3	华东人可	=IF(C3="",""	=IF(C3="","",VLO	华东人可	=SUMIF($I:$I,$M3,J:J)	=SUMIF($I:$I,$M3,K:K)
4	华东人可	=IF(C4="",""	=IF(C4="","",VLO	常州学海	=SUMIF($I:$I,$M4,J:J)	=SUMIF($I:$I,$M4,K:K)
5	常武书店	=IF(C5="",""	=IF(C5="","",VLO	常武书店	=SUMIF($I:$I,$M5,J:J)	=SUMIF($I:$I,$M5,K:K)
6	常州学海	=IF(C6="",""	=IF(C6="","",VLO		=SUMIF($I:$I,$M6,J:J)	=SUMIF($I:$I,$M6,K:K)
7	华东人可	=IF(C7="",""	=IF(C7="","",VLO		=SUMIF($I:$I,$M7,J:J)	=SUMIF($I:$I,$M7,K:K)

导航 / 教材信息 / 入库账 / 出库账 / 库存账 / 查询卡片

图 3.7 统计区计算公式

关于 SUMIF 函数的用法见附录 4。

由于参数 1 和参数 3 所引用的范围均包含了整列的所有行，所以该公式计算的结果将能够动态变化，适时更新。

（2）计算本期应付总额。

N1 中计算的是累计码洋，对应的公式为 N1=SUM(N3:N100)。

O1 中计算的是累计实洋，对应的公式为 O1=SUM(O3:O100)。

3）表头及其他

本部分内容主要为后续的报表自动生成做准备

在图 3.3 当前记录数显示单元格 C1 中输入公式 C1=COUNTA(A:A)-1，即 A 列有记录的个数=非空的单元格个数-1（减去标志行）。

关于 COUNTA 函数的用法见附录 4。

3. 建立"出库账"表

（1）复制"入库账"表。选择"入库账"表名，按住 Ctrl 键向右拖动，释放即复制了一张入库账（2）表，双击该表名，更改为"出库账"，如图 3.8 所示。

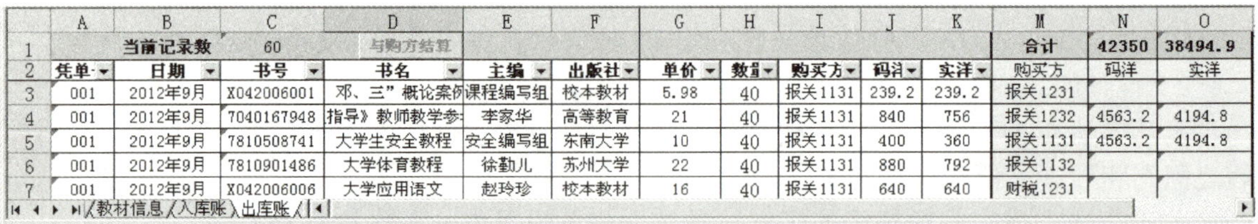

	A	B	C	D	E	F	G	H	I	J	K	M	N	O
1		当前记录数	60	与购方结算								合计	42350	38494.9
2	凭单	日期	书号	书名	主编	出版社	单价	数量	购买方	码洋	实洋	购买方	码洋	实洋
3	001	2012年9月	X042006001	邓、三"概论案例	课程编写组	校本教材	5.98	40	报关1131	239.2	239.2	报关1231		
4	001	2012年9月	7040167948	指导》教师教学参	李家华	高等教育	21	40	报关1131	840	756	报关1232	4563.2	4194.8
5	001	2012年9月	7810508741	大学生安全教程	安全编写组	东南大学	10	40	报关1131	400	360	报关1131	4563.2	4194.8
6	001	2012年9月	7810901486	大学体育教程	徐勤儿	苏州大学	22	40	报关1131	880	792	报关1132		
7	001	2012年9月	X042006006	大学应用语文	赵玲珍	校本教材	16	40	报关1131	640	640	财税1231		

教材信息 / 入库账 / 出库账

图 3.8 "出库账"表由"入库账"表复制并修改而得

（2）编辑"出库账"表。将表头中的"供应商"替换为"购买方"。

购买方的单位名称输入在 M 列中，如图 3.8 所示，本期共有 85 个班级，可将 N3:O3 单元格区域中的公式向下填充以满足更多用户需要。

（3）将 K 列（实洋）中的公式 K3=IF(C3="","",VLOOKUP(C3,教材信息库,6,0)*J3)中的 6 修改为 7（即将入库折扣率改为出库折扣率）。

4. 建立"库存账"表

"库存账"表设有"序号""书号""教材名称""单价""原库存数""原资金""入库数""出库数""当前库存数""资金"和"盈利"等栏目，表头部分还有"当前日期""上期库存数""上期库存资金”“本期库存数”“本期库存资金”“本期盈利”“记录条数”等报表输出统计和【本期账目输出】【下期账目开始】控制按钮，如图 3.9 所示。该表中所有信息均为自动生成。

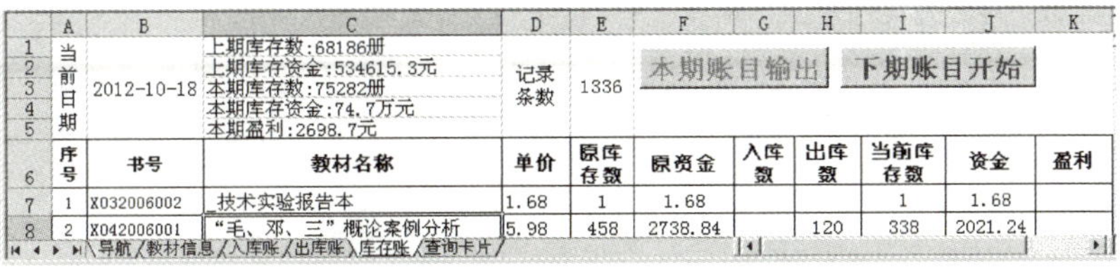

图 3.9 “库存账”表各栏目名称及表头设置

（1）列表中引用类栏目的输入。“库存账”表中的“序号”“书号”“教材名称”“单价”等内容均引用“教材信息”表中的相关内容，如图 3.10 所示。**关于使复制粘贴的信息自动更新的方法见附录中的操作技巧 29。**

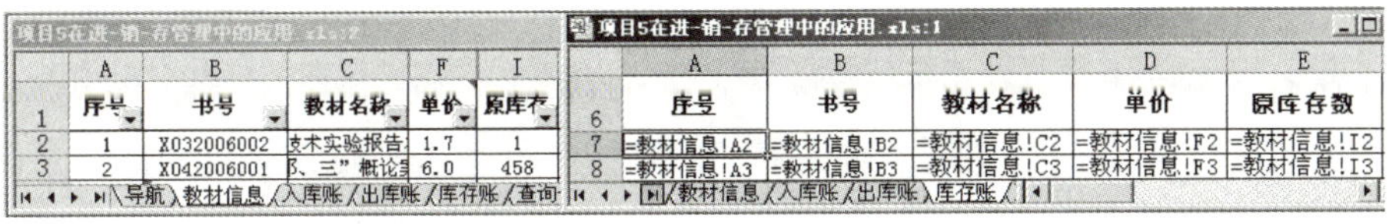

图 3.10 “库存账”表中的 A、B、C、D、E 列引用“教材信息”表中的相关内容

① “序号”列：A7=教材信息!A2

② “书号”列：B7=教材信息!B2

③ “教材名称”列：C7 =教材信息!C2

④ “单价”列：D7=教材信息!F2

⑤ “原库存数”列：E7=教材信息!I2

在名称框中输入 A7:E2000，分别按 Enter 键和 Ctrl+D 组合键，即将以上公式全部填充至 2000 行。

（2）列表中公式类栏目的输入。

① 计算原资金。在 F7 中输入公式 F7=IF(B7="","",E7*D7)，即单价与原库存数相乘，IF 函数用于判断，若此行无书号，则不显示，如图 3.11 所示。

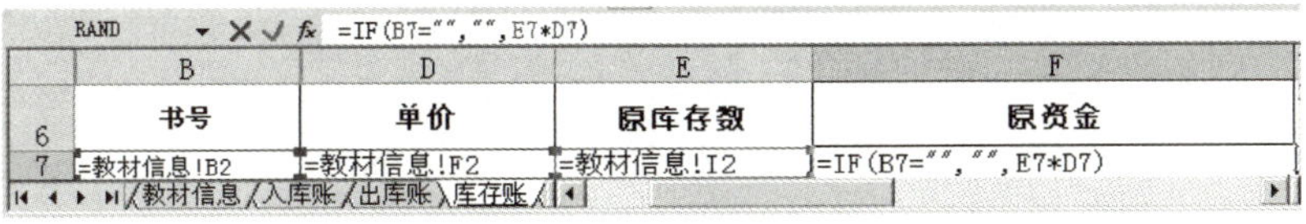

图 3.11 计算原资金

② 计算入库和出库数。入库数公式：G7=IF(B7="","",SUMIF(入库账!C:C,B7,入库账!H:H))。

该公式的作用是：在“入库账”表 C 列中筛选符合 B7 单元格引用的数据条件的书号，并计算“入库账”表 H 列数量总和。

出库数公式：H7=IF(B7="","",SUMIF(出库账!C:C,B7,出库账!H:H))

该公式的作用是：在“出库账”表 C 列中筛选符合 B7 单元格引用的数据条件的书号，并计算“出库账”表 H 列数量总和。

关于 SUMIF 函数的用法见附录 4。

为便于理解，可以先定义“入库账”表的C列为“入库书号”，H列为“入库数量”；定义“出库账”表的C列为“出库书号”，H列为“出库数量”。**关于定义、修改、查看名称的方法见附录中的操作技巧6。**

用户也可以按F3键，打开“粘贴名称”对话框，单击【粘贴列表】按钮，查看已经定义过的名称及引用范围，如图3.12所示。

图3.12　按F3键打开“粘贴名称”对话框，查看已经定义过的名称及引用范围

在输入具有定义函数的公式时，如果按F3键，立即打开“粘贴定义名称”对话框，可将定义的名称粘贴到公式中。

定义区域名称后，以上入库数量的公式相应变为G7=IF(B7="","",SUMIF(入库书号,B7,入库数量))，如图3.13所示；出库数量的公式变为H7=IF(B7="","",SUMIF(出库书号,B7,出库数量))，如图3.14所示。

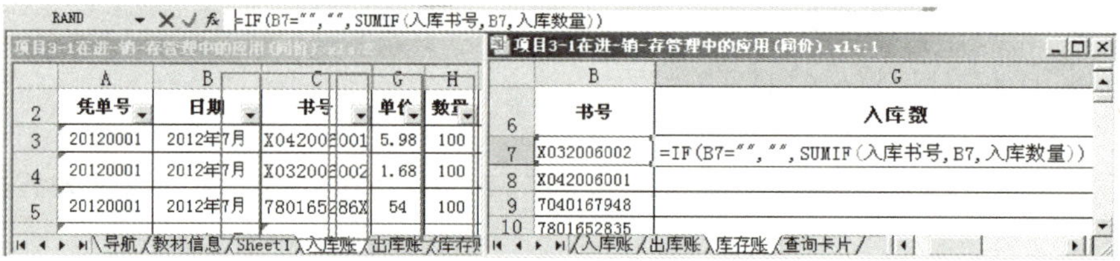

图3.13　计算入库数

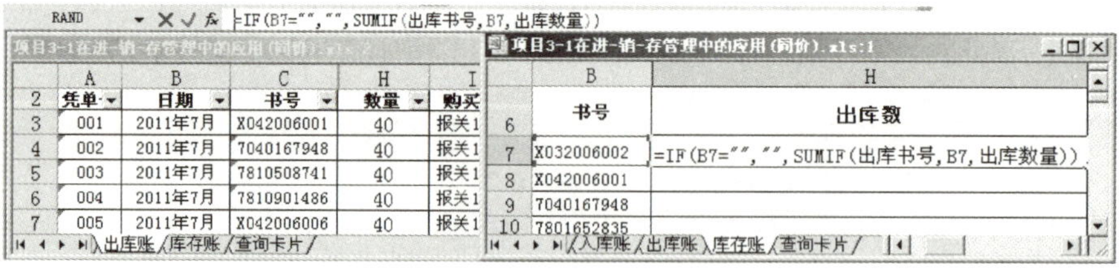

图3.14　计算出库数

③ 计算当前库存数。当前库存数=原库存数+入库数-出库数，公式为I7=IF(B7="","",E7+G7-H7)，如图3.15所示。IF函数用于判断，若B7中无书号，则不显示。

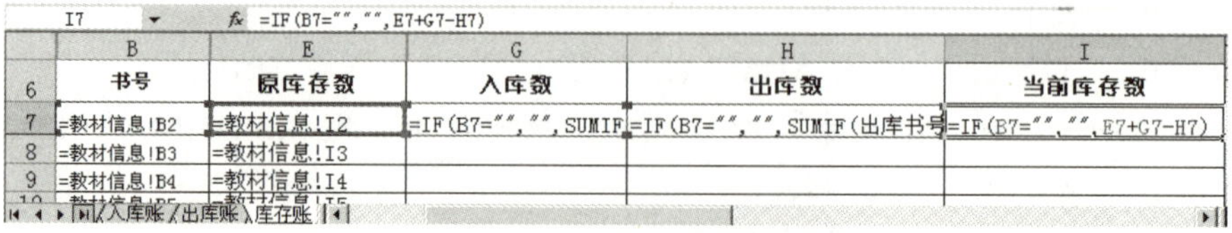

图3.15　计算当前库存数

④ 计算资金。库存所占用的资金=单价*当前库存数，公式为 J7=IF(B7="","",I7*D7)，如图 3.16 所示。IF 函数用于判断，若 B7 中无书号，则不显示。

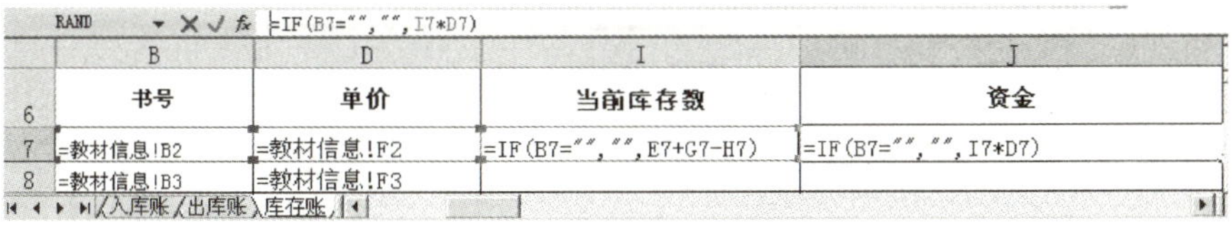

图 3.16　计算库存占用的资金

⑤ 计算盈利。盈利=（出库折扣率-入库折扣率单价）*单价*出库数，公式为 K7=IF(B7=0,"",(VLOOKUP(B7,教材信息库,7,0)-VLOOKUP(B7,教材信息库,6,0))*D7*H7)，如图 3.17 所示。

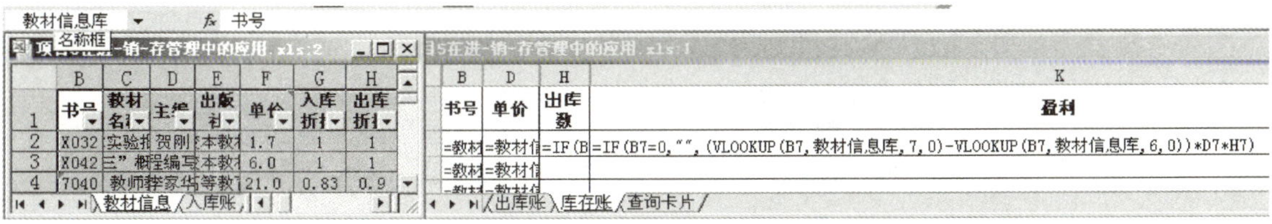

图 3.17　计算本期盈利的公式

该公式的主体是用两个 VLOOKUP 函数分别提取“出库折扣率”（指定的区域名称“教材信息库”中的第 7 列）和“入库折扣率”（指定的区域名称“教材信息库”中的第 6 列）。**关于 VLOOKUP 函数的用法见附录 4。**

IF 函数用于判断，若 B7 中无书号则不显示。

公式中的教材信息库是已定义的区域名称，即“教材信息”表的 B1:I2000，见图 3.12。

K7 中的公式也可以写成 K7=IF(B7=0,"",(教材信息!H2-教材信息!G2)*D7*H7)。

在 F7～K7 中输入公式后，在名称框中输入 F7:K2000，按 Enter 键后再按 Ctrl+D 组合键，即将以上公式全部填充至 2000 行。

步骤二　输出统计报表

1．入库账目的自动结算

图 3.18 所示的报表为单击【与供方结算】按钮自动生成的报表样式。

（1）制作报表的过程。

要生成图 3.18 所示的报表，需要经过以下 9 步：

① 组合字段。在“入库账”表中某空单元格中输入公式（建议与其他数据表有空列相隔）：可将该空列隐藏，其目的是各数据表之间互相独立，便于选择和操作。

Q2=CONCATENATE(I2,"," ,C2,"," ,D2,"," ,G2,"," ,H2,"," ,J2,"," ,K2)

该公式的作用是将图 3.18 中的表头所需的 7 个字段“供应商”“书号”“书名”“单价”“数量”“码洋”“实洋”组合成一体（彼此之间用逗号隔开，为后面进行分列操作创造条件）。

关于 CONCATENATE 函数的使用方法见附录 4。

与供方账目结算

2012-10-18

供应商	书号	书名	单价	数量	码洋	实洋
常武书店	7561820860	化工原理(上)(修订版)	28	100	2800	2324
常武书店	7563017569	军事理论教程	21	100	2100	1743
常武书店	7563708677	中国旅游客源国概况	25	100	2500	2075
常武书店	7805179832	大学音乐-基础乐理与音乐欣赏	17	100	1700	1411
常武书店	7810387332	织物结构与设计学	32	100	3200	2656
常武书店	7810496026	国际金融概论	14	100	1400	1162
常武书店	7810566091	全国计算机等级考试辅导与上机实验指导教程(一级)	28.5	100	2850	2365.5
常武书店	7810822527	3ds max实用教程	37	17	629	522.07
常武书店	7888451756	21世纪大学实用英语综合教程	21	100	2100	1743
常武书店	X012006006	纺织标准学(适用于纺织品检测与贸易专业)	6.15	36	221.4	221.4
常武书店 汇总				2671	65567.4	54458.58
总计				9146	254941.29	213083.21

图 3.18　单击【与供方结算】按钮，自动生成与供方账目结算报表

也可以用&（和号）运算符代替此函数实现文本项的合并：Q2=I2&","&C2&","&D2&","&G2&","&H2&","&J2&","&K2，如图 3.19 所示。

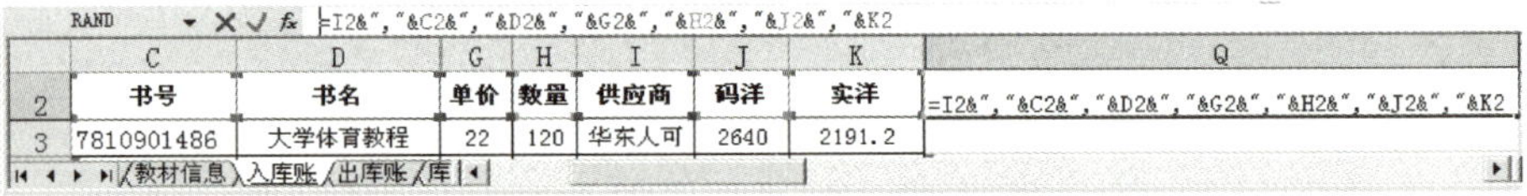

图 3.19　在“入库账”表中 Q2 输入公式（组合字段用逗号隔开）

② 填充公式。将上述公式向下复制到 5000 行（在名称框中输入 Q2:Q5000，分别按 Enter 键和 Ctrl+D 组合键即可）。

③ 数据透视。打开“数据透视表”对话框（**不同软件版本操作方法见附录中的操作说明 22**），选择“现有工作表”，并存放在以 S2 为首的单元格中，再将新增加的复合字段拖放至透视表中的行字段，如图 3.20 所示。**关于创建数据透视表的方法见附录中的操作技巧 34。**

④ 复制透视表。选择 S 列，复制（按 Ctrl+C 组合键），选择“与供方结算”的工作表，在 A1 单元格单击鼠标右键，选择“选择性粘贴”命令，在“选择性粘贴”对话框中选择“数值”后确定，并删除空行。

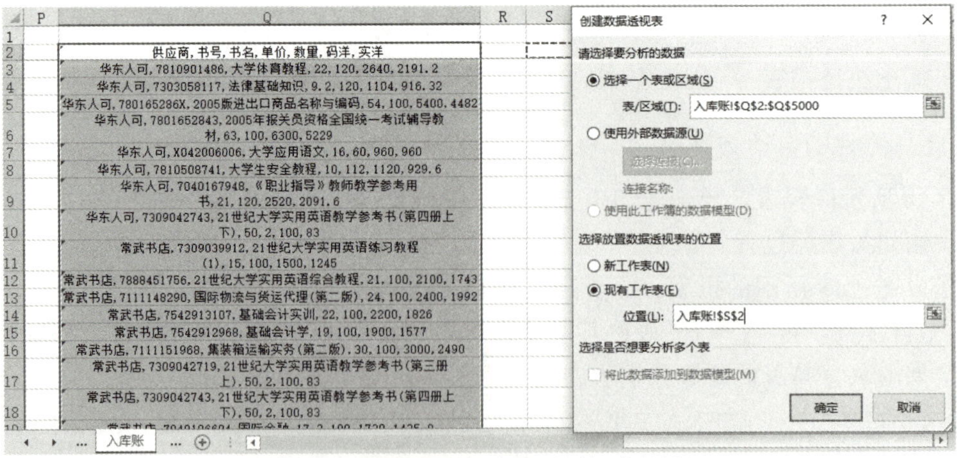

（a）在“创建数据透视表”对话框中的设置

图 3.20　数据透视表设置字段拖入

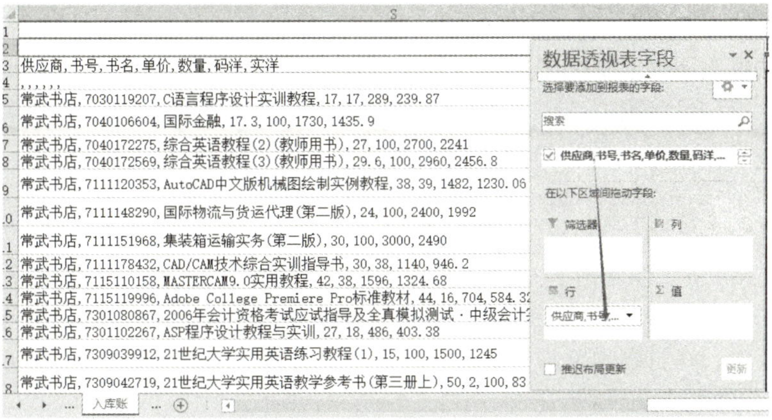

（b）将数据透视表字段拖入“行”区域

图 3.20　数据透视表设置字段拖入（续）

⑤ 还原字段。在菜单栏选择“数据→分列”命令，在步骤 2 中选择“,”，单击【完成】按钮，如图 3.21 所示，再删除空行（第 1、2、4 行）。

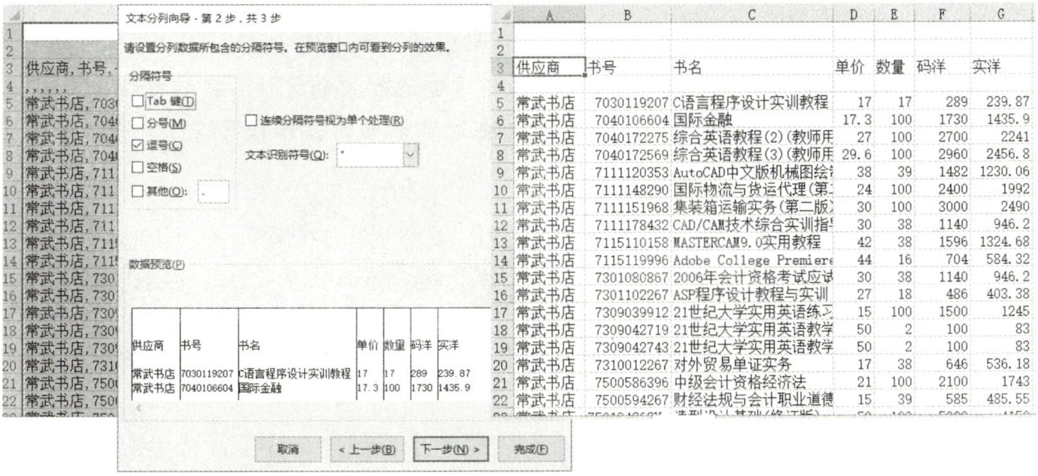

图 3.21　将复合字段分列还原后删除第 1、2、4 空行

⑥ 美化报表。选择 A:G 列，双击列标线，设置自动列宽；单击【边框】按钮添加表格线，单击【居中对齐】按钮；选择列标志行加粗。

⑦ 排序。打开“自定义排序”对话框（**不同软件版本操作下方法见附录中的操作说明 10**），按“供方商”列降序排列（选择数据包含标题），再删除总计行。

⑧ 分类汇总。选择“数据”功能卡中的“分级显示→分类汇总”命令，对“数量”“码洋”“实洋”求和，选中“第组数据分页”。**关于分类汇总的方法见附录中的操作技巧 33**。

⑨ 设置页面。打开“页面设置”对话框（**不同软件版本操作方法见附录中的操作说明 15**），纸张横放，在“页边距”选项区设置“水平居中”，在“页眉”中选择自定义，中部输入标题“与供方账目结算”，22 号，加粗，隶书；右侧单击【日期】按钮；在页脚中选择“第 1 页，共 ？ 页”；在工作表顶端标题行中选第一行；打印预览，效果如图 3.18 所示。

（2）制作可重复以上操作的控制按钮。

① 录制宏。打开“录制新宏”对话框（**不同软件版本操作方法见附录中的操作说明 8**），

将宏名改为“与供方结算”，确定后重复以上 9 步操作，再选择“停止录制宏”命令（**不同软件版本操作方法见附录中的操作说明 9**）。

② 绘按钮。打开“窗体”工具箱（**不同软件版本操作方法见附录中的操作说明 3**），选用“按钮”工具绘出一个按钮，也可以用绘图工具绘制任意图形，并添加按钮名称为“与供方结算”。对该图形单击鼠标右键，选择“指定宏”命令，选择“与供方结算”的宏名称，单击【确定】按钮。

③ 编辑宏。由于录制宏时充分考虑到动态行数的需要（均设为工作表最大行数），但实际打印时要根据有数据的行列来确定，为此，可修改相应的子程序。按 Alt+F11 组合键，进入 VBA 编辑环境，在打印预览语句之前增加一个最大行范围的限制。相关说明见各语句“'”符号右侧的注释，如图 3.22 所示。

```
    End With
    row_sum = Columns(1).End(xlDown).Row  '计算包含数据的行数
    col_sum = Rows(1).End(xlToRight).Column    '计算包含数据的列数
    row_col_last = ActiveSheet.Cells(row_sum, col_sum).Address '计算包含数据的最大行列值单元格的地址
    ActiveSheet.PageSetup.PrintArea = "$A$1:" & row_col_last    '按最大行列值单元格的地址设为打印区
    ActiveWindow.SelectedSheets.PrintPreview
End Sub
```

图 3.22　编辑宏（“'”右侧为注释）

注意：为重复使用该按钮，还应在程序前添加取消“与供方结算”表中的分类汇总并清除内容及删除“入库账”表中的 P:Z 列的程序（可通过录制宏的方法，将相关程序贴粘至“与供方结算”的程序中）。**关于取消分类汇总的方法见附录中的操作技巧 33。**

2．出库账目的自动结算

（1）复制“与供方结算”工作表，并更改表名为“与购方结算”。

（2）复制“与供方结算”程序。按 Alt+F11 组合键，进入 VBA 编辑环境，选择名为“入库账目结算”的 VBA 程序，复制，并更名为“与购方结算”。

（3）编辑“与购方结算”程序。将子程序中的“入库”替换为“出库”，将“供应商”替换为“购买方”，将“供方”替换为“购方”。

（4）将按钮更名并指定宏。对“出库账”表中的【与供方结算】按钮单击鼠标右键，选择“编辑文字”命令，将按钮名改为“与购方结算”，单击工作表中其他任意单元格（或按两次 Esc 键）均可退出编辑；对该按钮再次单击鼠标右键，选择“指定宏”命令，选择“与购方结算”的宏名，单击【确定】按钮。

关于打开带有宏文件的方法及 VBA 的相关知识见附录 5。

之后单击【与购方结算】按钮，即可自动生成结算报表，如图 3.23 所示。

与购方账目结算　　2012-10-18

购买方	书号	书名	单价	数量	码洋	实洋
报关1131	7040123975	高等数学（第2版）（附光盘）	29.9	40	1196	1076.4
报关1131	7040167948	《职业指导》教师教学参考用书	21	40	840	756
报关1131	7303058117	法律基础知识	9.2	40	368	331.2
报关1131	7810508741	大学生安全教程	10	40	400	360
报关1131	7810901486	大学体育教程	22	40	880	792
报关1131	X042006001	“毛、邓、三”概论案例分析	5.98	40	239.2	239.2
报关1131	X042006006	大学应用语文	16	40	640	640
报关1131 汇总				280	4563.2	4194.8
总计				2050	42350.2	38494.9

图 3.23　单击【与购方结算】按钮可自动生成与购方账目结算报表

3．库存账目的自动转出

（1）在表头中输入公式。“库存账”表的表头如图 3.9 所示。

① 转出日期（指单击【本期账目输出】按钮时所对应的系统当前日期）B1=TODAY()，设置格式为日期类：2001-3-14。

② 上期库存数计算。C1="上期库存数:"&SUM(E7:E2000)&"册"，即将文字串与 E 列求和值组合一体。

③ 上期库存资金计算。C2="上期库存资金:"&SUM(F7:F2000)&"元"，即将文字串与 F 列求和值组合一体。

④ 本期库存数计算。C3="本期库存数:"&SUM(I7:I2000)&"册"，即将文字串与 I 列求和值组合一体。

⑤ 本期库存资金计算。C4="本期库存资金:"&ROUND(SUM(J7:J2000)/10000,1)&"万元"，即将文字串与 J 列求和值组合一体，并以万元、小数一位显示。

⑥ 本期盈利计算。C5="本期盈利:"&SUM(K7:K2000)&"元"，即将文字串与 K 列求和值组合一体。

⑦ 记录条数：E1=COUNT(A:A)。

以上公式中的 TODAY、SUM、ROUND、COUNT 等函数的用法见附录 4。

（2）制作【本期账目输出】的控制按钮。

当一个周期结束后，单击该按钮可将本阶段账目转出。

① 打开“录制新宏”对话框，设置宏名为“本期账目输出”。

② 单击“库存账”表名，选择 A:K 列并复制，新插入一张工作表，单击鼠标右键，选择“选择性粘贴”命令，在对话框中选择“数值”，单击【确定】按钮，再进行表格格式修饰，例如设置自动列宽和自动换行，将 A1:A5 合并，更名为“转出日期”；B1:B5 合并，选择日期格式，D1:D5、E1:E5 合并，调整列宽等。完成后，选择“停止录制宏”命令。

③ 制作一个按钮，命名为“本期账目输出”，右击该按钮，指定给名为“本期账目输出”的宏。

（3）制作【下期账目开始】的控制按钮。

若要重新开始下一周期的“进-销-存”管理，应先将“当前库存数”替换“教材信息”表中的“原库存数”，然后清除上一期所输入的信息。**关于清除的种类及操作方法见附录中的操作技巧 35。**

① 选择“录制新宏”命令，取宏名为“下期账目开始”。

② 选择“库存账”表中“当前库存数”的 I7:I2000（在名称框中输入并确定即可），按 Ctrl+C 组合键（复制），对“教材信息”表“原库存”I2，单击鼠标右键，选择“选择性粘贴”命令，在对话框中选择“数值”，并单击【确定】按钮；单击“入库账”表名后按住 Ctrl 键再单击“出库账”工作表，按 F5 键，在“引用位置”中输入 A3:B5000,H3:I5000,L3:L100，单击【确定】按钮，按 Delete 键，选择“停止录制宏”命令（**不同软件版本操作方法见附录中的操作说明 9**）。

关于定位选择不连续区域的方法见附录中的操作技巧 55，清除的种类及操作方法见附录中的操作技巧 35。

③ 制作按钮，命名为“下期账目开始”，右击该按钮，指定给“下期账目开始”的宏名。

为方便用户使用，可以复制多个按钮，实现在异地控制，例如在“导航”页面中也可以控制，如图 3.24 所示。

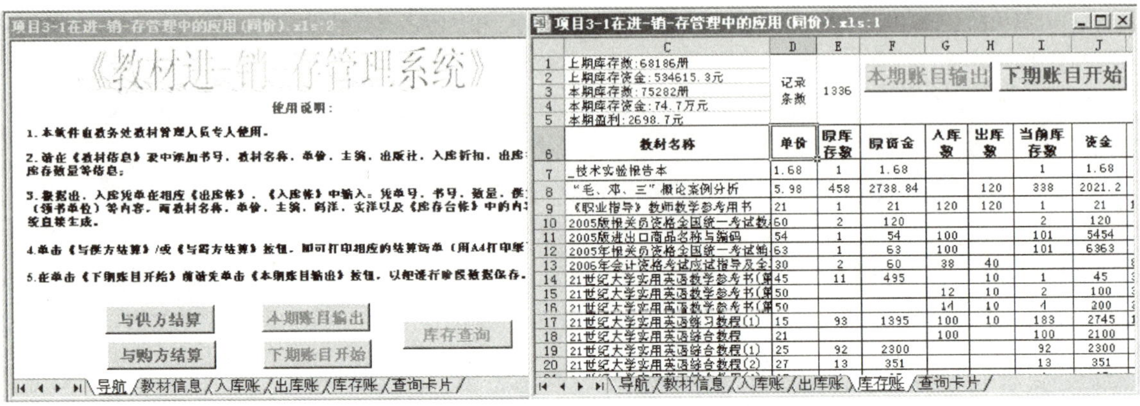

图 3.24　复制按钮，实现异地可控

步骤三　制作查询卡片

查询卡片样式如图 3.25 所示。该查询卡片具有以下功能：

（1）优先人工选择查询，可以选择书名或书号查询（二者只可选一）。

（2）可以使用滚动条任意查询浏览，或使用按钮查询（放弃人工选择查询）。

（3）能提供“断货”“货量不足”“货量充足”等提示信息并出现不同的显示效果。

（4）能根据序号显示指定的图片和底纹。

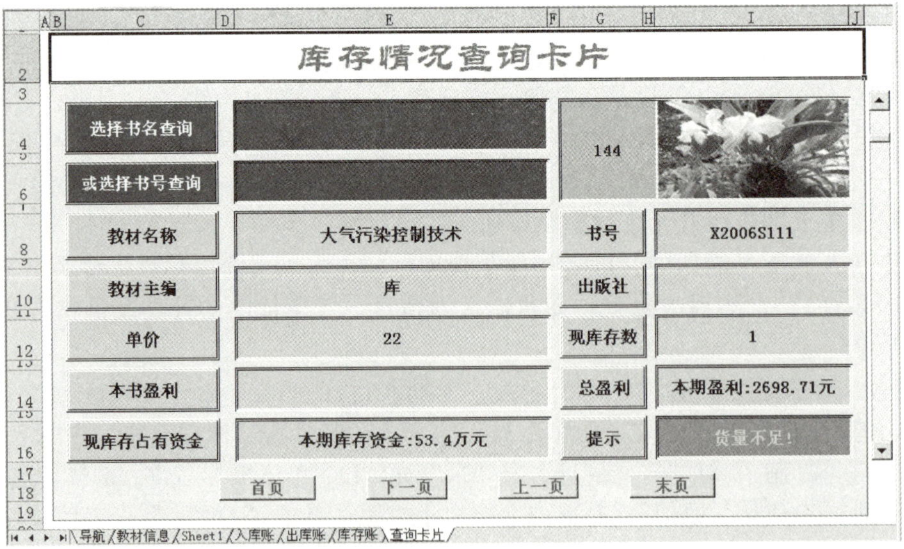

图 3.25　查询卡片样式

制作查询卡片的思路与项目 4 任务 3 大致相同，这里仅就查询、公式、条件格式、图片、按钮控制等进行说明。

1. 手动查询设置

由于教材名称不唯一，所以将“教材名称”与另一个字段（如“主编”）组合作为查询条件。可先在“教材信息”表中增加一列（L 列），在 L1 中输入公式=IF(B1=0,"",C1&D1)，并向下填充至 2000 行。将 L2:L2000 区域定义名称为“教材名称主编”，然后选择书名查询的 E4 单元格，设置数据验证。**关于设置下拉列表选择输入的方法见附录中的操作技巧 45。**

用相同的方法为选择书号查询的E6单元格设置数据验证，序列为教材信息表的B2:B2000区域（该区域已定义名称为“书号”）。

2．待显框的公式

待显框中的内容主要根据 G4 单元格中的序号值，引自两张工作表的信息。

（1）“教材名称”“书号”“教材主编”“出版社”“单价”等内容引用“教材信息”表中的相关内容。

教材名称：E8=IF(G4="只可选一","",VLOOKUP(G4,教材信息!A:J,3,0))

教材主编：E10=IF(G4="只可选一","",VLOOKUP(G4,教材信息!A:J,4,0))

单价：E12=IF(G4="只可选一","",VLOOKUP(G4,教材信息!A:J,6,0))

书号：I8=IF(G4="只可选一","",VLOOKUP(G4,教材信息!A:J,2,0))

出版社：I10=IF(G4="只可选一","",VLOOKUP(G4,教材信息!A:J,5,0))

（2）“现库存数”“本书盈利”“总盈利”“现库存占有资金”等内容引用“库存账”表中的相关内容。

现库存数：I12=IF(G4="只可选一","",VLOOKUP(G4,库存账!A:K,9,0))

本书盈利：E14=IF(G4="只可选一","",VLOOKUP(G4,库存账!A:K,11,0))

总盈利：I14=库存账!C5

现库存占有资金：E16=库存账!C4

（3）“提示”框中的公式输入。

根据现库存数（I12）值进行判断：I16 =IF(I12>=10,"货量充足!",IF(I12=0,"断货!",IF(I12<5,"货量不足!","")))

（4）“序号”值的判断公式。

序号由 E4（选择书名）、E6（选择书号）、A1（滚动条链接值）、A2（“库存账”表中动态序号计数值=COUNT(库存账!A:A)）共同决定。

仅根据书名（E4）决定序号的公式为：=MATCH（E4,教材名称主编,0）（公式可放在 A3 单元格）

仅根据书号（E6）决定序号的公式为：= MATCH（E6,书号,0）（公式可放在 A4 单元格）

根据滚动条（A1，但 A1 值必须小于 A2）决定序号的公式为= MIN(A1,A2)

将以上情况综合进行判断：G4=IF(AND(E4<>0,E6<>0),"只可选一",IF(E4<>0,MATCH(E4,教材名称主编,0),IF(E6<>0, MATCH(E6,书号,0),MIN(A1:A2))))或 G4=IF(AND(E4<>0),E6<>0),“只可选一”,IF(E4<>0,A3,IF(E6<>0,A4, MIN(A1:A2))))

或 G4=IF(AND(E4<>0,E6<>0),"只可选一",IF(E4<>0,A3,IF(E6<>0,A4,MIN(A1:A2))))

以上公式中所出现的 **IF、VLOOKUP、COUNT、MIN、AND、MATCH 等函数的用法见附录 4。**

图 3.26 为对该公式判断流程的说明。

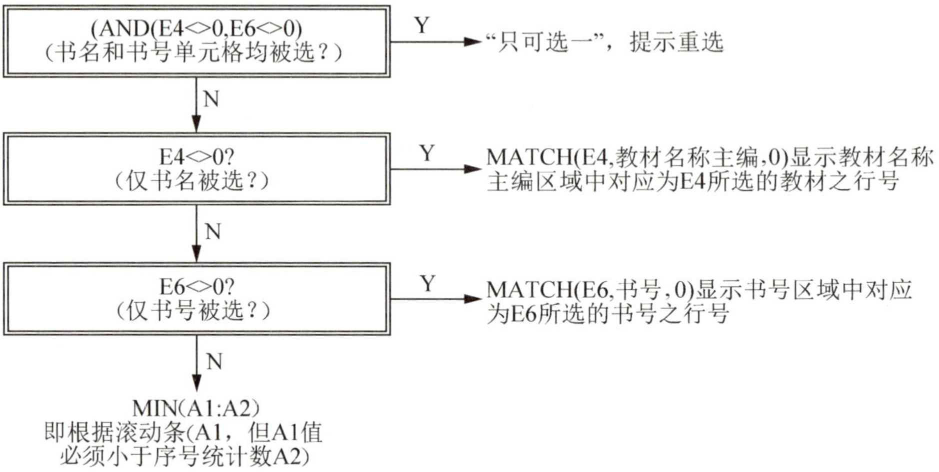

图 3.26　对显示序号的公式判断流程说明

3．关于条件格式

为改善视觉效果，查询卡片在两处设置了条件格式。打开“条件格式”对话框（**不同软件版本操作方法见附录中的操作说明 13**）。

（1）根据库存数量，对 I16 单元格设置有 4 种格式。

条件 1 中的公式为=I12>=10（即满足库存数大于或等于 10，货量充足条件），设置红底黄字。

条件 2 中的公式为=I12=0（即满足库存数为零，断货条件），设置蓝底白字。

条件 3 中的公式为=AND(I12<5,I12>=1)（即满足库存数在 1～4，货量不足条件），设置绿底黄字。

如图 3.27 所示，对不符合以上条件的，设置普通格式。

（2）根据序号，对 G4 单元格也设置了几种格式。

条件 1 中的公式为=MOD(G4,4)=0（即序号值除以 4 的余数为 0）

条件 2 中的公式为=MOD(G4,4)=1（即序号值除以 4 的余数为 1）

条件 3 中的公式为=MOD(G4,4)=2（即序号值除以 4 的余数为 2）

如图 3.28 所示，对不符合以上条件的，设置普通格式。

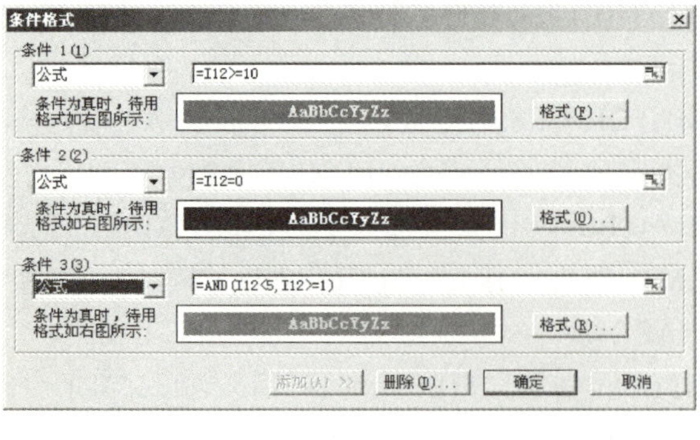

图 3.27　对 I16 单元格进行条件格式设置

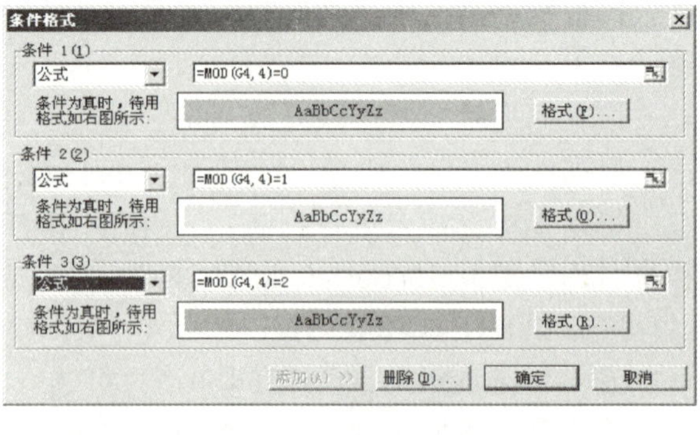

图 3.28　对 G4 单元格进行条件格式设置

4．关于显示图片

（1）将待显示的图片存放在“查询卡”表 L2 及向右的单元格中（本例预设了 4 张图片）。

（2）在查询卡片的 I4:I6 区域，打开“控件”工具箱（**不同软件版本操作方法见附录中的操作说明 7**），用“图像”工具画出图像框或复制一个图片，并在编辑栏中修改公式为“=a”，在“定义名称”对话框中定义 a=OFFSET(查询卡片!$L$2,0,MOD(查询卡片!$G$4,4),1,1)，如图 3.29 所示。该公式的作用是：以 L2 为参考点，向下不偏移，向右偏移数为序号 G4 除以 4 的余数值对应的单元格（公式中的参数 4 和参数 5 在本列中也可省略）。

公式中的 OFFSET 和 MOD 函数用法见附录 4。

也可以在“定义名称”对话框中定义其他公式显示图片，例如 b=CHOOSE(MOD(查询卡片!$G$4,4)+1,查询卡片!$L$2,查询卡片!$M$2,查询卡片!$N$2,查询卡片!$O$2)，如图 3.30 所示。

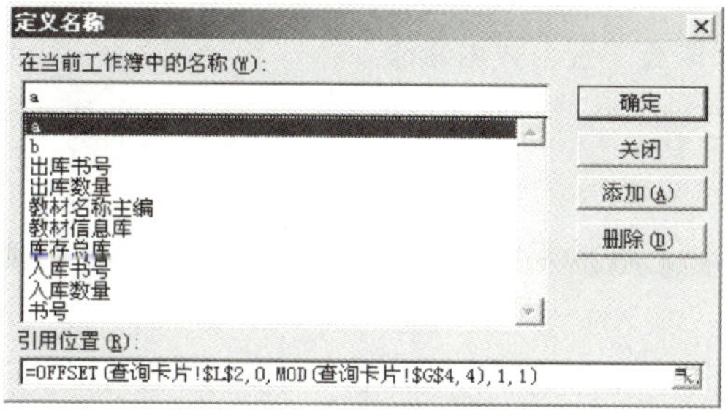

图 3.29 定义名称 a

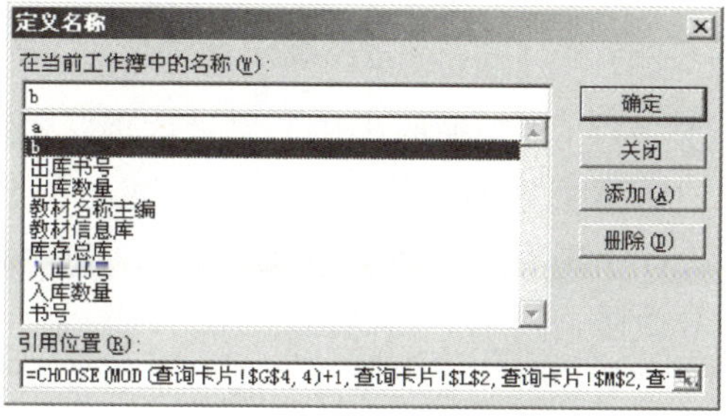

图 3.30 定义名称 b

该公式的作用是：根据 G4 除以 4 的余数值+1（即 1、2、3、4），分别选择 L2、M2、N2、O2（与本例所设的 4 张图片对应的单元格）。

公式中的 CHOOSE、MOD 函数的用法见附录 4。

5．关于翻页按钮

在查询卡片中设有【首页】【上一页】【下一页】和【末页】4 个翻页按钮。

（1）制作“按钮”。利用工具栏中的“窗体→按钮”工具绘制一个按钮，复制为 4 个，并分别命名。将 4 个按钮合理分布（在“绘图”工具中选择“对齐分布”中的横向平均分布，纵向居中）。

关于快速选择对象的方法见附录中的操作技巧 57。

（2）录制、复制、编辑宏程序。

①“首页”宏的录制。打开“录制新宏”对话框，将宏名改为“首页”，并单击【确定】按钮。

选择“查询卡片”表的 A1，输入 1，单击【确定】按钮☑，再选择“停止录制宏”命令。

②“末页”宏的生成。按 Alt+F11 组合键，进入 VBA 工作环境，可以看到刚才录制的名为“首页”的宏，如图 3.31 所示。该宏程序的第一行语句，即为选择 A1 单元格，第二行语句为将活动单元格设置为 1。

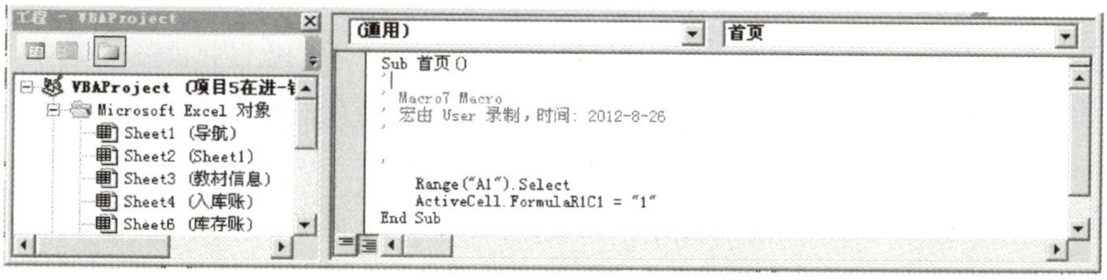

图 3.31 名为“首页”的宏

将该宏复制，改名为“末页”，并对宏程序中的“1”修改为“A2”（A2 存放“库存账”表中序号最大值），如图 3.32 所示。

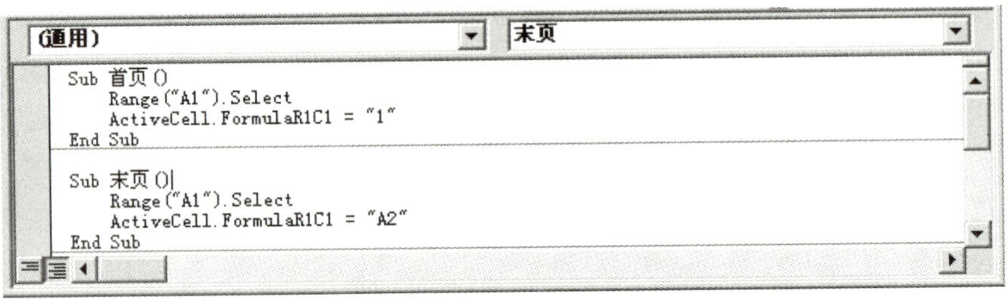

```
(通用)                                    末页
Sub 首页()
    Range("A1").Select
    ActiveCell.FormulaR1C1 = "1"
End Sub

Sub 末页()
    Range("A1").Select
    ActiveCell.FormulaR1C1 = "A2"
End Sub
```

图 3.32　将“首页”宏复制为“末页”宏，并做修改

③“上一页”宏的生成。将“首页”宏再复制一次，改名为“上一页”，并对宏程序进行修改，如图 3.33 所示。

该程序判断如果活动单元格值>1，则将该活动单元格的值减 1（即上一页的序号）；否则，显示对话框，提示“已到达首页！”。

④“下一页”宏的生成。将“末页”宏复制一次，改名为“下一页”，并对宏程序进行修改，如图 3.34 所示。

该程序判断如果活动单元格值<A2 单元格值，则将该活动单元格的值加 1（即下一页的序号）；否则，显示对话框，提示“已到达末页！”。

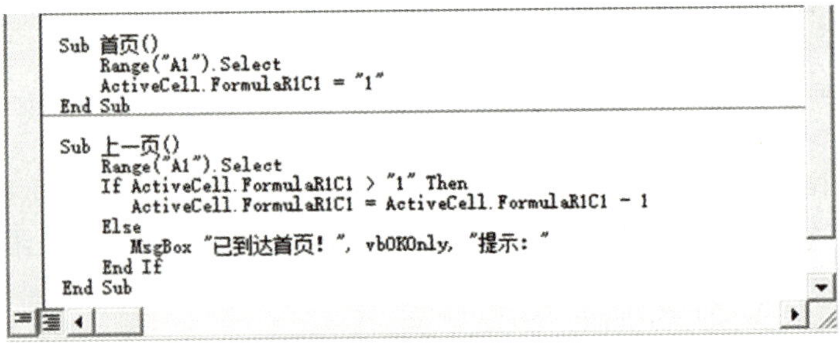

```
Sub 首页()
    Range("A1").Select
    ActiveCell.FormulaR1C1 = "1"
End Sub

Sub 上一页()
    Range("A1").Select
    If ActiveCell.FormulaR1C1 > "1" Then
        ActiveCell.FormulaR1C1 = ActiveCell.FormulaR1C1 - 1
    Else
        MsgBox "已到达首页！", vbOKOnly, "提示："
    End If
End Sub
```

图 3.33　将“首页”宏复制为“上一页”宏，并做修改

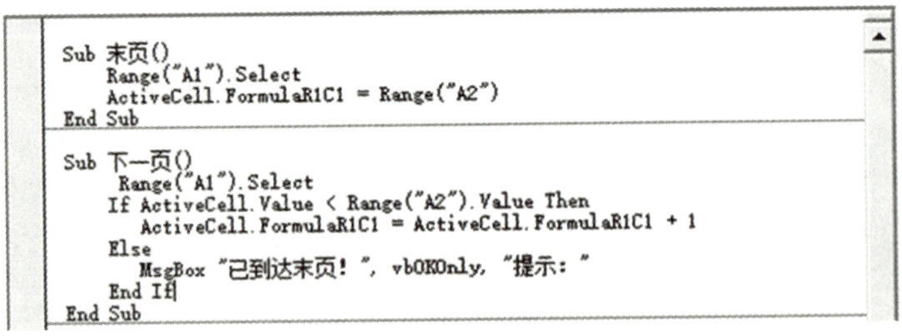

```
Sub 末页()
    Range("A1").Select
    ActiveCell.FormulaR1C1 = Range("A2")
End Sub

Sub 下一页()
    Range("A1").Select
    If ActiveCell.Value < Range("A2").Value Then
        ActiveCell.FormulaR1C1 = ActiveCell.FormulaR1C1 + 1
    Else
        MsgBox "已到达末页！", vbOKOnly, "提示："
    End If
End Sub
```

图 3.34　将“末页”宏复制为“下一页”宏，并做修改

（3）将按钮指定给宏。对【首页】按钮单击鼠标右键，选择“指定宏”命令，指定给名为“首页”的宏，单击【确定】按钮；其他按钮分别指定给对应的宏名。指定“下一页”宏名如图 3.35 所示。

按 Alt+F8 组合键，可显示用于运行、编辑或删除宏的“宏”对话框，如图 3.36 所示。

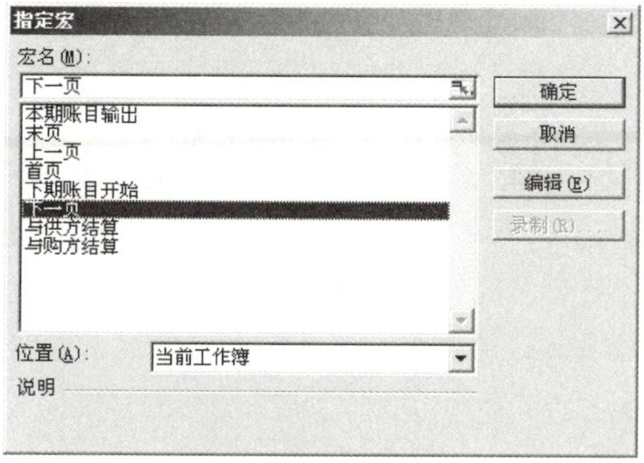

图 3.35　将按钮指定宏

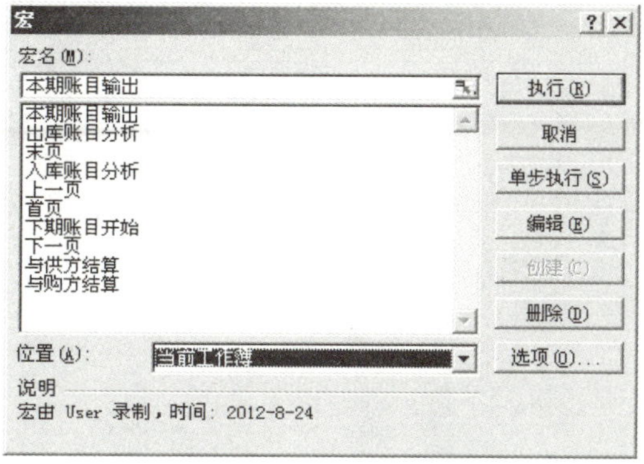

图 3.36　“宏”对话框

关于打开带有宏文件的方法及 VBA 的相关知识见附录 5。

任务 2　异价进-销-存管理

【任务导读】

背景资料：

某公司是一家空调代理销售商，长期为美的、三菱、日立 3 个品牌的空调产品做代理，主要代销空调 1、空调 2、空调 3 等 8 种空调。

该公司的主要客户是各大超市和空调专卖店，如长安、双安、东安、蓝岛、复兴、城乡等 30 多个客户。

由于产品的进货价格与销售价格受不同因素的影响，同型号的商品采购价可能不同，同样，销售价也不尽相同。一般将此类进-销-存称为异价进销存。参考示例文件：项目 3-2　在进-销-存管理中的应用（异价）。

【示例文件】

该软件能满足公司的经理要求，随时提供库存、销售情况，以此来决定公司下一步的经营活动；能满足公司的主管会计要求，能随时提供公司客户的应收或预收账款余额和供应商的应付或预付账款余额，以加强对应收、预收账款和应付、预付账款的管理，加快资金回笼，保证公司资金充裕。

步骤一　输入及统计采购信息

1．采购信息的输入

采购信息输入在表名为“进”的表中，列表结构如图 3.37 所示。全年的采购账信息均输入在 A:I 列，向供应商付款的信息输入在 M:O 列，K、L 列中分别输入了相关的供应商和品种名称。其中 J 列为空列被隐藏，其目的是使各数据表之间互相独立，便于选择和操作。**关于全选工作表和数据表的区别与操作方法见附录中的操作技巧 58，快速隐藏和取消隐藏行、列的方法见附录中的操作技巧 54。**

	A	B	C	D	E	F	G	H	I	K	L	M	N	O	Q	R	S	T	U	V
1	采购日期	采购月份	供应商	品种	单价	数量	采购金额	发票号	索引	供应商	品种	供应商	付款日期	付款金额	索引1	数量1	金额1	索引2	数量2	金额2
2	2012-1-1	1	美的	空调1	1000	20	20000	1000100	1空调1	美的	空调1	美的	2003-3-28	500000	1空调1	50	56000	2空调1	130	142600
3	2012-1-3	1	美的	空调2	1500	30	45000	1000101	1空调2	日立	空调2	日立	2003-3-28	250000	1空调2	70	113000	2空调2	140	224800
4	2012-1-5	1	美的	空调3	2000	40	80000	1000102	1空调3	三菱	空调3	三菱	2003-3-28	300000	1空调3	70	137000	2空调3	110	217200
5	2012-1-7	1	日立	空调4	5000	50	250000	1000103	1空调4		空调4	美的	2003-4-1	350000	1空调4	70	360000	2空调4	110	572200
6	2012-1-9	1	美的	空调5	2900	60	174000	1000104	1空调5		空调5	日立	2003-4-1	120000	1空调5	90	264000	2空调5	130	384600
7	2012-1-11	1	美的	空调6	6000	40	240000	1000105	1空调6		空调6	三菱	2003-4-1	260000	1空调6	40	240000	2空调6	60	361200
8	2012-1-13	1	美的	空调7	2700	67	180900	1000106	1空调7		空调7				1空调7	67	180900	2空调7	87	236640
9	2012-1-15	1	三菱	空调8	4000	20	80000	1000107	1空调8		空调8				1空调8	80	314000	2空调8	120	474400
10	2012-1-17	1	美的	空调1	1200	30	36000	1000108	1空调1											
11	2012-1-19	1	美的	空调2	1700	40	68000	1000109	1空调2											
12	2012-1-21	1	美的	空调3	1900	30	57000	1000110	1空调3											
13	2012-1-23	1	日立	空调4	5500	20	110000	1000111	1空调4											
14	2012-1-25	1	美的	空调5	3000	30	90000	1000112	1空调5											
15	2012-1-27	1	三菱	空调8	3900	60	234000	1000113	1空调8											
16	2012-2-3	2	美的	空调1	1020	80	81600	1000114	2空调1											
17	2012-2-5	2	美的	空调1	1220	50	61000	1000115	2空调1											
18	2012-2-7	2	美的	空调2	1520	80	121600	1000116	2空调2											
19	2012-2-9	2	美的	空调2	1720	60	103200	1000117	2空调2											
20	2012-2-11	2	美的	空调3	2020	60	121200	1000118	2空调3											
21	2012-2-13	2	美的	空调3	1920	50	96000	1000119	2空调3											
22	2012-2-15	2	日立	空调4	5020	70	351400	1000120	2空调4											
23	2012-2-17	2	日立	空调4	5520	40	220800	1000121	2空调4											
24	2012-2-19	2	美的	空调5	2920	80	233600	1000122	2空调5											
25	2012-2-21	2	美的	空调5	3020	50	151000	1000123	2空调5											
26	2012-2-23	2	美的	空调6	6020	60	361200	1000124	2空调6											
27	2012-2-25	2	美的	空调7	2720	87	236640	1000125	2空调7											

进

图 3.37　采购信息表（简称“进”）表的结构及输入的信息

（1）“采购日期”（A 列）与“付款日期”（N 列）的输入。输入当年的日期时只需输入月-日，例如 10/20 或 10-20 均可。若输入当前日期也可以按 Ctrl+; 组合键，按 Ctrl+Shift+`（在数字 1 左侧），或按 Ctrl+Shift+#组合键在日期与序列号之间切换。**关于输入日期与日期-序列号转换的方法见附录中的操作技巧 21。**

（2）“采购月份”（B 列）由公式提取。在 B2 中输入公式 B2=IF(A2="","",MONTH(A2))，并向下填充至 2000 行（根据需要）。**关于输入公式及函数参数的方法见附录中的操作技巧 22，向大范围填充公式的方法见附录中的操作技巧 36。**

该公式的作用是：若 A2 中未输入日期，则不显示，否则提取 A2 中的月数。**关于 MONTH 函数的用法见附录 4。**

（3）“供应商”（C、M 列）和“品种”（D 列）为选择输入。C、D、M 列均利用数据有效性快速输入。“供应商”和“品种”的数据序列预先输入在 K、L 列。例如选择 C 列后按住 Ctrl 键再选择 M 列，在“数据验证”对话框的“来源”中选择 K 列（而不是 K2:K4，以满足新增供应商之需）。同样选择 D 列，在“数据验证”对话框的“来源”中选择 L 列。选项设置如图 3.38 所示。

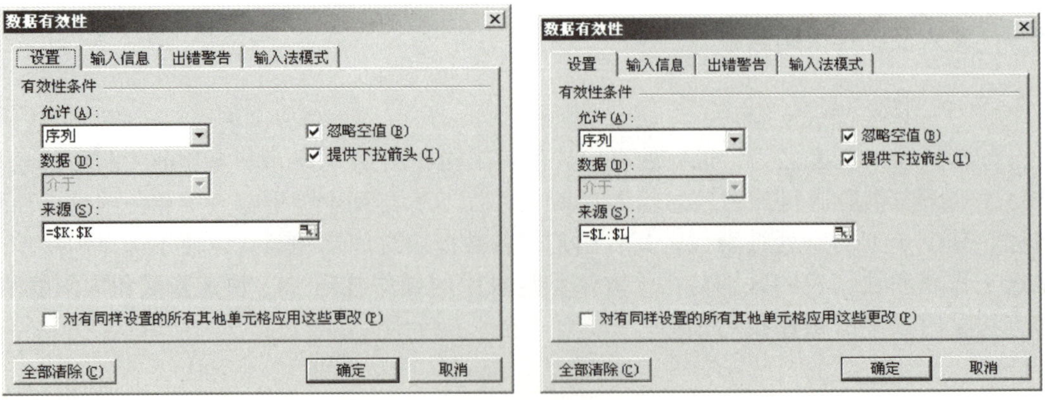

图 3.38　选择 C、M 列和 D 列数据“来源”为 K 列和 L 列

关于设置下拉列表选择输入的方法见附录中的操作技巧 45。

（4）“单价”（E 列）“数量”（F 列）“发票号”（H 列）“付款金额”（O 列）按实际输入。

（5）“采购金额”（G 列）由公式完成。在 G2 中输入公式 G2 =F2*E2，并向下填充至 2000 行。

（6）“索引”（I 列）由公式完成。建立索引列的目的是方便后续的统计。在 I2 中输入公式 I2 =B2&D2，并向下填充至 2000 行。

2．采购信息的统计

采购信息统计区建在“进”表中 Q:AZ 列（该表与其他数据表之间有空列（P 列）相隔，可将该空列隐藏，其目的是使各数据表之间互相独立，便于选择和操作）。**关于全选工作表和数据表的区别与技巧见附录中的操作技巧 58。**

在 Q1:S1 中分别输入“索引 1”“数量 1”“金额 1”（数字 1 与 1 月份对应）。

（1）统计 1 月份各品种采购数量和采购金额。

① 在“索引 1”列的 Q2 中输入公式 Q2=IF($L2="","",1&$L2)。

该公式的作用是：将数字 1 与 L2 单元格值（空调 1）连接起来（若 L2 值为空，则不显示）。其中$L2 为列绝对、行相对的混合引用方式，以便向右填充时保持列号不变，向下填充时行号相对。将公式向下填充至 1000 行（根据需要），当在 L 列添加新品种后，Q 列中将会自动显示索引信息。

关于引用的类别及快速切换引用的方法见附录中的操作技巧 27。

② 在“数量 1”列输入公式 R2=SUMIF($I:$I,Q2,$F:$F)，并向下填充至 1000 行。

③ 在“金额 1”列输入公式 S2=SUMIF($I:$I,Q2,$G:$G)，并向下填充至 1000 行。

以上两公式的作用分别为：在 I 列中统计符合 Q2（1 空调 1）的数量总和及采购金额总和。其中参数 1 和参数 3 的列号为绝对引用，以便向右填充时保持相关列号不变。

关于 SUMIF 函数的用法见附录 4。

（2）统计其他月份各品种采购数量和采购金额。

① 将 1 月统计区及公式复制到各月。

为方便以下操作，建议隐藏 A:P 列，并将窗口冻结（定位点设在 R2 处）。**关于隐藏和取消隐藏行、列的方法见附录中的操作技巧 54，冻结和取消冻结的方法见附录中的操作技巧 4。**

在名称框中输入 Q1:S1000，按 Enter 键，拖动区域右下角的填充柄向右填充到 AZ 列，在智能填充选项中选中【以序列方式填充】单选按钮，则第一行中即产生了各月的统计区，如图 3.39 所示。

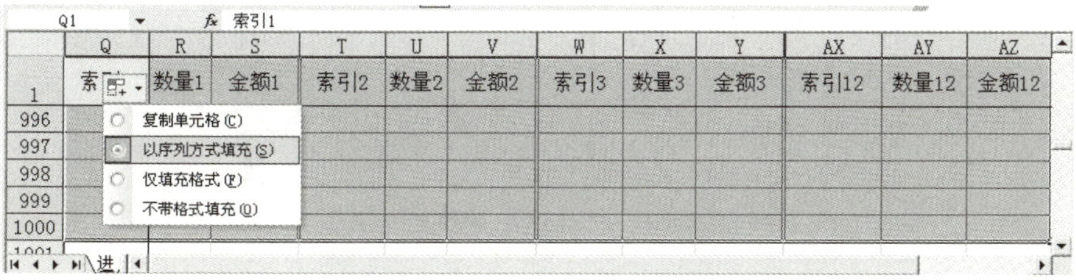

图 3.39　选择【以序列方式填充】

② 编辑修改各月的统计。

在各月的统计区中需要修改相应月份的索引，可以利用查找与替换的方法完成。

按 Ctrl+`组合键切换到公式状态，选择 T 列，按 Ctrl+F 组合键，在“查找与替换”对话框中，设置查找“1&”，替换为“2&”，如图 3.40 所示，单击【全部替换】按钮。用同样的方法，将其他各月的索引编辑修改完成。

各月统计区中的其他公式不必修改，这是因为在 1 月的统计区中的计算公式中已合理地采用了引用策略。

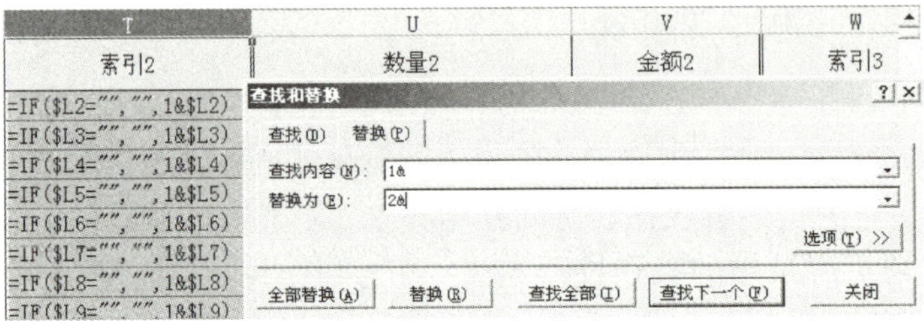

图 3.40　用查找替换方法将各月统计区中的索引列进行编辑

3．付款信息的统计

付款信息统计区建在“进”表中 BA:BD 列，如图 3.41 所示。

	A	B	C	D	E	F	K	L	M	N	O	BA	BB	BC	BD
1	采购日期	采购月	供应商	品种	单价	数量	供应商	品种	供应商	付款日期	付款金额	供应商	应付款额	已付款额	应付余额
2	2012-1-1	1	美的	空调1	1000	20	美的	空调1	美的	2003-3-28	500000	美的	3255340	850000	-4105340
3	2012-1-3	1	美的	空调2	1500	30	日立	空调2	日立	2003-3-28	250000	日立	1248400	370000	-1618400
4	2012-1-5	1	美的	空调3	2000	40	三菱	空调3	三菱	2003-3-28	300000	三菱	909000	560000	-1469000
5	2012-1-7	1	日立	空调4	5000	50		空调4	美的	2003-4-1	350000				
6	2012-1-9	1	美的	空调5	2900	60		空调5	日立	2003-4-1	120000				
7	2012-1-11	1	美的	空调6	6000	40		空调6	三菱	2003-4-1	260000				
8	2012-1-13	1	美的	空调7	2700	67		空调7							

图 3.41　在“进”表的 BA:BD 列统计账款

（1）在“供应商”列输入公式 BA2=K2，向下填充至 1000 行（按需要），当 K 列中添加新的供应商后，将自动显示。

（2）在“应付款额”列输入公式 BB2=SUMIF(C:C,BA2,G:G)，并向下填充至 1000 行。该公式的作用是：在 C 列中筛选符合 BA2 条件（美的），并计算采购金额总和。

（3）在“已付款额”列输入公式 BC2=SUMIF(M:M,BA2,O:O)，并向下填充至 1000 行。该公式的作用是：在 M 列中筛选符合 BA2 条件（美的），并计算付款金额总和。

（4）在“应付余额”列输入公式 BD2=BB2−BC2。

以上公式如图 3.42 所示。

	C	G	K	M	N	O	BA	BB	BC	BD
1	供应商	采购金额	供应商	供应商	付款日期	付款金额	供应商	应付款额	已付款额	应付余额
2	美的	=F2*E2	美的	美的	37708	500000	=K2	=SUMIF(C:C,BA2,G:G)	=SUMIF(M:M,BA2,O:O)	=BB2-BC2
3	美的	=F3*E3	日立	日立	37708	250000	=K3	=SUMIF(C:C,BA3,G:G)	=SUMIF(M:M,BA3,O:O)	=BB3-BC3
4	美的	=F4*E4	三菱	三菱	37708	300000	=K4	=SUMIF(C:C,BA4,G:G)	=SUMIF(M:M,BA4,O:O)	=BB4-BC4
5	日立	=F5*E5		美的	37712	350000	=K5	=SUMIF(C:C,BA5,G:G)	=SUMIF(M:M,BA5,O:O)	=BB5-BC5
6	美的	=F6*E6		日立	37712	120000	=K6	=SUMIF(C:C,BA6,G:G)	=SUMIF(M:M,BA6,O:O)	=BB6-BC6
7	美的	=F7*E7		三菱	37712	260000	=K7	=SUMIF(C:C,BA7,G:G)	=SUMIF(M:M,BA7,O:O)	=BB7-BC7
8	美的	=F8*E8					=K8	=SUMIF(C:C,BA8,G:G)	=SUMIF(M:M,BA8,O:O)	=BB8-BC8

图 3.42　付款信息的统计公式

步骤二　输入及统计销售信息

1．建立销售信息表

销售信息表简称为“销”表，该表由“进”表复制生成，如图 3.43 所示。

	A	B	C	D	E	F	G	H	I
1	销售日期	销售月份	客户	品种	单价	数量	销售金额	发票号	索引
2	2012-1-1	1	长安	空调1	2000	16	32000	9901100	1空调1
3	2012-1-3	1	蓝岛	空调1	2100	10	21000	9901101	1空调1
4	2012-1-5	1	双安	空调1	2200	15	33000	9901102	1空调1
5	2012-1-7	1	东安	空调2	3200	20	64000	9901103	1空调2
6	2012-1-9	1	城乡	空调2	3100	18	55800	9901104	1空调2
7	2012-1-11	1	东安	空调2	3200	10	32000	9901105	1空调2
8	2012-1-13	1	复兴	空调2	3100	10	31000	9901106	1空调2
9	2012-1-15	1	复兴	空调3	2500	35	87500	9901107	1空调3
10	2012-1-17	1	蓝岛	空调4	5500	45	247500	9901108	1空调4
11	2012-1-19	1	城乡	空调5	3000	56	168000	9901109	1空调5
12	2012-1-21	1	双安	空调6	6000	38	228000	9901110	1空调6
13	2012-1-23	1	双安	空调7	3000	50	150000	9901111	1空调7
14	2012-1-25	1	蓝岛	空调8	4100	16	65600	9901112	1空调8
15	2012-2-3	2	长安	空调1	2020	36	72720	9901113	2空调1
16	2012-2-5	2	蓝岛	空调1	2120	30	63600	9901114	2空调1
17	2012-2-7	2	双安	空调1	2220	35	77700	9901115	2空调1
18	2012-2-9	2	东安	空调2	3220	40	128800	9901116	2空调2
19	2012-2-11	2	城乡	空调2	3120	38	118560	9901117	2空调2
20	2012-2-13	2	东安	空调2	3220	30	96600	9901118	2空调2
21	2012-2-15	2	复兴	空调2	3120	30	93600	9901119	2空调2
22	2012-2-17	2	复兴	空调3	2520	55	138600	9901120	2空调3
23	2012-2-19	2	蓝岛	空调4	5520	65	358800	9901121	2空调4
24	2012-2-21	2	城乡	空调5	3020	76	229520	9901122	2空调5
25	2012-2-23	2	双安	空调6	6020	58	349160	9901123	2空调6
26	2012-2-25	2	双安	空调7	3020	70	211400	9901124	2空调7
27	2012-2-27	2	蓝岛	空调8	4120	36	148320	9901125	2空调8

	K	L	M	N	O	Q	R	S	T	U
1	客户	品种	客户	收款日期	收款金额	索引1	数量1	金额1	索引2	数量2
2	长安	空调1	双安	2003-4-2	400000	1空调1	41	86000	2空调1	101
3	双安	空调2	东安	2003-4-2	90000	1空调2	58	182800	2空调2	138
4	蓝岛	空调3	复兴	2003-4-2	100000	1空调3	35	87500	2空调3	55
5	城乡	空调4	城乡	2003-4-2	200000	1空调4	45	247500	2空调4	65
6	复兴	空调5				1空调5	56	168000	2空调5	76
7	东安	空调6				1空调6	38	228000	2空调6	58
8		空调7				1空调7	50	150000	2空调7	70
9		空调8				1空调8	16	65600	2空调8	36

进 销

图 3.43 销售信息表（简称“销”表）由“进”表复制生成

选择“进”表，按住 Ctrl 键，向右拖动，释放后即生成一张新表“进（2）”，双击该表名，或单击鼠标右键，选择“重命名”命令重命名为“销”。

关于复制或移动工作表的方法见附录中的操作技巧 17。

2．编辑销售信息表

替换表中的“采购”为“销售”，“供应商”为“客户”，“付款”为“收款”，“应付”为“应收”。

保留已设置的公式及有效性，其他数据信息如实输入即可。

步骤三 统计各月库存及毛利

每月库存及毛利账表均由公式自动生成。

1．1 月份库存统计

（1）建立 1 月库存统计表。

新插入一张空表，并改名为“存 1”。该表的列表结构如图 3.44 所示。其中（A1:A2）（B1:C1）（D1:E1）（F1:G1）（H1:J1）（K1:L1）分别合并居中，第二行设置为自动换行。

关于快速插入、删除及重命名工作表的方法见附录中的操作技巧 18，在单元格内换行的方法见附录中的操作技巧 9。

	A	B	C	D	E	F	G	H	I	J	K	L
1	品种	上月库存		本月采购		本月销售		库存			本期毛利	
2		库存数	上月成本价	数量	采购金额	数量	销售金额	数量	库存成本价	占用资金	销售成本	毛利1
3	空调1			50	56000	41	86000	9	1120.0	10080.0	45920.0	40080.0
4	空调2			70	113000	58	182800	12	1614.3	19371.4	93628.6	89171.4
5	空调3			70	137000	35	87500	35	1957.1	68500.0	68500.0	19000.0
6	空调4			70	360000	45	247500	25	5142.9	128571.4	231428.6	16071.4
7	空调5			90	264000	56	168000	34	2933.3	99733.3	164266.7	3733.3
8	空调6			40	240000	38	228000	2	6000.0	12000.0	228000.0	
9	空调7			67	180900	50	150000	17	2700.0	45900.0	135000.0	15000.0
10	空调8			80	314000	16	65600	64	3925.0	251200.0	62800.0	2800.0

进 销 存1

图 3.44 建立 1 月库存统计表

（2）输入计算公式。

设该公司从 1 月份开始经营，上月库存及上月成本价均为零，可不输入。

① 本月采购数量：D3=进!R2

② 本月采购金额：E3=进!S2

③ 本月销售数量：F3=销!R2

④ 本月销售金额：G3=销!R2

为方便读者查看和对照，特将“进”“销”“存 1”3 个工作表显示于图 3.45 中。**关于同时查看不同工作表的方法见附录中的操作技巧 3。**

⑤ 库存数量：H3=B3+D3-F3(上月库存数+本月采购数-本月销售数)

⑥ 库存成本价：I3=(B3*C3+E3)/(B3+D3)

该公式的作用是：(上月末结余数量×上月成本价+本月采购金额)/(上月末结余数量+本月采购数量)

⑦ 库存占用资金：J3=H3*I3(库存数量×库存成本价)

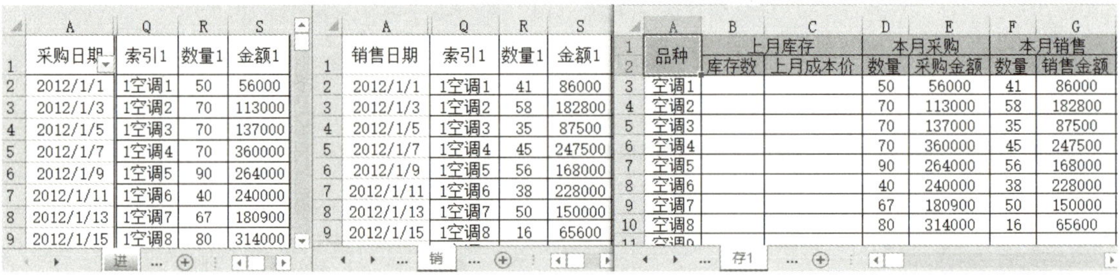

	A	Q	R	S
1	采购日期	索引1	数量1	金额1
2	2012/1/1	1空调1	50	56000
3	2012/1/3	1空调2	70	113000
4	2012/1/5	1空调3	70	137000
5	2012/1/7	1空调4	70	360000
6	2012/1/9	1空调5	90	264000
7	2012/1/11	1空调6	40	240000
8	2012/1/13	1空调7	67	180900
9	2012/1/15	1空调8	80	314000

进

	A	Q	R	S
1	销售日期	索引1	数量1	金额1
2	2012/1/1	1空调1	41	86000
3	2012/1/3	1空调2	58	182800
4	2012/1/5	1空调3	35	87500
5	2012/1/7	1空调4	45	247500
6	2012/1/9	1空调5	56	168000
7	2012/1/11	1空调6	38	228000
8	2012/1/13	1空调7	50	150000
9	2012/1/15	1空调8	16	65600

销

	A	B	C	D	E	F	G
1	品种	上月库存		本月采购		本月销售	
2		库存数	上月成本价	数量	采购金额	数量	销售金额
3	空调1			50	56000	41	86000
4	空调2			70	113000	58	182800
5	空调3			70	137000	35	87500
6	空调4			70	360000	45	247500
7	空调5			90	264000	56	168000
8	空调6			40	240000	38	228000
9	空调7			67	180900	50	150000
10	空调8			80	314000	16	65600

存1

图 3.45　在统计表中引用的公式与“进”表和“销”表中的单元格对照

⑧ 本期销售成本：K3=F3*I3(本月销售数量×库存成本价)

⑨ 本期毛利：=G3-K3(销售金额-销售成本)

以上公式所涉及的单元格如图 3.44 所示。

（3）复制计算公式。

在名称框中输入 B3:L1000，按 Enter 键再按 Ctrl+D 组合键，即将在第三行中已输入的公式向下填充至 1000 行。

（4）设置边框、小数位数。

单击表内任一单元格，按 Ctrl+A 组合键，单击格式工具栏中的【所有框线】按钮▦，选择 C、I:L 列，按 Ctrl+1 组合键，在打开的对话框中选择“数字”选项卡，在“分类”中选择“数值”选项，小数位数 1 位并单击【确定】按钮。

（5）不显示网格线和零值。

关于不显示网格线的方法见附录中的操作技巧 52，不显示“0”的方法见附录中的操作技巧 50。

2. 其他各月份库存统计

（1）插入 11 张工作表，分别重命名为“存 2”“存 3”……“存 12”。**关于快速插入、删除及重命名工作表的方法见附录中的操作技巧 8。**

（2）向工作组填充“存 1”表的内容。**向工作组填充及取消“成组工作表”模式的方法见附录中的操作技巧 37。**

（3）编辑各工作表中的公式，以 2 月库存统计为例。

对“存 2”工作表的“上月库存”“本月采购”“本月销售”项目中的公式进行修改后的效果如图 3.46 所示。具体修改如下。

	A	B	C	D	E	F	G
1	品种	上月库存		本月采购		本月销售	
2		库存数	上月成本	数量	采购金额	数量	销售金额
3	=进!L2	=存1!H3	=存1!I3	=进!U2	=进!V2	=销!U2	=销!V2
4	=进!L3	=存1!H4	=存1!I4	=进!U3	=进!V3	=销!U3	=销!V3
5	=进!L4	=存1!H5	=存1!I5	=进!U4	=进!V4	=销!U4	=销!V4
6	=进!L5	=存1!H6	=存1!I6	=进!U5	=进!V5	=销!U5	=销!V5
7	=进!L6	=存1!H7	=存1!I7	=进!U6	=进!V6	=销!U6	=销!V6
8	=进!L7	=存1!H8	=存1!I8	=进!U7	=进!V7	=销!U7	=销!V7
9	=进!L8	=存1!H9	=存1!I9	=进!U8	=进!V8	=销!U8	=销!V8

存2

	A	B	C	D	E	F	G
1	品种	上月库存		本月采购		本月销售	
2		库存数	上月成本价	数量	采购金额	数量	销售金额
3	空调1	9	1120.0	130	142600	101	214020
4	空调2	12	1614.3	140	224800	138	437560
5	空调3	35	1957.1	110	217200	55	138600
6	空调4	25	5142.9	110	572200	65	358800
7	空调5	34	2933.3	130	384600	76	229520
8	空调6	2	6000.0	60	361200	58	349160
9	空调7	17	2700.0	87	236640	70	211400

存2

图 3.46　编辑“存 2”工作表中的 B:G 列中的公式

① 上月库存数：B3=存 1!H3（对照图 3.44）

② 上月成本价：C3=存 1!I3（对照图 3.44）

③ 本月采购数量：D3=进!U2（对照图 3.47）

④ 本月采购金额：E3=进!V2（对照图 3.47）

	Q	R	S	T	U	V	W	X	Y	Z	AA	AB	AC	AD	AE	AF	AG	AH
1	索引1	数量1	金额1	索引2	数量2	金额2	索引3	数量3	金额3	索引4	数量4	金额4	索引5	数量5	金额5	索引6	数量6	金额6
2	1空调1	50	56000	2空调1	130	142600	3空调1	30	36600	4空调1			5空调1			6空调1		
3	1空调2	70	113000	2空调2	140	224800	3空调2	60	97200	4空调2			5空调2			6空调2		
4	1空调3	70	137000	2空调3	110	217200	3空调3	60	118200	4空调3			5空调3			6空调3		
5	1空调4	70	360000	2空调4	110	572200	3空调4	60	316200	4空调4			5空调4			6空调4		
6	1空调5	90	264000	2空调5	130	384600	3空调5	60	178200	4空调5			5空调5			6空调5		
7	1空调6	40	240000	2空调6	60	361200	3空调6	30	180600	4空调6	1	5000	5空调6			6空调6		
8	1空调7	67	180900	2空调7	87	236640	3空调7	30	81600	4空调7			5空调7			6空调7		
9	1空调8	80	314000	2空调8	120	474400	3空调8	30	120600	4空调8			5空调8			6空调8		

进

	AI	AJ	AK	AL	AM	AN	AO	AP	AQ	AR	AS	AT	AU	AV	AW	AX	AY
1	索引7	数量7	金额7	索引8	数量8	金额8	索引9	数量9	金额9	索引10	数量10	金额10	索引11	数量11	金额11	索引12	数量12

进

图 3.47　“进”表中的各月统计数量、金额对应的列标

⑤ 本月销售数量：F3=销!U2（对照图 3.48）

⑥ 本月销售金额：G3=销!V2（对照图 3.48）

	Q	R	S	T	U	V	W	X	Y	Z	AA	AB	AC	AD	AE	AF	AG	AH
1	索引1	数量1	金额1	索引2	数量2	金额2	索引3	数量3	金额3	索引4	数量4	金额4	索引5	数量5	金额5	索引6	数量6	金额6
2	1空调1	41	86000	2空调1	101	214020	3空调1	20	44400	4空调1			5空调1			6空调1		
3	1空调2	58	182800	2空调2	138	437560	3空调2	70	221400	4空调2			5空调2			6空调2		
4	1空调3	35	87500	2空调3	55	138600	3空调3	20	50400	4空调3			5空调3			6空调3		
5	1空调4	45	247500	2空调4	65	358800	3空调4	20	110400	4空调4			5空调4			6空调4		
6	1空调5	56	168000	2空调5	76	229520	3空调5	20	60400	4空调5			5空调5			6空调5		
7	1空调6	38	228000	2空调6	58	349160	3空调6	20	120400	4空调6		7000	5空调6			6空调6		
8	1空调7	50	150000	2空调7	70	211400	3空调7	20	60400	4空调7			5空调7			6空调7		
9	1空调8	16	65600	2空调8	36	148320	3空调8	20	82400	4空调8			5空调8			6空调8		

销

	AI	AJ	AK	AL	AM	AN	AO	AP	AQ	AR	AS	AT	AU	AV	AW	AX	AY	AZ
1	索引7	数量7	金额7	索引8	数量8	金额8	索引9	数量9	金额9	索引10	数量10	金额10	索引11	数量11	金额11	索引12	数量12	金额12

销

图 3.48　“销”表中的各月统计数量、金额对应的列标

在名称框中输入 B3:G1000，先按 Enter 键再按 Ctrl+D 组合键，即将以上公式向下填充至 1000 行。

其他各表的公式修改与此相同。为方便读者理解，图 3.47 和图 3.48 中分别显示了“进”

表和“销”表中的各月统计区对应的列标（两者具有一致性）。

此外，各表中的毛利（L2）中的数字表明月份，以便后期进一步统计汇总。

步骤四　制作全年营销总账表

1．建立"收支总账"工作表

“收支总账”工作表中包括付账、收账两个数据汇总表，如图 3.49 所示。该工作表中的所有信息均由公式完成。

	A	B	C	D	F	G	H	I
1	付账合计	542万元	178万元	-720万元	收账合计	4065万元	800万元	3265万元
2	供应商	应付款额	已付款额	应付余额	客户	应收款额	已收款额	应收余额
3	美的	3257340	850000	-4107340	长安	114720		114720
4	日立	1252900	370000	-1622900	双安	1276460	400000	876460
5	三菱	909000	560000	-1469000	蓝岛	1097620		1097620
6					城乡	694680	200000	494680
7					复兴	463500	100000	363500
8					东安	418000	100000	318000

存1 / 存2 / 存3 / 存4 / 存5 / 存6 / 存7 / 存8 / 存9 / 存10 / 存11 / 存12 / 收支总账

图 3.49　收支总账中的“付账合计”与“收账合计”部分

1）付账数据表中的公式

付账数据表 A2:D1000 区域的公式均引自“进”表，如图 3.50 所示。**关于使复制粘贴的信息自动更新的方法见附录中的操作技巧 29。**

	A	B	C	D
1	付账合计	=SUM(B3:B1000)/10000	=SUM(C3:C1000)/10000	=SUM(D3:D1000)/10000
2	=进!BA1	=进!BB1	=进!BC1	=进!BD1
3	=进!BA2	=进!BB2	=进!BC2	=进!BD2
4	=进!BA3	=进!BB3	=进!BC3	=进!BD3
5	=进!BA4	=进!BB4	=进!BC4	=进!BD4
6	=进!BA5	=进!BB5	=进!BC5	=进!BD5
7	=进!BA6	=进!BB6	=进!BC6	=进!BD6
8	=进!BA7	=进!BB7	=进!BC7	=进!BD7
9	=进!BA8	=进!BB8	=进!BC8	=进!BD8
10	=进!BA9	=进!BB9	=进!BC9	=进!BD9
11	=进!BA10	=进!BB10	=进!BC10	=进!BD10

收支总账

BA	BB	BC	BD
供应商	应付款额	已付款额	应付余额
美的	3257340	850000	-4107340
日立	1252900	370000	-1622900
三菱	909000	560000	-1469000

进

图 3.50　付账数据表 A2:D1000 区域的公式均引自“进”表

（1）在 A2 单元格输入“=”号后，单击“进”表的 BA1，单击输入键✔即可。

（2）在名称框中输入 A2:D1000，先按 Enter 键再分别按 Ctrl+D 和 Ctrl+R 组合键，即完成对选定区域的公式向下和向右填充。

（3）在该区域中任何一个单元格，按 Ctrl+A 组合键，可快速选取该数据表，添加所有单元格框线和设置底纹。

（4）在 B1 中输入公式 B1=SUM(B3:B1000)/10000，并向右填充至 D1，该公式的作用是：分别计算应付款额、已付款额、应付余额的总和（万元）。

（5）自动显示单位“万元”。选择 B1:D1，按 Ctrl+1 组合键，在“数字”选项卡中选择“自定义”选项，在“分类”中输入 0“万元”（无小数）或 0.0“万元”（小数 1 位），单击【确定】按钮，如图 3.51 所示。

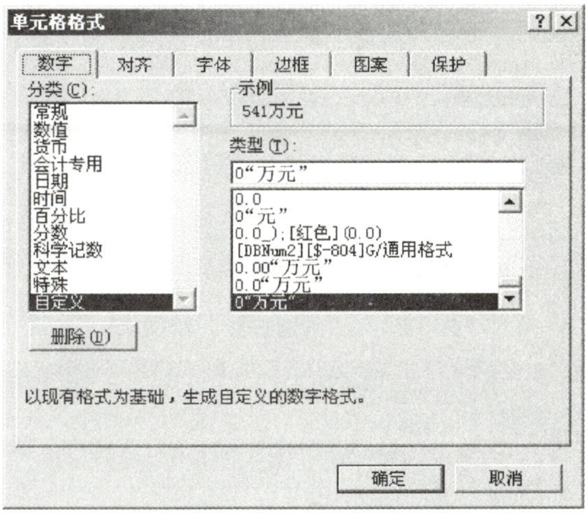

图 3.51　在数字后添加单位的设置

2）收账数据表中的公式

与付账数据表中的公式相似，收账数据表中的公式均引自“销”表，如图 3.52 所示。

（1）在“收支总账”表 F2 单元格输入“=”号后，单击“销”表的 BA1，单击输入键✔即可。

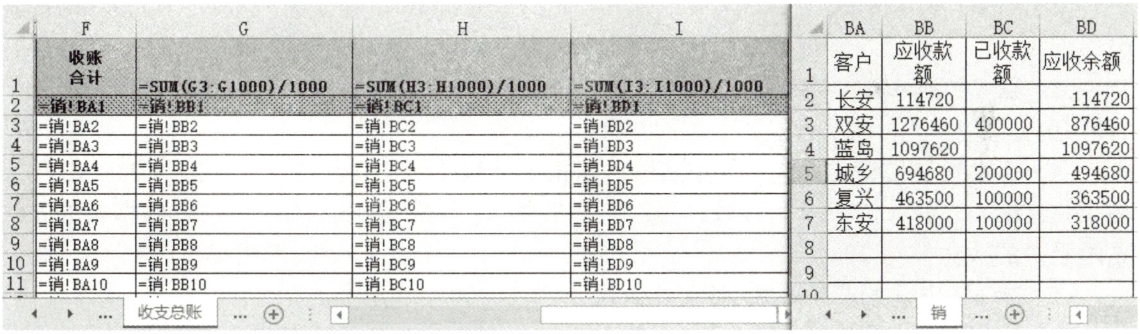

	F	G	H	I
1	收账合计	=SUM(G3:G1000)/1000	=SUM(H3:H1000)/1000	=SUM(I3:I1000)/1000
2	=销!BA1	=销!BB1	=销!BC1	=销!BD1
3	=销!BA2	=销!BB2	=销!BC2	=销!BD2
4	=销!BA3	=销!BB3	=销!BC3	=销!BD3
5	=销!BA4	=销!BB4	=销!BC4	=销!BD4
6	=销!BA5	=销!BB5	=销!BC5	=销!BD5
7	=销!BA6	=销!BB6	=销!BC6	=销!BD6
8	=销!BA7	=销!BB7	=销!BC7	=销!BD7
9	=销!BA8	=销!BB8	=销!BC8	=销!BD8
10	=销!BA9	=销!BB9	=销!BC9	=销!BD9
11	=销!BA10	=销!BB10	=销!BC10	=销!BD10

收支总账

	BA	BB	BC	BD
1	客户	应收款额	已收款额	应收余额
2	长安	114720		114720
3	双安	1276460	400000	876460
4	蓝岛	1097620		1097620
5	城乡	694680	200000	494680
6	复兴	463500	100000	363500
7	东安	418000	100000	318000
8				
9				

销

图 3.52　收账数据表 F2:I1000 区域的公式均引自“销”表

（2）在名称框中输入 F2:I1000，先按 Enter 键再分别按 Ctrl+D 和 Ctrl+R 组合键，即完成对选定区域的公式向下和向右填充。

（3）在该区域中任意一个单元格，按 Ctrl+A 组合键，可快速选取该数据表，添加所有单元格框线和设置底纹。

（4）在 G1 中输入公式 G1=SUM(G3:G1000)/10000，并向右填充至 D1。该公式的作用是：分别计算应收款额、已收款额、应收余额的总和（万元）。**关于批量为单元格数据添加单位并保持其运算功能的方法见附录中的操作技巧 13。**

2．建立“毛利总账”工作表

“毛利总账”工作表如图 3.53 所示。该工作表中的所有信息均由公式完成。

公式引自不同月的“存”工作表，如图 3.54 所示。

（1）品种列：在“毛利总账”表 A3 单元格输入“=”号后，单击“存 1”表的 A3，单击输入键✔即可。

	A	B	C	D	E	F	G	H	I	J	K	L	M	N
1	毛利账合计	18.6万元	40.3万元	15.7万元	0.2万元	0.2万元								74.9万元
2	品种	1月	2月	3月	4月	5月	6月	7月	8月	9月	10月	11月	12月	全年合计
3	空调1	40080	103080	21359										16.5万元
4	空调2	89171	215878	108180										41.3万元
5	空调3	19000	30231	10996										6.0万元
6	空调4	16071	21392	5852										4.3万元
7	空调5	3733	5073	1199										1.0万元
8	空调6		37	2	1048									0.1万元
9	空调7	15000	21229	6035										4.2万元
10	空调8	2800	6355	3272										1.2万元
11	空调9				700	1700								0.2万元

进 / 销 / 存1 / 存2 / 存3 / 存4 / 存5 / 存6 / 存7 / 存8 / 存9 / 存10 / 存11 / 存12 / 收支总账 / 毛利总账

图 3.53　“毛利总账”数据表

项目3-2在进销存管理中的应用（异价）.xls:2

	A	K	L
1	品种	本期毛利	
2		销售成本	毛利1
3	空调1	45920.0	40080.0
4	空调2	93628.6	89171.4
5	空调3	68500.0	19000.0
6	空调4	231428.6	16071.4
7	空调5	164266.7	3733.3
8	空调6	228000.0	
9	空调7	135000.0	15000.0
10	空调8	62800.0	2800.0
11	空调9		
12			

进 / 销 / 存1 / 存2 / 存3 / 存4 / 存5

项目3-2在进销存管理中的应用（异价）.xls:1

	A	B	C	D	E
1	毛利账合计	=SUM(B3:B1000)/10	=SUM(C3:C1000)/10	=SUM(D3:D1000)/10	=SUM(E3:E100
2	品种	1月	2月	3月	4月
3	=存1!A3	=存1!$L3	=存2!$L3	=存3!$L3	=存4!$L3
4	=存1!A4	=存1!$L4	=存2!$L4	=存3!$L4	=存4!$L4
5	=存1!A5	=存1!$L5	=存2!$L5	=存3!$L5	=存4!$L5
6	=存1!A6	=存1!$L6	=存2!$L6	=存3!$L6	=存4!$L6
7	=存1!A7	=存1!$L7	=存2!$L7	=存3!$L7	=存4!$L7
8	=存1!A8	=存1!$L8	=存2!$L8	=存3!$L8	=存4!$L8
9	=存1!A9	=存1!$L9	=存2!$L9	=存3!$L9	=存4!$L9
10	=存1!A10	=存1!$L10	=存2!$L10	=存3!$L10	=存4!$L10
11	=存1!A11	=存1!$L11	=存2!$L11	=存3!$L11	=存4!$L11
12	=存1!A12	=存1!$L12	=存2!$L12	=存3!$L12	=存4!$L12
13	=存1!A13	=存1!$L13	=存2!$L13	=存3!$L13	=存4!$L13

存2 / 存3 / 存4 / 存5 / 存6 / 存7 / 存8 / 存9 / 存10 / 存11 / 存12 / 收支总账 / 毛利总账

图 3.54　“毛利总账”数据表 A3:M1000 区域的公式均引自不同月“存”表

（2）在 B3 单元格输入“=”号后，单击“存 1”表的 L3，并设为列绝对、行相对的混合引用方式（以满足公式向右填充后列号不变的需要），单击输入键✔即可。

（3）在名称框中输入 B3:M3，先按 Enter 键再按 Ctrl+R 组合键，即在选定区域将公式向右填充。

（4）切换到公式显示方式（在英文输入法模式下按 Ctrl+`组合键），依次将 C3 ~ M3 单元格中公式的表名修改为相应的月号，再返回正常显示。**关于在公式和数值两者间切换的方法见附录中的操作技巧 23。**

（5）在 N3 中输入求和公式 N3=SUM(B3:M3)/10000（万元）。

（6）在名称框中输入 A3:N1000，先按 Enter 键再按 Ctrl+D 组合键，即在选定区域将公式向下填充。

（7）在该区域中任意选取一个单元格，按 Ctrl+A 组合键，即可快速选取该数据表，可以快速添加所有单元格框线和设置底纹。

（8）在 B1 中输入公式 B1=SUM(B3:B1000)/10000，并向右填充至 M1，该公式的作用是：计算各月毛利总和（万元）；在 N1 中输入公式 N1=SUM(N3:N1000)。

（9）为显示“万元”的单元格自动添加单位“万元”，并保留 1 位小数。**关于批量为单元格数据添加单位并保持其运算功能的方法见附录中的操作技巧 13。**

（10）不显示“0”。**关于不显示“0”的方法见附录中的操作技巧 50。**

项目回顾

本项目以企事业单位的两种进-销-存方案为例，介绍了如何运用 Excel 进行有效管理及 Excel 数据输入、公式计算、表格修饰、定义名称、动态打印、数据透视、数据分列、利用数据验证设置防重、利用

VBA 自动生成报表的操作方法。本项目还介绍了 IF、AND、SUM、SUMIF、COUNTIF、COUNT、COUNTA、ROUND、MIN、TODAY、MONTH、VLOOKUP、MOD、OFFSET、MATCH、CHOOSE、CONCATENATE 等函数。

项目训练

【训练参考】

1. 某组同学设计了书店进销存管理方案（见项目 3 训练参考　书店进销存），共有 4 张工作表。

（1）“图书目录”表。在该表中输入有关于图书的基本信息，如图 3.55 所示。现要求 B 列的信息无重复，请说明设置防重或查重的方法。

	A	B	C	D	E	F	G	H	I
1	序号	ISBN	书名	出版社	作者	出版时间	单价	图片	复本
2	1	957-05-1170-2	尖兵对决--特种兵与外国神秘组织对抗铁血录	新世界	火狼	2009/10/01	45		3

图书目录 / 进销清单 / 库存统计 / 查询卡

图 3.55　“图书目录”表

（2）“进销清单”表。在该表中输入了流水账，如图 3.56 所示；该表中 C 列内容可根据 B 列由“图书目录”表查找引入；F、I 列为公式生成，采购金额=采购单价×采购数量；销售金额-销售单价×销售数量。写出以上 3 列的计算公式。

	A	B	C	D	E	F	G	H	I	J
1	日期	ISBN	书名	采购数量	采购单价	采购金额	销售数量	销售单价	销售金额	销售发票
2	2009-4-29	957-500-810-3	最全集--最美的诗歌(超值白金版)	10	58	580				
3	2009-4-29	957-8378-50-5	最全集--最好的杂文(超值白金版)	15	64	960				
4	2009-4-29	957-679-445-5	最后的武士	76	45	3420				
105	2009-5-5	957-8995-09-1	战谍				5	54	270	9901112
106	2009-5-6	957-609-208-6	我的特种生涯				3	51	153	9901110
107	2009-5-7	957-609-381-3	杀戒(长篇小说)				6	45	270	9901111

图书目录 / 进销清单 / 库存统计 / 查询卡

图 3.56　“进销清单”表

（3）“库存统计”表。该表中的所有内容均由公式生成，如图 3.57 所示；该表中 A:H 列内容引入“图书目录”表的相关内容，其他列为公式计算。

“采购数”列的公式为 I2=SUMIF(进销清单!B:B,B2,进销清单!D:D)

“采购金额”列的公式为 J2=SUMIF(进销清单!B:B,B2,进销清单!F:F)

“采购平均价”列的公式为 K2=IF(J2=0,"",J2/I2)

将以上公式向下填充。

请分析以上 3 个公式的作用，并写出计算“销售数”“销售金额”“销售平均价”及“毛利”“现库存”的公式。

毛利=（销售平均价-采购平均价）×销售数

现库存=复本（原库存数）+进货数-销售数

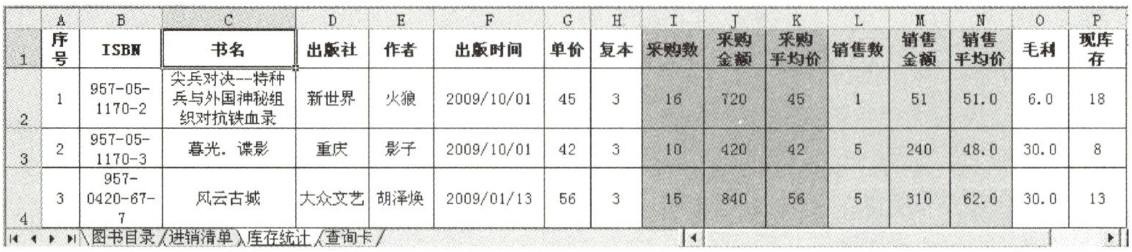

	A	B	C	D	E	F	G	H	I	J	K	L	M	N	O	P
1	序号	ISBN	书名	出版社	作者	出版时间	单价	复本	采购数	采购金额	采购平均价	销售数	销售金额	销售平均价	毛利	现库存
2	1	957-05-1170-2	尖兵对决--特种兵与外国神秘组织对抗铁血录	新世界	火狼	2009/10/01	45	3	16	720	45	1	51	51.0	6.0	18
3	2	957-05-1170-3	暮光．谍影	重庆	影子	2009/10/01	42	3	10	420	42	5	240	48.0	30.0	8
4	3	957-0420-67-7	风云古城	大众文艺	胡泽焕	2009/01/13	56	3	15	840	56	5	310	62.0	30.0	13

图 3.57 “库存统计”表

（4）“查询卡”表，如图 3.58 所示。在该表中可以选择书名或 ISBN 号查询；所有待显示框中的信息由公式自动引入“图书目录”表和“库存统计”表的相关内容，并能显示书目的封面照，封面照片存放在图 3.55 所示的“图书目录”表中。请说明，如何设置查询下拉列表？怎样显示待显框内容和照片？

【训练参考】

2. 某组同学设计了一个多表查重方案（见项目 3 训练参考　对多表中重复信息查询），如图 3.59 所示。

“学期 1”和“学期 2”工作表中存放有各班征订教材的信息（班级和书号），为了检查学期 2 所征订的教材与学期 1 是否有重复，设计者在“学期 1”和“学期 2”工作表的 A 列建立了组合字段，利用数据合并的方法，将计数结果显示在“查重”表的 B:C 列，并对 C 列按降序排列，凡计数值大于 1 者即为重复数。作者还将以上操作录制成宏与相应按钮关联，请说出操作步骤。

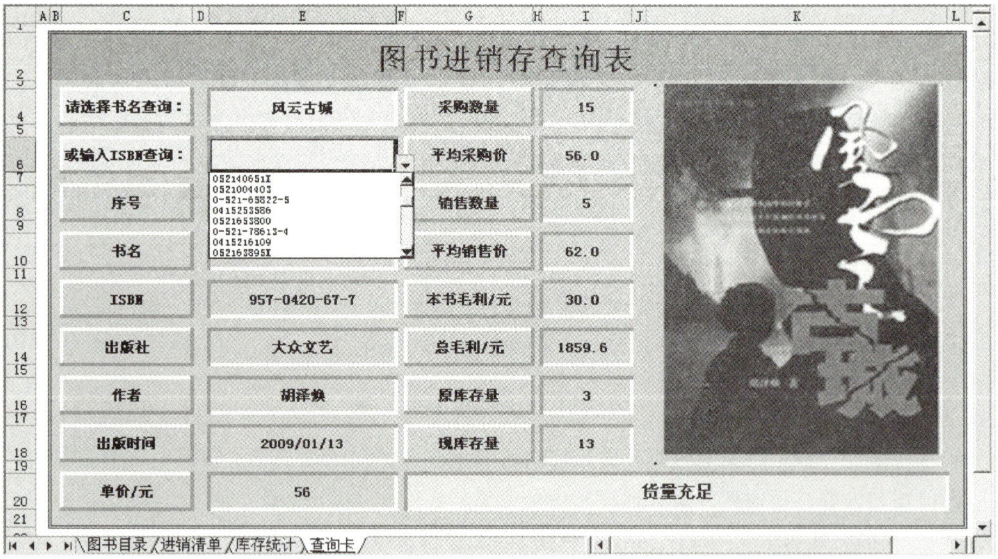

图 3.58 “查询卡”表

图 3.59 多表查重

第二部分

Excel 在人事管理中的应用

本部分包括：

项目 4　Excel 在档案管理中的应用

项目 5　Excel 在考勤管理中的应用

项目 6　Excel 在绩效管理中的应用

项目 7　Excel 在个人管理中的应用

项目 4

Excel 在档案管理中的应用

【项目导读】

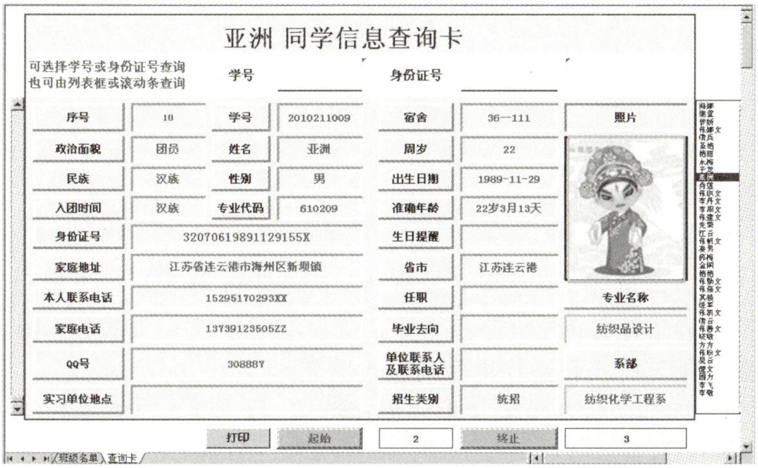

任何一个单位、部门都需要对档案进行有效的管理，生产单位的供应商信息、销售部门的顾客信息、政府部门的发文、学校的学籍、图书馆的图书资料等都是档案管理的范畴。

制作多功能员工信息查询卡能帮助管理者快速记录员工姓名、了解员工信息，更好地掌控人力资源，把握全局。

【任务导读】

【示例文件】

任务1　建立电子档案表

本任务以建立某班级学生档案为例，介绍如何根据身份证号快速生成相关信息，以及自动提取其他工作表已有的信息，从而快速完成班级电子档案的信息输入。参考示例文件：项目4-1　在档案管理中的应用（单班查询）。

步骤一　输入列表字段名称

（1）工作表重命名。打开Excel，在Sheet1工作表名上单击鼠标右键，选择“重命名”命令，将工作表名重命名为“班级名单”。更快捷的方法是双击表名，直接改名。

（2）快速输入列标志。单击A1，输入“序号”，然后按右方向键，依次输入其他字段，如图4.1、图4.2所示。更快捷的方法是，选择要输入的区域（如A1:R1），然后按习惯输入即可，即输入一个字段按Enter键，此时光标不会下移而是在选定的区域中右移。**关于快速进行单元格之间的切换方法见附录中的操作技巧61。**

	A	B	C	D	E	F	G	H	I
1	序号	学号	照片	姓名	宿舍	政治面貌	入团时间	民族	身份证号

图4.1　工作表表头（1）

	J	K	L	M	N	O	P	Q	R
1	性别	出生日期	周岁	准确年龄	生日提醒	省市	家庭地址	QQ号	本人联系电话

图4.2　工作表表头（2）

（3）选择第一行，单击格式工具栏中的【加粗】按钮**B**及【居中】按钮。全选工作表（按Ctrl+A组合键即可），设置字号为10号。

步骤二　快速输入相关信息

1．手工输入部分

图4.1所示的字段列为手工输入。

1）“序号”列

可用向下填充的方法快速完成。方法是在A2中输入1，确定后向下拖动该单元格右下角的填充句柄（移动鼠标指针至该单元格右下角，变为十字形状），并按住Ctrl键，或者向下填充后打开右下角的智能选择按钮选择以序列方式填充。

关于自定义文本序列的方法见附录中的操作技巧41，输入已有序列的方法见附录中的操作技巧44。

2）“学号”列及“身份证号”列

在录入数据之前设置为文本格式（方法是先按住Ctrl键，分别选择B列和I列，再按Ctrl+1组合键，打开“单元格格式”对话框，选择“数字”选项卡，在“分类”中选择“文本”，单击【确定】按钮，如图4.3所示。如果身份证号或以“0”开头的学号（或工号）要从Word

文档中导入，也必须先将此列设为文本格式，然后复制 Word 表格中的代码，粘贴至 Excel 工作表中的目标区域，并在右下角的“粘贴选项”中选择“匹配目标区格式”命令。**关于输入或复制以“0”开头编号或身份证号的方法见附录中的操作技巧 14。**

此外还可以设置有效性验证身份证号数据的位数。方法是选择待输入数据区域（例如 I2:I40），然后打开“数据验证”对话框（**不同软件版本操作方法见附录中的操作说明 11**），选择“设置”选项卡，在“允许”中选择“自定义”，在公式输入框中输入=LEN(I2)=18（注意：参数必须与当前名称框中显示的一致），如图 4.4 所示；再选择“出错警告”选项卡，输入“请检查数据位数”，单击【确定】按钮即可。以后当数据输入位数不正确时，将自动弹出提示。

关于检查数据位数的方法见附录中的操作技巧 47。

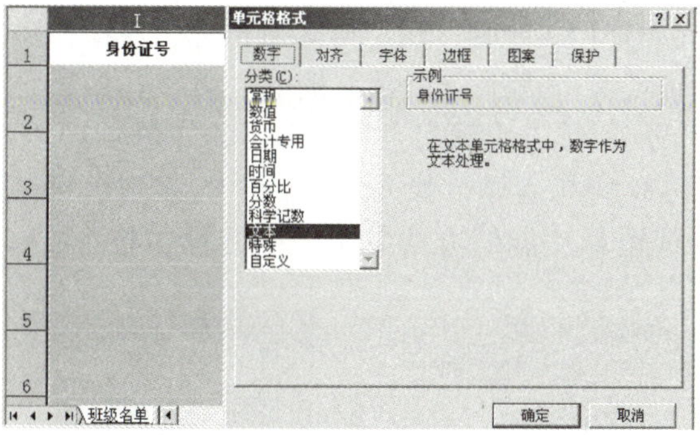

图 4.3　将“身份证号”列设为文本类型

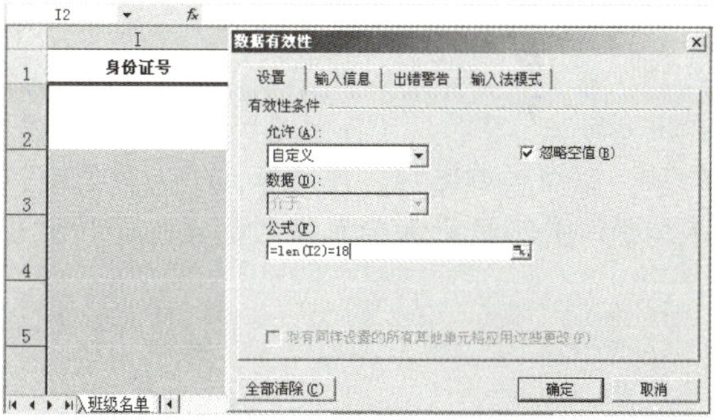

图 4.4　对“身份证号”列设置数据验证

3）“入团时间”列和“出生日期”列

设置为日期格式，一般的方式是在“单元格格式”对话框的“数字”选项卡的“分类”中选择“日期”，然后在“类型”中选择合适的类型，单击【确定】按钮；更快捷的方法是选择日期列，按 Ctrl+Shift+3 组合键即可设为“标准日期格式”，按 Ctrl+Shift+`组合键则切换为“常规格式”。**相关方法见附录 3。**

2．公式输入部分

图 4.2 所示字段中 J ~ P 列的信息均为公式输入。

1）由身份证号输入性别

J2=IF(MOD(MID(I2,17,1),2)=0,"女","男")，确定后向下填充公式至各行，如图 4.5 所示。该公式的作用是：提取 I2 中身份证第 17 位，进行除 2 取余数判断，如果余数为 0，则显示女性，否则显示为男性。该公式中包含有 MID、MOD、IF3 个函数。**相关函数的用法见附录 4，关于输入公式及函数参数的方法见附录中的操作技巧 22。**

2）由身份证号提取出生日期

K2=DATE(MID(I2,7,4),MID(I2,11,2),MID(I2,13,2))，确定后向下填充公式至各行，如图 4.6 所示。该公式的作用是：分别提取 I2 中身份证号的第 7 ~ 10 位为年份、第 11 ~ 12 位为月份、第 13 ~ 14 位为日，进行日期格式显示。

该公式中包含有 MID、DATE 两个函数。**相关函数的用法见附录 4。**

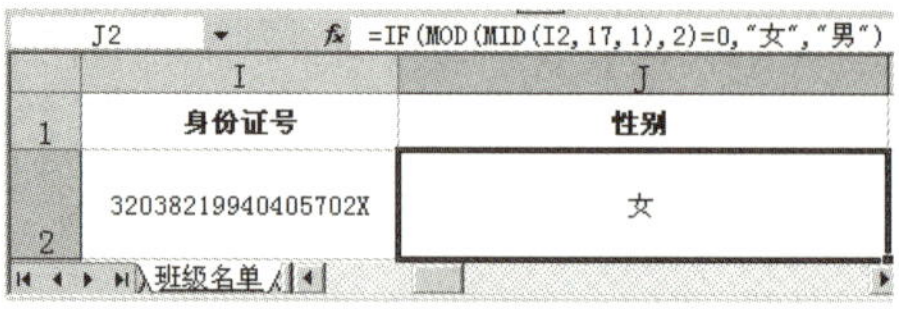

图 4.5　输入性别的判断公式

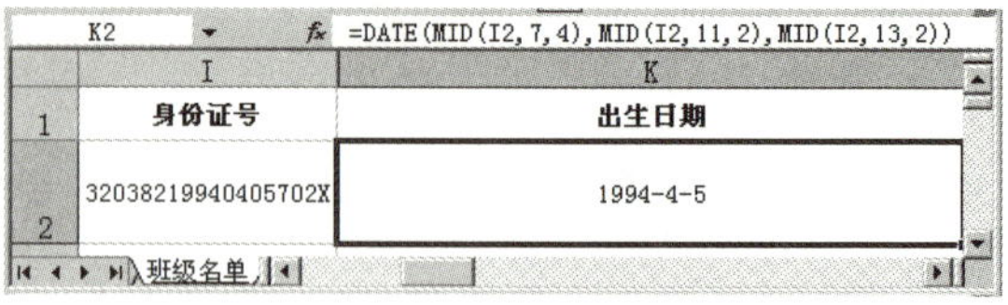

图 4.6　输入出生日期的计算公式

3）计算动态年龄（周岁）

L2=DATEDIF(K2,TODAY(),"y")，确定后向下填充公式至各行，如图 4.7（a）所示。该公式的作用是：计算 K2（出生日期）与当前系统日期之间的整年数。

公式中包含有 TODAY、DATEDIF 两个函数。**相关函数的用法见附录 4。**

可以给图 4.7（a）显示的数字快速添加单位（如“岁”），且保留该数值的运算功能。方法是选择添加单位的单元格区域，如 L2:L40，按 Ctrl+1 组合键，在“单元格格式”对话框中选择“数字”选项卡，在“分类”列表中选择“自定义”选项，再在右侧的“类型”列表选择框中输入“0"岁"”（注意是英文输入法中的双引号），单击【确定】按钮即可，如图 4.7（b）所示。添加了单位后，该列数据仍为数值型，即可以参与运算，如图 4.7（c）为该列数据的平均值。**关于批量为单元格数据添加单位并保持其运算功能的方法见附录中的操作技巧 13。**

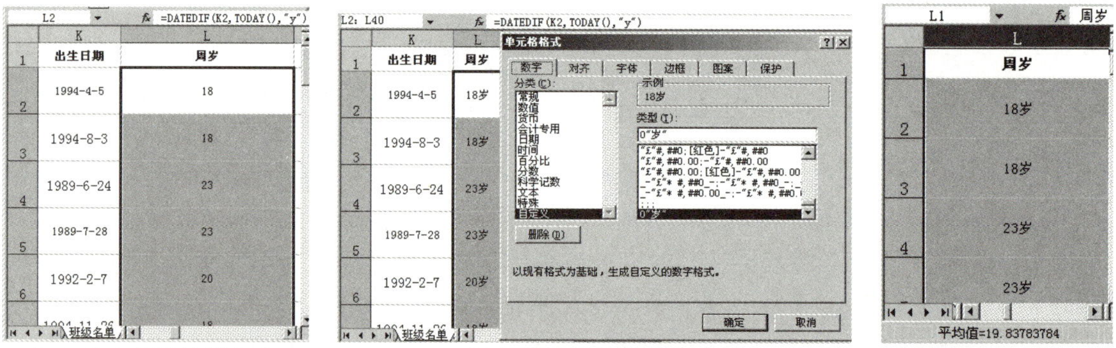

（a）输入年龄计算公式　（b）设置带单位的格式　（c）统计平均值

图 4.7　动态年龄的计算

图 4.7（c）的底部显示的平均值，是通过打开的快速计算工具实现的（在状态栏单击鼠标右键，打开快速计算工具，选择“平均值”即可）。**关于打开快速计算工具的方法见附录中的操作技巧 20。**

4）计算准确的动态年龄

M2=DATEDIF(K2,TODAY(),"y")&"岁"&DATEDIF(K2,TODAY(),"ym")&"月"&DATEDIF(K2,TODAY(),"md")&"天"，确定后向下填充公式至各行，如图 4.8 所示。

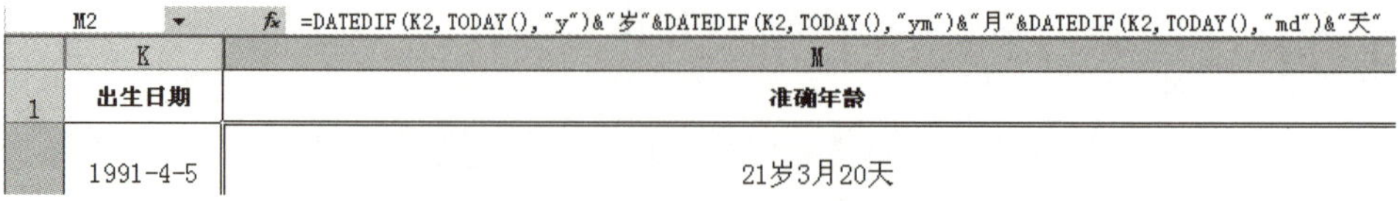

图 4.8　输入能准确计算动态年龄的公式

该公式中使用了 DATEDIF 的多种用法，作用分别如下。

DATEDIF(K2,TODAY(),"y")的作用是：计算 K2（出生日期）与当前系统日期之间的整年数。

DATEDIF(K2,TODAY(),"ym")的作用是：计算 K2（出生日期）与当前系统日期之间去除整年后的整月数。

DATEDIF(K2,TODAY(),"md")的作用是：计算 K2（出生日期）与当前系统日期之间去除整月后的天数。

将它们用&符号连接起来，并添加对应的单位后进行显示。

DATEDIF 函数的用法见附录 4。

5）设置生日判断与提醒

N2=IF(DATEDIF(K2,TODAY(),"yd")=0," 今 天 "&D2&" 生 日 ",IF(DATEDIF(K2,TODAY(),"yd")>360,"近期"&D2&"生日","")), 确定后向下填充公式至各行，如图 4.9 所示。该公式的作用是：判断 K2（出生日期）与当前系统日期之间的去除整年后的天数是否为零，如果符合条件，则显示"今天"&D2&"生日"（D2 中存放有该同学的姓名）；如果不符合条件再判断 K2（出生日期）与当前系统日期之间的去除整年后的天数是否大于 360 天，如果符合此条件，则显示"近期"&D2&"生日"（D2 中存放有该同学的姓名），否则不显示。

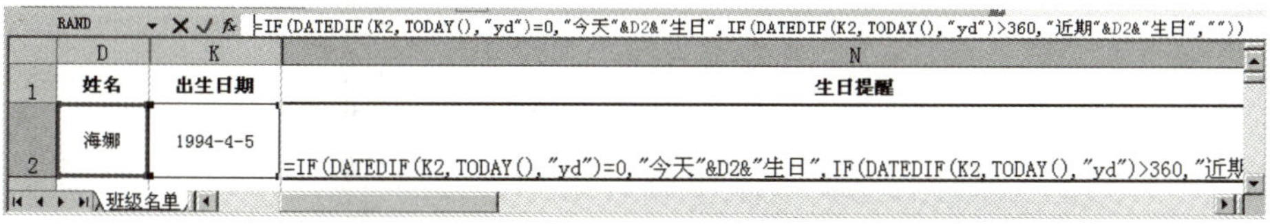

图 4.9 生日判断与提醒计算公式的输入

图 4.10 所示为判断流程说明。

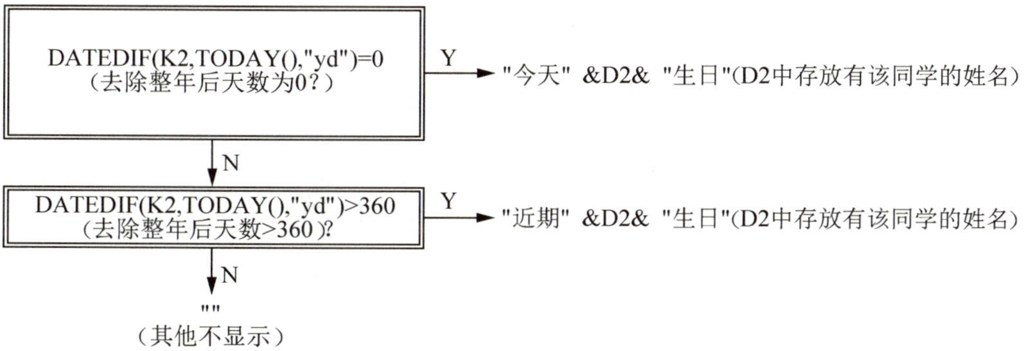

图 4.10 生日提醒判断流程说明

步骤三 输入函数运算公式

1. 函数的输入

对于初学者，按 Shift+F3 组合键，可以打开“插入函数”对话框，如图 4.11 所示。在“搜索函数”文本框中输入关键字，然后单击【转到】按钮。拖动“选择函数”列表框中的滚动条，并根据提示选择所要的函数。单击【确定】按钮后可获得手工输入函数参数的更多帮助信息，如图 4.12 所示，根据提示的信息选择输入参数；打开其下方的“有关该函数的帮助”链接，也可获得相应帮助。

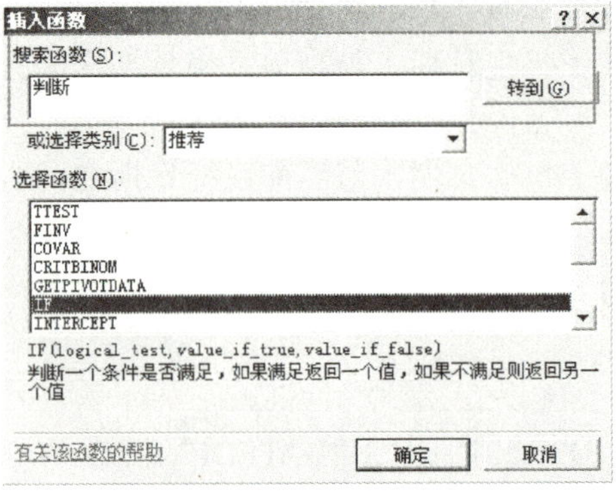

图 4.11　插入函数对话框

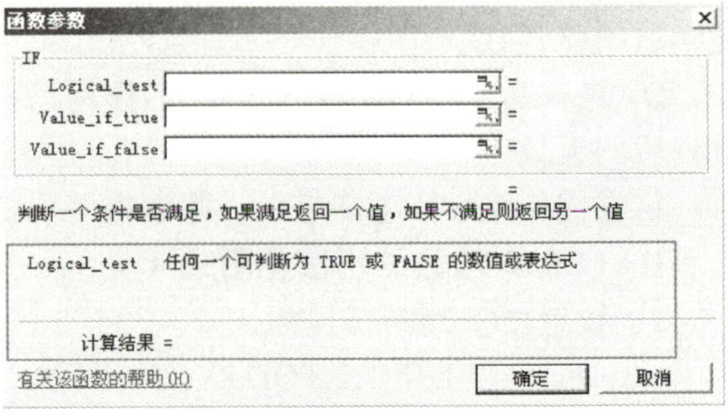

图 4.12　函数参数对话框

对于已有基础的读者，可直接输入“=”，然后输入函数名称，各参数之间以“,”分隔（注意切换至英文输入法）。当光标定位在函数的括号内时，Excel 会自动在其下方显示参数名称窗口，单击该函数名时，可打开有关该函数的帮助。对已输入的函数也可通过单击参数查看，如图 4.13 所示。

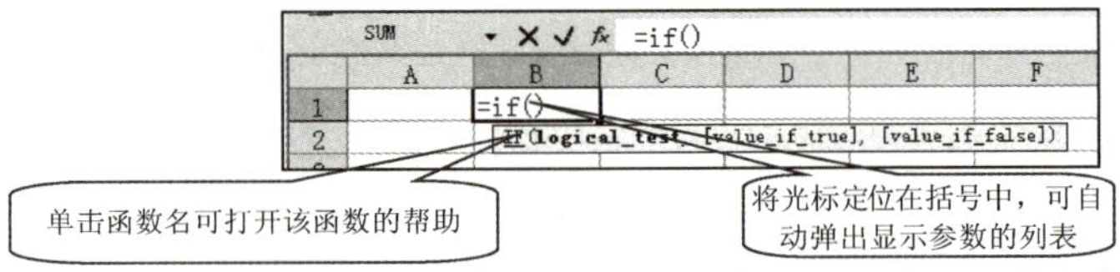

（a）将光标定位在括号中，可自动弹出显示参数的列表，以获得帮助

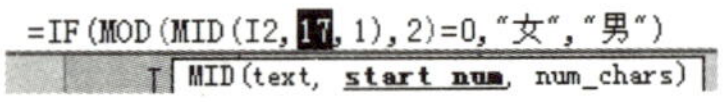

（b）单击 MID 函数的第二个参数时，定位显示 17

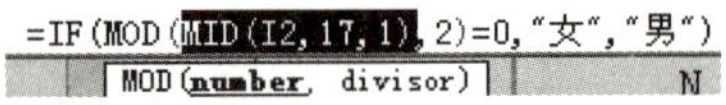

（c）单击 MOD 函数的第一个参数时，定位显示为 MID(I2,17,1)

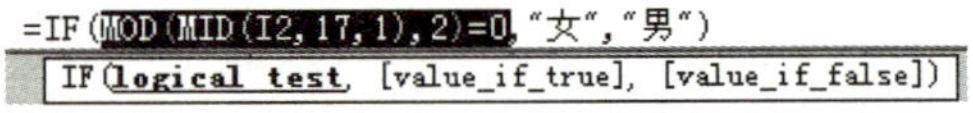

（d）单击 IF 函数的第一个参数时，定位显示为 MOD(MID(I2,17,1),2)=0

图 4.13　快速查看函数的参数及帮助

2．公式的查看

按 Ctrl+`组合键，可以切换到公式状态查看公式；再次按 Ctrl+`组合键，将返回到正常显示。

关于在公式和数值两者间切换的方法见附录中的操作技巧 23。

3．公式的运算

查看公式的分步运算过程有助于帮助用户理解具有嵌套函数的公式。

以 L2= DATEDIF(K2,TODAY(),"y")为例，将光标定位在 L2，打开“公式求值”对话框（**不同软件版本操作方法见附录中的操作说明 6**）。第一次单击【求值】按钮后，计算公式中的 K2 值为 33333（1991-4-5 对应的数值）；第二次单击【求值】按钮后，计算公式中的 TODAY() 值为 41115（系统当前日期 2012-7-25 所对应的数值）；第三次单击【求值】按钮后，计算公式结果为 21（周岁），以上显示如图 4.14 所示。

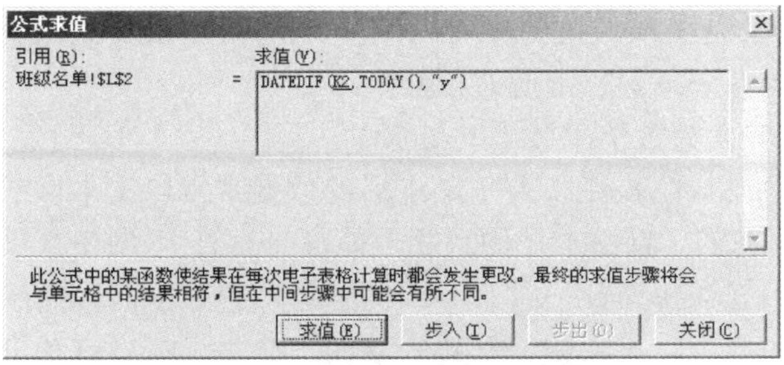

（a）打开“公式求值”对话框

（b）第一次单击【求值】按钮后，计算公式中的K2值为33333

（c）第二次单击【求值】按钮后，计算公式中的TODAY()值为41115（系统当前日期为2012-7-25）

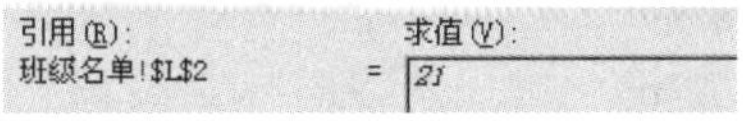

（d）第三次单击【求值】按钮后，计算公式值为21（周岁）

图4.14　利用Excel中的“公式求值”可查看公式分步计算过程

步骤四　引用外部表格数据

1．VLOOKUP函数引用数据

根据网上下载的户籍与身份证号前6位对照表（见参考示例文件中的“地区代号”表），快速提取信息自动添加到班级名单。

O2=VLOOKUP(LEFT(I2,6)*1,地区代号!A:F,5)，确定后向下填充公式至各行，如图4.15所示。该公式的作用是：根据所提取I2（身份证号）前6位的数字格式（乘以1）到“地区代号“工作表中的A:F列进行近似查找，返回第5列信息（省市）。

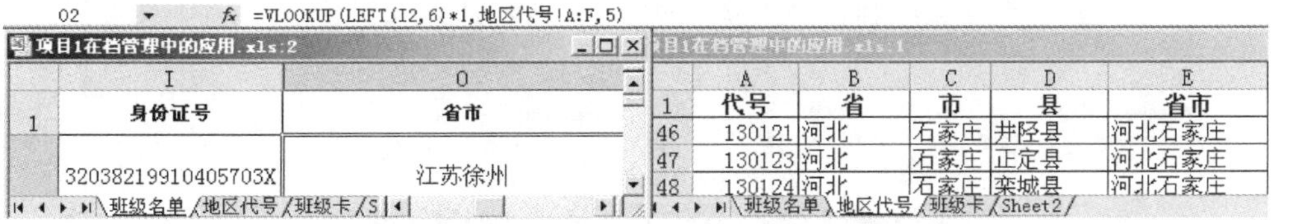

图4.15　运用VLOOKUP函数提取相关信息

该公式中包含有LEFT、VLOOKUP两个函数。**这些函数的用法见附录4。**

可以通过自定义筛选法来检查引用的信息是否正确，如图4.16所示。

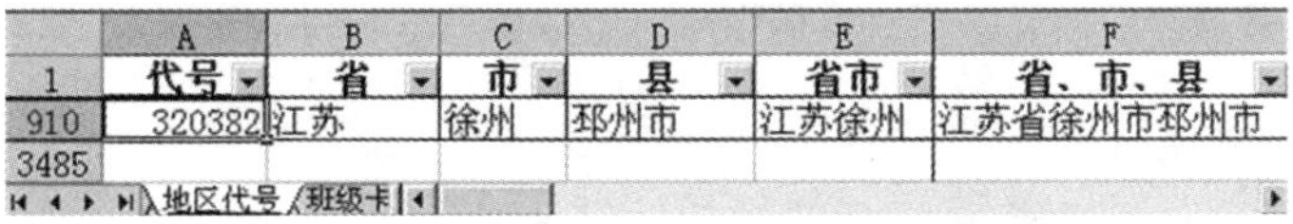

图4.16　筛选查看信息引用的正确性

2．引用数据类型的格式转换

上例公式中的LEFT(I2,6)*1，是为了匹配VLOOKUP函数之参数二的格式。

由 LEFT 函数取出的是文本形式的数据码，地区代号表中的 A 列则为数字型格式，在 Excel 中用于计算时它们两者完全不等，因此必须转换一致。

1）将文本型数字转换为数值型数字的方法

一些通过文本文件或其他软件导入 Excel 后的数据常常以文本形式存在（数字默认是右对齐的，而文本是左对齐的，且文本型的数字不能参与运算），即使重新将单元格格式设置为数字也无济于事。那么怎样快速让一批文本或两种类型的数值混合数据一次性转换为数值型数字呢？方法是选择一个空白单元格，选择“复制”命令，然后再选中所要转换的范围，选择“选择性粘贴”对话框中的“加”，单击【确定】按钮后即变为数字，如图 4.17 所示。

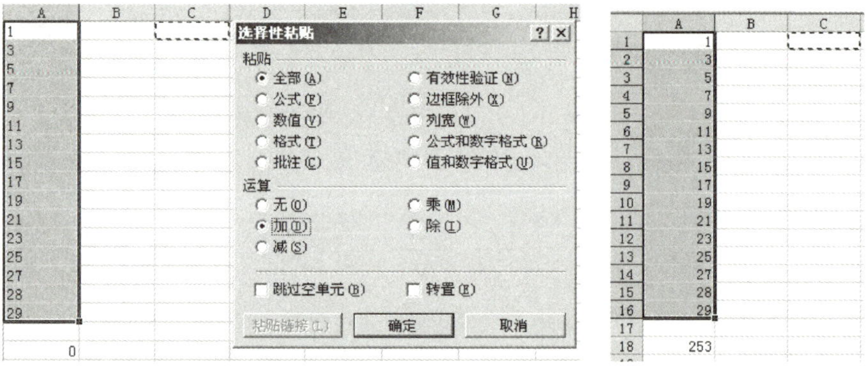

图 4.17 文本型数字转换成数值型数字（转换前后求和结果分别为“0”“253”）

2）将数值型数字转换为文本型数字的方法

有时用户也需要将数值型的数字转换为文本型，方法是选择要转换的区域，再选择“数据→分列”命令，两次单击【下一步】按钮，在列数据格式中选择“文本”，单击【完成】按钮即可，如图 4.18 所示。

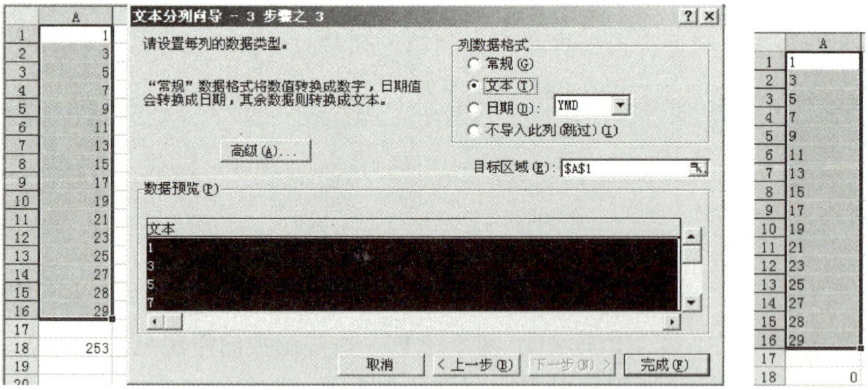

图 4.18 数值型数字转换成文本型数字（转换前后求和结果分别为“253”“0”）

任务 2 查询与统计信息

【任务导读】 本任务依据任务 1 生成的数据表，进行信息查询和统计。参考示例文件：同任务 1。

步骤一　信息查询

信息查询比较简便的方法是数据筛选。Excel 提供了两种筛选方式，一种是自动筛选，另一种是高级筛选。**关于自动筛选与高级筛选的方法见附录中的操作技巧 49。**

1. 用自动筛选查询

例 1： 检索年龄最大的 5 位学生。

（1）进入筛选状态。

（2）出生日期列既可以按日期格式显示，也可以按数字格式显示（按 Ctrl+Shift+3 组合键或按 Ctrl+Shift+`组合键可切换显示方式）。不同的显示方式对应的筛选菜单不同，如图 4.19（a）和图 4.19（b）所示。欲检索年龄最大的前几位，应在图 4.19（b）中，选择前 10 项，在“自动筛选前 10 个”对话框中左侧下拉列表框中选择“最小”，调节中间微调项至数字“5”，单击【确定】按钮，筛选结果如图 4.19（c）所示。

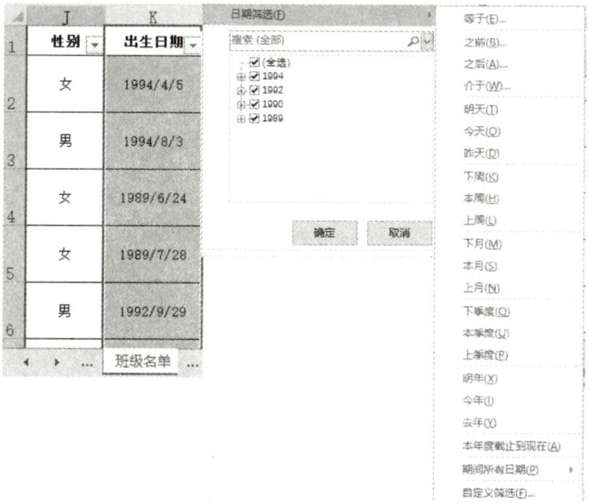

（a）按日期格式筛选的选项

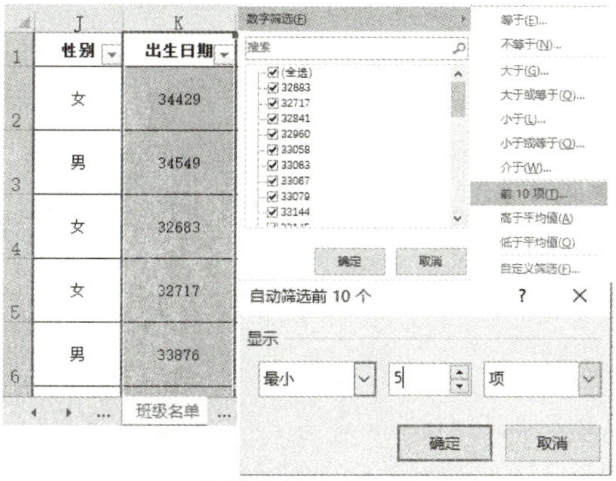

（b）按数字格式筛选的选项

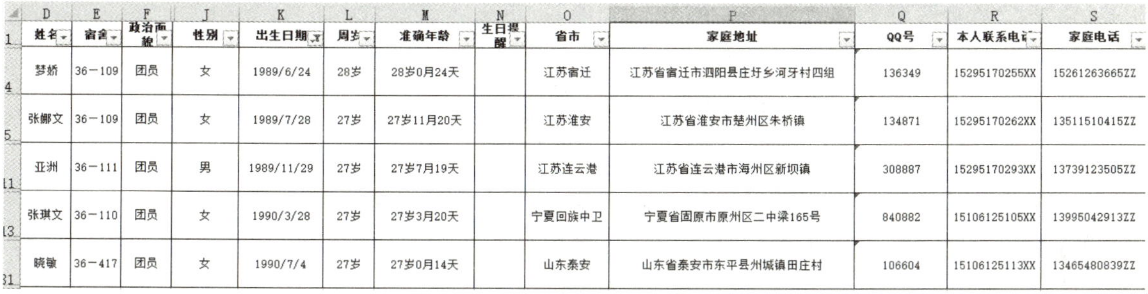

姓名	宿舍	政治面貌	性别	出生日期	周岁	准确年龄	生日提醒	省市	家庭地址	QQ号	本人联系电话	家庭电话
梦娇	36－109	团员	女	1989/6/24	28岁	28岁0月24天		江苏宿迁	江苏省宿迁市泗阳县庄圩乡河牙村四组	136349	15295170255XX	15261263665ZZ
张娜文	36－109	团员	女	1989/7/28	27岁	27岁11月20天		江苏淮安	江苏省淮安市楚州区朱桥镇	134871	15295170262XX	13511510415ZZ
亚洲	36－111	团员	男	1989/11/29	27岁	27岁7月19天		江苏连云港	江苏省连云港市海州区新坝镇	308887	15295170293XX	13739123505ZZ
张琪文	36－110	团员	女	1990/3/28	27岁	27岁3月20天		宁夏回族中卫	宁夏省固原市原州区二中梁165号	840882	15106125105XX	13995042913ZZ
晓敏	36－417	团员	女	1990/7/4	27岁	27岁0月14天		山东泰安	山东省泰安市东平县州城镇田庄村	106604	15106125113XX	13465480839ZZ

（c）筛选结果

图 4.19　自动筛选年龄最大的 5 位学生

为什么筛选最大年龄的反而是出生日期最小的？这是因为日期与数字之间有对应的关系，默认情况下，1900 年 1 月 1 日的序列号是 1，若当前系统日期为 2012-10-27（在 Excel 中按 Ctrl+;组合键可以得到当前日期），按 Ctrl+Shift+`组合键则可以获得该日期所对应的序列号为“41209”（按 Ctrl+Shift+3 组合键可以返回日期显示），可见年龄越大的，出生越早，因此对应的序列号反而小。

对某列进行筛选后还可在其他列中继续进行筛选，也可恢复全部显示。

例 2：检索近期要过生日的学生。

单击“生日提醒”列的筛选按钮，选择“非空白”选项，筛选结果如图 4.20 所示。

图 4.20　选择生日提醒列中的非空白，筛选近期过生日的学生信息记录

单击“生日提醒”列的筛选按钮，选择全部选项，退出该筛选模式。

例 3：检索湖南籍或山东籍学生。

单击“省市”栏目右侧的筛选按钮，打开“自定义自动筛选方式”对话框（**不同软件版本操作方法见附录中的操作说明 17**），在左上下拉列表框中选择“始于”，右上下拉列表框中输入“湖南”，左下下拉列表框中选择“始于”，右下下拉列表框中输入“山东”，选择中间单选项的“或”，单击【确定】按钮后，筛选结果如图 4.21 所示。

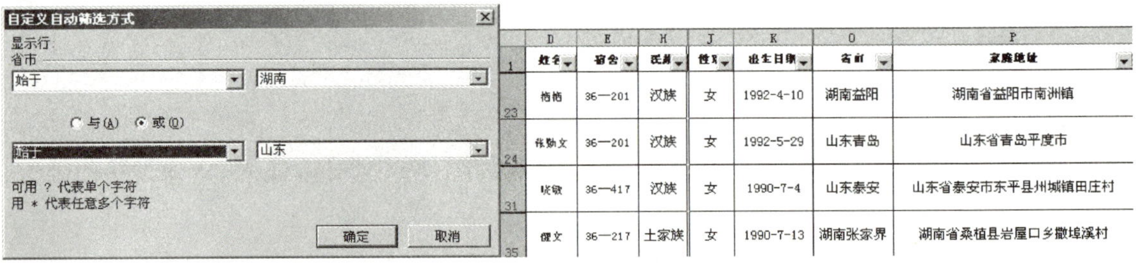

图 4.21　选择“省市”列“自定义自动筛选”湖南籍或山东籍学生信息记录

单击“省市”列的筛选按钮，选择“全部”，退出筛选模式。

2. 用高级筛选查询

在上例中如果要筛选出湖南籍、山东籍、宁夏籍学生，自动筛选就无法完成，可用高级筛选实现。

高级筛选适用于对多列、多条件的筛选，条件可以更加灵活和复杂，筛选出来的结果既可以在原先数据列表处，也可以复制到工作表中其他空白的区域，形成一个新的数据列表。

例 4：检索年龄小于 18 岁的男生和年龄大于 23 岁的女生。

（1）建立条件区域。使用高级筛选必须在工作表中设置两个区域：条件区域和列表区域。在原工作表顶行插入若干行作为条件区域，条件区域必须具有列标志，可以复制列表区域中的表头字段，从第二行开始向下若干行里填充条件要求，同时满足的条件输入在同一行，不同时满足的条件另输入一行。条件区域与列表区域之间至少有一空行（以便筛选时自动形成列表区域），如图 4.22（a）所示。

（2）进行高级筛选。单击列表区域中的任一单元格，打开“高级筛选”对话框（**不同软件**

版本操作方法见附录中的操作说明4），此时列表区域将自动确定，如图 4.22（b）所示。只需单击“条件区域”编辑框右侧的按钮，选取包含条件标志的区域范围，选中“选择不重复的记录”，单击【确定】按钮后，筛选结果显示在原有区域，如图 4.22（c）所示。

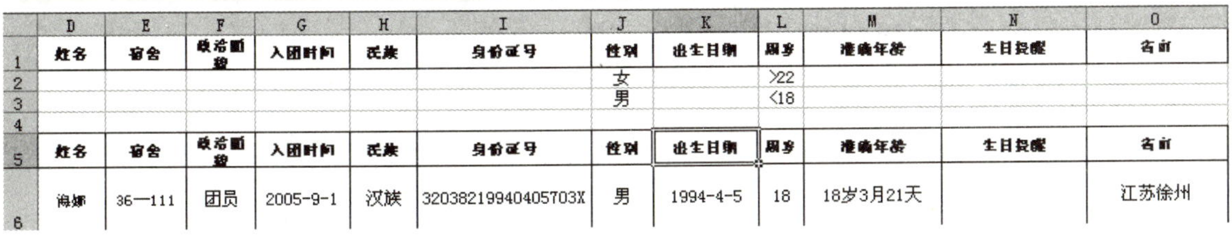

（a）条件区与数据源区域中间至少相隔一空行

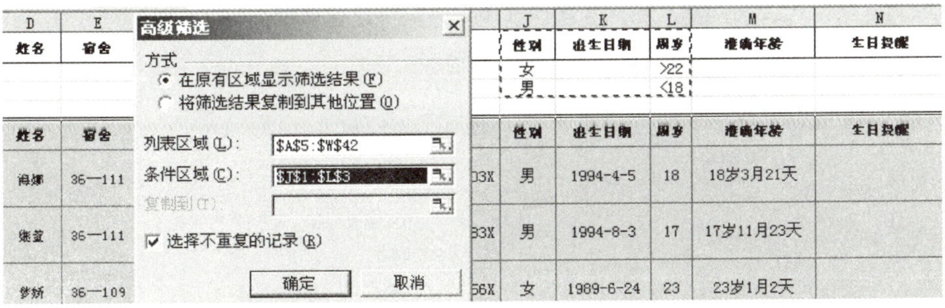

（b）单击“条件区域”编辑框右侧的按钮，选取包含条件标志的区域范围

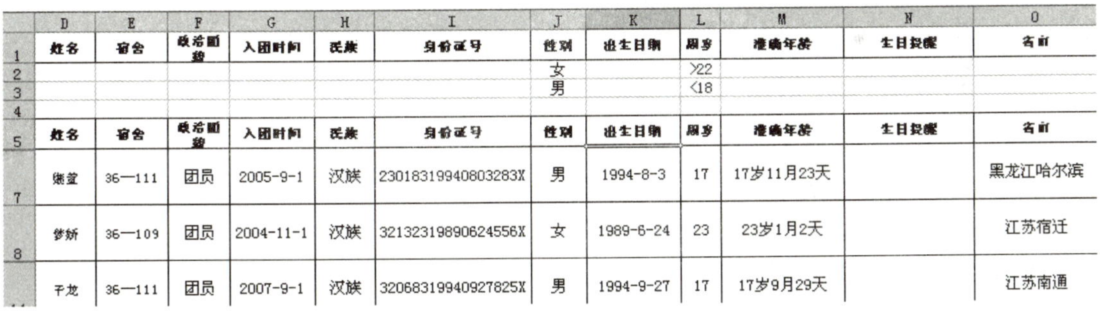

（c）筛选结果

图 4.22　进行高级筛选

若要恢复全部显示，可在菜单栏中选择“数据→筛选→全部显示”命令（在 2010 版中，按 Ctrl+Shift+L 组合键）。

例 5：检索姓名中含有“娜”字的女生和姓李的男生，并将筛选结果放在 AA1 中。

在高级筛选中可以使用通配符（切换至英文输入法），符号用法说明：?（问号）表示任何单个字符；*（星号）表示任何字符数；~（波形符）后跟？表示查找“?”本身。

本例的条件区设置如图 4.23 所示。

在“高级筛选”对话框中选中【将筛选结果复制到其他位置】单选按钮，此时对话框中的“复制到”编辑框将可用，单击该编辑框右侧的按钮，单击本工作表的目标区域的左上单元格，例如 AA1，单击【确定】按钮，则筛选结果出现在以 AA1 为首的新区域，如图 4.24 所示。

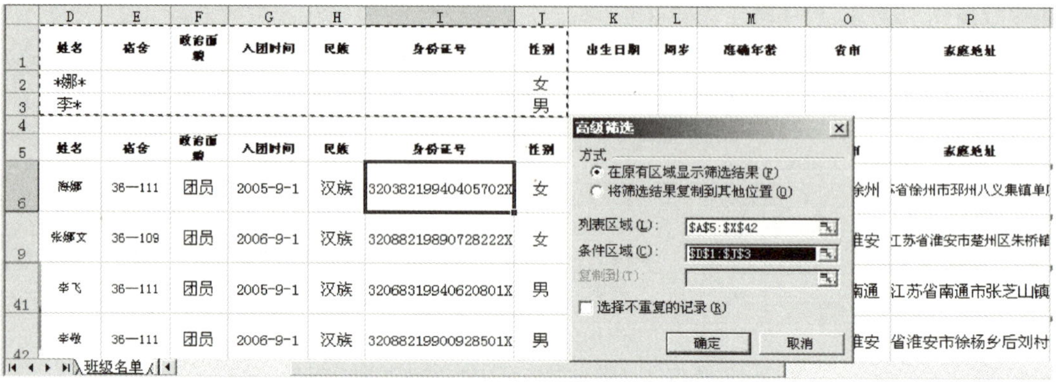

图 4.23　在条件区中用通配符设置模糊查找

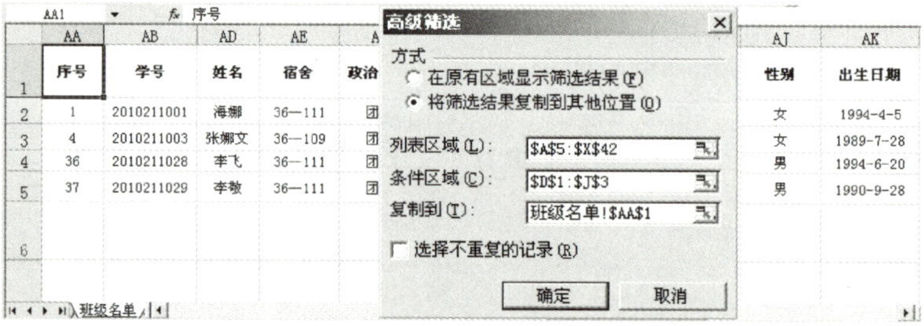

图 4.24　将筛选结果复制到指定位置

步骤二　数据透视

根据“班级名单”数据信息表提出以下问题：

问题 1　统计全班人数

问题 2　统计各宿舍人数

问题 3　统计按宿舍、年龄分布的人数

问题 4　统计按宿舍、年龄和性别分布的人数

……

解决以上问题，最快、最好的工具是数据透视表。数据透视表是一种对大量数据快速汇总和建立交叉列表的交互式表格；可以转换行与列以查看源数据的不同汇总结果；可以显示不同页面以筛选数据；可以根据需要显示区域中的明细数据。

数据透视表的操作步骤如下：

单击数据列表中任一单元格；选择“数据透视表”命令（**不同软件版本操作方法见附录中的操作说明 22**），将新建一张工作表，如图 4.25 所示。**关于创建数据透视表的方法见附录中的操作技巧 34。**

对于问题 1，把“数据透视表字段列表”中的“学号”项作为数据项拖动到指定处。若显示为求和项，则双击 A3 的【求和项】按钮，在“数据透视表字段”对话框中选择汇总方式“计数”，如图 4.26（a）所示，单击【确定】按钮后即为问题 1 所求，如图 4.26（b）所示，该班人数为 37 人。

若要取消对问题 1 的透视数据，拖动“计数项：学号”至透视表外部即可。

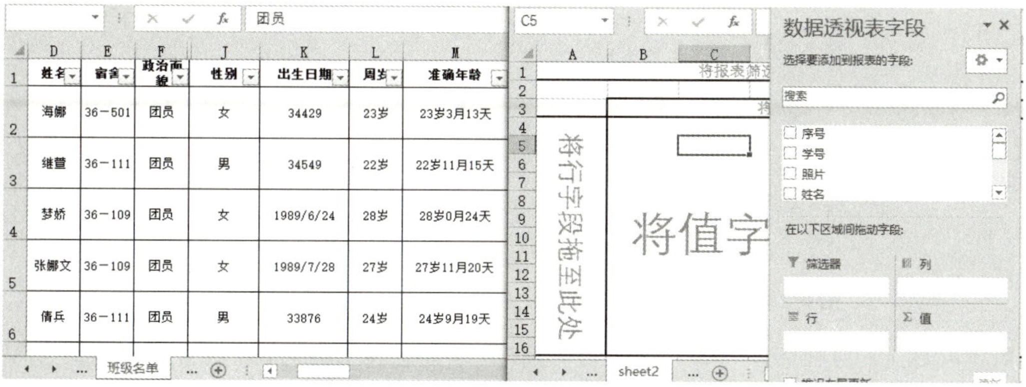

图 4.25　创建新的数据透视表框架

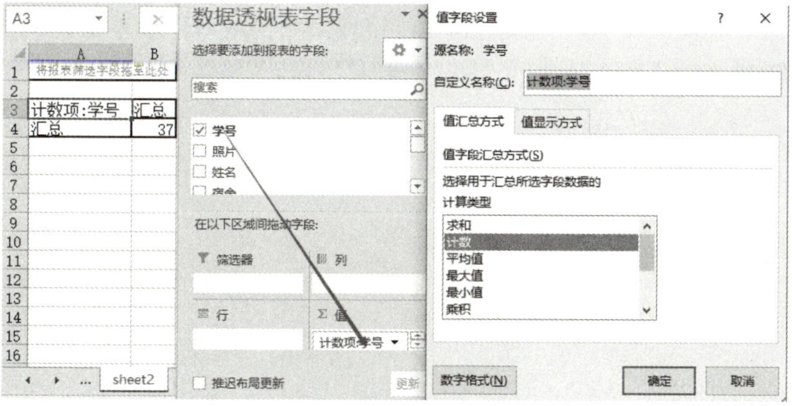

图 4.26　统计全班人数

对于问题 2，分别将“数据透视表字段列表”中“宿舍”和“学号”作为行字段和数据项拖动到指定处，即可获得问题 2 的求解，如图 4.27 所示。

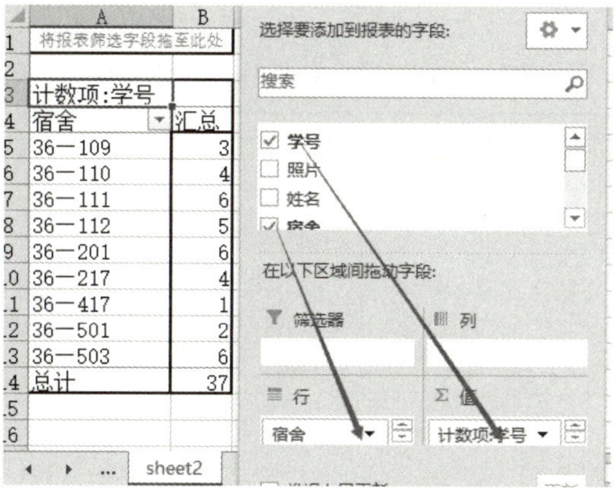

图 4.27　统计各宿舍人数

对于问题 3，可以将“计数项：学号”和“宿舍”项拖动至透视表外部后，再分别将“数据透视表字段列表”中“宿舍”“周岁”和“学号”项作为“行字段”“列字段”和“数据项”拖至指定处，也可以交换行字段和列字段，如图 4.28 所示。

计数项:学号	周岁							
宿舍	22岁	23岁	24岁	25岁	26岁	27岁	28岁	总计
36—109	1					1	1	3
36—110		1		1	1	1		4
36—111	2	1	1		1	1		6
36—112	1			3	1			5
36—201	2	1		3				6
36—217		1			1	2		4
36—417						1		1
36—501	1	1						2
36—503	2	2			2			6
总计	9	7	1	7	6	6	1	37

计数项:学号	宿舍									
周岁	36—109	36—110	36—111	36—112	36—201	36—217	36—417	36—501	36—503	总计
22岁	1		2	1	2			1	2	9
23岁		1	1		1	1		1	2	7
24岁			1							1
25岁		1		3	3					7
26岁		1	1	1		1			2	6
27岁	1	1	1			2	1			6
28岁	1									1
总计	3	4	6	5	6	4	1	2	6	37

图 4.28　问题 3 统计按宿舍、年龄分布的人数的两种透视形式

对于问题 4，可在图 4.28 的基础上，将“数据透视表字段列表”中的“性别”作为“页字段”拖动到指定处，即可获得问题 4 的求解，可以筛选数据显示，例如选择查看“女性”“男性”或“全部”，透视表如图 4.29 所示。

若将“性别”项从“页字段”拖动到“行字段”中“宿舍”的左侧，则产生另一种透视效果，如图 4.30 所示。

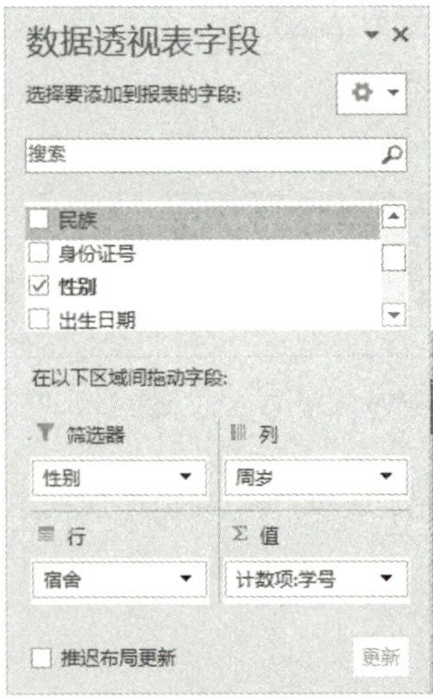

性别	女						
计数项:学号	周岁						
宿舍	22岁	23岁	25岁	26岁	27岁	28岁	总计
36—109	1				1	1	3
36—110		1	1	1	1		4
36—112	1		3	1			5
36—201	2	1	3				6
36—217		1		1	2		4
36—417					1		1
36—501	1	1					2
36—503	2	2		2			6
总计	7	6	7	5	5	1	31

图 4.29　统计按宿舍、年龄、性别分布的人数

2										
3	计数项:学号		周岁							
4	性别	宿舍	22岁	23岁	24岁	25岁	26岁	27岁	28岁	总计
5	⊟男	36—111	2	1	1		1	1		6
6	男 汇总		2	1	1		1	1		6
7	⊟女	36—109	1					1	1	3
8		36—110		1		1	1	1		4
9		36—112	1			3	1			5
10		36—201	2	1		3				6
11		36—217		1			1	2		4
12		36—417						1		1
13		36—501	1	1						2
14		36—503	2	2			2			6
15	女 汇总		7	6		7	5	5	1	31

sheet2

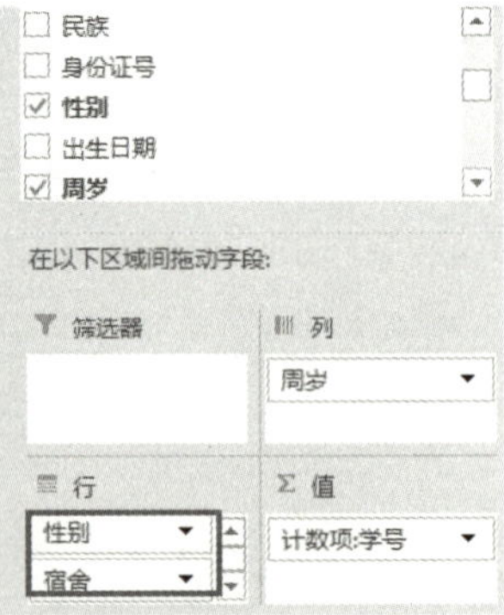

图 4.30　统计按宿舍、年龄、性别分布的人数的另一种透视方案

由上述案例可知，数据透视表是一个行、列、页三维表，且在各字段项均可以进行筛选，以显示不同页面。

步骤三　动态统计

1．设立统计区域

对于固定要统计的数据可以单独建表，本例建在“数据统计”表中，如图 4.31 所示。

	A	B	C	D	E	F	G	H	I	J
1	按性别统计人数		按宿舍统计人数		按政治面貌统计人数		按民族统计人数		按年龄统计	
2	男	6	36—109	3	党员	1	汉族	35	最小年龄	1989/6/24
3	女	31	36—110	4	团员	35	少数民族	2	最大年龄	1994/12/27
4			36—111	6	群众	1			平均年龄	19.5岁
5			36—112	5						
6			36—201	6						
7			36—217	4						
8			36—417	1						
9			36—501	2						
10			36—503	6						

班级名单　数据统计

图 4.31　数据统计表

2．输入统计公式

（1）按性别统计人数。

B2=COUNTIF(班级名单!J:J,数据统计!A2)

该公式的作用是：统计“班级名单”表 J 列中符合数据统计表 A2 单元格值（“男”）的人数。由于参数 2 为引用的相对地址，当公式向下填充后，能自动统计 A3 单元格值（“女”）的人数。

（2）按宿舍统计人数。

D2=COUNTIF(班级名单!E:E,数据统计!C2)，向下填充即完成各宿舍人数的统计。

（3）按政治面貌统计人数。

F2=COUNTIF(班级名单!F:F,数据统计!E2)，向下填充即完成各种政治面貌人数的统计。

（4）按民族统计人数。

汉族：H2=COUNTIF(班级名单!H:H,数据统计!G2)

少数民族：H3=SUM(B2:B3)-数据统计!H2（即“=总人数-汉族人数”）

（5）按年龄统计。

最大生日：J2=MIN(班级名单!K:K)（最大生日对应的日期序列号最小，如图 4.32 所示）

J2　=MIN(班级名单!K:K)

	A	B	C	D	E	F	G	H	I	J
1	按性别统计人数		按宿舍统计人数		按政治面貌统计人数		按民族统计人数		按年龄统计	
2	男	6	36—109	3	党员	1	汉族	35	最大生日	1989/6/24
3	女	31	36—110	4	团员	35	少数民族	2	最小生日	1994/12/27
4			36—111	6	群众	1			平均年龄	24.4岁
5			36—112	5						
6			36—201	6						
7			36—217	4						
8			36—417	1						
9			36—501	2						
10			36—503	6						

数据统计

36—501

E	F	H	J	K	L
宿舍	政治面貌	民族	性别	出生日期	周岁
36—501	团员	汉族	女	1994/4/5	23岁
36—111	团员	汉族	男	1994/8/3	22岁
36—109	团员	汉族	女	1989/6/24	28岁

班级名单

图 4.32　按年龄统计（最大生日）

最小生日：J3=MAX(班级名单!K:K)

平均年龄：J4=AVERAGE(班级名单!L:L)

以上公式中运用了 COUNTIF、MIN、MAX、AVERAGE 等函数。**这些函数的用法见附录 4**。

说明：以上公式统计的结果可以动态适时更新，例如系统日期更新后，按年龄统计的项目均能自动更新。当班级名单表中某人的政治面貌有变动时，数据统计表也自动更新（按 F9 键刷新）。

任务 3　制作单班档案查询卡

【任务导读】　本任务利用任务 2 的信息，制作一个具有多功能查询的档案查询卡，其最终样式如项目导读所示。

步骤一　手动按序号查询

1. 建立手动查询公式

（1）新插入一工作表，并重命名为“查询卡”。**关于快速插入、删除及重命名工作表的方法见附录中的操作技巧 18。**

（2）复制并转置查询栏目。单击“班级名单”表的首行行号，按 Ctrl+C 键（复制），单击“查询卡”工作表，对 A1 单元格单击鼠标右键，选择“选择性粘贴”命令，在“选择性粘贴”对话框中选择“转置”，单击【确定】按钮。过程如图 4.33 所示。

由图 4.33 可见，原按列排放的字段名称转为按行排列，其相对位置不变，即第 1 列（A 列）变为第 1 行，第 2 列（B 列）变为第 2 行，以此类推。

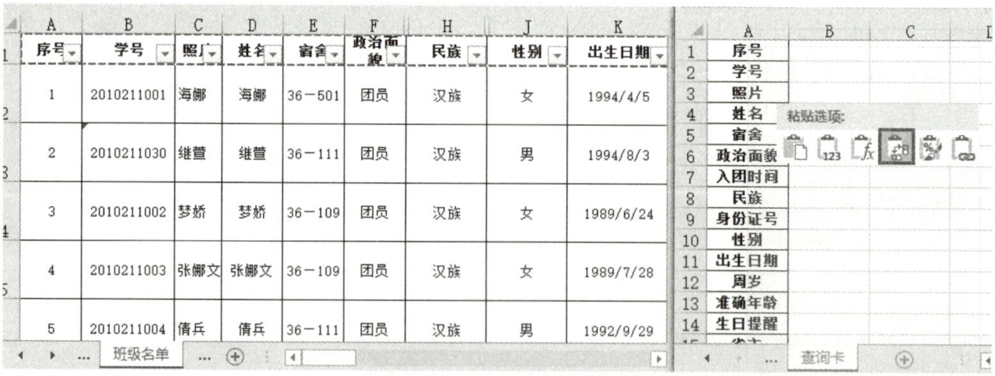

图 4.33　将班级名单表中的首行字段复制并转置为首列

（3）建立根据序号查询其他栏目的公式。

用 VLOOKUP 函数可以根据“序号”精确地引用来自“班级名单”表中内除照片以外的“学号”“姓名”等其他信息。

① 在“查询卡”B1 单元格中任意输入一个“班级名单”表中已有的序号，在“查询卡”B2 中输入公式 B2=VLOOKUP($B$1,班级名单!A:W,2,0)，该公式的作用是：根据 B1 中的序号值，到“班级名单”工作表的 A:W 列区域中查找并引用该区域第 2 列的信息（即学号列）。

关于 VLOOKUP 函数的使用方法见附录 4。

② 将公式向下复制。双击 B2 单元格填充句柄，选择其中的公式，单击鼠标右键，选择“复制”命令，再单击编辑栏的【输入】按钮，然后双击目标单元格（如 B3），再选择“粘贴”命令。这种方法每完成一次粘贴都要单击编辑栏【输入】的按钮才可退出，相对较麻烦。

更快捷的方法是向下填充公式。为保证向下复制公式时引用位置不变，必须将 B2 中的公式修改为绝对引用，然后用填充法完成，效果如图 4.34 所示。

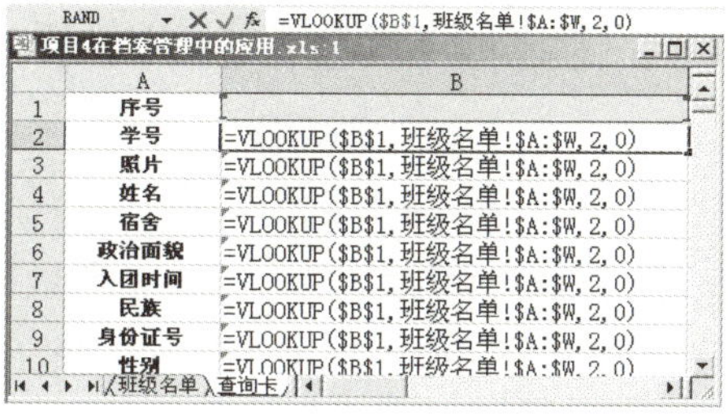
RAND =VLOOKUP($B$1,班级名单!$A:$W,2,0)

项目4在档案管理中的应用.xls:1

	A	B
1	序号	
2	学号	=VLOOKUP($B$1,班级名单!$A:$W,2,0)
3	照片	=VLOOKUP($B$1,班级名单!$A:$W,2,0)
4	姓名	=VLOOKUP($B$1,班级名单!$A:$W,2,0)
5	宿舍	=VLOOKUP($B$1,班级名单!$A:$W,2,0)
6	政治面貌	=VLOOKUP($B$1,班级名单!$A:$W,2,0)
7	入团时间	=VLOOKUP($B$1,班级名单!$A:$W,2,0)
8	民族	=VLOOKUP($B$1,班级名单!$A:$W,2,0)
9	身份证号	=VLOOKUP($B$1,班级名单!$A:$W,2,0)
10	性别	=VLOOKUP($B$1,班级名单!$A:$W,2,0)

班级名单 查询卡

图 4.34 在 B2 中输入查找公式并向下填充

关于引用的类别、快速切换引用的方法及引用的方法见附录中的操作技巧 27，在公式和数值两者间切换的方法见附录中的操作技巧 23。

③ 编辑公式。按 Ctrl+`组合键，切换至公式状态，将公式中的第 3 个参数分别更改为与行号相同的数字。然后再次按 Ctrl+`组合键，切换回正常状态。

当在 B1 单元格中输入不同的序号时，其他各栏目就有对应显示（照片栏除外）。如图 4.35 所示为序号栏中输入“2”的查询显示。

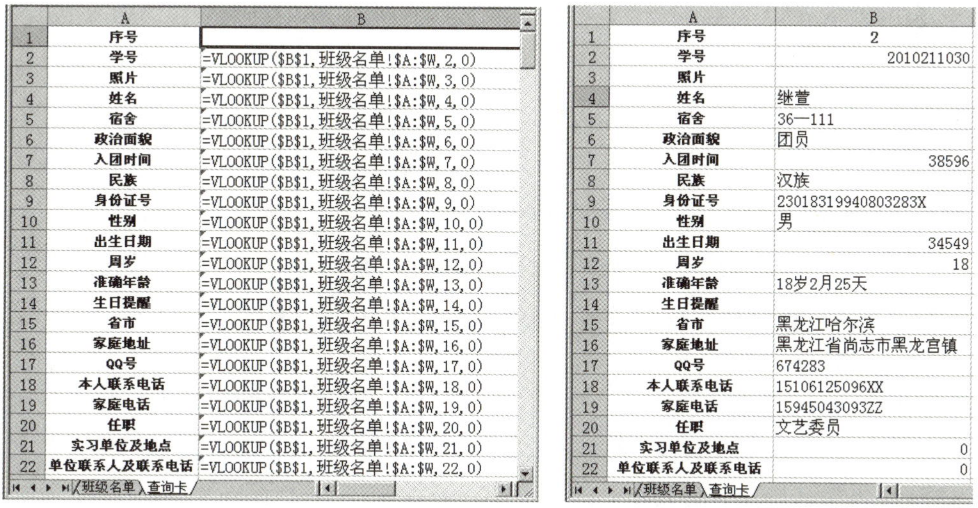
	A	B
1	序号	
2	学号	=VLOOKUP($B$1,班级名单!$A:$W,2,0)
3	照片	=VLOOKUP($B$1,班级名单!$A:$W,3,0)
4	姓名	=VLOOKUP($B$1,班级名单!$A:$W,4,0)
5	宿舍	=VLOOKUP($B$1,班级名单!$A:$W,5,0)
6	政治面貌	=VLOOKUP($B$1,班级名单!$A:$W,6,0)
7	入团时间	=VLOOKUP($B$1,班级名单!$A:$W,7,0)
8	民族	=VLOOKUP($B$1,班级名单!$A:$W,8,0)
9	身份证号	=VLOOKUP($B$1,班级名单!$A:$W,9,0)
10	性别	=VLOOKUP($B$1,班级名单!$A:$W,10,0)
11	出生日期	=VLOOKUP($B$1,班级名单!$A:$W,11,0)
12	周岁	=VLOOKUP($B$1,班级名单!$A:$W,12,0)
13	准确年龄	=VLOOKUP($B$1,班级名单!$A:$W,13,0)
14	生日提醒	=VLOOKUP($B$1,班级名单!$A:$W,14,0)
15	省市	=VLOOKUP($B$1,班级名单!$A:$W,15,0)
16	家庭地址	=VLOOKUP($B$1,班级名单!$A:$W,16,0)
17	QQ号	=VLOOKUP($B$1,班级名单!$A:$W,17,0)
18	本人联系电话	=VLOOKUP($B$1,班级名单!$A:$W,18,0)
19	家庭电话	=VLOOKUP($B$1,班级名单!$A:$W,19,0)
20	任职	=VLOOKUP($B$1,班级名单!$A:$W,20,0)
21	实习单位及地点	=VLOOKUP($B$1,班级名单!$A:$W,21,0)
22	单位联系人及联系电话	=VLOOKUP($B$1,班级名单!$A:$W,22,0)

班级名单 查询卡

	A	B
1	序号	2
2	学号	2010211030
3	照片	
4	姓名	继萱
5	宿舍	36—111
6	政治面貌	团员
7	入团时间	38596
8	民族	汉族
9	身份证号	23018319940803283X
10	性别	男
11	出生日期	34549
12	周岁	18
13	准确年龄	18岁2月25天
14	生日提醒	
15	省市	黑龙江哈尔滨
16	家庭地址	黑龙江省尚志市黑龙宫镇
17	QQ号	674283
18	本人联系电话	15106125096XX
19	家庭电话	15945043093ZZ
20	任职	文艺委员
21	实习单位及地点	0
22	单位联系人及联系电话	0

班级名单 查询卡

图 4.35 在序号栏中输入“2”的查询显示

（4）简单设置格式。

① 图 4.35 中，入团时间（B7）和出生日期（B11）类型应改为日期格式。可以按 Ctrl+1 组合键，在“单元格格式”对话框中的“数字”“分类”中选择“日期”，在“类型”中选择所需要的。另一种快捷方法是按 Ctrl+Shift+3 和 Ctrl+Shift+`组合键可以在年月日格式和常规数字格式中进行切换。**相关方法见附录 3。**

② 显示居中及自动换行。

选择 A:B 两列，设置“自动换行”，以及水平和垂直居中，再调整行高和列宽。**关于设置自动换行的方法见附录中的操作技巧 9，行高与列宽的设置方法见附录中的操作技巧 16。**

③ 不显示“0”。

关于不显示“0”的方法见附录中的操作技巧 50。

④ 设置 A、B 列字体或颜色不同。

效果如图 4.36 所示。**关于格式设置的方法见附录中的操作技巧 11。**

2．调整布局

（1）快速移动。

选择需要移动的数据区域，按 Ctrl+X 组合键（剪切）至目标处，按 Ctrl+V 组合键（粘贴），或直接按 Enter 键。另一种快捷方法是：选定要移动的区域，然后移动鼠标指针到单元格边框上，出现四方向箭头时，按下鼠标左键并拖动到新位置即可。例如选择 A12:B22，移动到 C1 处，如图 4.36 所示。

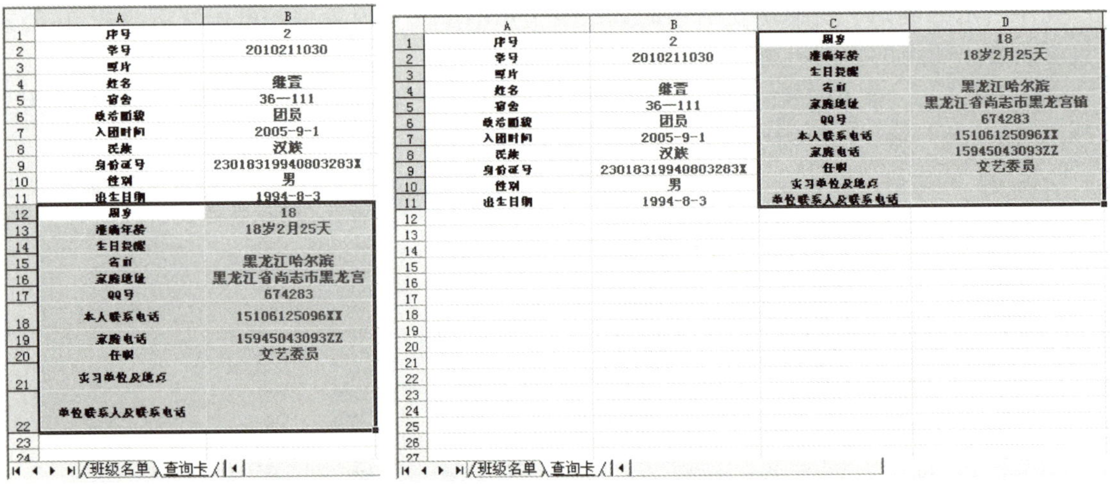

图 4.36　快速移动选定的区域

关于快速移动和复制单元格的方法见附录中的操作技巧 60。

（2）增加间隔行列。

按住 Ctrl 键，分别选择 1，2，…，11 行，单击鼠标右键，选择“插入”命令，则隔行插入空行；用同样的方法，依次选择 A、B、C、D 列，单击鼠标右键，选择“插入”命令，则隔列插入空列，再将这些作为行列相隔的空行和空列设置适当的行高（8）和列宽（1），如图 4.37 所示。**关于行高与列宽的设置方法见附录中的操作技巧 16。**

（3）设置底纹及凹凸效果。

选择 A1:I23，在格式栏上单击填充颜色按钮，按住 Ctrl 键，分别选择 B2、B4 等栏目名称栏，单击鼠标右键，选择“设置单元格格式”命令，在“设置单元格格式”对话框的“边框”选项卡中设置凸的效果（单元格的左、上为白实线，右、上下灰实线）；再分别选择 D2、D4 等待显框，设置凹的效果（与凸相反，右、下为白实线，左、上为灰实线），线条越粗效果越显著，如图 4.38 所示。

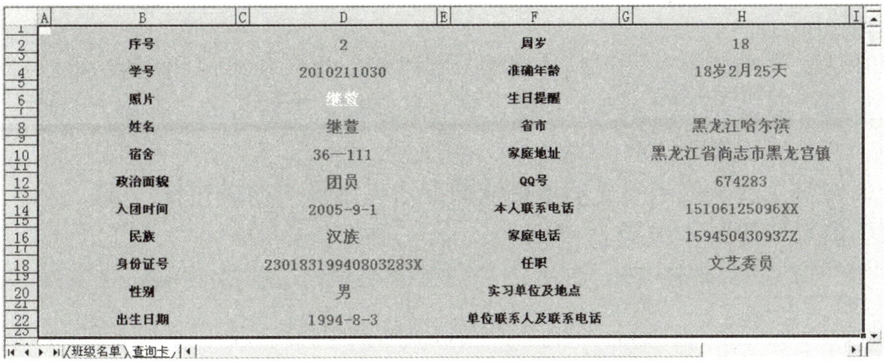

图 4.37　增加隔行与隔列并填充底纹

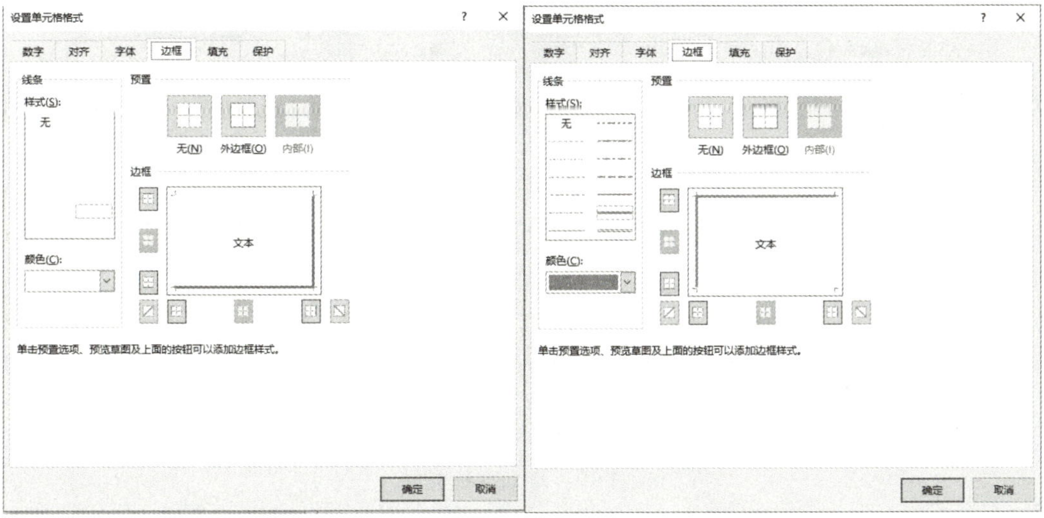

图 4.38　设置凹凸效果（左图为凸、右图为凹）

可以用格式刷双击已完成的单元格，然后分别单击其他没有完成的同类单元格，设置效果如图 4.39 所示。

要取消“格式刷”模式，只要按 Esc 键或再单击一次该按钮即可。

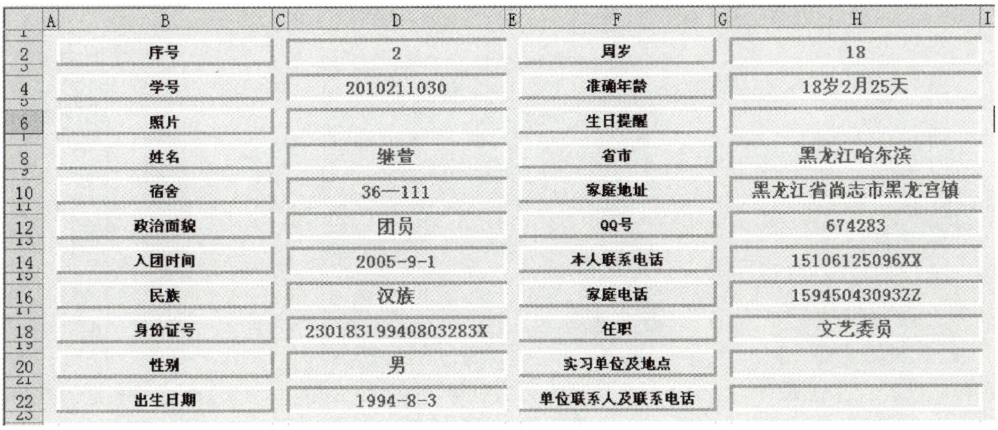

图 4.39　设置单元格凹凸效果

（4）调整布局。

根据待显信息框中的信息进行布局调整（用移动单元格方法），在顶部插入几行，设置标题等。可将某些单元格进行合并（如身份证号、家庭地址等栏目的待显框），单击“格式”工具栏中的【合并及居中】按钮。

（5）取消网格显示。**关于不显示风格线的方法见附录中的操作技巧 52。**

最终完成的效果如图 4.40 所示。

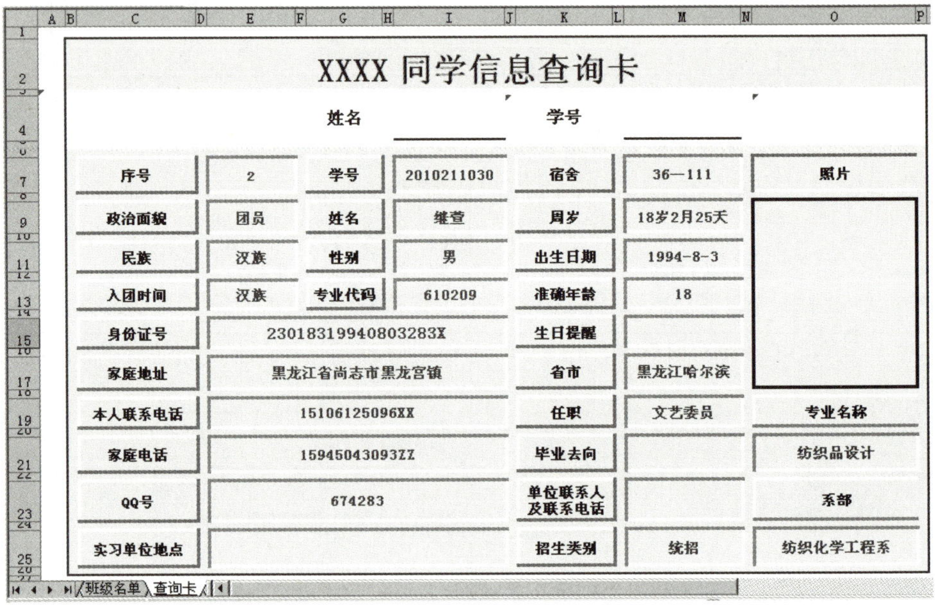

图 4.40　建立卡片框架

步骤二　自动多功能查询

1. 用列表框控件查询

（1）添加列表框。打开“窗体”工具箱（**不同软件版本操作方法见附录中的操作说明 3**），选择“列表框”工具，在“查询卡”工作表适当处拖放出一个大小合适的列表框，对该列表框单击鼠标右键，选择“设置控件格式”命令，如图 4.41（a）所示。

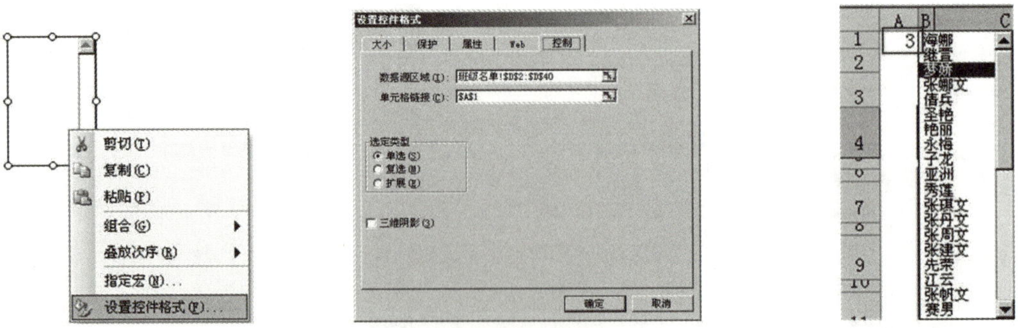

（a）选择“设置控件格式”命令

（b）数据源区域为班级名单!D2:D40 单元格与 A1 链接

（c）查看列表框的姓名与 A1 对应关系

图 4.41　制作列表框

（2）选择“设置控件格式”对话框中的“控制”选项卡，在“数据源区域”框中单击班级名单表中的D2:D40，在“单元格链接”框中单击A1单元格，单击【确定】按钮，如图4.41（b）所示。

（3）选择列表框中的某姓名，查看与A1的对应关系，如图4.41（c）所示。

若要移动该控件，可按住Ctrl键，再单击该控件，或者对该控件双击鼠标右键。

（4）建立“查询卡”E7单元格与A1单元格的连接关系。单击“查询卡”表E7单元格，在其中输入“=A1”。确定后查询卡中的各待显框中的信息将受A1（即列表框所选的姓名）控制，如图4.42所示。

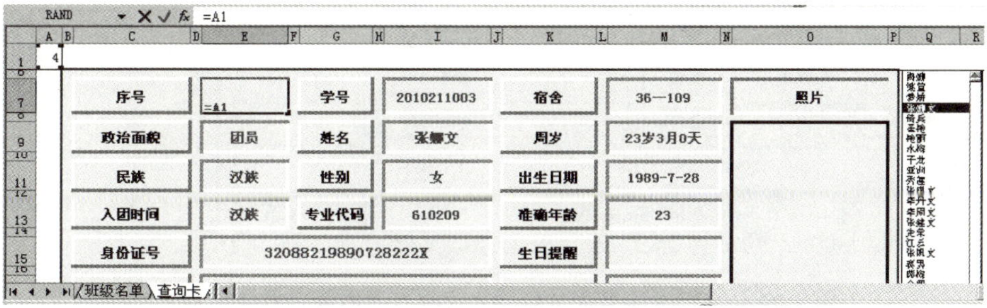

图4.42　查询卡序号受A1控制（即受列表框中的姓名控制）

2. 用滚动条控件查询

1）添加滚动条

与添加列表框相似，打开“窗体”工具箱，选择“滚动条”工具，在“查询卡”工作表适当处拖放出一个大小合适的滚动条。

2）设置滚动条控制格式

对滚动条单击鼠标右键，选择“设置控件格式”命令，选择“设置控件格式”对话框中的“控制”选项卡，在“最小值”栏中输入“1”，在“最大值”栏中输入“40”，其他选项保留默认设置，在“单元格链接”框中单击A2单元格，单击【确定】按钮，如图4.43所示，拖动“滚动条”滑块时可在A2中查看相应的数字变化。

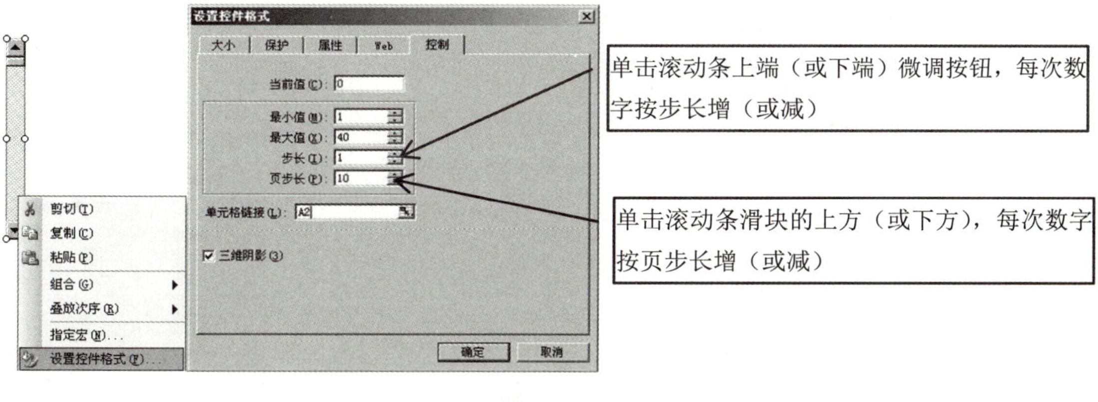

图4.43　制作“滚动条”与A2单元格的链接

3）建立“查询卡”E7单元格与A1、A2单元格的引用关系

修改“查询卡”E7单元格的公式，使之可以同时受列表框和滚动条控制。修改公式为

E7=MIN(A1,A2)，即比较受“列表框”和“滚动条”这两个控件所链接的单元格 A1 与 A2 中的数字大小，取其中小的作为查询序号，例如当前与“列表框”链接的 A1 值为 14，与“滚动条”链接的 A2 值为 8，故 E7 中显示序号为 8。查询结果如图 4.44 所示。也可将滚动条与列表框的链接指定为同一个单元格（如 A1），则 E7=A1。

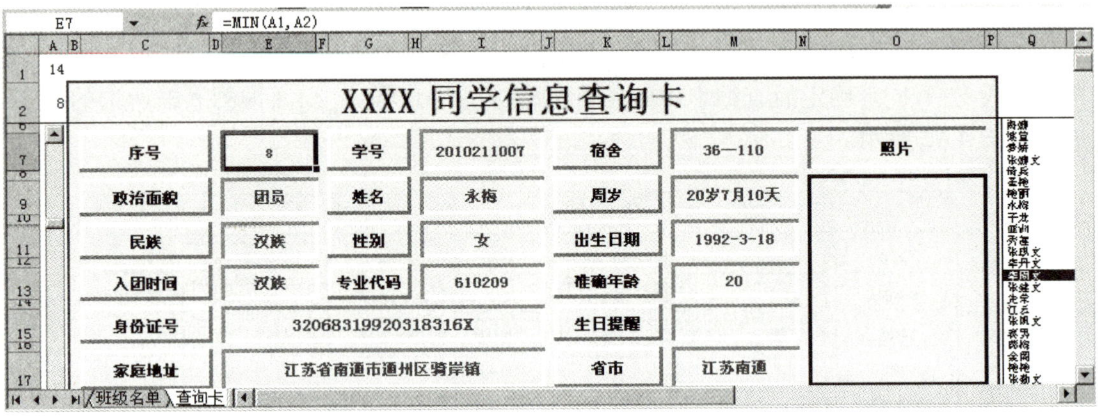

图 4.44　查询卡序号受 A1、A2 控制（取两者中数字小者）

3．选择“学号”查询

1）定义“学号”区域名称

选择“班级名单”表中的学号所在区域 B 列，在名称框中输入区域名称“xh”，按 Enter 键。以后在工作簿内任何一张工作表均可以该名称（xh）调用对应的区域，如图 4.45（a）所示。**关于定义、修改、查看名称的方法见附录中的操作技巧 6。**

2）自制“学号”下拉列表

在“查询卡”工作表拟建立“学号下拉列表”的 I4 单元格中，打开“数据有效性”对话框（**不同软件版本操作方法见附录中的操作说明 11**），在“设置”选项卡中的“允许”列表框中选择“序列”，在“来源”中输入“=xh”，如图 4.45（b）所示，单击【确定】按钮。

以后在 I4 单元格中会提供可选择的学号，如图 4.45（c）所示。

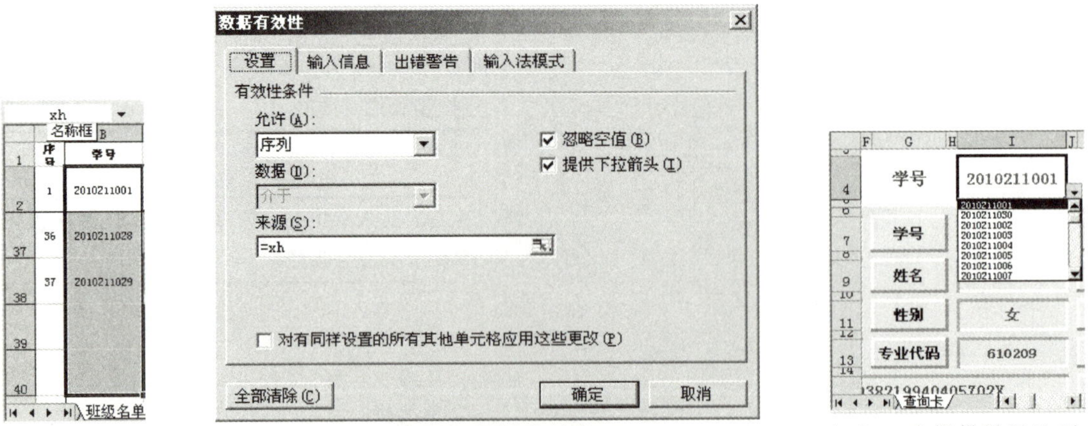

（a）定义名称　　（b）设置数据有效性　　（c）I4 中提供学号选项

图 4.45　自制下拉列表选择学号

3）建立根据I4中的学号查找“序号”的公式

在“查询卡”工作表中任一空单元格，如J4中输入公式=MATCH(I4,xh,0)-1，如图4.46（a）所示。该公式的作用是：在xh（定义的“班级名单”表中的学号所在区域）中查找I4（选定的学号），返回相应区域的位置（行号-1=序号）。例如在I4单元格中选择的学号是“2010211030”，该学号在xh对应为第3行，序号为2，如图4.46（b）所示。

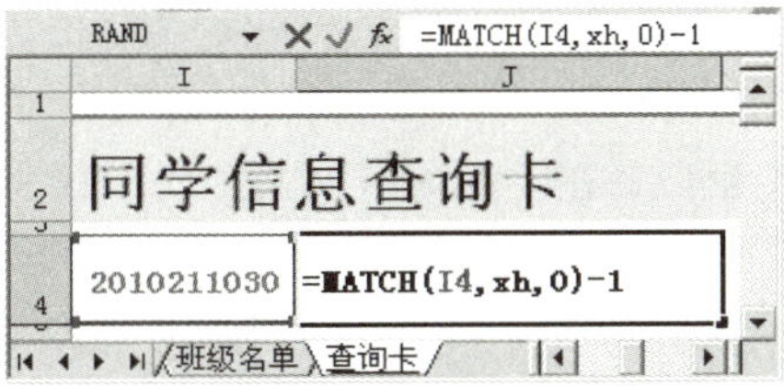

（a）在J4中建立根据“学号”查找“序号”的公式

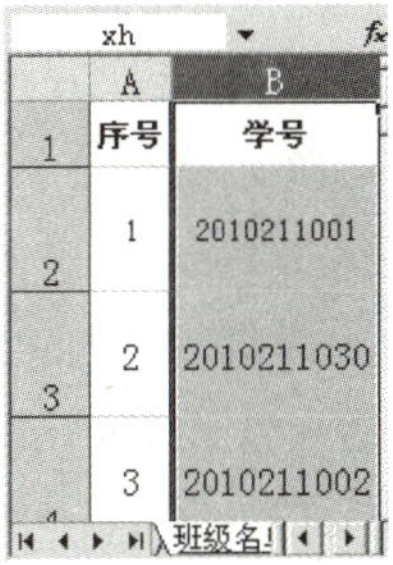

（b）定义的xh

图4.46　根据字号查找“序号”

该公式中使用了MATCH函数。**关于该函数的用法见附录4。**

4）修改E7公式

修改E7中的公式，以便能根据控件“列表框”“滚动条”及“学号”等因素进行综合控制。

原公式为E7=A1（已将滚动条和列表框的链接均指定为A1单元格），则修改过的公式为E7=IF(I4="",A1,J4)

该公式的作用为：优先选择学号查询，若I4单元格为空（即放弃学号查询），则按原公式执行，否则按J4中的公式执行。

图4.47显示的是在“学号”不为空时，查询卡优先按该学号查询的对应信息。

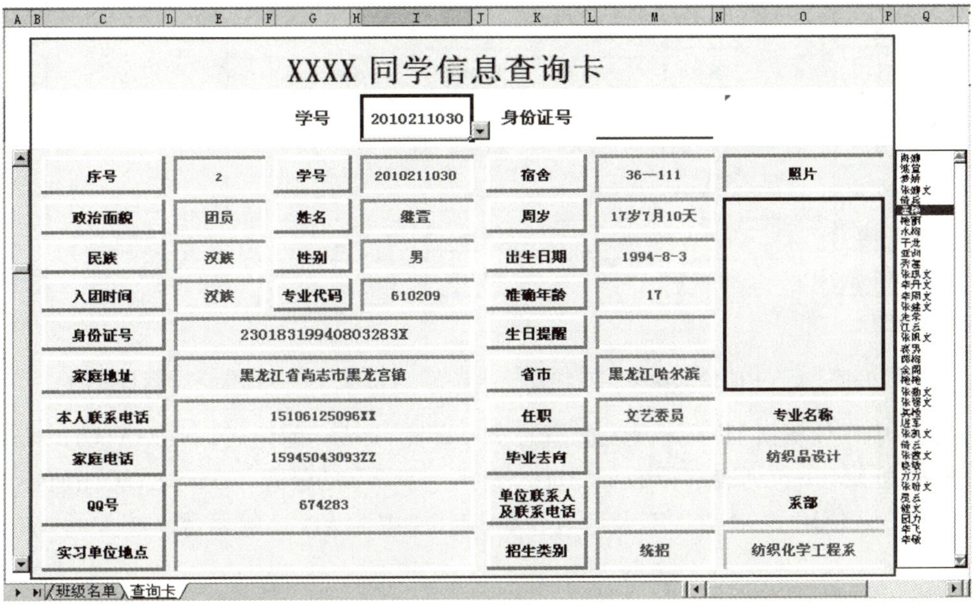

图4.47　设置公式，在“学号”不为空时，查询卡优先按该学号查询

4．选择〝身份证号〞查询

1）定义“身份证号”区域名称

选择“班级名单”工作表中的“身份证号”所在区域 I 列，在名称框中输入“sfz”，按 Enter 键。

2）自制“身份证号”下拉列表

与自制“学号”下拉列表的方式相同，为“查询卡”工作表中拟建立“身份证号”下拉列表的 M4 单元格设置数据有效性。

3）建立根据 M4 中的身份证号查找“序号”的公式

与建立根据 I4 中的学号查找“序号”的公式相似，在“查询卡”工作表中任一空单元格，如 O4 中输入公式 O4=MATCH(M4,sfz,0)-1。

4）修改 E7 公式

修改 E7 中的公式，以便能根据控件“列表框”“滚动条”及“学号”“身份证号”等因素进行综合控制。

原公式为 E7=IF(I4="",A1,J4)

修改后的公式为 E7=IF(AND(I4="",M4=""),A1,IF(AND(I4<>""),J4,IF(AND(I4="",M4<>""),O4,学号与身份证号只能选一"))), 或简写为 E7=IF(AND(I4="",M4=""),A1,IF(M4="",J4,IF(I4="",O4,"学号与身份证号只能选一"))), 公式中的各引用单元格如图 4.48 所示。

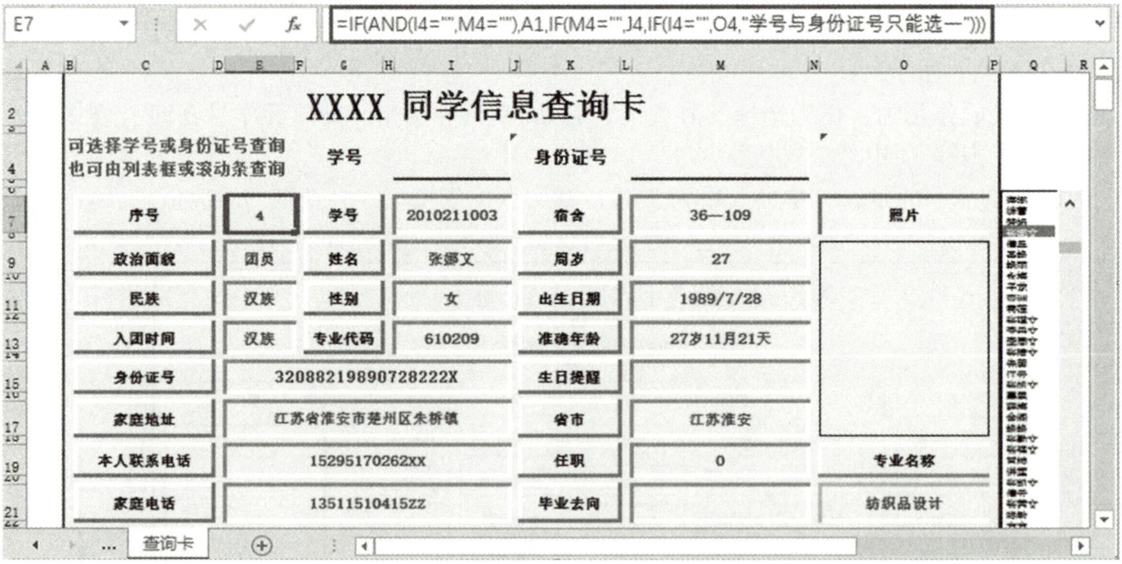

图 4.48　E7 中的公式能根据控件及“学号”“身份证号”等因素进行综合控制

式中，J4 中存放根据 I4 下拉列表选择的学号查找“序号”的公式，J4=MATCH(I4,xh,0)-1；O4 中存放根据 M4 下拉列表选择的身份证号查找“序号”的公式，O4=MATCH(M4,sfz,0)-1。

E7 中的公式使用了 AND、IF 及隐含在 J4 和 O4 中 MATCH 等函数。**相关函数的用法见附录 4。**

图 4.49 能更直观地帮助理解公式的判断过程。

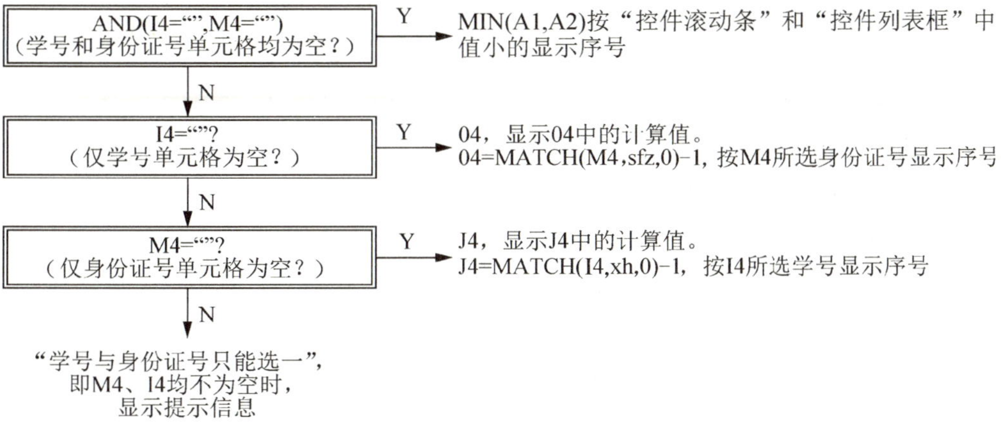

图 4.49　公式对序号的判断逻辑流程图

步骤三　显示对应的照片

1．添加图片素材

（1）选择合适的行高和列宽。

选定“班级名单”整张工作表（单击行号与列标交汇处按钮），在任意行号上单击鼠标右键，选择“行高”命令，设置行高 40；选择照片列（C 列）后单击鼠标右键，选择“列宽”命令，设置列宽为 4.8。

（2）插入照片。

在照片列的各单元格中，在“插入”功能卡中选择“插图→图片”命令，打开“插入图片”对话框，单击存放照片的文件夹，插入个人照片，先进行粗调，再进行精确调整。

（3）批量精调图片。

① 全选图片。按住 Ctrl 键，分别选择各图片（更快捷的方法是选择一个对象后，按 Ctrl+Shift+空格组合键，可选择全部对象）。**快速选择对象的方法见附录中的操作技巧 57。**

② 统一大小。按 Ctrl+I 组合键（2003 版也可双击图片），打开“设置图片格式”对话框，在其中的“大小”选项卡中，取消选中“锁定纵横比”和“相对原始图片大小”复选框，并将高度和宽度分别调为 1.35 厘米和 1.11 厘米，单击【确定】按钮，如图 4.50 所示。

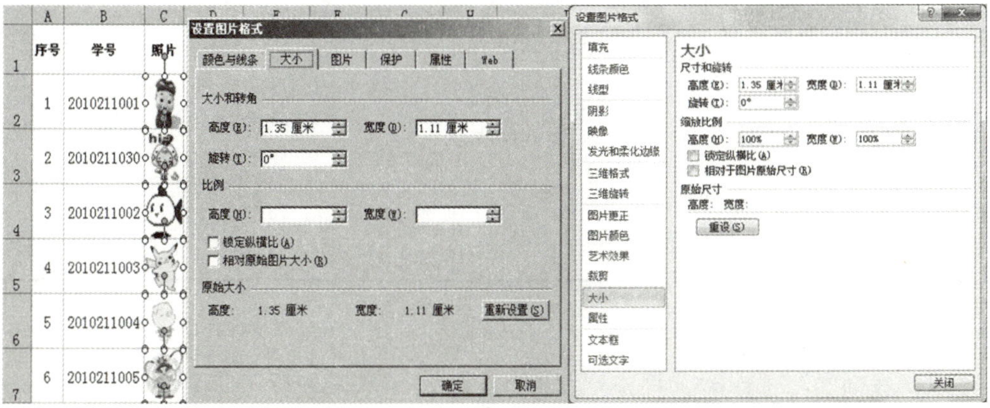

图 4.50　打开“设置图片格式”对话框（左为 2003 版，右为 2010 版）

若要退出选择对象，可单击工作表中任一单元格或按 Esc 键。

③ 利用绘图工具中的左对齐和纵向分布等方式加快精调速度。

2．定义图像获取函数名称

按 Ctrl+F3 组合键，打开“定义名称”对话框，在“引用位置”栏中输入函数=OFFSET(班级名单!$A$1,查询卡!$E$7,2)，在“在当前工作簿中的名称”栏输入“A”（也可以是其他可定义的名称），单击【确定】按钮，如图 4.51 所示。

本处定义的名称 A=OFFSET(班级名单!$A$1,查询卡!$E$7,2)，该函数的作用是：以“班级名单”工作表 A1 为参考点，向下偏移的行数是动态值（等于查询卡工作表的 E7 中的序号数），向右偏移 2 列，即找到存放照片的动态区域。

公式中使用了 OFFSET 函数。**关于该函数的用法见附录 4。**

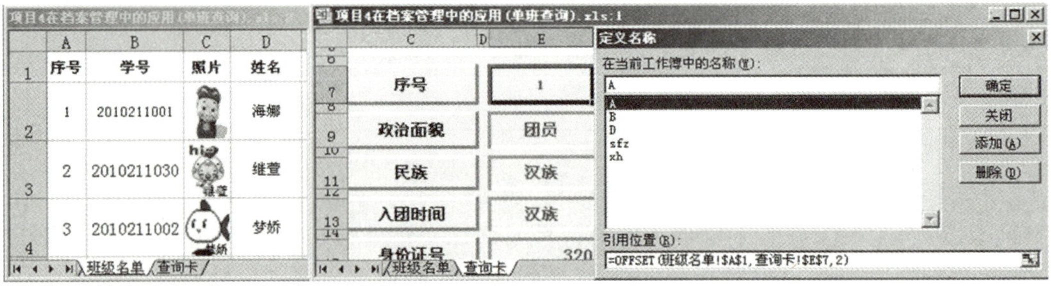

图 4.51 定义图像获取函数 A

为便于理解，表 4-1 列出了该函数及公式说明。

表 4-1 函数及公式说明

函数	语法及作用	本例	结果
OFFSET	OFFSET(reference,rows,cols,height,width) 以参数 1 作为指定的引用参照系，通过给定偏移量得到新的引用。 参数 1：reference，作为偏移量参照系的引用区域。 参数 2：rows，相对于参照系的左上角单元格偏移的行数。正数为向下偏移，负数为向上偏移。 参数 3：cols，相对于参照系的左上角单元格偏移的列数。正数为向右偏移；负数向左偏移。 参数 4：height，返回的引用区域的行数。 参数 5：width，返回的引用区域的列数	OFFSET(班级名单!$A$1,查询卡!$E$7,2) 参数 1：班级名单!$A$1，即以班级名单表中 A1 为参照点。 参数 2：查询卡!$E$7，即以查询卡表中 E7 的数值（卡号）为自参考点向下偏移的行数（图 4.48 中的 E7=1）。 参数 3：2，自参考点向右偏移的列数。以班级名单表中 A1 为参照点，向下偏移 1 行，向右偏移 2 列，即 C2 单元格为首的区域。 参数 4 和参数 5 省略，故该区域仅为 C2 本身	引用 C2 中的数值，而不是图像，若要显示图像，必须与插入的图像控件联合使用

3．插入待显图像框

切换至“查询卡”工作表，打开“控件”工具箱（**不同软件版本操作方法见附录中的操作说明 7**），选择“图像”工具，拖放出大小适当的待显图像框，如图 4.52 所示。也可以插入或复制任意一张图片。

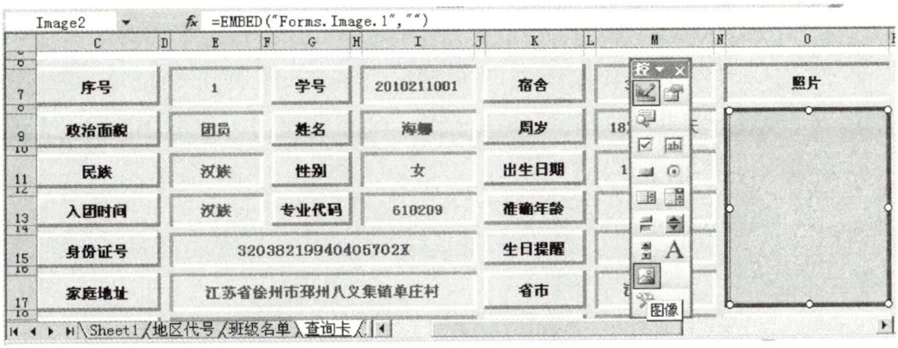

图 4.52　单击“控件工具箱”中的“图像”工具，拖放出大小适当的图像框

4．修改编辑栏中的公式

选择图像框，将编辑栏中的公式修改为“=A”（前一步自定义的获取图像的函数名称），确定后，待显图像框即显示对应的图片，如图 4.53 所示。

5．其他可以获取图像的方法

前面所用的 OFFSET 函数是利用偏移功能根据序号找到引用照片的区域，除此以外，也可以用其他方法找到引用照片的区域。

1）直接地址引用法

按 Ctrl+F3 组合键，打开“定义名称”对话框，在“引用位置”栏中输入函数=INDEX(班级名单!$C$2:$C$40,查询卡!$E$7)，在“在当前工作簿中的名称”栏输入 D，单击【确定】按钮。单击“查询卡”工作表中的图像框，将编辑栏中的公式改为=D，同样可以实现对图像的显示。定义的名称 D=INDEX(班级名单!$C$2:$C$40,查询卡!$E$7)作用是：在班级名单!$C$2:$ C$40 区域中查找行号为查询卡!$E$7 单元格里的数值所在的地址。公式中使用了 INDEX 函数。**相关函数的用法见附录 4。**

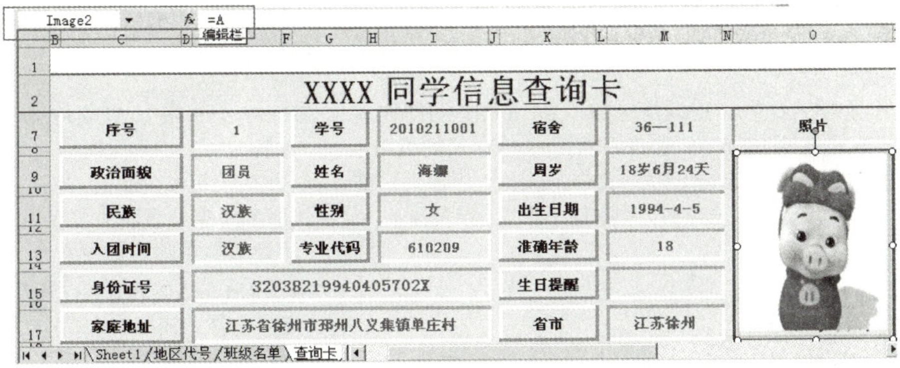

图 4.53　修改编辑栏的公式为自定义获取图像的函数名称=A

2）间接地址引用法

按 Ctrl+F3 组合键，打开“定义名称”对话框，在“引用位置”栏中输入函数=INDIRECT (ADDRESS(查询卡!$E$7+1,3,,,"班级名单"))，在“在当前工作簿中的名称”栏输入 B，单击【确定】按钮。单击“查询卡”工作表中的图像框，将编辑栏中的公式改为=B，同样可以实现对图像的显示，如图 4.54 所示。

定义的名称 B=INDIRECT(ADDRESS(查询卡!$E$7+1,3,,,"班级名单"))，其作用是：以“查询卡”工作表 E7 的值+1 为行号（动态），3 为列号，拼成一个单元格地址，且该单元格指名为“班级名单”工作表，再根据此地址间接引用。公式中使用了 ADDRESS、INDIRECT 函数。**相关函数的用法见附录 4。**

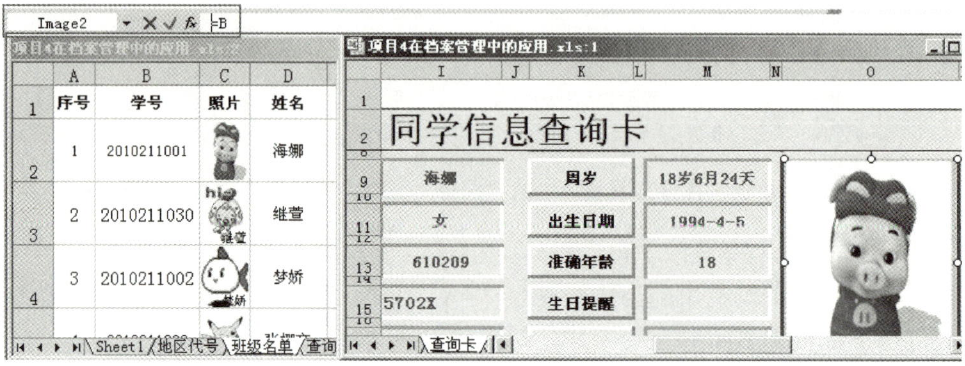

图 4.54　修改编辑栏的公式为自定义获取图像的函数名称=B

为了便于理解，表 4-2 中列出了函数及公式说明。

表 4-2　函数及公式说明

函　　数	语法及作用	本　　例	结　　果
ADDRESS	ADDRESS(row_num,column_num,abs_num,a1,sheet_text) 按照给定的行号和列标，建立文本类型的单元格地址。 参数 1：Row_num，在单元格引用中使用的行号。 参数 2：Column_num，在单元格引用中使用的列标。 参数 3：Abs_num，指定返回的引用类型（省略为绝对引用）。 参数 4：A1，用以指定 A1 或 R1C1 引用样式（见说明）的逻辑值（省略则返回 A1 样式的引用）。 参数 5：Sheet_text，为一文本，指定作为外部引用的工作表的名称（省略时，则不使用任何工作表名）	ADDRESS(查询卡!$E$7+1,3,,,"班级名单") 参数 1：查询卡!$E$7+1（图 4.43 中的 E7=1），即新地址以 1+1=2 作为行号。 参数 2：3，即新地址以 3 作为列号。 参数 3：（省略），即新地址为绝对引用。 参数 4：（省略），即新地址为 A1 样式。 参数 5："班级名单"，即引用外部工作表的表名为班级名单（注意表的实际名称中不含）	"班级名单!$C$2"
INDIRECT	INDIRECT(ref_text,a1) 作用：返回由文本字符串指定的引用，并立即计算。 参数 1：Ref_text，为对单元格的引用。 参数 2：A1，为一逻辑值，指明包含在单元格 ref_text 中的引用类型，省略时则为 A1 样式的引用	INDIRECT(ADDRESS(查询卡!$E$7+1,3,,,"班级名单")) 参数 1：ADDRESS(查询卡!$E$7+1,3,,,"班级名单")="班级名单!$C$3"。 参数 2：（省略），即为 A1 样式的引用。 结果显示"班级名单!$C$2"中的数值	显示"班级名单!$C$2"中的数值，而不是图像，若要显示图像，必须与插入的图像控件联合使用

说明：表中所涉及的 A1 样式和 R1C1 样式的区别与转换方法见附录中的操作技巧 25。

3）选择法

在项目 1 任务 3 步骤三中曾使用 CHOOSE 函数与插入的图像框联合显示图片，这里不再赘述。

6．显示文本与显示图片的比较

为进行比较，在“班级名单”工作表的照片列添加姓名（一种简单的方法是：在工作表左上角的“名称框”中输入 C2:C38，按 Enter 键，即选定了该区域，然后在“编辑栏”输入“=D2”，再同时按 Ctrl+Enter 组合键即可将处于 D 列中的姓名引入到 C 列）。**关于对一批单元格快速输入相同信息或公式的方法见附录中的操作技巧 40。**

将该列字号设为 8 号字且右下对齐，并为图片所在单元格添加不同底纹。

说明：可以进行试验比较。

方案一，在“查询卡”工作表中某空白单元格（如 C31），直接输入=A（或=B、D）。

方案二，从控件工具箱里取用一个图像框，并在公式编辑栏中输入=A（或=B、D）。

其 A、B、D 分别为已定义可在工作簿内通用的函数：

A=OFFSET(班级名单!$A$1,查询卡!$E$7,2))

B=INDIRECT(ADDRESS(查询卡!$E$7+1,3,,,"班级名单"))

D=INDEX(班级名单!$C$2: $C$40,查询卡! $E$7)

结果表明，方案一只显示了姓名，而方案二不仅显示了姓名，还显示了照片和底纹。可见，单独使用引用类函数的结果，只显示引用区域的文字类信息；而将定义过的函数名与图像待显框配合使用才能显示包括图像的所有信息，如图 4.55 所示。

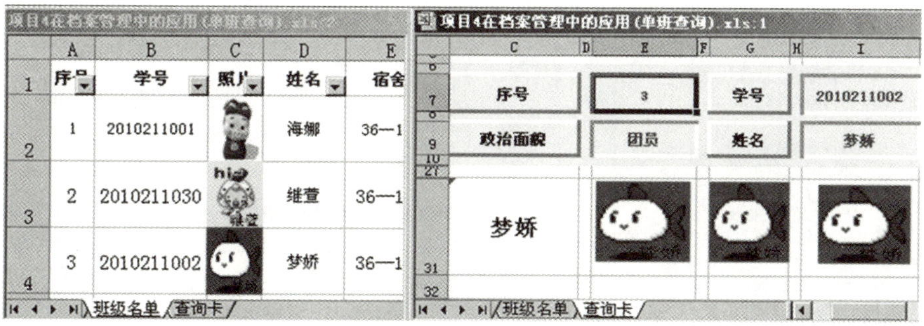

图 4.55　显示文本与显示图像的比较

步骤四　美化、保护工作表

1．美化工作表

1）设置自动更新的标题名

先将标题内容分为两段，将左侧 B2:H2 单元格合并，在其中输入公式=I9（姓名待显框中的内容），右对齐；将右侧 I2:P2 单元格合并，在其中输入文字“同学信息查询卡”，左对齐，如图 4.56 所示。以后标题中姓名部分将与卡中内容同步。

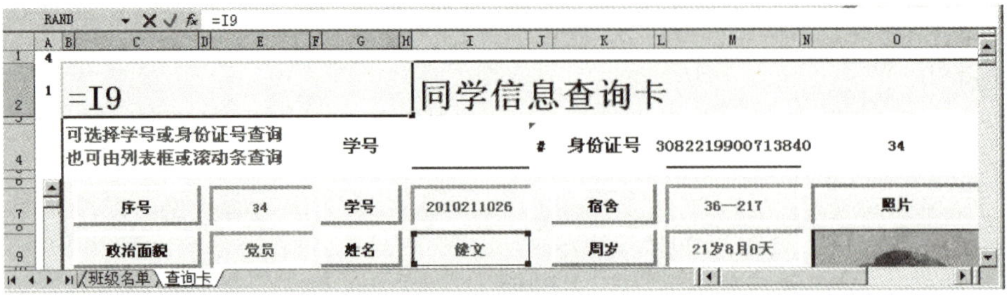

图 4.56　编辑标题栏

2）隐藏不需要显示的内容

（1）图 4.54 所示与控件列表框和滚动条链接的 A1、A2 单元格的数据，以及 J4 和 O4 中存放的过渡公式显示的值均不可以删除，但为了保持查询卡的整洁，可以选择这些单元格，将字体颜色设置为与底色相同。也可以在“单元格格式”对话框中自定义设置（在类型框中输入三个分号“;;;”)。**关于不显示单元格值的方法见附录中的操作技巧 51。**

（2）对错误值设置条件格式。当学号与身份证号同时选取时，查询卡将显示错误信息，可以通过条件格式加以隐藏。方法是：按 F5 键，打开“定位”对话框，单击【定位条件】按钮，在“定位条件”对话框中选择“公式→错误”，如图 4.57（a）所示，单击【确定】按钮，即找出了所有错误单元格，如图 4.57（b）所示。打开“条件格式”对话框（**不同软件版本操作方法见附录中的操作说明 13**），在条件 1 中选择“公式”，并输入=ISERROR(B2)（注意：参数与名称框中的一致且为相对引用），单击【格式】按钮，选择字体颜色（与区域中的底纹一致），单击【确定】按钮即可。**关于不显示公式错误信息的方法见附录中的操作技巧 24。**

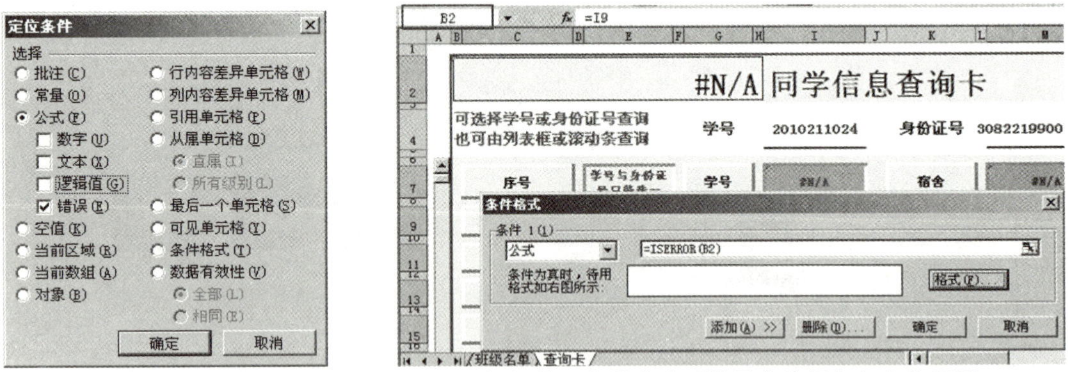

（a）定位错误　　（b）输入条件公式后设置字体颜色与底纹相同

图 4.57　对错误值设置条件格式

3）其他设置

（1）调整控件的布局。如果要对控件进行移动、删除、复制、编辑等操作，必须要先选择该控件（按住 Ctrl 键分别选择）。**关于快速选择对象的方法见附录中的操作技巧 57。**

（2）设置单元格自动换行。**关于设置自动换行的方法见附录中的操作技巧 9。**

（3）调整行高和列宽。一般拖动行号、列标线上下或左右移动即可。**关于行高和列宽的设置方法见附录中的操作技巧 16。**

（4）不显示网格线、数字零。**关于不显示网格线的方法见附录中的操作技巧52，不显示“0”的方法见附录中的操作技巧50。**

2. 保护工作表

这里所说的保护是指允许用户打开工作簿，查看或录入信息，但不可修改其中的公式，即有所为有所不为。对公式要设置加密保护，防止因误操作而破坏公式。具体步骤如下：

（1）取消对所有单元格的锁定。全选“查询卡”工作表，按Ctrl+1组合键，在“单元格格式”对话框“保护”选项卡中，取消选中“锁定”复选框，单击【确定】按钮。

（2）定位选择公式单元格。按F5键，在“定位”对话框中，单击【定位条件】按钮，在“定位条件”对话框中选择“公式”选项，单击【确定】按钮后，所有公式的单元格均被选中。

（3）对公式单元格保护。再次打开“单元格格式”对话框，选择“保护”选项卡，选中“锁定”和“隐藏”复选框并单击【确定】按钮；然后打开“保护工作表”对话框（**不同软件版本操作方法见附录中的操作说明1**），输入密码（也可以不输入），在列表框中选择允许用户操作的项目，单击【确定】按钮，操作过程如图4.58所示。

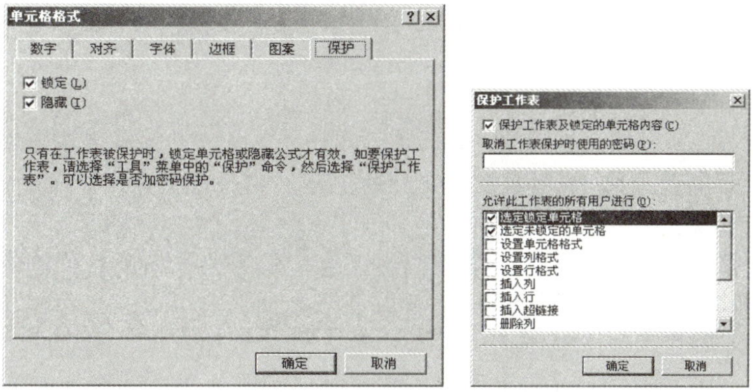

图4.58　对公式单元格设置保护

3. 隐藏工作表

对工作簿中不需要显示的工作表（例如用来提供信息引用的数据源），可以隐藏起来，方法是：切换到需要隐藏的工作表，选择“隐藏工作表”命令（**不同软件版本操作方法见附录中的操作说明23**）。工作表隐藏后，若要防止被用户打开，必须对工作簿进行保护，打开“保护工作簿”对话框（**不同软件版本操作方法见附录中的操作说明2**），输入密码，单击【确定】按钮即可。实施了工作簿保护后的各工作表均不可移动或删除。

步骤五　选择打印查询卡

对档案的管理除了电子信息化、可视化，还必须打印成纸质文档进行保存。

用户可以将需要打印的范围设置为打印区域（**不同软件版本操作方法见附录中的操作说明19**），打开“页面设置”对话框（**不同软件版本操作方法见附录中的操作说明15**），选择纸张横放、水平居中等，然后选择对象打印。

但如果想选择打印其中的某几个序号的档案卡，则用宏命令比较方便。**关于打开带有宏文件的方法及VBA的相关知识见附录5。**

1．录制宏

打开“录制新宏”对话框（**不同软件版本操作方法见附录中的操作说明 8**），直接单击【确定】按钮（以后也可以编辑修改），选择已设定好的打印区域，单击打印预览按钮，再选择“停止录制宏”命令（**不同软件版本操作方法见附录中的操作说明 9**）。

2．编辑宏

按 Alt+F11 组合键，可打开 Visual Basic 编辑器，在其中可以创建宏或编辑宏，这里对已录制的宏进行编辑修改，结果如图 4.59 所示，其中“'”符号右侧为注释。

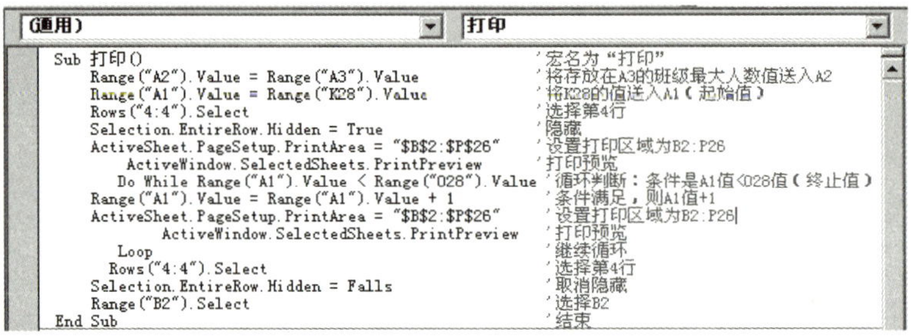

```
(通用)                                          打印
Sub 打印()                                                  '宏名为“打印”
    Range("A2").Value = Range("A3").Value                   '将存放在A3的班级最大人数值送入A2
    Range("A1").Value = Range("K28").Value                  '将K28的值送入A1（起始值）
    Rows("4:4").Select                                      '选择第4行
    Selection.EntireRow.Hidden = True                       '隐藏
    ActiveSheet.PageSetup.PrintArea = "$B$2:$P$26"          '设置打印区域为B2:P26
        ActiveWindow.SelectedSheets.PrintPreview            '打印预览
       Do While Range("A1").Value < Range("O28").Value      '循环判断：条件是A1值<O28值（终止值）
    Range("A1").Value = Range("A1").Value + 1               '条件满足，则A1值+1
    ActiveSheet.PageSetup.PrintArea = "$B$2:$P$26"          '设置打印区域为B2:P26
            ActiveWindow.SelectedSheets.PrintPreview        '打印预览
       Loop                                                 '继续循环
      Rows("4:4").Select                                    '选择第4行
    Selection.EntireRow.Hidden = Falls                      '取消隐藏
    Range("B2").Select                                      '选择B2
End Sub                                                     '结束
```

图 4.59　编辑宏（“'”符号右侧为注释）

3．控制宏

利用“窗体”工具中的“按钮”工具，绘出一个按钮（也可以用绘图工具绘制任意图形），并命名为“打印”。对该按钮对象单击鼠标右键，选择“指定宏”命令，选择宏名为“打印”的宏，单击【确定】按钮。

至此，完成了班级档案的设计，学生档案信息卡最终效果如项目导读所示。

该信息卡查询方便，可以选择学号或身份证号查询，也可以通过控件滚动条或列表框查询，大大提高了人事管理工作效率。若需要打印某学生的信息卡，可以在查询表中输入欲打印的起始号和终止号，单击【打印】按钮，查看打印预览效果，如图 4.60 所示为选择打印序号为 2 的显示效果。

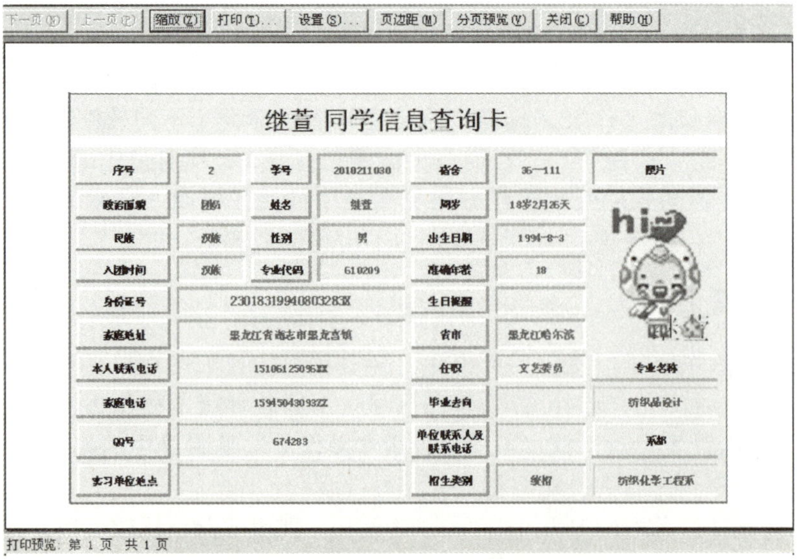

图 4.60　选择打印序号为 2 的显示效果

任务 4　制作多班档案查询卡

【任务导读】

【示例文件】

本任务在已有各班电子信息的基础上，建立某年级学生档案查询系统，即在一张查询卡中能根据所选班级查找该班任意学生的相关信息。参考示例文件：项目 4-2　在档案管理中的应用（多班查询）。

如图 4.61 所示，已输入了两个班（班级 1 和班级 2）的信息，共用一张查询卡。在查询卡中选择班级 2，在姓名中选择“张帆文”的查询显示。

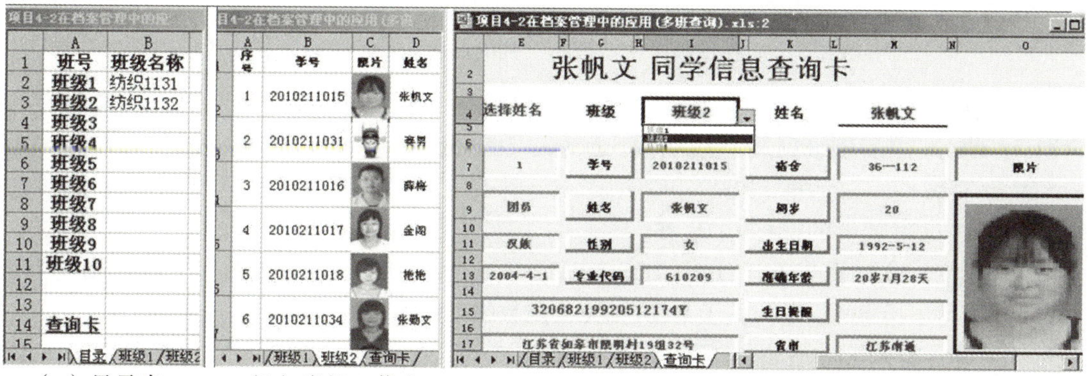

（a）目录表　　（b）班级 2 信息　　（c）查询卡

图 4.61　查询“班级 2”中“张帆文”的信息

步骤一　建立系统框架

该系统由目录、班级（班级 1、班级 2……）及查询卡等工作表组成。

（1）“目录”工作表中设有各工作表目录名称，可通过链接快速访问相应工作表。

（2）“班级 1”“班级 2”……工作表分别为各班信息资料库，要求各列基本字段设置统一。

（3）“查询卡”工作表设置方法与上一任务基本相同。为简化起见，本处只设置了两处下拉列表，分别可选择班级和姓名。

步骤二　建立下拉列表

1. 定义名称

为后续查询姓名方便，需对各班信息库中的姓名列定义名称。

选择“班级 1”工作表中 D 列，在名称框中输入“班级 1”，按 Enter 键，如图 4.62（a）所示；用同样的方法分别对“班级 2”等其他班级工作表的 D 列定义名称为“班级 2”……如图 4.62（b）和图 4.62（c）所示。

2. 建立序列

选择“查询卡”工作表，分别在“班级”下拉列表所在单元格 I4 及“姓名”下拉列表所在单元格 M4 中设置数据验证（**不同软件版本操作方法见附录中的操作说明 11**）。

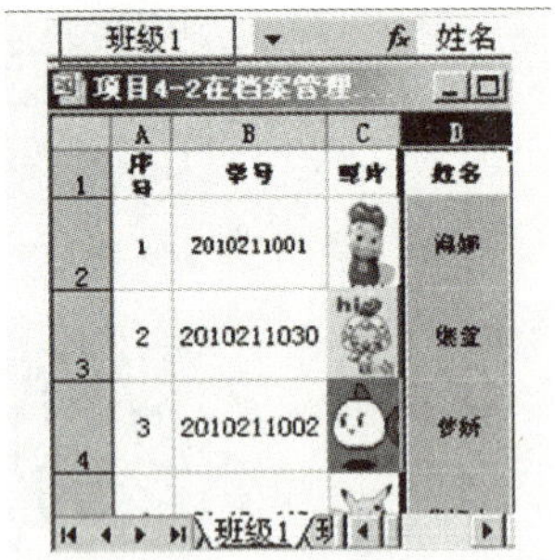

（a）定义班级1工作表D列的名称为“班级1”

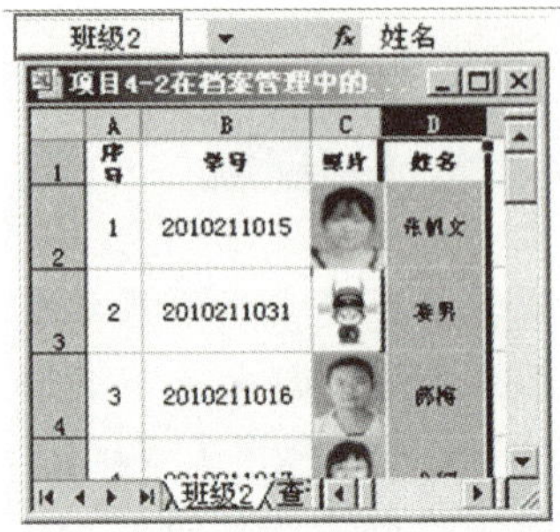

（b）定义班级2工作表D列的名称为“班级2”

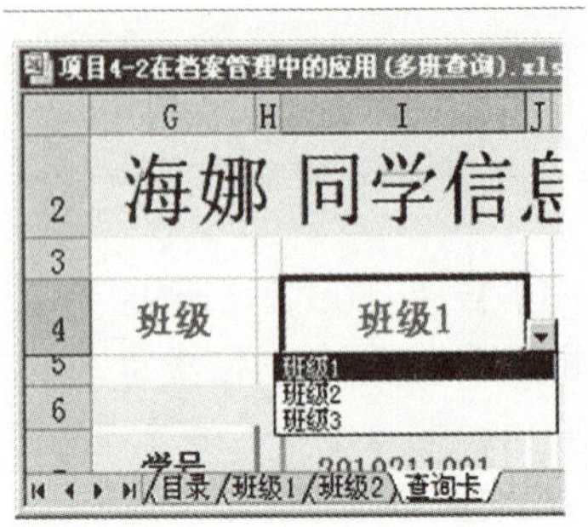

（c）定义的名称与下拉列表中的序列相应

图4.62 定义各班级学生“姓名”列的名称与相应班级表名一致

（1）I4单元格的序列为班级1、班级2……如图4.63（a）所示。如果班级数较多，可先选定图4.61（a）中的班级列表（A2:A11）区域，自定义一个名称（如bj），然后在图4.63（a）所示“数据有效性”对话框“设置”选项卡的“来源”中输入“=bj”。**关于设置下拉列表选择输入的方法见附录中的操作技巧45。**

（2）M4单元格的序列为=INDIRECT(I4)，如图4.63（b）所示。该公式的作用是返回由I4单元格中的文本字符串指定的引用。**关于INDIRECT函数的使用方法见附录4。**

对M4单元格的公式解释如下：

由于I4单元格为班级1、班级2……序列可选项，故M4单元格的序列也是动态的，即可能为=INDIRECT(班级1)、=INDIRECT(班级2)……又由于在前面定义的班级学生姓名所在列（D列）与相应班级工作表名相同，故可知M4中的序列即为引用所选班级的工作表中姓名区域。

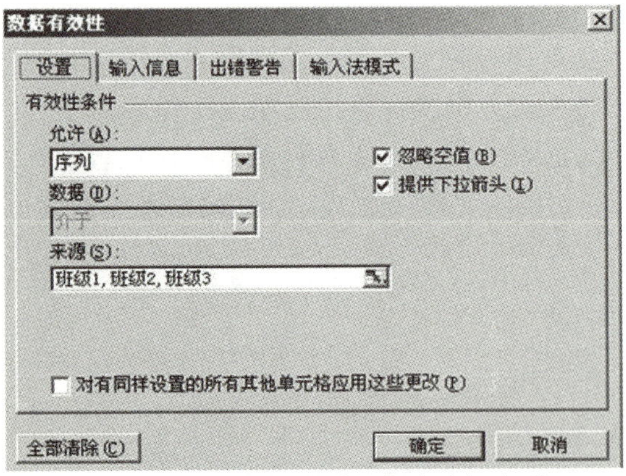

（a）在I4中设置有效性仅为班级序列

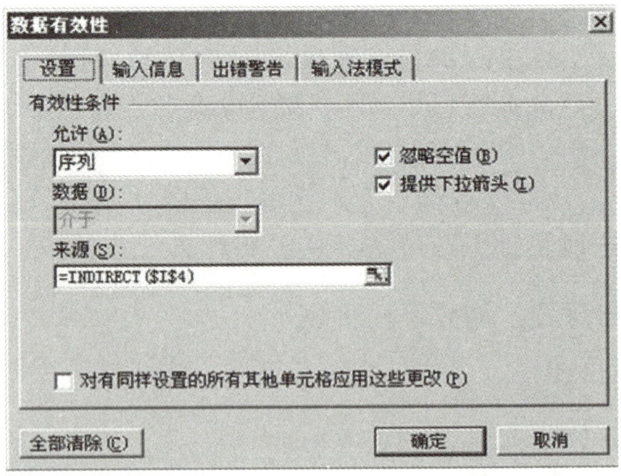

（b）在M4中设置有效性为间接引用公式

图4.63 设置数据有效性

步骤三 建立查询公式

1. 输入查询班级、学生序号的公式

在序号待显单元格E7中输入公式E7=MATCH(M4,INDIRECT(I4),0)-1，如图4.64所示。

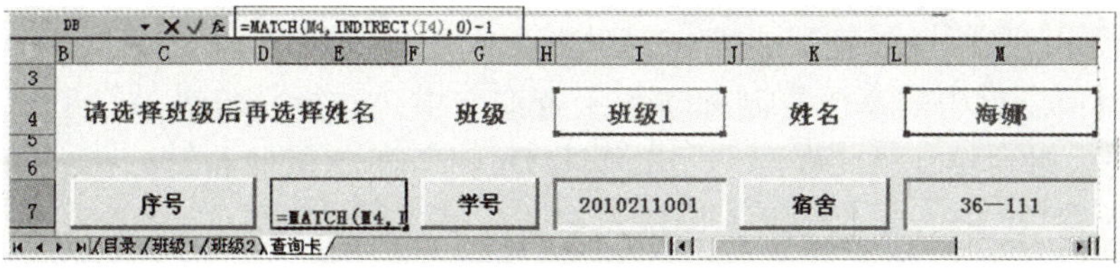

图 4.64　序号待显框中的公式

关于在公式和数值两者间切换的方法见附录中的操作技巧 23。

为便于读者理解，表 4-3 列出了该函数及公式说明。

表 4-3　函数及公式说明

函　　数	语法及作用	本　　例	结　　果
INDIRECT	INDIRECT(ref_text,a1) 返回由文本字符串指定的引用。此函数立即对引用进行计算，并显示其内容。 参数 1：Ref_text，为对单元格的引用，此单元格可以包含 A1-样式的引用、R1C1-样式的引用、定义为引用的名称或对文本字符串单元格的引用。 参数 2：a1，为一逻辑值，指明包含在单元格 ref_text 中的引用的类型。如果为 TRUE 或省略，则为 A1-样式的引用；如果为 FALSE，则为 R1C1-样式的引用	INDIRECT(I4) 参数 I4 为可选项，当 I4=班级 1 时， INDIRECT(I4)= INDIRECT(班级 1)= INDIRECT(班级 1!$D:$D)； 当 I4=班级 2 时， INDIRECT(I4)= INDIRECT(班级 2)= INDIRECT(班级 2!D:D) 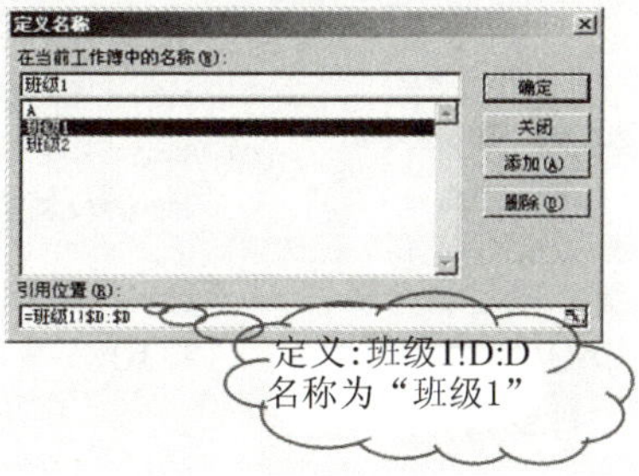	引用所选班级工作表的 D 列
MATCH	MATCH(lookup_value,lookup_array,match_type) 返回在指定方式下与指定数值匹配的数组中元素的相应位置。 参数 1：Lookup_value，为需要在数据表中查找的数值。 参数 2：Lookup_array，可能包含所要查找的数值的连续单元格区域。 参数 3：Match_type，为数字-1、0 或 1。如果为 1 或省略，则查找小于或等于参数一的最大数值（参数二必须按升序排列；如果为 0，则查找等于参数一的第一个数值（参数二不需排序）；如果为-1，则查找大于或等于参数一的最小数值（参数二必须按降序排列）	MATCH(M4,INDIRECT(I4),0) =MATCH("海娜",班级 1,0) = MATCH("海娜",班级 1!D:D,0) =2(行号) 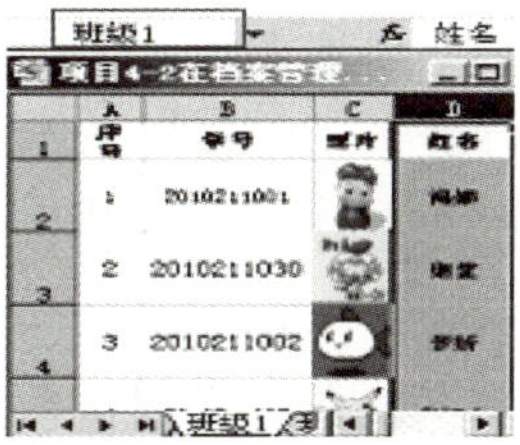 MATCH(M4,INDIRECT(I4),0) -1 =2-1=1(序号)	显示“海娜”在班级 1 中的序号

2．输入由序号显示个人信息的公式

（1）将班级信息库中的字段复制并转置于查询卡中。选择“班级 1”工作表首行（即字段名），按 Ctrl+C 组合键，至“查询卡”工作表 Q1 处，单击鼠标右键，在“选择性粘贴”对话框中选择“转置”，并单击【确定】按钮，如图 4.65（a）所示。

（2）在 R 列输入查找公式 R2=VLOOKUP($E$7,班级 1!$A:$W,2,0)（其中 E7 为根据所选择的班级和姓名而确定的序号），确定后双击 R2 填充句柄，即完成该列公式填充。

（3）切换至公式显示（按 Ctrl+`组合键即可在公式与值之间切换），将 R 列中的各公式的第三个参数修改为与行号一致，如图 4.65（b）所示。

（4）将 R 列中的公式向右填充，选择 S 列，查找“班级 1”，替换为“班级 2”，如图 4.65（c）所示。**关于查找和替换的方法见附录中的操作技巧 1。**

（5）用同样的方法完成其他各班的公式。

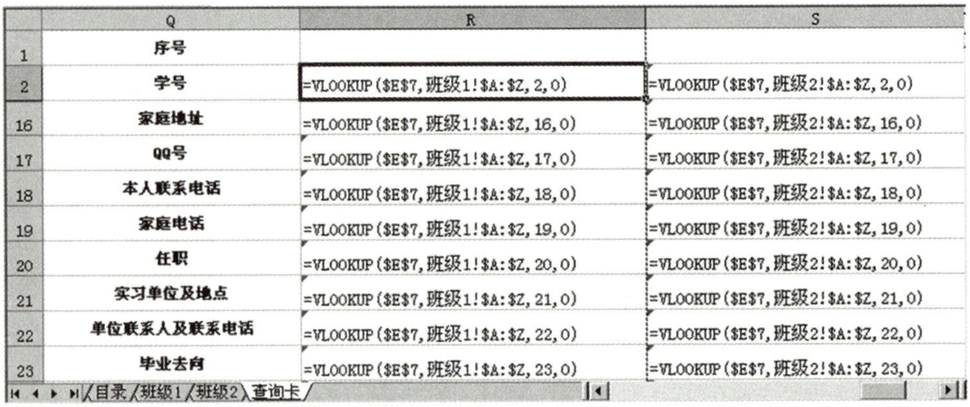

	Q	R	S
1	序号		
2	学号	=VLOOKUP($E$7,班级1!$A:$Z,2,0)	=VLOOKUP($E$7,班级2!$A:$Z,2,0)
16	家庭地址	=VLOOKUP($E$7,班级1!$A:$Z,16,0)	=VLOOKUP($E$7,班级2!$A:$Z,16,0)
17	QQ号	=VLOOKUP($E$7,班级1!$A:$Z,17,0)	=VLOOKUP($E$7,班级2!$A:$Z,17,0)
18	本人联系电话	=VLOOKUP($E$7,班级1!$A:$Z,18,0)	=VLOOKUP($E$7,班级2!$A:$Z,18,0)
19	家庭电话	=VLOOKUP($E$7,班级1!$A:$Z,19,0)	=VLOOKUP($E$7,班级2!$A:$Z,19,0)
20	任职	=VLOOKUP($E$7,班级1!$A:$Z,20,0)	=VLOOKUP($E$7,班级2!$A:$Z,20,0)
21	实习单位及地点	=VLOOKUP($E$7,班级1!$A:$Z,21,0)	=VLOOKUP($E$7,班级2!$A:$Z,21,0)
22	单位联系人及联系电话	=VLOOKUP($E$7,班级1!$A:$Z,22,0)	=VLOOKUP($E$7,班级2!$A:$Z,22,0)
23	毕业去向	=VLOOKUP($E$7,班级1!$A:$Z,23,0)	=VLOOKUP($E$7,班级2!$A:$Z,23,0)

（a）班级字段复制并转置于查询卡 Q 列（列号转为行号）　（b）根据 E7（序号）运用 VLOOKUP 函数提取班级 1 信息　（c）将 R 列公式向右填充，并用查找替换法编辑公式

图 4.65　建立各班根据序号查询其他项目的公式

3．输入查询卡中的公式

（1）输入学号待显示框中的公式。

在 I7 中输入公式 I7=CHOOSE(MID($I$4,3,2), R2,S2)，若有更多的班级，可以增加参数 T2、U2、V2、W2……

该公式的作用是：根据所提取 I4 单元格中的文本字符串第 3、4 两位数进行选择，如果 MID($I$4,3,2)=1（班级 1），则执行 R2，若 MID($I$4,3,2)=2（班级 2），则执行 S2，依此类推。**关于 CHOOSE 函数的使用方法见附录 4。**

（2）快速完成其他待显框中的公式。

为了快速获得其他待显框中的公式，可以将 I7 中的公式设为列绝对、行相对的混合引用（选择 R2 至 S2，按 F4 键 3 次即可），此时 I7=CHOOSE(MID($I$4,3,2),$R2,$S2,$T2)，将此公式内容（而不是单元格）复制到某空列，再向下拖动填充句柄，填充后的公式其行号会发生相对变化，与上一步转置的名称及对应行号完全相符，如表 4-4 所列。

利用这些公式可帮助我们准确地添加至对应的待显框中。

表 4-4　利用混合引用快速完成所需公式

1	序号	已有（见图 4.64）
2	学号	=CHOOSE(MID($I$4,3,2),$R2,$S2)
3	照片	=CHOOSE(MID($I$4,3,2),$R3,$S3)
4	姓名	=CHOOSE(MID($I$4,3,2),$R4,$S4)
5	宿舍	=CHOOSE(MID($I$4,3,2),$R5,$S5)
6	政治面貌	=CHOOSE(MID($I$4,3,2),$R6,$S6)
7	入团时间	=CHOOSE(MID($I$4,3,2),$R7,$S7)
8	民族	=CHOOSE(MID($I$4,3,2),$R8,$S8)
9	身份证号	=CHOOSE(MID($I$4,3,2),$R9,$S9)
10	性别	=CHOOSE(MID($I$4,3,2),$R10,$S10)
11	出生日期	=CHOOSE(MID($I$4,3,2),$R11,$S11)
12	周岁	=CHOOSE(MID($I$4,3,2),$R12,$S12)
13	准确年龄	=CHOOSE(MID($I$4,3,2),$R13,$S13)
14	生日提醒	=CHOOSE(MID($I$4,3,2),$R14,$S14)
15	省市	=CHOOSE(MID($I$4,3,2),$R15,$S15)
16	家庭地址	=CHOOSE(MID($I$4,3,2),$R16,$S16)
17	QQ 号	=CHOOSE(MID($I$4,3,2),$R17,$S17)
18	本人联系电话	=CHOOSE(MID($I$4,3,2),$R18,$S18)
19	家庭电话	=CHOOSE(MID($I$4,3,2),$R19,$S19)
20	任职	=CHOOSE(MID($I$4,3,2),$R20,$S20)
21	实习单位及地点	=CHOOSE(MID($I$4,3,2),$R21,$S21)
22	单位联系人及联系电话	=CHOOSE(MID($I$4,3,2),$R22,$S22)
23	毕业去向	=CHOOSE(MID($I$4,3,2),$R23,$S23)
24	班级名称	=CHOOSE(MID($I$4,3,2),$R24,$S24)

步骤四　显示动态照片

1．定义名称

按 Ctrl+F3 组合键，打开“定义名称”对话框，在引用位置输入公式=INDIRECT(ADDRESS(查询卡!$E$7+1,3,,,查询卡!$I$4))，在当前工作簿中的名称栏输入 A（或其他允许定义的名称），如图 4.66 所示。

该公式的作用是：以“查询卡”工作表 E7 的值+1 为行号（动态），3 为列号，拼成一个单元格地址（且该地址指名为查询卡 I4 单元格所选择的文本对应的工作表），再根据此地址间接引用。公式中使用了 ADDRESS、INDIRECT 函数。**相关函数的用法见附录 4。**

2．绘制图像

任意复制一个图片（或从控件工具箱里取用图像框工具绘制），然后在公式编辑栏中输入=A 即可，如图 4.67 所示。

3．其他设置

其他设置包括对工作表的美化、保护等，具体方法见任务 3 中的步骤四。

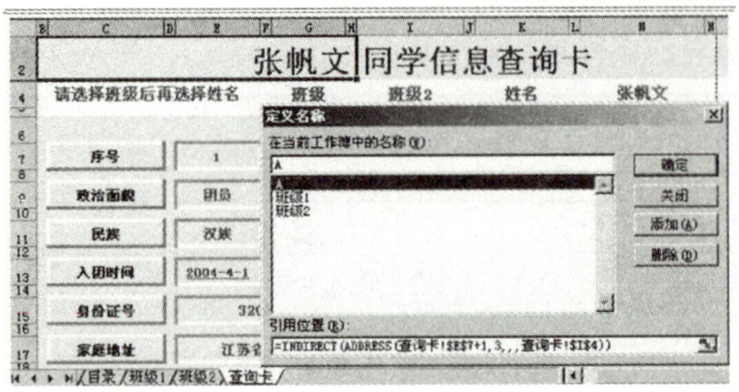

图 4.66　定义图像地址引用名称 A

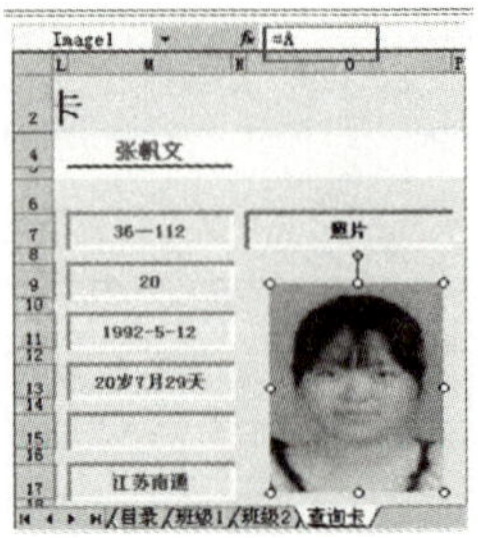

图 4.67　在公式栏输入定义的名称 A

项目回顾

本项目通过某班学生的真实档案管理软件的设计，介绍了数据的输入、信息的引用、数据的查找分析、数据的有效性设置、函数输入与定义名称、工作表的格式设置、控件工具的使用、保护工作表、VBA 打印控制等知识与技巧。本项目还介绍了 MID、MOD、LEFT、VLOOKUP、DATE、DATEDIF、TODAY、MIN、IF、AND、OFFSET、ADDRESS、INDIRECT、MATCH 等函数，以及利用 Excel 的数据有效性、间接引用等手段实现多班档案查询卡的设计思想。

项目训练

1. 在任务 3 步骤二中，若将根据学号查找序号的公式由 J4 单元格移至 A3 单元格、根据身份证号查找序号的公式由 O4 移至 A4 单元格，请写出 E7 单元格中的综合判断公式。

【训练参考】

2. 上网收集所感兴趣的信息（如企业生产单位供应商信息、销售部门的顾客信息及常用专业设备信息），组建数据库并进行透视查询或制作成方便查询的档案查询卡。

3. 某组同学设计了两款公选课听课证，如图 4.68 所示（见项目 4 训练参考　听课证）。图 4.68（a）通过滚动条或前后翻页按钮查看，图 4.68（b）利用组合框选择查看，数据源存放在 Sheet1 表中，根据所学知识剖析其中的设计技巧。

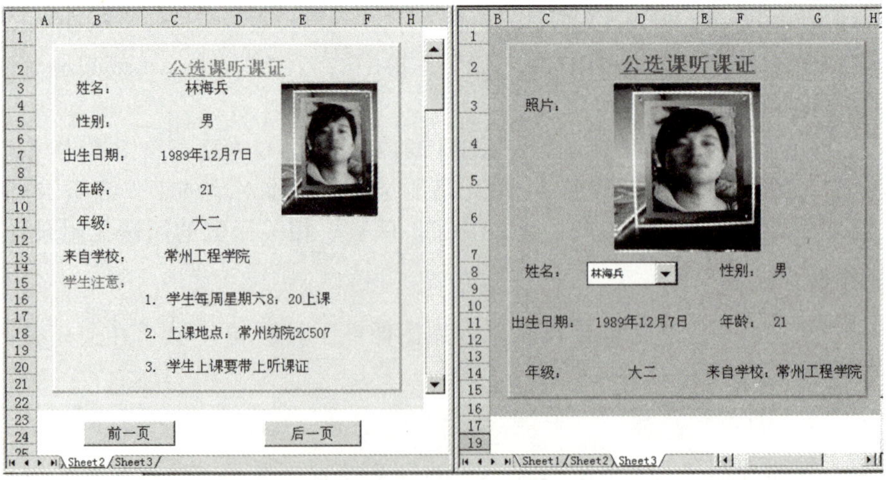

（a）利用滚动条或按钮查询听课证　　（b）利用组合框控件查询听课证

图 4.68　利用不同方式查询听课证

4. 建立本宿舍（或兴趣小组）成员电子信息库，输入身份证号；利用公式从身份证号提取每位成员的出生日、性别，并计算年龄（周岁）；利用“项目 4-1　在档案管理中的应用（单班查询）”中的“地区代号”表提取每人的出生地。

5. 某组同学搜集了车牌号、名车、地图等档案资料，并设计了查询系统，如图 4.69 所示（见项目 4 训练参考　车牌名车地图速查）。

【训练参考】

在“车牌号”表 A4 单元格中选择查看任一代号（如苏 D），即知该车所在地（江苏省常州市），在 E2 中输入数字“1 ~ 10”，可查看世界名车、对应国家及图标，选择右侧控件列表框中的省市名称，可以显示相应省市的地图，如图 4.69（a）所示；所搜集的车牌号与城市对照表存放在“全国各省市”表中，如图 4.69（b）所示；十大名车信息存放在“十大名车”表中，如图 4.69（c）所示；全国地图图片存放在“车牌号”表的 I1:AP1 中，用所学知识揭示其中的设计技巧。

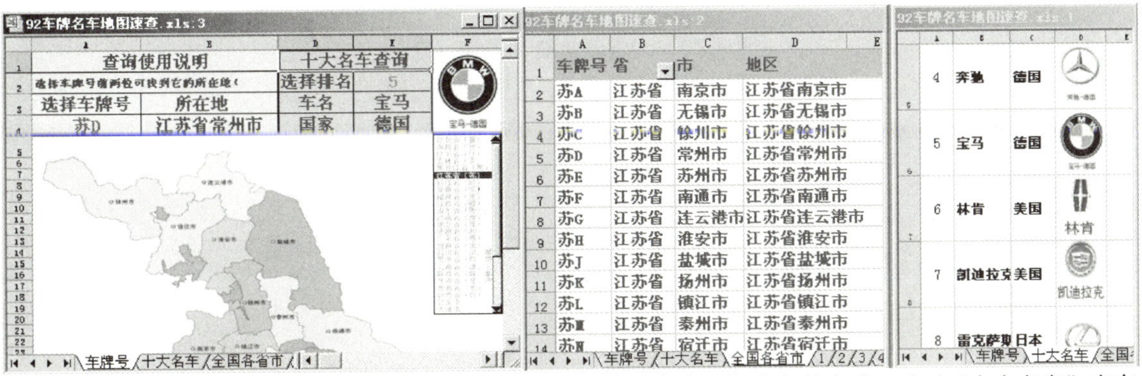

（a）在“车牌号”表中可查询车牌信息、十大名车国家和标志、省市地图　（b）“全国各省市”表存放车牌号与城市对照信息　（c）“十大名车”表存放名车信息和图标

图 4.69　车牌号查询系统

6. 某组同学搜集了全国旅游景点、旅游交通图等档案资料，并设计了查询系统（见项目 4 训练参考　中国名胜景点查询）。在“景点查询卡”表 G3 单元格中选择查看省市景点（例如江苏・常州春秋乐园），即可显示相关信息和图片。如果放弃在 G3 中选择，也可拖动图片下方的滚动条任意浏览，如图 4.70（a）所示。单击 B12 的“景点描述”文字，可打开“景区描述及地图”工作表，显示景区描述及交通指南，如图 4.70（b）所示。单击顶部标题行可返回。所有旅游景点信息均存放在“信息库”表中。用所学知识揭示其中的设计技巧。

【训练参考】

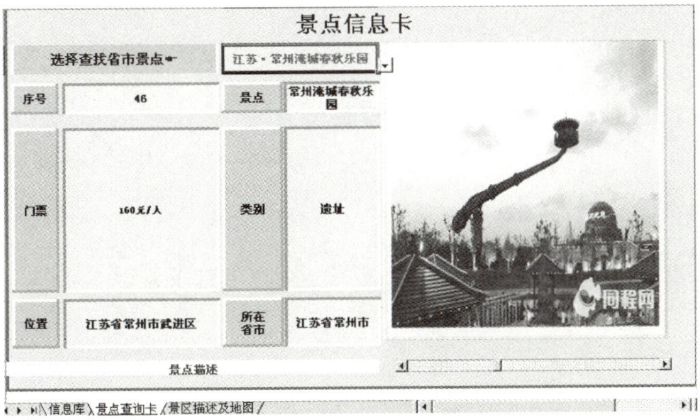

（a）景点查询卡

图 4.70　全国景点查询系统

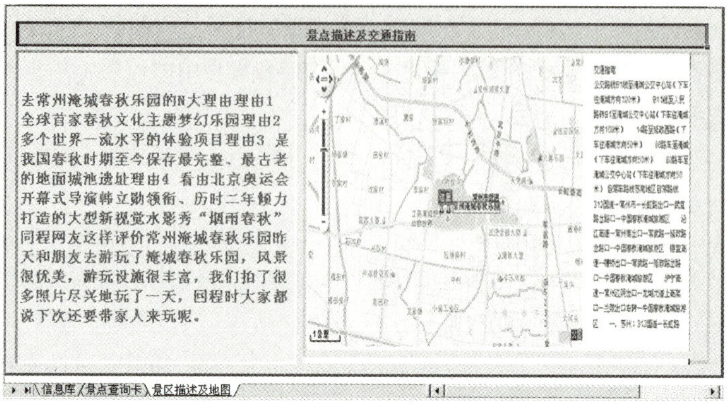

（b）景区描述及地图

图 4.70　全国景点查询系统（续）

项目 5

Excel 在考勤管理中的应用

【项目导读】

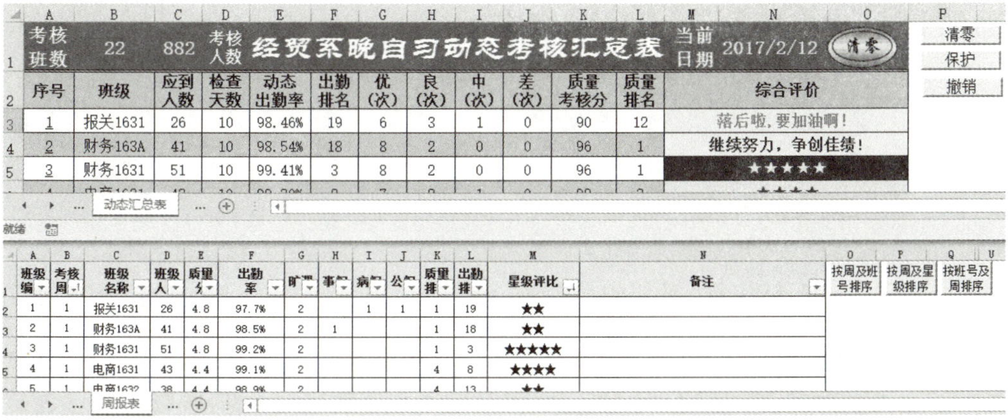

考核班数	22	882	考核人数	经贸系晚自习动态考核汇总表								当前日期	2017/2/12	清零
序号	班级	应到人数	检查天数	动态出勤率	出勤排名	优(次)	良(次)	中(次)	差(次)	质量考核分	质量排名	综合评价		
1	报关1631	26	10	98.46%	19	6	3	1	0	90	12	落后啦，要加油啊！		
2	财务163A	41	10	98.54%	18	8	2	0	0	96	1	继续努力，争创佳绩！		
3	财务1631	51	10	99.41%	3	8	2	0	0	96	1	★★★★★		

清零 保护 撤销

动态汇总表

班级编	考核周	班级名称	班级人	质量分	出勤率	旷	事	病	公	质量排	出勤排	星级评比	备注
1	1	报关1631	26	4.8	97.7%	2		1	1	1	19	★★	
2	1	财务163A	41	4.8	98.5%	2	1			1	18	★★	
3	1	财务1631	51	4.8	99.2%	2				1	3	★★★★★	
4	1	电商1631	43	4.4	99.1%	2				4	8	★★★★	

按周及班号排序 按周及星级排序 按班号及周排序

周报表

任何一个单位、部门都需要对员工进行考勤管理，并将考核纳入对员工的绩效考评与工资核算。运用 Excel 协助进行科学化管理，将有助于提高评价的公平与公正性，从而激励员工，产生良好的执行力。本项目通过制作能自动统计和更新数据的考勤管理软件，学习数据排序、分类汇总、数据有效性设置、常规打印设置、条件格式设置、表间超链接、数据统计、工作组多表操作、三维数据合并、VBA 等知识。

任务1　编制、打印分班、分组考核表

【任务导读】　本任务以某教师从学院选修课信息表中提取的任教学生名单（共计4个班、242人）为例，编制能自动分班、分组（每组8~10人）的课堂考核用表，打印预览每组能自动分页，如图5.1所示（显示共计30页）。参考示例文件：项目5-1　在绩效考勤管理中的应用（制作分班、分组考核表）。

【示例文件】

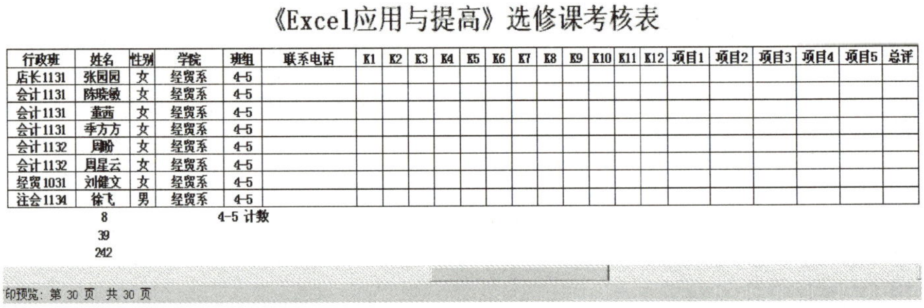
《Excel应用与提高》选修课考核表

行政班	姓名	性别	学院	班组	联系电话	K1	K2	K3	K4	K5	K6	K7	K8	K9	K10	K11	K12	项目1	项目2	项目3	项目4	项目5	总评
店长1131	张园园	女	经贸系	4-5																			
会计1131	陈晓敏	女	经贸系	4-5																			
会计1131	董茜	女	经贸系	4-5																			
会计1131	季方方	女	经贸系	4-5																			
会计1132	周盼	女	经贸系	4-5																			
会计1132	周星云	女	经贸系	4-5																			
经贸1031	刘健文	女	经贸系	4-5																			
注会1134	徐飞	男	经贸系	4-5																			
	8			4-5 计数																			
	39																						
	242																						

图5.1　分班、分组考核表的样式

步骤一　生成班组排序名单

1. 分组及相关技巧

选修课学生来自不同院（系），为了提高教学的有效性，宜采取分组管理。分组方案中应考虑小组成员相对集中，由于同一个院系的学生还有不同上课时段的要求，所以分组前还要先“分班”。

1）增加“分班”字段

选择上课地点所在列（H列），单击鼠标右键，选择“插入”命令，则在该列左侧新增一空列，该字段命名为“分班”，如图5.2所示。

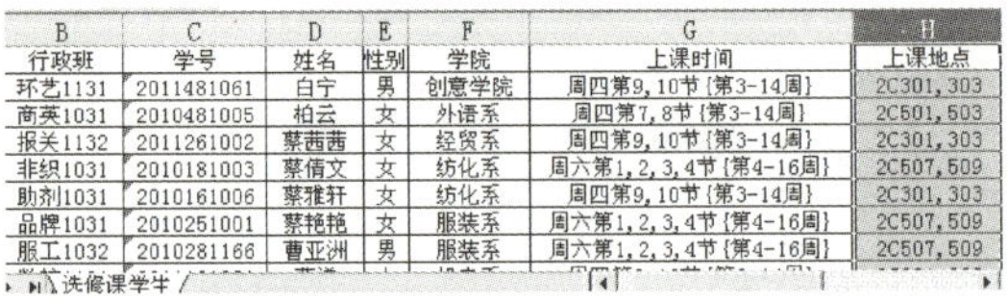

B	C	D	E	F	G	H
行政班	学号	姓名	性别	学院	上课时间	上课地点
环艺1131	2011481061	白宁	男	创意学院	周四第9,10节{第3-14周}	2C301,303
商英1031	2010481005	柏云	女	外语系	周四第7,8节{第3-14周}	2C501,503
报关1132	2011261002	蔡茜茜	女	经贸系	周四第9,10节{第3-14周}	2C301,303
非织1031	2010181003	蔡倩文	女	纺化系	周六第1,2,3,4节{第4-16周}	2C507,509
助剂1031	2010161006	蔡雅轩	女	纺化系	周四第9,10节{第3-14周}	2C301,303
品牌1031	2010251001	蔡艳艳	女	服装系	周六第1,2,3,4节{第4-16周}	2C507,509
服工1032	2010281166	曹亚洲	男	服装系	周六第1,2,3,4节{第4-16周}	2C507,509

（a）选择H列

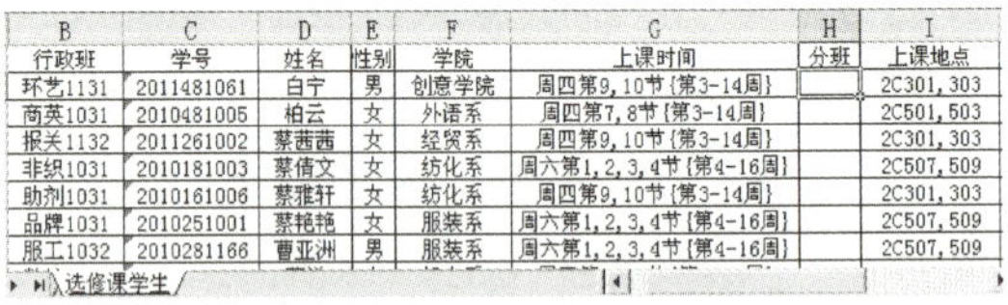

B	C	D	E	F	G	H	I
行政班	学号	姓名	性别	学院	上课时间	分班	上课地点
环艺1131	2011481061	白宁	男	创意学院	周四第9,10节{第3-14周}		2C301,303
商英1031	2010481005	柏云	女	外语系	周四第7,8节{第3-14周}		2C501,503
报关1132	2011261002	蔡茜茜	女	经贸系	周四第9,10节{第3-14周}		2C301,303
非织1031	2010181003	蔡倩文	女	纺化系	周六第1,2,3,4节{第4-16周}		2C507,509
助剂1031	2010161006	蔡雅轩	女	纺化系	周四第9,10节{第3-14周}		2C301,303
品牌1031	2010251001	蔡艳艳	女	服装系	周六第1,2,3,4节{第4-16周}		2C507,509
服工1032	2010281166	曹亚洲	男	服装系	周六第1,2,3,4节{第4-16周}		2C507,509

（b）输入字段名“分班”

图5.2　新增“分班”列

2）添加“分班”编号

这里介绍根据对“上课时间”段的筛选，在“分班”列中快速填充相应班级编号的方法。

（1）先打开自动筛选工具。

（2）全选数据表（将光标定位在数据表内的任一单元格，按Ctrl+A组合键）。

（3）快速定位空格（按F5键，打开“定位”对话框，单击【定位条件】按钮，选择【空值】单选按钮，单击【确定】按钮即可，如图5.3所示）。

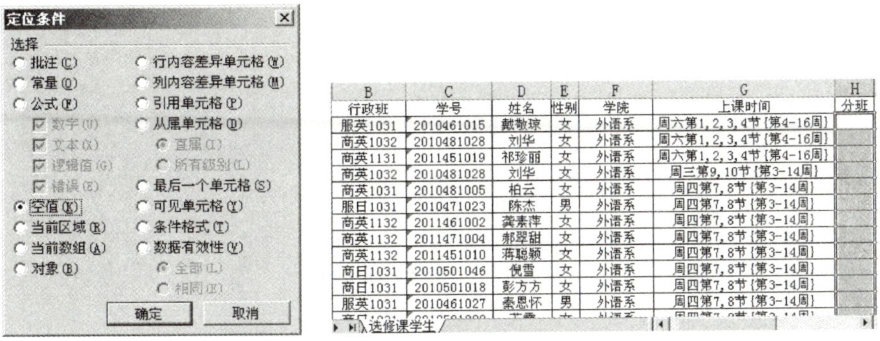

图 5.3　快速定位“空值”

（4）快速填充“分班”列中的编号。根据所筛选的上课时间，如筛选出“周六第 1，2，3，4 节{第 4-16 周}”，在编辑栏中输入编号“4”，然后按 Ctrl+Enter 组合键，则完成对所有筛选出的空白单元格的填充，如图 5.4 所示，再筛选其他上课时间。按以上方法，完成对其他时段对应“分班”的编号填充。

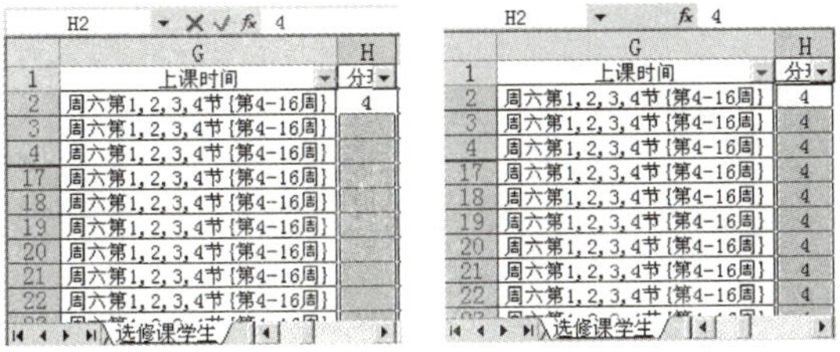

图 5.4　快速填充“分班”列中的编号

退出筛选模式，数据表显示了以上所填充的序号，如图 5.5 所示。

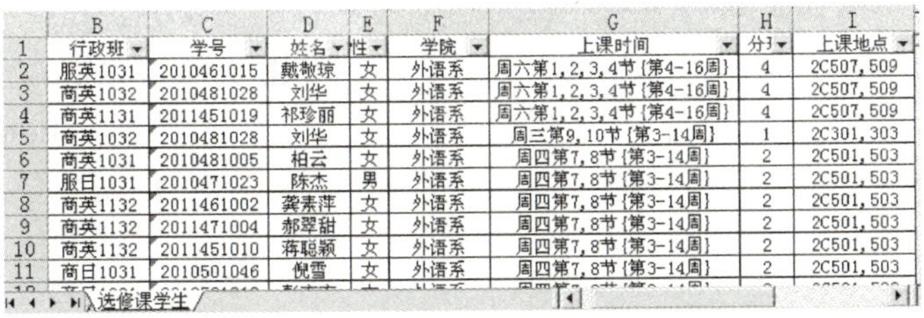

	B	C	D	E	F	G	H	I
1	行政班	学号	姓名	性别	学院	上课时间	分班	上课地点
2	服英1031	2010461015	戴敏琼	女	外语系	周六第1,2,3,4节{第4-16周}	4	2C507,509
3	商英1032	2010481028	刘华	女	外语系	周六第1,2,3,4节{第4-16周}	4	2C507,509
4	商英1131	2011451019	祁珍丽	女	外语系	周六第1,2,3,4节{第4-16周}	4	2C507,509
5	商英1032	2010481028	刘华	女	外语系	周三第9,10节{第3-14周}	1	2C301,303
6	商英1031	2010481005	柏云	女	外语系	周四第7,8节{第3-14周}	2	2C501,503
7	服日1031	2010471023	陈杰	男	外语系	周四第7,8节{第3-14周}	2	2C501,503
8	商英1132	2011461002	龚素萍	女	外语系	周四第7,8节{第3-14周}	2	2C501,503
9	商英1132	2011471004	郝翠甜	女	外语系	周四第7,8节{第3-14周}	2	2C501,503
10	商英1132	2011451010	蒋聪颖	女	外语系	周四第7,8节{第3-14周}	2	2C501,503
11	商日1031	2010501046	倪雪	女	外语系	周四第7,8节{第3-14周}	2	2C501,503

图 5.5　完成“分班”填充后的数据表

3）按“分班-学院-行政班”排序

排序的目的是方便分组。

单击数据表中任一单元格，打开“排序”对话框（**不同软件版本操作方法见附录中的操作说明 10**），分别在“主要关键字”“次要关键字”“第三关键字”列表中选择“分班”“学院”“行政班”，单击【确定】按钮。排序操作及效果如图 5.6 所示。**关于排序的方法见附录中的操作技巧 32**。

4）增加“分组”列，并添加组号

在经过排序后的列表中添加分组项，输入组号。对应 1 班中的各组组号分别为 1-1，1-2，…，对应 4 班的各组编号分别为 4-1，4-2，…。注意在输入这样的数据之前，应先选择该列，并设为文本格式（否则输入后会显示为日期），如图 5.7 所示；输入组号时，最好用快速填充法，即选择需要输入的区域，在编辑栏输入后，按 Ctrl+Enter 组合键，如图 5.8 所示，这可以防止用填充句柄向下填充时易出现的按序列填充。

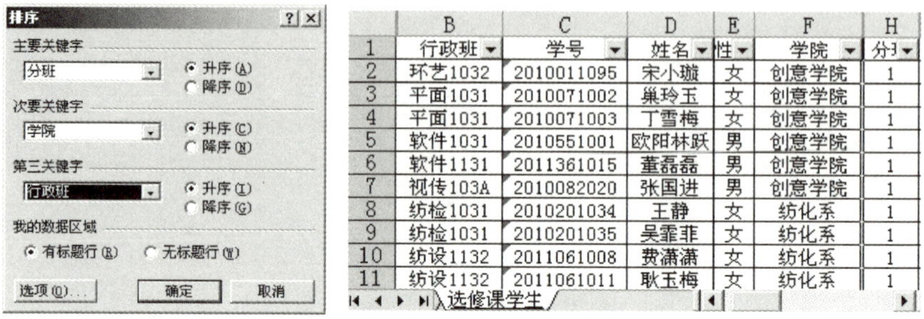

图 5.6　排序操作及效果

关于对一批单元格快速输入相同信息或公式的方法见附录中的操作技巧 40。

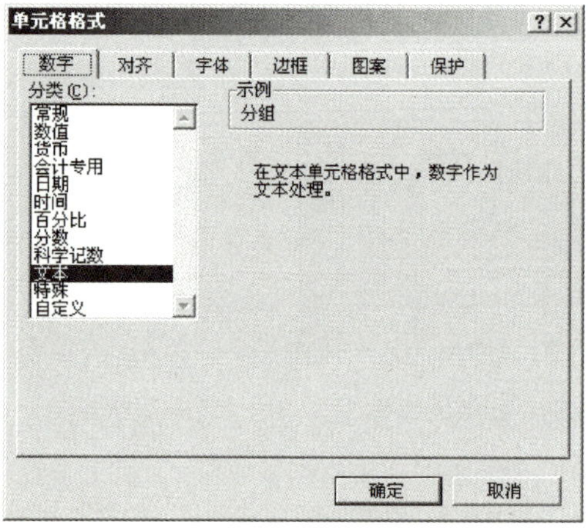

图 5.7　将“分组”列设为文本格式

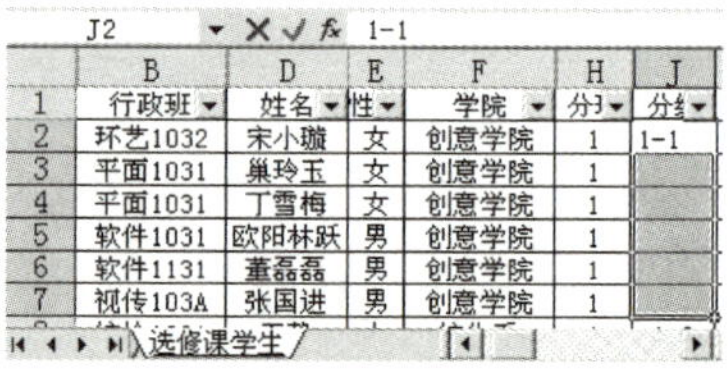

图 5.8　在选定的区域中输入组号后按 Ctrl+Enter 组合键

2. 排序及注意事项

1）关于排序

排序分为按单字段排序、多字段排序、自定义排序等。

利用【排序】按钮，只能对一个字段进行升序或降序排序。

通过“排序”对话框可以对多个字段排序（2003 版为 3 个，2010 版可添加条件，最多为 64 个关键字进行同时排序）。

在 2003 版，若要对 3 个以上字段排序，可分多次进行，如对图 5.6 所示的列表按“分班”“学院”“行政班”“性别”“学号”次序进行排序，可分两次，按“先低后高”的原则进行。即先按“性别”“学号”排序，再按“分班”“学院”“行政班”排序。

2）自定义序列

一般情况对字段的排序可选择升序或降序，如要按自定义方式排序，可先自定义序列。

打开“自定义序列”对话框（**不同软件版本操作方法见附录中的操作说明 16**），在“输入序列”框中输入序列：纺化系、服装系、创意院、机电系、经贸系、外语系，按 Enter 键分隔，分别单击【添加】和【确定】按钮，即在左框中新增自定义的序列。若序列较长，也可在工作表空白单元格区域中，按次序输入对象名称，并选定相应的区域，在图 5.9 所示的“选项”对话中，单击【导入】和【确定】按钮。

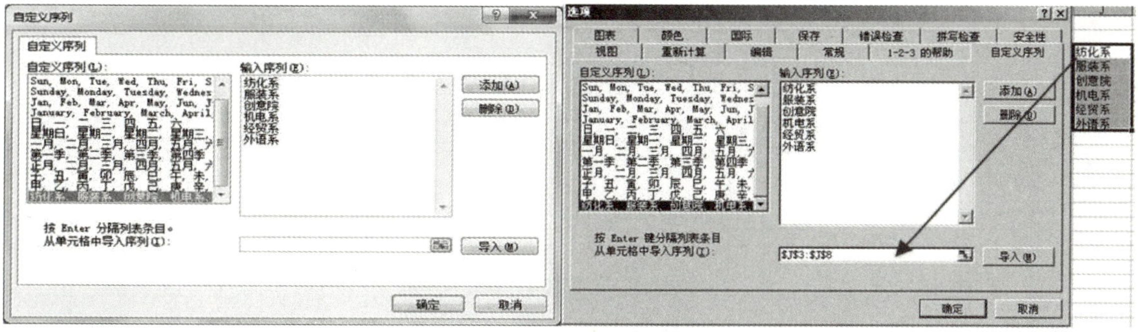

图 5.9　自定义排序序列（左为 2010 版，右为 2003 版）

在“排序”对话框中，2010 版可直接选择自定义排序次序，如图 5.10（a）所示；而对于 2003 版，则需单击【选项】按钮，打开“排序选项”对话框，选择自定义的序列排序，如图 5.10（b）所示。

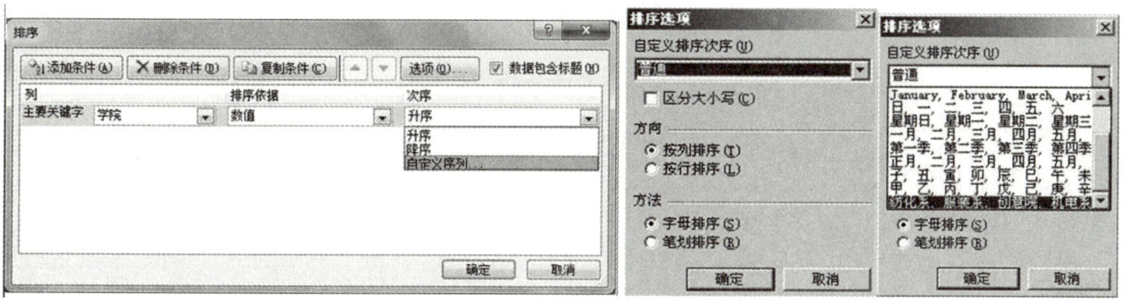

图 5.10　排序对话框（左为 2010 版，右为 2003 版）

3）排序注意

排序前可以全选数据表或激活数据表中某单元格，切忌不能只选择某几列或某区域（特别是有隐藏列时尤其要注意）。

步骤二　分类汇总班组名单

要生成能自动按分组分页打印的考核表，必须进行分类汇总，而分类汇总前应确认数据表已按分组排序。

1．单字段分类汇总

1）按组分类汇总

将光标定位在数据表内任一单元格，在“数据”功能区中选择“数据→分类汇总”命令，打开“分类汇总”对话框，分别在“分类字段”“汇总方式”“选定汇总项”下拉列表中选择“分组”“计数”“姓名”，在对话框下方的复选项中选中“替换当前分类汇总”“每组数据分页”“汇总结果显示在数据下方”，单击【确定】按钮。

2）分级查看显示

分级查看标志 1 2 3 如图 5.11 所示。单击分级显示符号 1 2 3 、+ 和 -，可快捷地只显示某些为工作表中各部分提供汇总或标题的行或列，也可使用分级显示符号来查看单个汇总和标题下的明细数据。

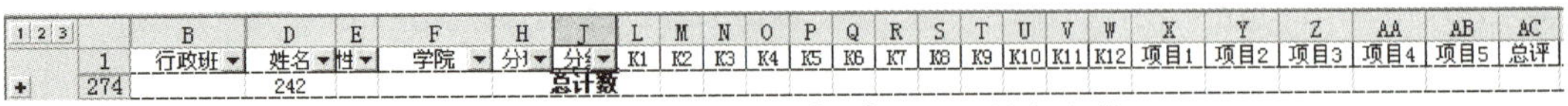

（a）单击左上角的按钮【1】，显示所有人数

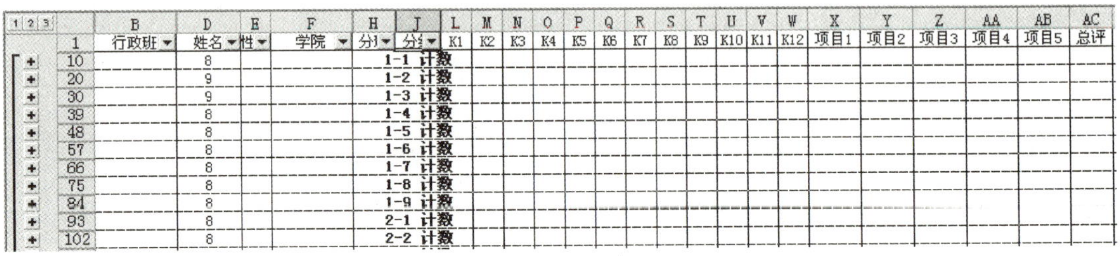

（b）单击左上角的按钮【2】，显示各小组人数

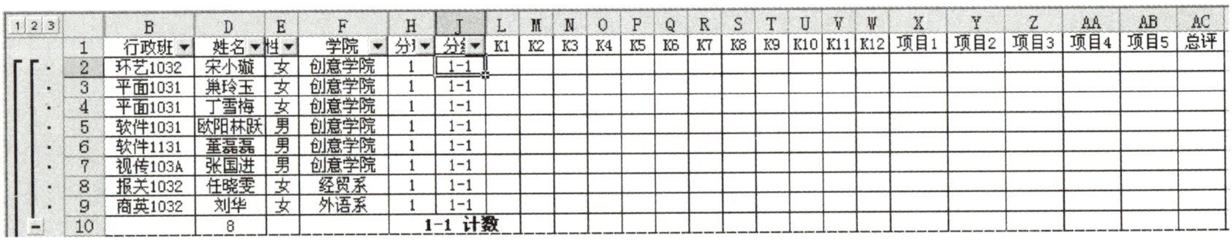

（c）单击左上角的按钮【3】，显示各组明细

图 5.11　按“分组”分类汇总后的效果

2．多字段分类汇总

对多字段进行分类汇总需要嵌套分类汇总，例如按“分班”和“分组”两个字段进行分类汇总，原则是先外后内，具体如下：

（1）按“分班”→“分组”排序。

（2）按“分班”创建第一级分类汇总，如图 5.12（a）所示。

（3）按“分组”创建第二级分类汇总，如图 5.12（b）所示（注意：必须取消选中“替换当前分类汇总”复选框）。

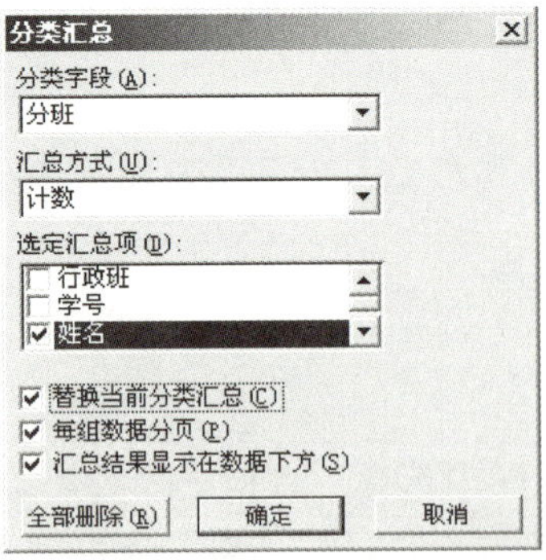

（a）第一次按“分班”进行分类汇总

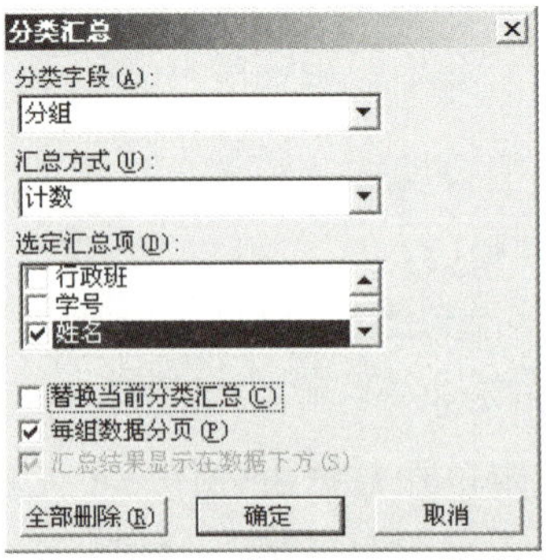

（b）第二次按“分组”进行分类汇总

图 5.12　嵌套分类汇总

（4）单击【确定】按钮后，所生成的分类汇总可以选择四级显示，效果如图 5.13 所示。

关于分类汇总的方法见附录中的操作技巧 33。

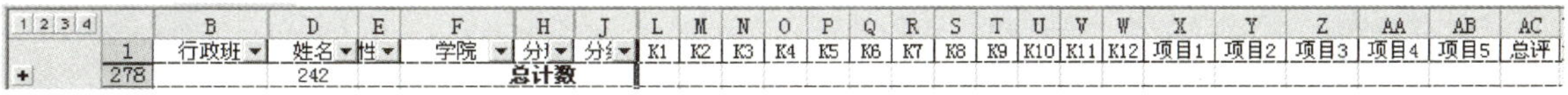

（a）单击左上角的按钮【1】，显示所有人数

（b）单击左上角的按钮【2】，显示“分班”人数

（c）单击左上角的按钮【3】，显示“分班”中各组人数

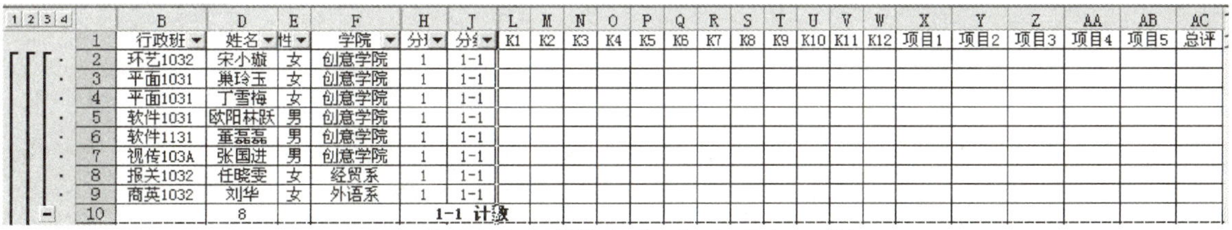

（d）单击左上角的按钮【4】，显示各组明细

图 5.13　按“分班”“分组”二级分类汇总后的效果

3．复制分类汇总表

在分类汇总模式下复制可见单元格的方法见附录中的操作技巧59。

4．取消分类汇总

在含有分类汇总的列表中，单击任一单元格，在“数据”功能区中选择“数据→分类汇总”命令，在“分类汇总”对话框中单击【全部删除】按钮。

步骤三　设置打印分组报表

1．增减栏目

1）隐藏不需要的栏目

在分组考核表中有些字段列不需要打印，可以隐藏。方法是按住 Ctrl 键，分别选择不需要显示的列，在列标处单击鼠标右键，选择“隐藏”命令（或按 Ctrl+O 组合键）。

关于隐藏和取消隐藏行、列的方法见附录中的操作技巧54。

2）增加需要显示的栏目

根据需要增加相关的“考勤”和“考核”列，如图 5.13 所示。

2．格式设置

（1）添加表格线。

（2）设置字号。

（3）设置单元格内换行。

（4）调整列宽与行高。

关于格式设置的方法见附录中的操作技巧 11。

3．页面设置

打开“页面设置”对话框（**不同软件版本操作方法见附录中的操作说明 15**）。

1）在“页面”选项卡中设置

选择方向为“横向”，如图 5.14（a）所示。

2）在“页边距”选项卡中设置

“左”“右”均为“0”，选择“水平”居中方式，这样既可以最大化显示，又能保证两边距对称，如图 5.14（b）所示。

3）在“页眉/页脚”选项卡中设置

单击【自定义页眉】按钮，在文本框的中输入“《Excel 应用与提高》选修课考核表”，单击字体按钮 A，“大小”为“20”，“字形”为“加粗”，单击【确定】按钮，退出对页眉的设置。

在“页脚”列表框中选择“第 1 页，共？页”（使表格中每页不仅显示当前页，而且显示共计页数），单击【确定】按钮，完成对页眉/页脚的设置，如图 5.14（c）所示。

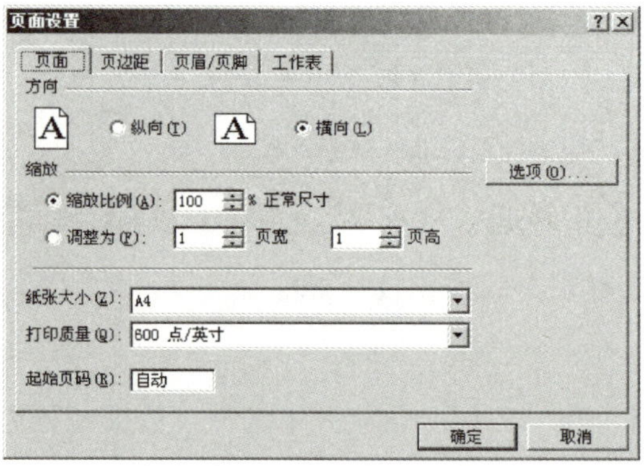

（a）在“页面”中选择方向

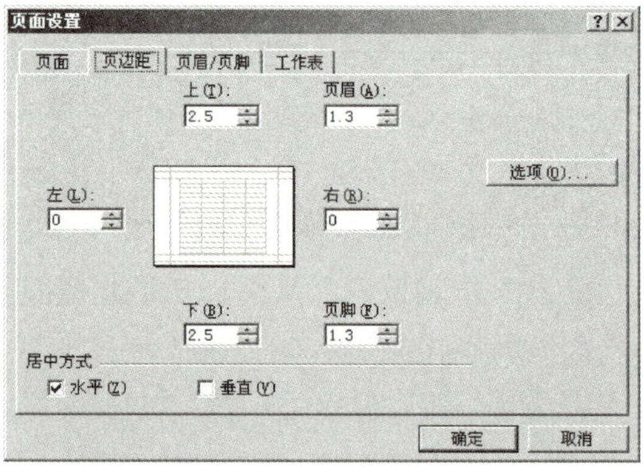

（b）在“页边距”中设置边距和居中方式

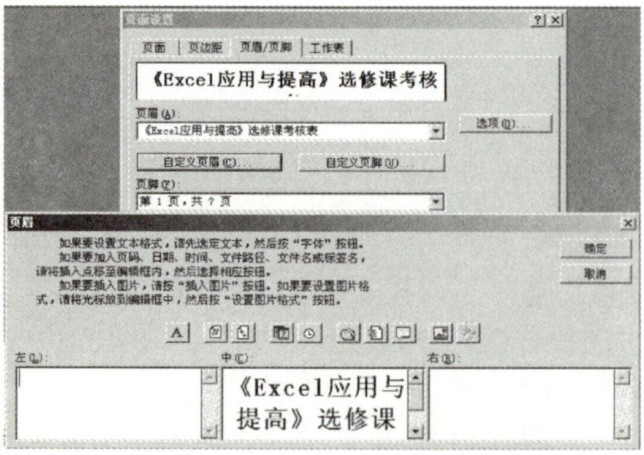

（c）在“页眉/页脚”中定义页眉页脚

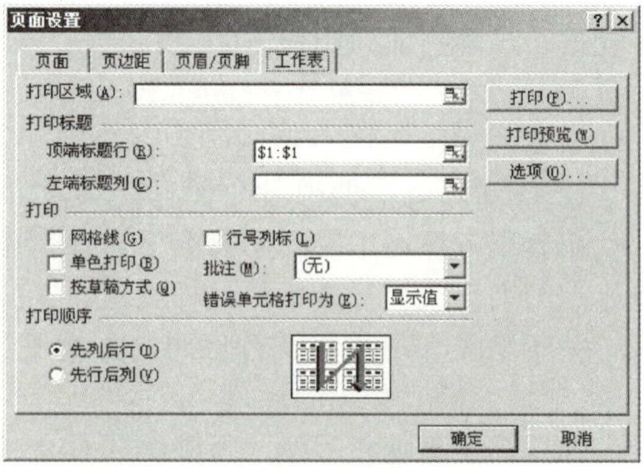

（d）在“工作表”中设定顶端标题行

图 5.14　页面设置

4）在“工作表”选项卡中设置

单击“顶端标题行”右侧的折叠按钮，选择工作表中的第一行（使打印的每页均显示此行标题），单击【确定】按钮，如图 5.14（d）所示。

4. 预览微调

1）预览

单击图 5.14（d）中的【打印预览】按钮，可进入预览模式，如图 5.15 所示。由图可见，共有 60 页，且有破表。

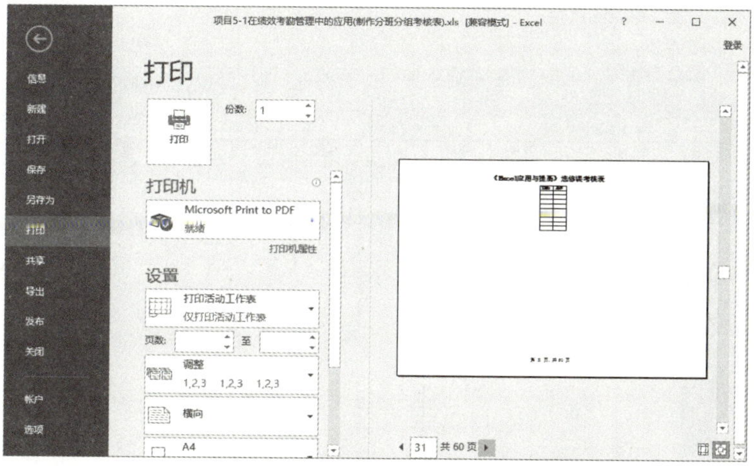

图 5.15　在“打印预览”模式下，可见有破表

2）微调

单击图 5.15 左上角的返回按钮退出“打印预览”模式。为方便调整，可单击“视图”功能区的【分页预览】按钮，显示效果如图 5.16。由图可见，横向之间有一虚线，表明横向有分页。微调的方法有：适当缩小某些列的列宽（如 L:W 列），或者调整字号、隐藏某些次要列，也可直接将虚线向右拖至边界处（此法将会按比例缩小）。另外，可以适当增加行高，美化布局。

调试完成后，单击“视图”功能区的【普通】按钮，可退出“分页预览”显示。

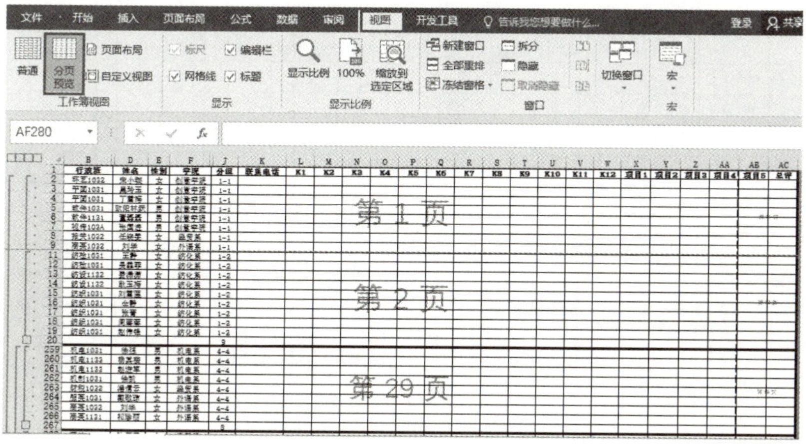

图 5.16　在“分页预览”模式下，可直观进行调整

关于打印设置的方法见附录中的操作技巧 5。

任务 2　设计职工"三假"考勤统计表

【任务导读】

纸质的考核表只适用于现场考核记录，不方便统计。本任务将制作一款适合于对部门员工进行公假、事假、病假（简称"三假"）考勤统计的软件，当考勤记录输入到预先编制的 Excel 考核表中就能立即显示汇总统计信息。参考示例文件：项目 5-2　在绩效考勤管理中的应用（员工"三假"考核）。该设计包括员工个人考核表（图 5.17）及部门汇总表（图 5.18）。

【示例文件】

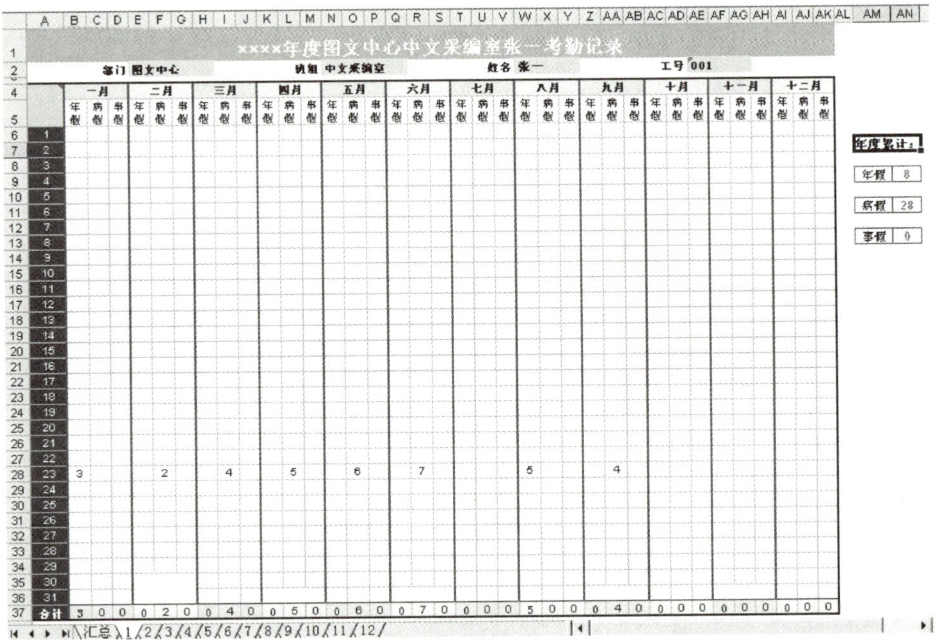

图 5.17　员工个人考核表

序号	班组	姓名	工号	全年累计			1月			2月			3月			4月			5月			6月			7月			8月			9月			10月			11月			12月		
				年假	病假	事假	年假	病假	事假	年假	病假	事假	年假	病假	事假	年假	病假	事假	年假	病假	事假	年假	病假	事假	年假	病假	事假	年假	病假	事假	年假	病假	事假	年假	病假	事假	年假	病假	事假	年假	病假	事假
1	中文采编室	张一	001	8	28						2			4			5			6			7					5				4										
2	中文采编室	张二	002	4	4								4	4																												
3	外文采编室	王一	003	9	9	9										9	9	9																								
4	外文采编室	王二	004	12	12	12										12	12	12																								
5	电子阅览室	金一	005		10	10								10	10																											
6	期刊阅览室	陈一	006	16		16															16	16																				
7	期刊阅览室	陈二	007	21	21	21													21	21	21																					
8	还书处	刘一	008	3	3								3	3																												
9	借书处	李一	009	24		24													24		24																					
10	综合服务室	钱一	010	6	6	6													6	6	6																					
11	网络管理	赵一	011	12	12	12																											12	12	12							
12	办公室	徐一	012	12																																				12		

汇总 / 1 / 2 / 3 / 4 / 5 / 6 / 7 / 8 / 9 / 10 / 11 / 12

图 5.18　部门汇总表

步骤一　制作一位员工考核表

工作表表名为1，样式如图5.17所示。

该考核表包括3个部分：第1行和第2行为表头部分；A4:AK37为考勤表的主体部分；右侧AM:AN列为年度个人统计部分。

1. 主体部分的设计

设计思路是：每个月都设有“年假”“病假”“事假”考勤统计，各占1列数据，在合计行对每列数据进行求和，以便对年度分项累计求和。

1）缩小列宽和字号

由于该表行列数较多，故需要缩小列宽和字号。先全选工作表，在列标上单击鼠标右键，选择“列宽”命令，将各列宽设为2.71（约23像素），将所有字号设置为9号。

2）输入月份

选择单元格B4:D4，单击工具栏上的【合并及居中】按钮，在合并单元格中输入文字“一月”，使用填充句柄向右填充序列至“十二月”；按住Ctrl键，分别选择单月所在的单元格，再单击工具栏中【填充颜色】按钮，选择黄色。用同样的方法完成对双月填充浅绿色。

3）输入考勤栏目

在B5:D5单元格分别输入“年假”“病假”“事假”，并将文字手工换行（每输入一个字，按Alt+Enter组合键）；选择B5:D5，设置格式为文字居中，并利用填充法完成向右的填充，如图5.19（a）所示。

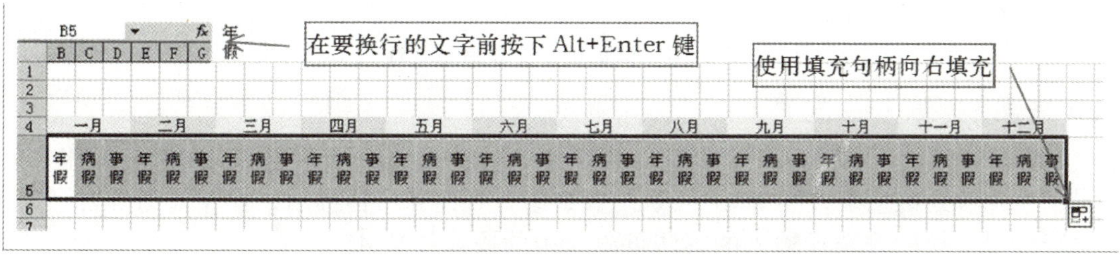

（a）选择B5:D5向右填充

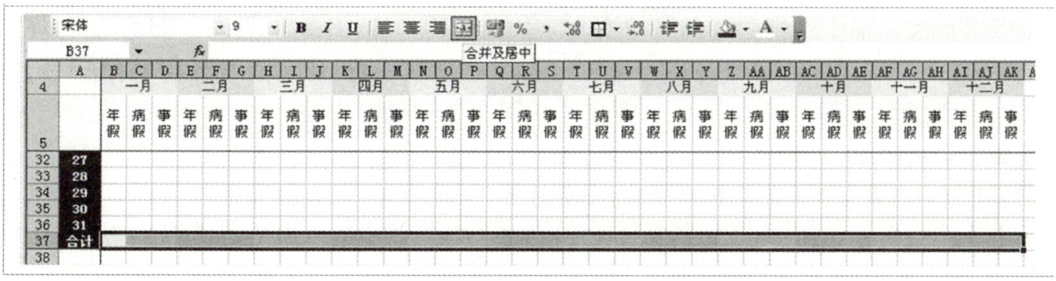

（b）将B4:AK4复制到B37:AK37，取消合并

图5.19　输入考勤栏目

4）输入考核天数

在A6中输入“1”，并向下填充序列至“32”，设置字体为白色并加粗，底色为深蓝，再将数字“32”改为“合计”，选择A列，单击【居中】按钮，并双击该列右侧的列标线，实现自动列宽。

5）为合计列添加底色

利用已填充好颜色的各月，复制完成。选择 B4:AK4，单击鼠标右键，选择“复制”命令，至 B37 单元格，直接按 Enter 键。再分别按 Delete 键和单击合并及居中按钮，即清除其中的内容、还原合并的单元格，结果如图 5.19（b）所示。

6）设置批注

合并 A4:A5 单元格，设为灰色-25%，按 Shift+F2 组合键，插入批注，输入提示信息“考勤记录以小时为单位。每一个记录格的最大值为 8，最小值为 1。”按 Shift+F2 组合键，可以编辑批注，如图 5.20（a）所示。选定批注中的文字，单击鼠标右键，选择“设置批注格式”命令，设置为 9 号、蓝色、宋体。若要清除所有批注，可先按 Ctrl+Shift+O 组合键选取所有含批注的单元格。**关于设置、编辑、删除批注的方法见附录中的操作技巧 43。**

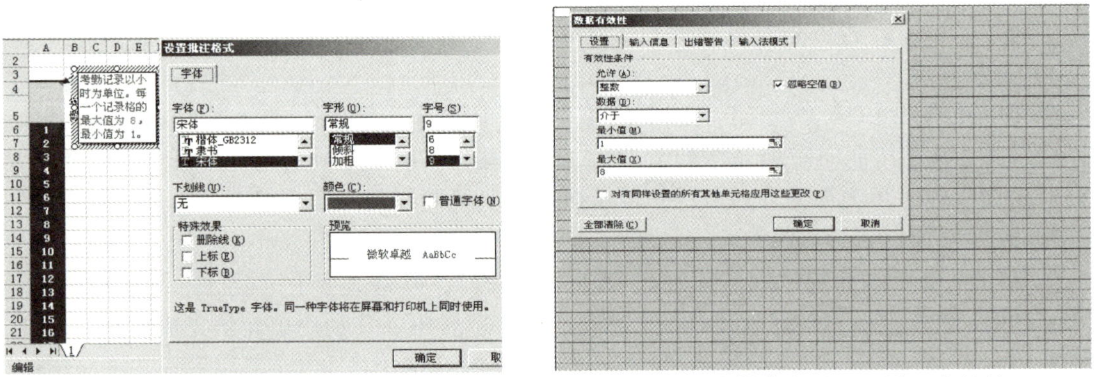

（a）设置批注及批注格式　　（b）对考勤信息录入区设置有效性

图 5.20　设置批注及数据有效性

7）设置有效性

由于每日工作时间为 8 小时，所以这里约定请假时间为 1 ~ 8 的整数，为防止工作人员输入错误，应对考勤信息录入区 B6:AK36 设置数据有效性和出错提示，操作如图 5.20（b）所示。**关于设置下拉列表选择输入的方法见附录中的操作技巧 45。**

8）设置表格线

全选数据表（单击表格中任何一个有文字的单元格，按 Ctrl+A 组合键即可），按 Ctrl+1 组合键，打开“单元格格式”对话框，在“边框”选项卡中选择黑色粗实线，单击【外边框】按钮；内部线设为灰-40%细实线，单击【内部】按钮，如图 5.21（a）所示，单击【确定】按钮，退出对话框。

再按住 Ctrl 键，分别选择单月所在区域，在“边框”选项卡中选择蓝色、中号粗实线，分别单击【左边框】按钮、【右边框】按钮和【确定】按钮，退出对话框，如图 5.21（b）所示。

最后按住 Ctrl 键，分别选择实际没有的日期（如 2 月 30 日、31 日，4、6、9、11 月的 31 日）所在单元格，在“边框”选项卡中取消内部线（分别单击边框按钮中的和）。

9）输入合计栏公式

选择 B37 单元格，在公式编辑栏中输入求和函数 SUM()，将其中的参数选择为求和区域 B6:B36，即 B37=SUM(B6:B36)，确定输入后，拖动公式所在单元格的填充句柄，向右填充至 AK37，打开智能填充选项，选择“不带格式填充”，否则原已设置的格式都会与 B37 相同。

由于在 B37 中输入的公式是相对引用，所以向右填充的公式均会自动引用本列数据进行求和。公式输入后，可以输入一些数据验证公式的正确性。

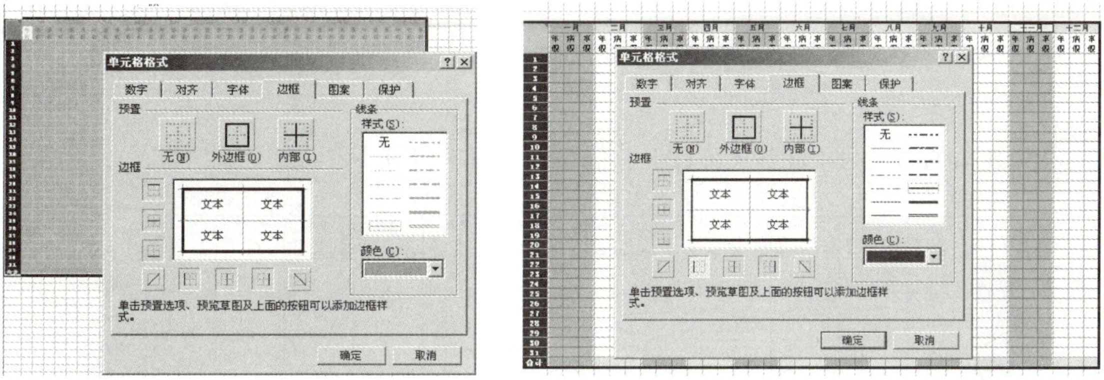

（a）全选数据表，设置外边框为黑粗实线，内部线为灰-40%、细实线

（b）按住 Ctrl 键，分别选择单月区域，设置左、右边框为蓝色、中粗实线

图 5.21　设置表格线

关于对一批单元格快速输入相同信息或公式的方法见附录中的操作技巧 40。

2．表头部分的设计

表头包含表名及个人基本信息，如图 5.22 所示。

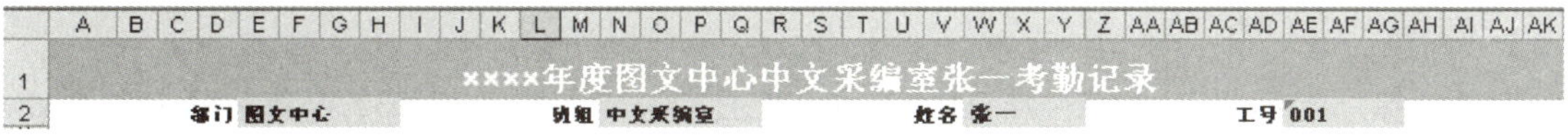

图 5.22　表头设计的样式

1）标题行格式

将 A1:AK1 设置字号为 16，加粗，白色，底色为水绿色，并进行合并。

2）个人信息行

将第二行设为 10 号，加粗。

将 C2:D2、L2:M2、U2:V2、AC2:AD2 单元格分别合并，在其中分别输入“部门”“班组”“姓名”“工号”，并设置为右对齐。

将 E2:H2、N2:Q2、W2:Y2、AE2:AG2（等待输入个人的基本信息）的单元格设置底色以突出显示；对输入工号的 AE2 单元格还应设置为文本格式。

3）标题行公式

在标题行输入公式=汇总!A1&"年度"&E2&N2&W2&"考勤记录"，如图 5.23 所示。

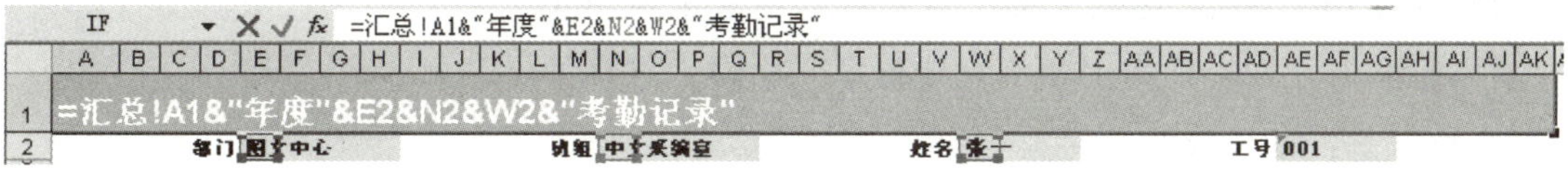

图 5.23　输入标题行的公式

公式说明：

汇总!A1&"年度"——将汇总表中的 A1 单元格中待输入的年份和“年度”文字拼接成文

本“XXXX 年度”，这样在汇总表中输入当前年份后，各分表均自动同步更新。

&E2&N2&W2——将 E2、N2、W2 中已输入的个人信息部门、班组、姓名拼接成文本，并与之前的字符串连接起来。

&"考勤记录"——将文字考勤记录与前面的字符串连接。

3．汇总区的设计

在考核表的右侧为年度各项统计汇总信息，如图 5.24 所示。

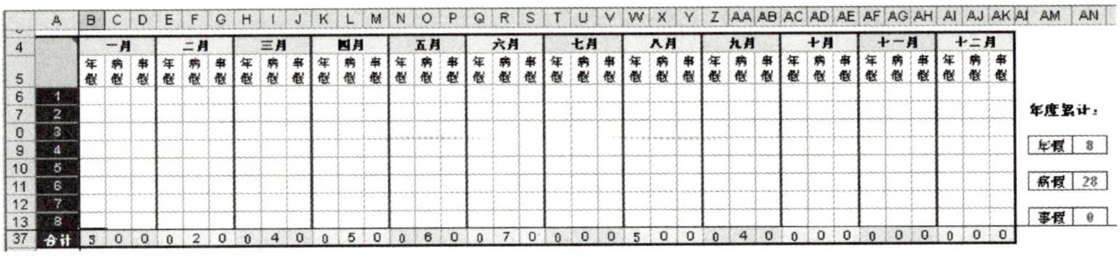

图 5.24　汇总区的设计样式

1）文字与边框

（1）在 AM7、AM9、AM11、AM13 中分别输入“年度统计”“年假”“病假”“事假”，设置字号为 10，加粗。

（2）将 AN9、AN11、AN13 中，设置字号为 10 号、红色、加粗；选择 AM9:AN9、AM11: AN11、AM13:AN13，设置边框为蓝色。

2）计算公式

（1）对各月的年假求和：AN9=SUM(B37,E37,H37,K37,N37,Q37,T37,W37,Z37,AC37,AF37,AI37)。

（2）对各月的病假求和：AN11=SUM(C37,F37,I37,L37,O37,R37,U37,X37,AA37,AD37,AG37,AJ37)。

（3）对各月的事假求和：AN13=SUM(D37,G37,J37,M37,P37,S37,V37,Y37,AB37,AE37,AH37,AK37)。

以上公式输入的方法：以 AN9 中的公式为例，在输入函数名后，将光标定位于 SUM 函数的括号中，按住 Ctrl 键，分别单击 B37、E37、H37、K37、N37、Q37、T37、W37、Z37、AC37、AF37、AI37 等单元格，按 Enter 键即完成。

利用 AN9 中的公式，可以快速获得 AN11、AN13 单元格的公式，方法是：将 AN9 单元格中的公式向右填充至 AO9、AP9 单元格，然后将 AO9、AP9 单元格移至 AN11 和 AN13 即可。

公式中使用了 SUM 函数，关于该函数的用法见附录 4。

输入公式后，即可在表中输入一些数据，以验证计算结果。

4．格式与打印设计

（1）调整分隔行高。选择第 3 行，将行高适当缩小。

（2）清除网格线和零值。**关于不显示网格线的方法见附录中的操作技巧 52，不显示“0”的方法见附录中的操作技巧 50。**

（3）打印设置。打开“页面设置”对话框（**不同软件版本操作方法见附录中的操作说明 15**），也可以在页面设置时，在打印区域中引用该区域，如选择需要打印的范围 A1:AN37，如图 5.25（a）所示。图 5.25（b）为经过打印设置的预览效果。

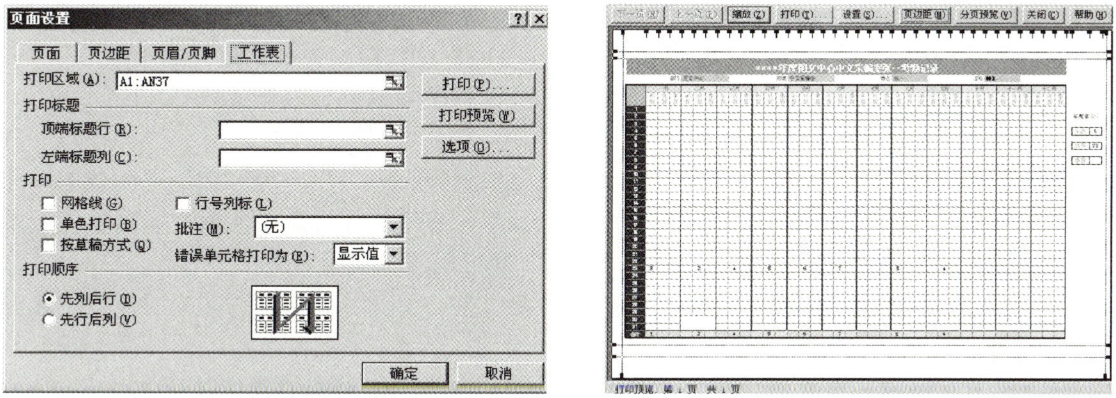

（a）设置打印区域　　　　（b）最终设置效果

图 5.25　打印设计

（4）设置与汇总表的链接：目的是建立起个人考核表与部门汇总表之间的联系。设以 A1 单元格为联系对象，按 Ctrl+K 组合键，打开“插入超链接”对话框，选择“本文档中的位置”，在“或在这篇文档中选择位置”列表框中选择“汇总”表，在“要显示的文字”文本框中输入“返回汇总表”，单击【确定】按钮，如图 5.26 所示。

（5）隐藏数据表之外的其他行和列。

2003 版工作表共有 256 列、65536 行（2010 版有 15384 列、1048576 行），在常见的 A1 样式中，第 1 列为 A 列，第 256 列为 IV 列，设要隐藏 AO 列至 IV 列，在名称框中输入 AO:IV，按 Enter 键，即快速选定了这些列，然后按 Ctrl+0 组合键快速隐藏列。

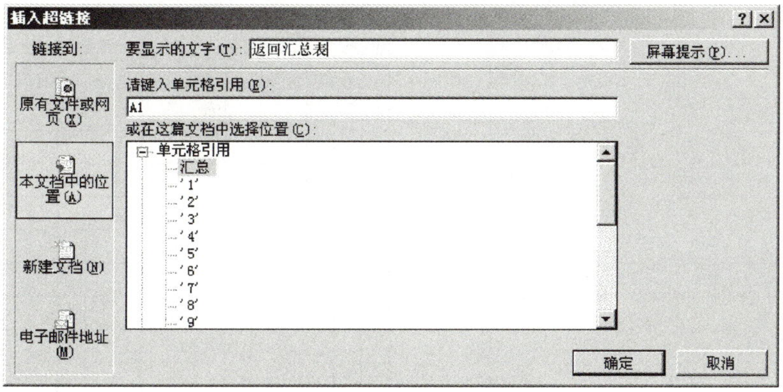

图 5.26　设置 A1 与汇总表的链接

同样，若要隐藏第 38 行至第 65536 行，在名称框中输入 38:65536，按 Enter 键，即快速选定了这些行，然后按 Ctrl+9 组合键快速隐藏行。

有关快速隐藏和取消隐藏行、列的方法见附录中的操作技巧 54。

步骤二　制作其他员工考核表

1．快速生成其他个人表

1）插入工作表

根据部门人数插入 *N* 张新表（本例需要新插入 11 张工作表），并分别改名为“2”“3”……“12”。**关于快速插入、删除及重命名工作表的方法见附录中的操作技巧 18。**

2）填充工作组

先全选表“1”，再按住 Shift 键单击表“12”，即选择了表“1”与表“12”之间各表（此时工作簿名称栏上会出现“工作组”字样）。打开“填充成组工作表”对话框（**不同软件版本操作方法见附录中的操作说明 12**），选择“全部”即可同步完成对各表的制作。

单击任一未激活的工作表名（如果所有工作表均在工作组内，则单击其中的任一工作表名），即可取消“成组工作表”模式。

关于向工作组填充及取消“成组工作表”模式的方法见附录中的操作技巧 37。

2．编辑各工作表的信息

逐一修改各工作表使用对象的个人信息。

步骤三　制作部门考核汇总表

工作表表名为“汇总”，样式如图 5.18 所示。该表具有两大功能：一是每个员工考核表中的月度和年度汇总数据均由公式自动显示，便于人事部门计算病事假；二是单击“序号”列中的数字可进入相应个人考核表查看明细。

1．自动引用各分表信息

该表引用的信息来自个人考勤表的 3 个部分：一是表头部分的个人基本信息，如图 5.27（a）所示；二是年度统计数据，如图 5.27（b）所示；三是各月合计数据，如图 5.27（c）所示。

A	B	C	D
序号	班组	姓名	工号
1	中文采编室	张一	001
2	中文采编室	张二	002
3	外文采编室	王一	003
4	外文采编室	王二	004
5	电子阅览室	金一	005
6	期刊阅览室	陈一	006
7	期刊阅览室	陈二	007
8	征书处	刘一	008
9	借书处	李一	009
10	综合服务室	钱一	010
11	网络管理	赵一	011
12	办公室	徐一	012

（a）基本信息

E	F	G
全年累计		
年假	病假	事假
8	28	
4	4	
9	9	9
12	12	12
	10	10
18		18
21	21	21
3	3	
24		24
6	6	6
12	12	12
12		

（b）年度累计

H	I	J	K	L	M	N	O	P	AI	AJ	AK	AL	AM	AN	AO	AP	AQ
1月			2月			3月			10月			11月			12月		
年假	病假	事假	年假	病假	事假	年假	病假	事假	年假	病假	事假	年假	病假	事假	年假	病假	事假
3				2			4										
						4	4										
							10	10									
						3	3										
									12	12							
															12		

（c）各月合计（二、三季度被隐藏）

图 5.27　汇总表的组成

1）输入“序号”1 所在行的公式

“汇总”表“序号”1 所在行的 B5、C5、D5、E5、F5、G5 引用的是“1”表中的不连续单元格，公式应逐一输入，例如在 B5 中输入“=”，再单击“1”表 N2，如图 5.28 所示；而“汇总”表中“序号”为 1 所在行 H5:AQ5 引用的是“1”表中的 B37:AK37 连续单元格，公式可一次输入，方法是选择“1”表 B 37:AK37，单击鼠标右键，选择“复制”命令，再切换到“汇总”表 H5，单击鼠标右键，选择“选择性粘贴”命令，在“选择性粘贴”对话框中单击【粘贴链接】按钮即可，结果如图 5.29 所示。

图 5.28、图 5.29 中均显示了同一工作簿的不同窗口。**关于同时查看不同工作表的方法见附录中的操作技巧 3，在公式和数值两者间切换的方法见附录中的操作技巧 23。**

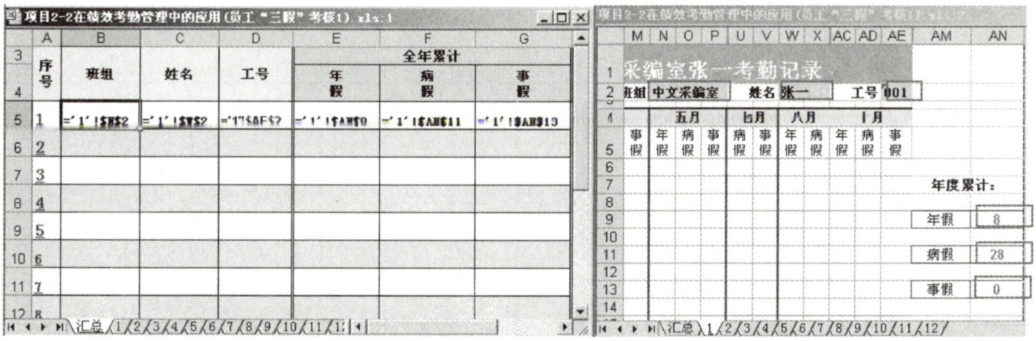

图 5.28　“汇总”表 B5、C5、D5、E5、F5、G5 引用“1”表中的不连续单元格

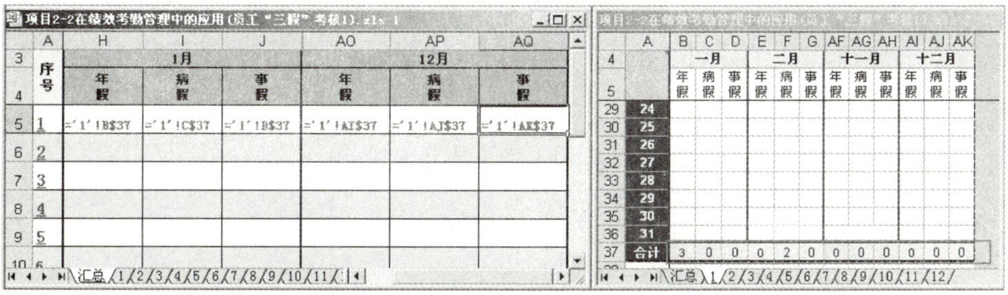

图 5.29　“汇总”表 H5:AQ5 引用“1”表中的连续单元格 B37:AK37

2）向下填充公式

由于每张个人表的结构完全一致，所以引用的单元格不变，可以进行填充复制。为确保向下复制时引用的行号不变，复制前应将公式中的行相对引用改为行绝对引用（N2→N$2，或者$N$2），选择“汇总”表中 B5:AQ16，按 Ctrl+D 组合键，向下填充至其他各行。复制结果如图 5.30 所示。

3）编辑公式

由于每张个人表的表名不同（工作表名与序号一致），所以可用查找替换的方法完成。

选择“序号”为 2 的公式所在行，按 Ctrl+F 组合键，打开“查找和替换”对话框，分别在“查找内容”和“替换为”输入框中输入'1'和'2'，单击【全部替换】按钮，如图 5.31 所示，即可完成替换。用同样的方法，对其他各行进行替换。

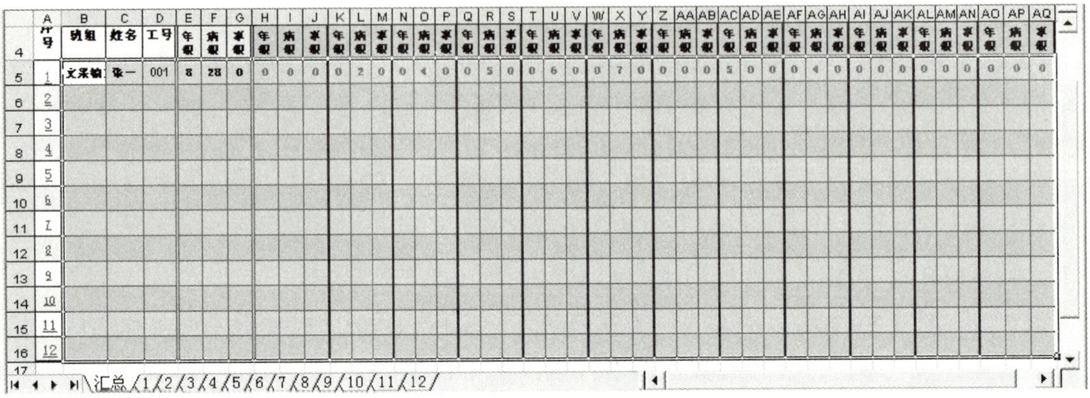

（a）选择 B5:AQ5 区域

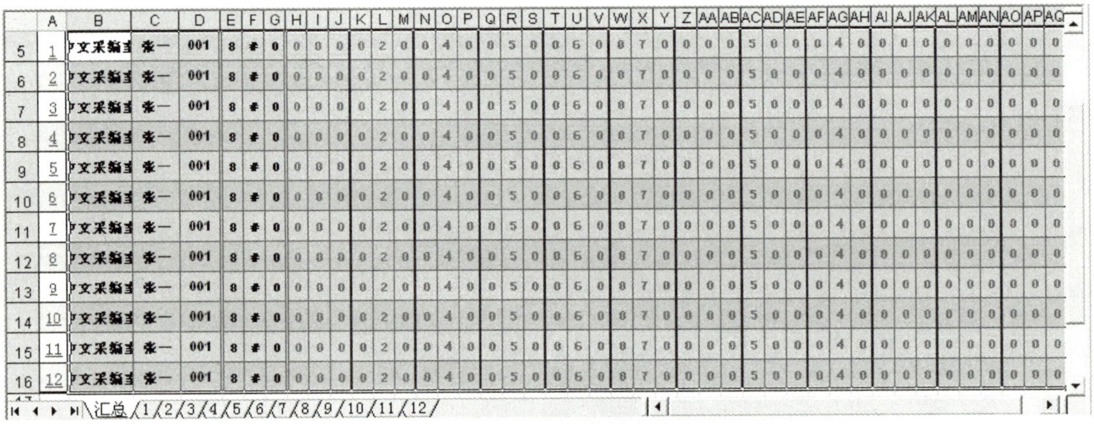

（b）向下填充至其他各行

图 5.30　向下填充公式

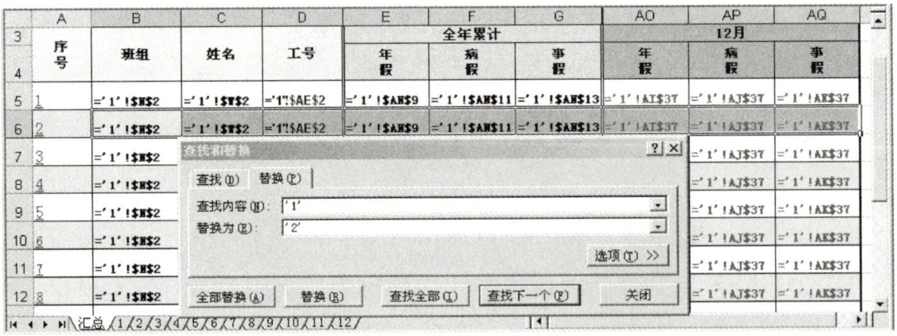

图 5.31　选择“序号”2 对应行，将“'1'”替换为“'2'”

关闭“查找和替换”对话框，按 Ctrl+`组合键，可在公式和值之间切换。若取消所有的隐藏列，则显示结果如图 5.18 所示。

4）设置显示

（1）对 A5:AQ16 区域设置隔行显示不同，关于该设置的详细说明见下一任务，此处暂不做介绍。

（2）对 H5:AQ16 区域设置红字，加粗，以便更加醒目。

（3）设置不显示“0”。**关于不显示“0”的方法见附录中的操作技巧50**。

5）数据检测

在个人考勤表中输入检测数据，观察在汇总表中的显示数据的正确性。

2. 建立与各分表的链接

单击“汇总”表“序号”为1的单元格，按Ctrl+K组合键，打开“插入超链接”对话框，单击“本文档中的位置”，在“或在这篇文档中选择位置”列表框中选择'1'，如图5.32所示，单击【确定】按钮；用同样的方法逐一完成“汇总”表中的各序号与相应个人考核工作表的链接。

单击“汇总”表中的序号即可进入个人考核表，而通过之前在个人考核表中所设置的A1与“汇总”表的超链接，又能立即返回“汇总”表，从而实现了各表之间的立体交互。

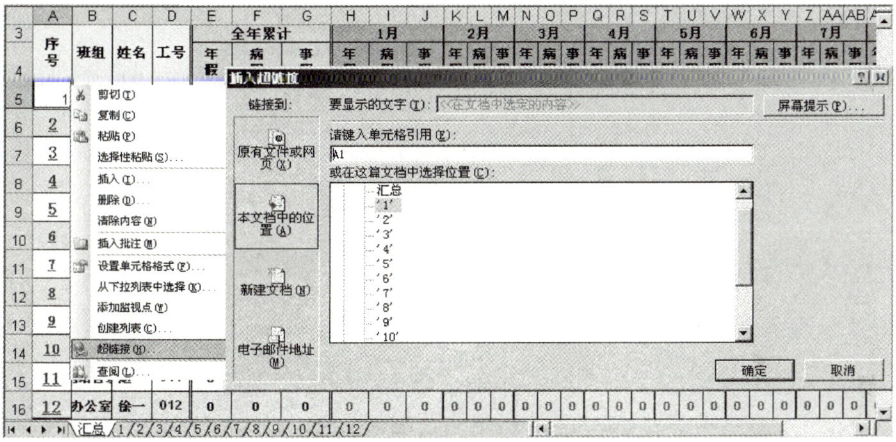

图5.32 将“汇总”表中的序号分别与对应工作表建立超链接

3. 其他设置

（1）设置“序号”列的格式：加粗、增大字号、居中对齐等。对已建立超链接的单元格要进行格式设置，首先要选择这些单元格，但实际上一旦单击该单元格便指向了链接，这给单元格设置带来了麻烦。**关于选取带有超链接的单元格的方法见附录中的操作技巧56**。

（2）为公式所在单元格设置保护。**关于保护工作表中部分单元格的方法见附录中的操作技巧19**。

（3）打印设置。**关于打印设置的方法见附录中的操作技巧5**。

任务3 设计单项多人多组考核统计表

【任务导读】

【示例文件】

本任务以某系22个班、882名学生晚自习考核竞赛为例，制作单项多人多组考核软件。参考示例文件：项目5-3 在绩效考勤管理中的应用（多组多人单项考核）。该软件能按日、周及阶段累计反馈动态考核结果，使考核竞赛工作透明可信，起到了良好的激励作用。

该设计包括班级考核表（图5.33）周报表及汇总表（见项目导读）。

	A	B	C	D	E	F	G	H	I	J	K	L	M	N	O	P	Q	R
1	班名		报关1631			质量评价	优	良	优	优	优	4.8	良	良	优	优	中	4.2
2	人数		26			出勤数/率	26	24	26	25	26	98%	26	25	26	26	26	99%
3	动态考核天数		10			旷课数		1		1		2						
4	动态出勤率		98.5%			事假数												
5						病假数		1				1		1				1
6						公假数			1			1		1	1	1		3
7	姓名	旷课	事假	病假	公假	出勤率	第1周						第2周					
8							周1	周2	周3	周4	周5	周统计	周1	周2	周3	周4	周5	周统计
9	徐燕				1	100%						——		1				——
10	艾亚欣			2	2	80%		2				——		2	1	1		——

	A	B	C	D	E	F	G	H	I	J	K	L	M	N	O	P	Q	R
1	班名		财务163A			质量评价	优	良	优	优	优	4.8	优	良	优	优	优	4.8
2	人数		41			出勤数/率	41	40	40	40	41	99%	40	41	40	40	41	99%
3	已考天数		10			旷课数		1		1		2	1					1
4	累计出勤率		98.5%			事假数			1			1			1			1
5						病假数										1		1
6						公假数												
7	姓名	旷课	事假	病假	公假	出勤率	第1周						第2周					
8							周1	周2	周3	周4	周5	周统计	周1	周2	周3	周4	周5	周统计
9	陈唯一	1		1		80%						——	4			2		——
10	崔文宣		2			80%			3			——			3			——

图 5.33　同时显示的两个班级考核表

关于同时查看同一工作簿中的不同工作表的方法见附录中的操作技巧 **3**。

步骤一　制作单班考核表

1．整体设计

打开工作表“1”，样式如图 5.34 所示。该表分为 3 个部分。

1）表头区

表头区即 A1:E1、A7:DV8、A9:A100 单元格区域，它包括班级名称、图形符号（例如校标，单击该标志将能快速切换到“周报表”）、该班学生姓名（设 100 行已足矣）、考核周次（设每学期 20 周已足矣）、每周考核 5 天。

	A	B	C	D	E	F	G	H	I	J	K	L	M	N	O	P	Q	R	DQ	DR	DS	DT	DU	DV
1	班名		报关1631			质量评价	优	良	优	优	优	4.8	良	良	优	优	中	4.2						
2	人数		26			出勤数/率	26	24	26	25	26	98%	26	25	26	26	26	99%						
3	动态考核天数		10			旷课数		1		1		2												
4	动态出勤率		98.5%			事假数																		
5						病假数		1				1		1				1						
6						公假数			1			1		1	1	1		3						
7	姓名	旷课	事假	病假	公假	出勤率	第1周						第2周						第20周					
8							周1	周2	周3	周4	周5	周统计	周1	周2	周3	周4	周5	周统计	周1	周2	周3	周4	周5	周统计
9	徐燕				1	100%						——		1				——						——
10	艾亚欣			2	2	80%		2				——		2	1	1		——						——
11	姜文静				1	100%			1			——						——						——
99												——						——						——
100												——						——						——

图 5.34　班级考核表

（1）运用合并单元格技术。

表头区有许多需要合并的单元格区域，例如 A1:B1、C1:D1、A7:A8、B7:B8、C7:C8、D7:D8、E7:E8、F7:F8、G7:L7 等。

快速合并单元格的方法是：先对其中一个区域进行合并（如选择 A1:B1 单元格区域，单击“开始”选项卡中的【合并后居中】按钮)，然后分别选择需要合并的其他区域(如 C1:D1)，按 F4 键即重复上一步的“合并”操作)。

(2)使用填充技术。

① 在 G7:L7 合并单元格区域中输入“第 1 周”，选择该区域并拖动填充柄向右填充至 DV7 单元格，在右下角的“自动填充选项”开关中选择“填充序列”，即可出现“第 1 周”至“第 20 周”的序列，并且格式与 G7:L7 合并单元格一致；同样，在 G8 单元格中输入“周 1”，拖动填充柄向右填充至 K8，也可产生“周 1”至“周 5”的序列。

② 在 L8 中输入“周统计”，选择 G8:L8 单元格区域，拖动填充柄向右填充至 DV8 单元格，在右下角的“自动填充选项”中选择“复制单元格”即可。

2)考核区

考核区包括个人出勤考核区及班级质量考核区，运用数据验证功能进行规范输入。

(1)对个人出勤考核区的设置。

① 选择第一周的考勤区 G9:K100 单元格(设 100 行足以满足单班级学生考核)，单击“数据”选项卡中的【数据验证】按钮，打开“数据验证”对话框，在“设置”标签和“输入信息”标签中，分别设置如图 5.35(a)和图 5.35(b)所示。其中，序列“4、3、2、1”分别代表“旷课、事假、病假、公假”。注意，序列中的分隔符必须为英文“,”。最后，单击【确定】按钮。

② 选择 L9:L100，在编辑栏中输入“——”，按 Ctrl+Enter 组合键，即可快速输入。

③ 选择 G9:L100 单元格区域，拖动填充柄向右填充至 DV 列即完成其余各周考勤区的设置。

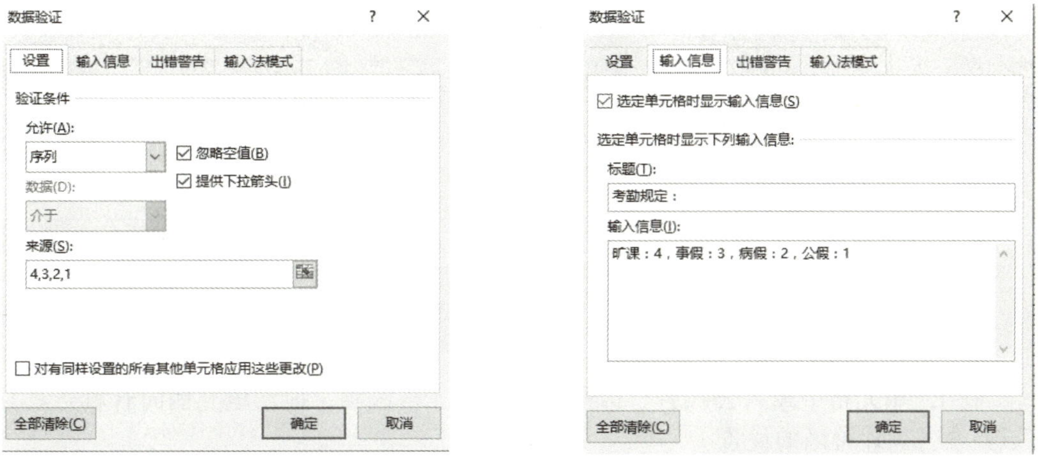

(a)“设置”设置　　　　(b)“输入信息”设置

图 5.35　为考勤区设置数据验证

(2)对班级质量考核区的设置。

① 选择第一周质量评价区 G1:K1 单元格，单击“数据”选项卡中的【数据验证】按钮，打开“数据验证”对话框，在“设置”标签和“输入”标签中，分别设置如图 5.36(a)和图 5.36(b)。注意，序列中的分隔符必须为英文“,”。最后，单击【确定】按钮。

② 选择 G1:K1 单元格，选择“开始”选项卡中“条件格式”下拉列表中的“管理规则”命令，打开“新建格式规则”对话框，选择“使用公式确定要设置格式的单元格”命令，在

“为符合此公式的值设置格式”中输入公式=G1="优"（注意西文输入状态下的""），设置格式为红色加粗，设置如图5.37（a）所示，确定后再次选择“新建格式规则”命令，依次设置符合其他条件公式的格式，也可以选择“条件格式规则管理器”命令，在其中选择“新建规则”“编辑规则”“删除规则”查看已经设置的所有规则，如图5.37（b）所示。

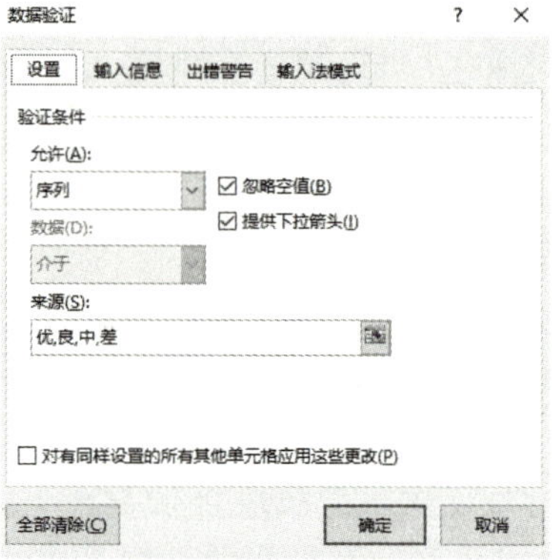

（a）“设置”设置

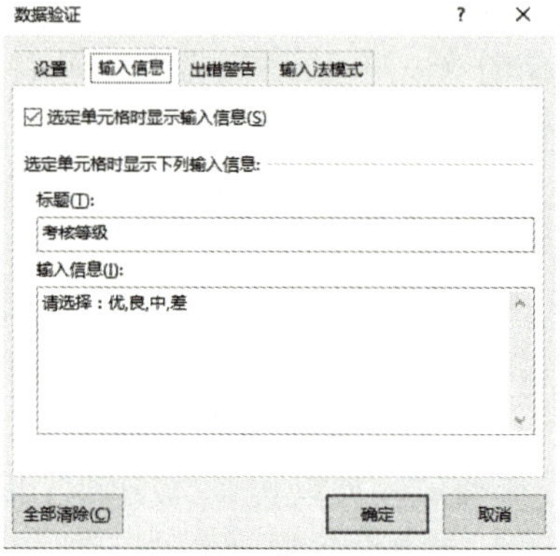

（b）“输入信息”设置

图5.36　为质量评价区设置数据验证

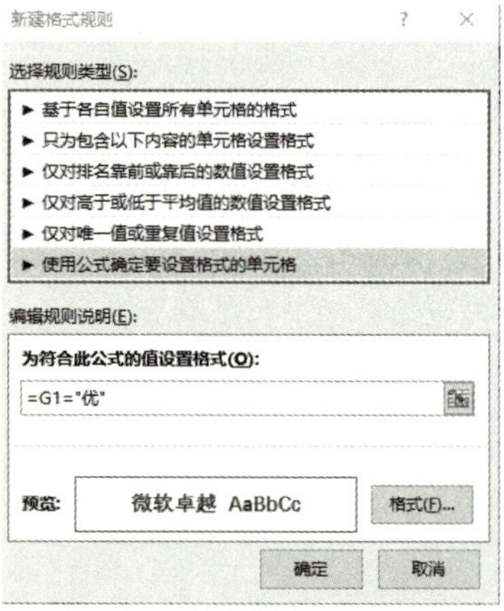

（a）设置

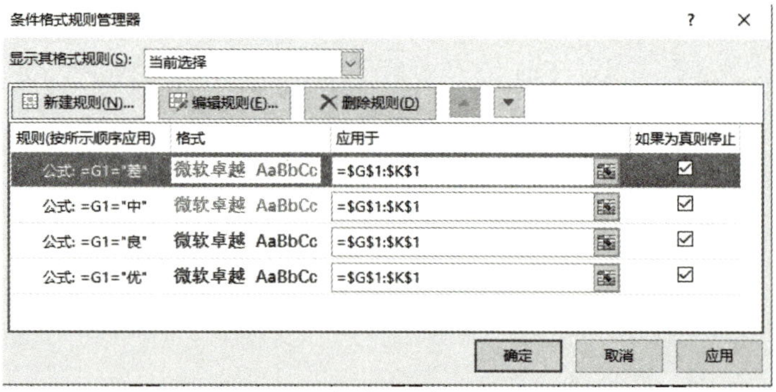

（b）查看

图5.37　为质量评价区设置条件格式

③ 待L1单元格中输入公式后，选择G1:L1单元格区域，拖动填充柄向右填充至DV1，即完成其余各周评价区的设置。

用户在考核区的单元格下拉列表中可按提示选择输入。**关于设置下拉列表选择输入的方法见附录中的操作技巧45。**

（3）对统计区的公式设置。

统计区包括辅助部分、个人部分、集体部分。

辅助部分：如班级人数（C2单元格）、动态考核天数（C3单元格）。

个人部分：如旷课、事假、病假、公假、出勤率等（B9:F100单元格区域）。

集体部分：每日的出勤数、旷课数、事假数、病假数、公假数（G2:K6单元格区域）；每周的质量评价、出勤率、旷课数、事假数、病假数、公假数（L1:L6单元格区域）；累计动态出勤率（C4）。

① 辅助部分的公式。

班级人数：C2=COUNTA(A9:A100)

动态考核天数：C3=COUNTA(G1:DV1)-20

以上两个辅助公式将用于计算班级每周出勤率和个人出勤率。

公式使用了 COUNTA 函数。**相关函数的用法见附录 4**。对公式的分析解读见表 5-1。

② 个人部分的公式。

累计旷课次数：B9=COUNTIF(G9:DV9,4)

累计事假次数：C9=COUNTIF(G9:DV9,3)

累计病假次数：D9=COUNTIF(G9:DV9,2)

累计公假次数：E9=COUNTIF(G9:DV9,1)

出勤率：F9=IF(OR(A9="",$C$3=0),"",1-SUM(B9:D9)/$C$3)（设置 F9 为百分比格式）

将以上公式向下填充至 100 行（为保持公式向下填充时，累计动态考核天数（C3）不偏移，公式中的 C3 应采取绝对引用（即$C$3）。**关于引用的类别及快速切换引用的方法见附录中的操作技巧 27**。

快速填充公式的方法是：在名称框中输入 B9:E100，分别按 Enter 键、Ctrl+D 组合键，即可完成公式的向下定位填充。

以上公式中使用了 COUNTIF、OR、SUM、IF 等函数。**相关函数的用法见附录 4**。对公式的分析解读见表 5-1。

表 5-1 对公式的分析解读

公　式	作　用
C2=COUNTA(A9:A100)	参数 A9:A100 为可能包含班级学生姓名的区域 本公式统计该区域中非空单元格（已输入有学生姓名）的个数，即班级人数
C3=COUNTA(G1:DV1)-20	参数 G1:DV1 为可能包含质量考核的区域 -20 即去掉每周一次（共 20 周）周统计的单元格个数 本公式统计已评价过的质量考核天数，即考勤天数
B9=COUNTIF(G9:DV9,4) C9=COUNTIF(G9:DV9,3) D9=COUNTIF(G9:DV9,2) E9=COUNTIF(G9:DV9,1)	参数 G9:DV9 为首位学生受考核的区域 参数“4”对应旷课，参数“3”对应事假，参数“2”对应病假，参数“1”对应公假 公式分别统计该区域中记录的旷课、事假、病假、公假的次数
F9=IF(OR(A9="",$C$3=0),"",1-SUM(B9:D9)/$C$3)	参数 1：OR(A9="",$C$3=0)，判断 A9 是否为空（即有无姓名）或 C3 是否为零（即是否已开始考核，如果两者有一条满足，则执行参数 2——""，即不显示；若两者皆不满足，则执行参数 3
	参数 3：SUM(B9:D9)/$C$3 计算首位学生缺勤天数占已考核天数比（即缺勤率）（公假未计） 1-SUM(B9:D9)/$C$3：将缺勤率转为出勤率

③ 集体部分的公式。

每日的出勤数：G2=IF(G1="","",$C$2-COUNTIF(G9:G100,">=2"))

该公式的作用是判断 G1 是否为空，如果 G1=""（即质量评价未考核），则执行参数 2——""（即不显示），否则执行参数 3 “$C$2-COUNTIF(G9:G100,">=2")”，即班级人数-缺勤人数（公假不计缺勤）。由于公式要向右填充至其他周次，为保持班级人数（C2）不偏移，公式中的 C2 应采取绝对引用（即$C$2）。

每日的旷课数：G3=COUNTIF(G9:G100,4)

每日的事假数：G4=COUNTIF(G9:G100,3)

每日的病假数：G5=COUNTIF(G9:G100,2)

每日的公假数：G6=COUNTIF(G9:G100,1)

将以上公式向右填充至 K 列。

每周的质量评价：L1=COUNTIF(G1:K1,"优")*5+COUNTIF(G1:K1,"良")*4+COUNTIF(G1:K1,"中")*3+COUNTIF(G1:K1,"差")*2)/COUNTA(G1:K1)

该公式的作用是将等级评价转换为考核分数，即计算 G1:K1 单元格区域中的“优”“良”“中”“差”的次数分别乘以相应的分值（“优”——5、“良”——4、“中”——3、“差”——2），再除以该周考勤的总次数。

设置 L1 单元格为显示小数 1 位。

每周的出勤率：L2=IF(ISERROR((AVERAGE(G2:K2)/$C$2)),"",AVERAGE(G2:K2)/$C$2)

该公式的主体 AVERAGE(G2:K2)/$C$2，计算平均出勤人数占班级人数比（即周平均出勤率），为防止分母为零（当班级姓名未输入时）公式报错，运用错误检测函数 ISERROR 加以判断，若错误确实发生，则执行参数 2——""（即不显示），否则正常显示，如图 5.38（a）所示。

设置 L2 单元格为显示百分比。

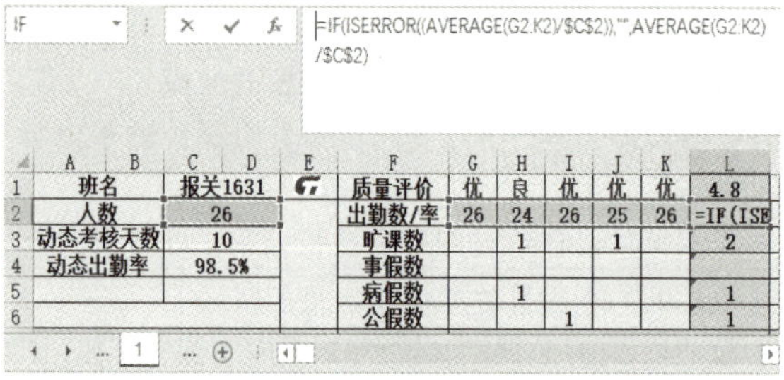

（a）计算每周出勤率

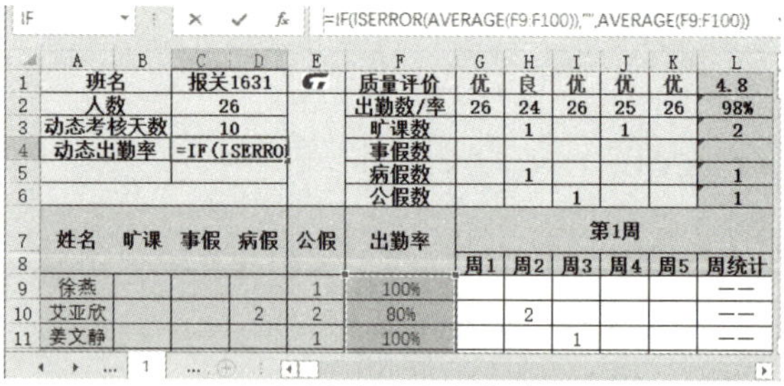

（b）累计动态出勤率

图 5.38　统计出勤率

每周的旷课数：L3=SUM(G3:K3)

每周的事假数：L4=SUM(G4:K4)

每周的病假数：L5=SUM(G5:K5)

每周的公假数：L6=SUM(G6:K6)

累计动态出勤率：C4=IF(ISERROR(AVERAGE(F9:F100)),"",AVERAGE(F9:F100))

该公式的主体 AVERAGE(F9:F100)，意义是平均出勤率，为防止分母为零（当尚未考核时）公式报错，应用错误检测函数 ISERROR 加以判断，若错误确实发生，则执行参数 2——""（即不显示），否则正常显示，如图 5.38（b）所示。

设置 C4 单元格为显示百分比，小数 1 位。

以上公式中使用了 COUNTIF、SUM、IF、ISERROR、AVERAGE 等函数。**相关函数的用法见附录 4**。

选择 G1:L6 单元格区域，拖动填充柄向右填充至 DV 列即完成其余各周的统计和条件格式等设置。第 2:6 行将为“周报表”提供引用的信息源，待引用完成后即可将其隐藏。

2．其他设计

1）建立与周报表的超链接

在 E1 单元格插入一小图标（此处使用校标），该图标不仅起到点缀作用，还将作为设置超链接的对象，右击该图标，按 Ctrl+K 组合键，打开“插入超链接”对话框，选择“本文档中的位置”，在“或在这篇文档中选择位置”列表框中选择“周报表”，单击【确定】按钮。

2）格式设置

（1）设置不同底纹和字体颜色，以突显效果。

（2）添加表格线。

（3）设置自动列宽（全选工作表后双击列标线即可）。

（4）设置不显示“0”。**关于不显示“0”的方法见附录中的操作技巧 50。**

步骤二　制作各班考核表

1．快速生成其他班级表

1）插入工作表

根据院系班级数插入 *N* 张新表，本例制作 30 个班级考核表，需要新插入 29 张工作表，关于**快速插入工作表的方法见附录中的操作技巧 18**。

2）更名

依次双击工作表，分别改名为“2”“3”……“30”。

3）填充工作组

先全选表“1”，再按住 Shift 键单击表“30”，即选择了表“1”与表“30”之间各表（此时工作簿名称栏上会出现“工作组”字样）。打开“填充成组工作表”对话框（**不同软件版本操作方法见附录中的操作说明 12**），选择“全部”即可同步完成对各表的制作。

单击任一未激活的工作表名（如果所有工作表均在工作组内，则单击其中的任一工作表名）即可取消“成组工作表”模式。

也可使用复制工作表的方法完成其他各表。

2．编辑各工作表的信息

逐一修改各工作表中的班级及学生姓名信息。

表“1”至表“30”的结构完全一致，有时需要对某个部分进行编辑，如同时隐藏第 2 行至第 6 行或同时修改某个公式，同时设置格式等，这些都可通过对各表同时操作来快速完成。现以清除各工作表中已有的考核记录为例（以备下一学期重复使用考核表），步骤介绍如下：

（1）为考核区定义名称。

① 全选表“1”，按 F5 键，打开“定位”对话框，单击【条件】按钮，选择“数据验证”

单选项，单击【确定】按钮，即选取了曾经设置过的数据验证区域，如图 5.39 所示。

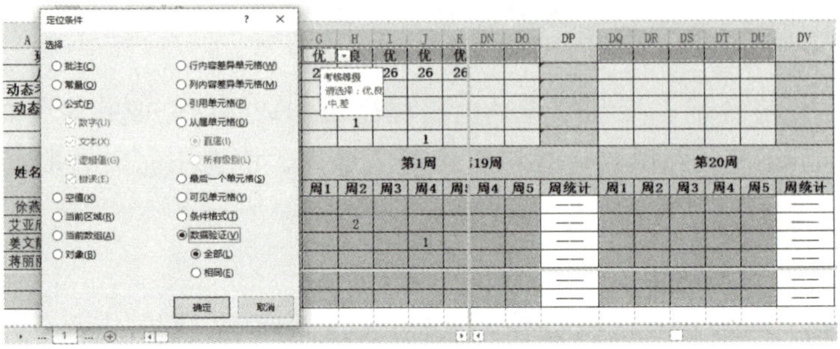

图 5.39 定位数据验证区

② 在名称框中输入定义的名称，本例定义为“考核区”，按 Enter 键即可。按 Ctrl+F3 组合键可查看、编辑或删除名称。

（2）录制宏

选择“视图”选项卡中的宏、录制新宏，宏名为“清零”。进行以下操作：

① 选择表“1”，按住 Shift 键，再选择表“30”，即选择表“1”至表“30”（如果看不到表“30”的标签，可单击标签滚动按钮 ◂ ▸ … 或按 Ctrl+右键组合键可显示最后一张表）。

② 在名称框输入“考核区”，即同时选择了各表的考核区域。

③ 按 Delete 键，清空各表的考核数据，如图 5.40 所示。

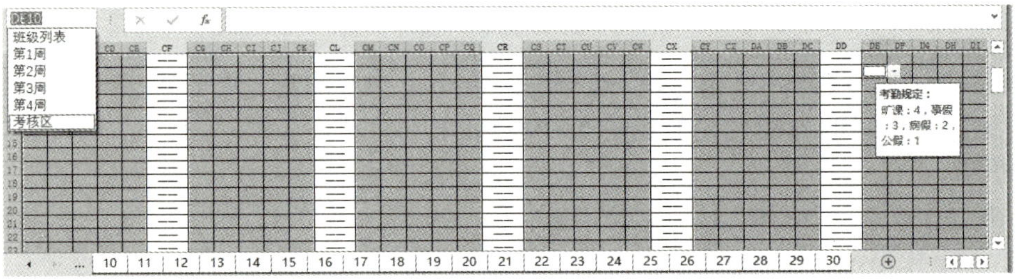

图 5.40 选择表“1”至表“30”，定位考核区后按 Del 键

④ 单击【动态汇总表】按钮，退出工作组状态。

⑤ 停止录制宏。

（3）制作按钮

在动态汇总表中任意插入一图形（见项目导读）右击该图形，在弹出的快捷菜单中选择“指定宏”命令，在对话框中选择宏名为“清零”，之后单击【清零】按钮即可清空各表中的数据（建议先备份再清空）。**关于打开带有宏文件的方法及 VBA 的相关知识见附录 5。**

步骤三 设计动态汇总表

动态汇总表显示效果见项目导读。其设计包括条件格式设置、公式引用设置及动态排名评价设置等方面，表中所示信息均自动生成。

1. 设置隔行不同显示

对奇数行设置为绿色，对偶数行设置为白色，如图 5.41 所示。**关于隔行不同显示的方法见附录中的操作技巧 48。**

在“条件格式”对话框中输入的条件 1 公式=MOD(ROW(),2)=1，条件 2 公式=MOD(ROW(),2)=0。**关于 MOD、ROW 函数的用法见附录 4。**

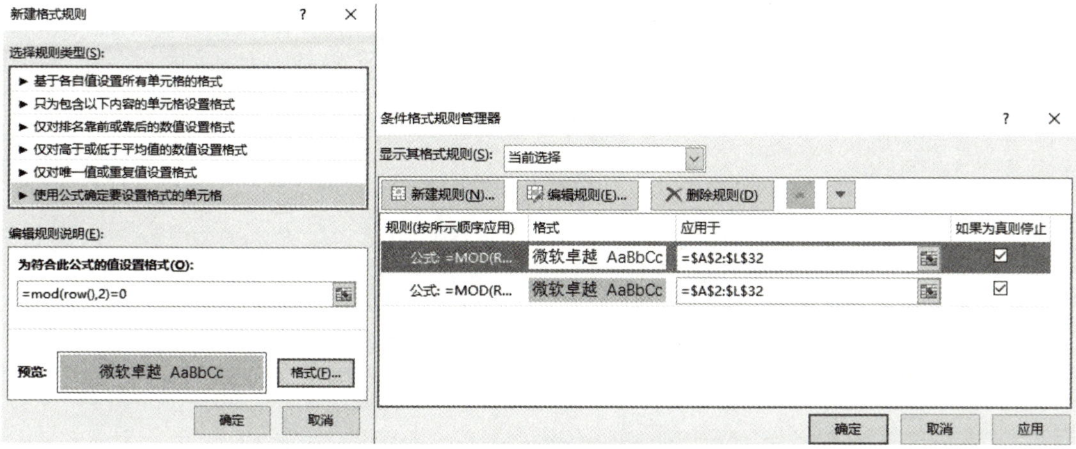

图 5.41　在条件格式中选择隔行显示

2．通过序号链接班级

将每个序号分别与相应的工作表链接，如将序号 1 指定给工作表“1”。**关于设置、编辑、取消超链接的方法见附录中的操作技巧 2，选取带有超链接的单元格的方法见附录中的操作技巧 56。**

3．运用公式引用数据

“汇总表”中所显示的“班级”“应到人数”“检查天数”（已考核天数）“动态出勤率”等分别引用相应工作表中的 C1、C2、C3、C4，如图 5.42 所示，有关的操作方法见任务 2 步骤三，此处不再赘述。

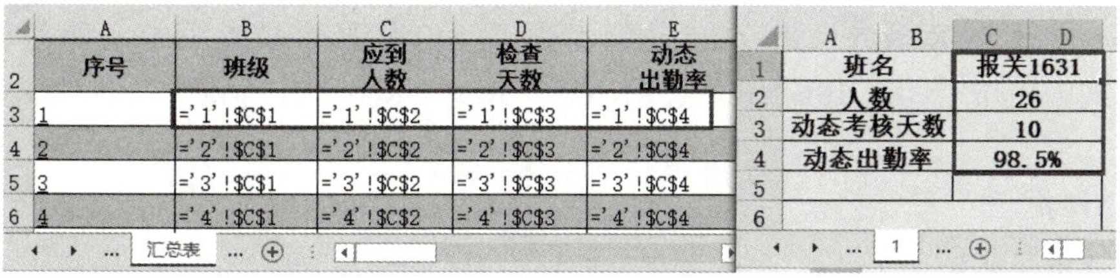

图 5.42　运用公式引用数据

4．建立数据统计公式

1）排列出勤名次

在 F3 中输入公式 F3=IF(D3=0,"",RANK(E3,$E$3:$E$40,0))，并向下填充至各对应行。IF 函数的作用是：判断 D3=0（即未考核），则不显示。

2）统计考评等次

G3=COUNTIF('1'!$G$1:$DV$1,"优")

H3=COUNTIF('1'!$G$1:$DV$1,"良")

I3=COUNTIF('1'!$G$1:$DV$1,"中")

J3=COUNTIF('1'!$G$1:$DV$1,"差")

将以上公式向下填充至序号为 30 所在行。以上公式中使用了 COUNTIF 函数。**相关函数的用法见附录 4。**

利用查找替换方法将各行中的表名依次替换为相应班级对应的表名，如图 5.43 所示。

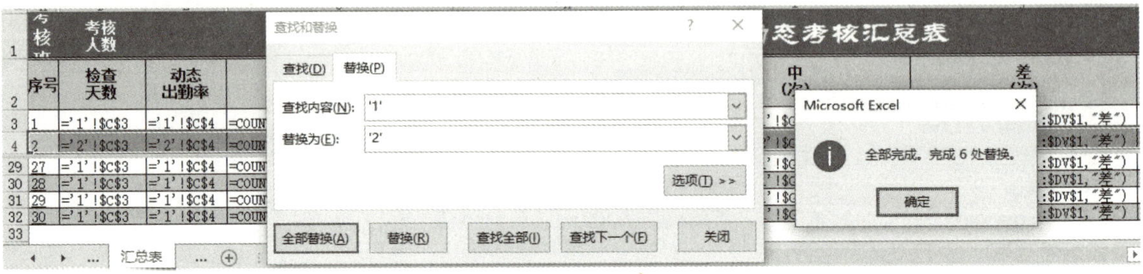

图 5.43　将各行公式中的表名替换与序号一致

3）质量考核分

K3=IF(SUM(G3:J3)=0,"",ROUND((G3*5+H3*4+I3*3+J3*2)*100/(SUM(G3:J3)*5),1))，并向下填充至各班对应行。

该公式的主体为：G3*5+H3*4+I3*3+J3*2)*100/(SUM(G3:J3)*5

该公式的含义是：将“优”“良”“中”“差”的累计次数分别乘以 5、4、3、2 求和得出班级总分；再计算班级总分与考核满分（总次数乘以 5）之比，按百分制计算。即

$$\frac{\text{获优的次数}\times5+\text{获良的次数}\times4+\text{获中的次数}\times3+\text{获差的次数}\times2}{\text{总次数}\times5}\times100$$

利用 IF 函数判断分母为零时，不显示。

4）质量排名

L3=IF(ISERROR(RANK(K3,$K$3:$K$40,0)),"",RANK(K3,$K$3:$K$40,0))，并向下填充至各对应行。

利用 IF、ISERROR 函数检测若公式显示错误值时（例如数据清零时），则不显示。

以上公式中使用了 IF、ISERROR、RANK、SUM、ROUND 等函数。**相关函数的用法见附录 4。**

5）综合评价

（1）设计评价等级。

本例共设为 5 级，如表 5-2 所示。

表 5-2　综合评价等级设置

分级	文字描述	评　价
1	出勤排名及质量排名均列班级数的前 20%	★★★★★
2	出勤排名及质量排名均列班级数的前 40%	★★★★
3	出勤排名及质量排名均列班级数的前 50%	★★★
4	出勤排名或质量排名至少有一项列班级数的前 50%	继续努力，争创佳绩!
5	不符合以上条件	落后啦，要加油啊！

由该表可知，综合评价与被考核的班级数有关。

（2）计算班级数。

在 B1 单元格输入公式 B1=COUNTIF(D:D,">=1")，如图 5.44（a）所示。

（3）输入评价公式。

M3=IF(D3=0,"",IF(AND(F3<=$B$1*20%,L3<=$B$1*20%),"★★★★★",IF(AND(F3<=$B$1*40%,L3<=$B$1*40%),"★★★★",IF(AND(F3<=$B$1*50%,L3<=$B$1*50%),"★★★",IF(OR(F3<=$B$1*50%,L3<=$B$1*50%),"继续努力，争创佳绩!","落后啦,要加油啊！"))))), 并向下填充至各对应行，如图 5.44（b）所示。

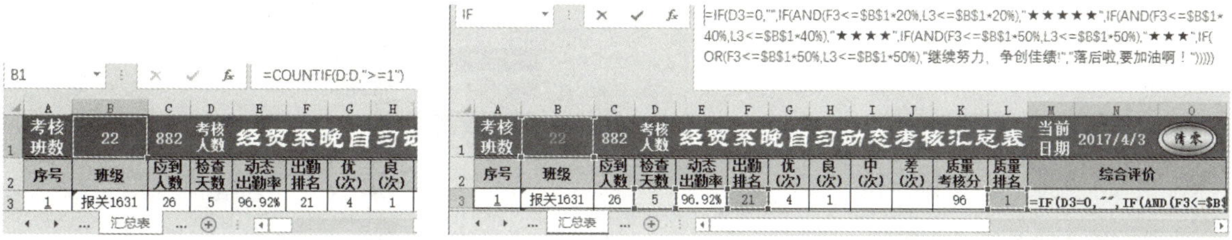

（a）输入计算班级数公式　　（b）输入评价公式

图 5.44　综合评价相关公式输入

表 5-3 列示了对该公式的解读。

表 5-3　对评价公式的解读

分类	文字描述	表达式	显示
1	出勤排名及质量排名均列班级数的前 20%	AND(F3<=$B$1*20%,L3<=$B$1*20%)	★★★★★
2	出勤排名及质量排名均列班级数的前 40%	AND(F3<=$B$1*40%,L3<=$B$1*40%)	★★★★
3	出勤排名及质量排名均列班级数的前 50%	AND(F3<=$B$1*50%,L3<=$B$1*50%)	★★★
4	出勤排名或质量排名至少有一项列班级数的前 50%	OR(F3<=$B$1*50%,L3<=$B$1*50%)	继续努力，争创佳绩!
5		不满足上述条件者	落后啦，要加油啊!

以上公式中使用了 IF、AND、OR、COUNTIF 等函数。**相关函数的用法见附录 4。**

6）对综合评价区设置不同显示

选择 M3:O32 单元格区域，选择“开始”选项卡中“条件格式”下拉列表中的“管理规则”命令，打开“新建格式规则”对话框，选择“使用公式确定要设置格式的单元格”命令，在“为符合此公式的值设置格式”中，输入公式=M3="★★★★★"（注意西文输入状态下的""），设置格式为红底黄字加粗，如图 5.45（a）所示；确定后再次选择“新建格式规则”命令，依次设置符合其他条件公式的格式，也可以选择“条件格式规则管理器”命令查看已经设置的所有规则，在该对话框中可进行“新建规则”“编辑规则”“删除规则”等操作，如图 5.45（b）所示。

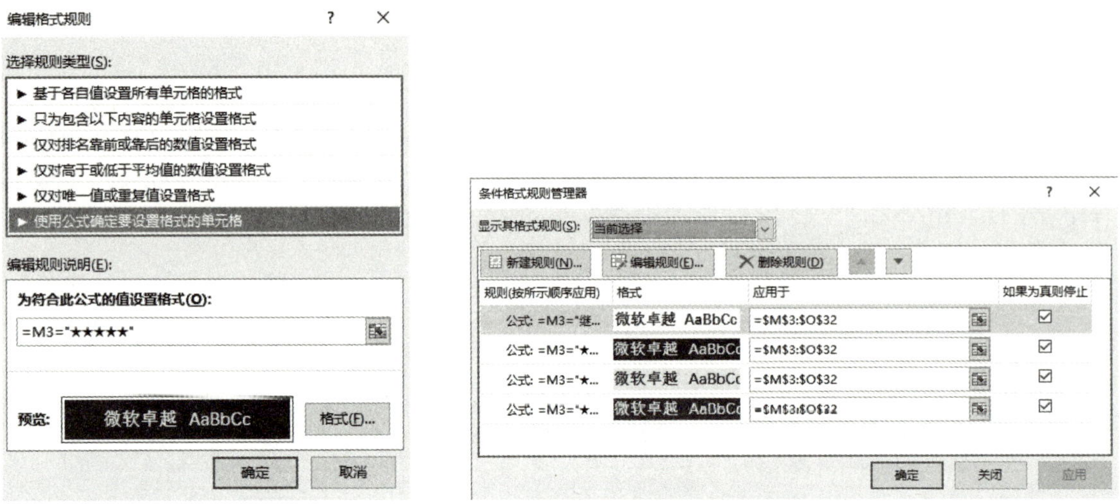

（a）逐一设置　　（b）在条件规则管理器中可新建、编辑或删除

图 5.45　设置条件格式

步骤四　设计打印周报表

1. 报表结构

周报表的结构如图 5.46 所示。

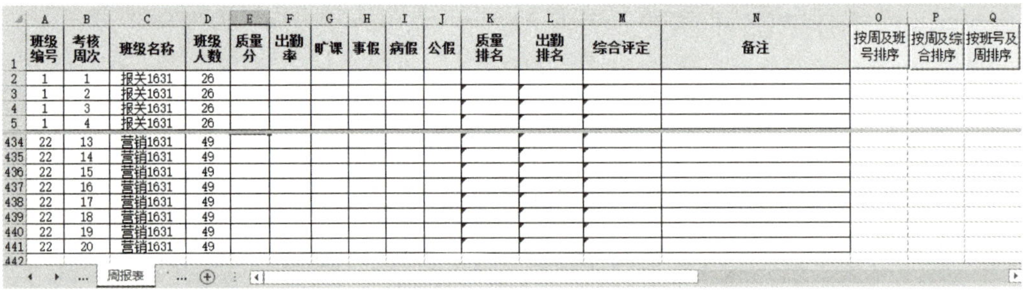

	A	B	C	D	E	F	G	H	I	J	K	L	M	N	O	P	Q
1	班级编号	考核周次	班级名称	班级人数	质量分	出勤率	旷课	事假	病假	公假	质量排名	出勤排名	综合评定	备注	按周及班号排序	按周及综合排序	按班号及周排序
2	1	1	报关1631	26													
3	1	2	报关1631	26													
4	1	3	报关1631	26													
5	1	4	报关1631	26													
434	22	13	营销1631	49													
435	22	14	营销1631	49													
436	22	15	营销1631	49													
437	22	16	营销1631	49													
438	22	17	营销1631	49													
439	22	18	营销1631	49													
440	22	19	营销1631	49													
441	22	20	营销1631	49													
442																	

周报表

图 5.46　周报表结构图示

（1）表头包括“班级编号”“考核周次”“班级名称”“质量分”“出勤率”“旷课”“事假”“病假”“公假”“质量排名”“出勤排名”“星级评比”“备注”等字段。

将表头文字设置居中及手动换行，备注栏所在列设置自动换行。**关于手动换行与自动换行的方法见附录中的操作技巧 9。**

（2）初始布局。相同班号中各占 20 行（对应 1~20 周），本例共有 22 个班级，最后一个班级的第 20 周为 441 行。如有新增班级可继续往下编号。纵向设置的优势是，便于筛选不同周次进行打印输出。

（3）设有不同方式的排序按钮，如“按周及班号排序”“按周及星级排序”“按班号及周排序”等。

2. 引用表"1"信息

对应序号为 1 的“班级”“人数”“质量分”“出勤率”“旷课”“事假”“病假”“公假”分

别引自表“1”中的相关单元格。方法是，在周报表中输入“=”，然后单击表“1”中的相应单元格（如果是合并单元格，则修改后只保留第 1 个单元格的地址，并以绝对方式引用），按 Enter 键。所有公式均向下填充至最后一行（选择 C2:J2 单元格区域，双击右下角填充柄即可）。公式引用并向下填充如图 5.47 所示。

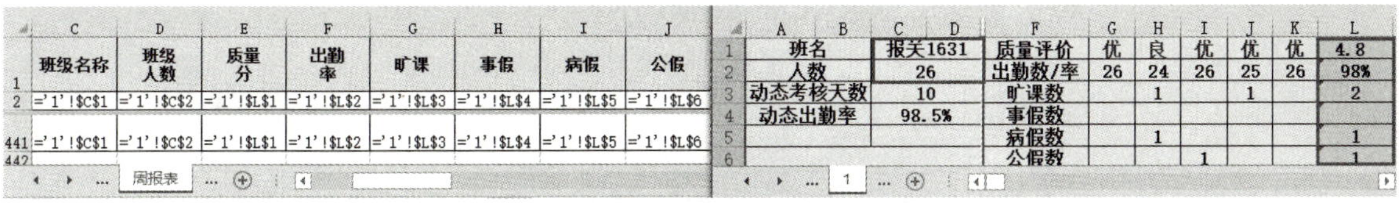

图 5.47　C2:J2 区域引用表“1”信息并向下填充

关于引用的类别及快速切换引用的方法见附录中的操作技巧 27。

3．查找并替换周列号及班名号

1）查找并替换周列号

（1）打开自动筛选工具。

（2）以第 20 周为例。

筛选时清除其他周次，选择“20”，按 Ctrl+F 组合键，在“查找内容”和“替换为”文本框中分别输入“$L”“$DV”，选择 E:J 列，单击【全部替换】按钮，如图 5.48（a）所示，共计替换了 132 处。

（3）按以上方法分别完成对其他周次的列号替换。

2）查找并替换班名号

（1）退出上一步的筛选，选择全部显示。

（2）以 2 班为例。筛选“班级编号”为“2”（先清除全选项，再选 2），全选数据表，按 Ctrl+F 组合键，在“查找内容”和“替换为”文本框中分别输入“'1'!”“'2'!”，单击【全部替换】按钮，如图 5.48（b）所示，共计替换了 160 处。

（3）按以上方法分别完成对其他班号的替换。

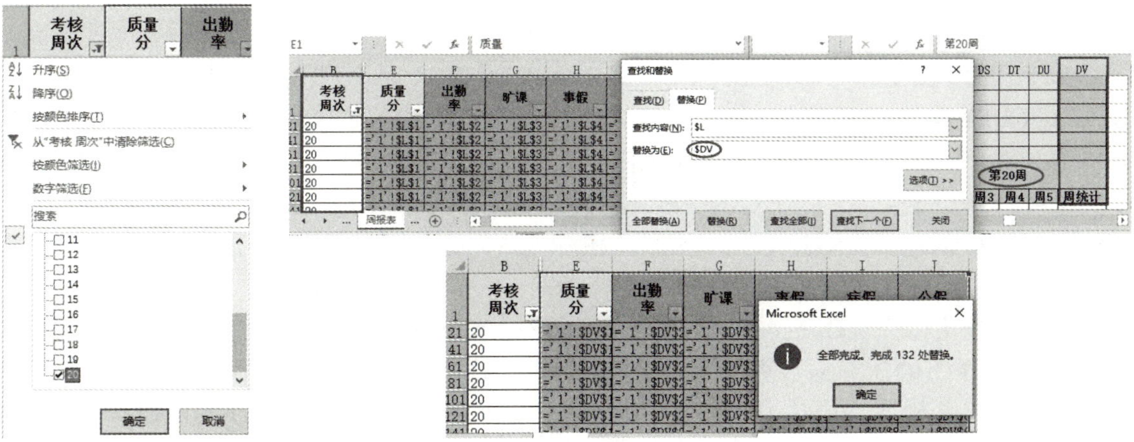

（a）替换周列号

图 5.48　查找与替换

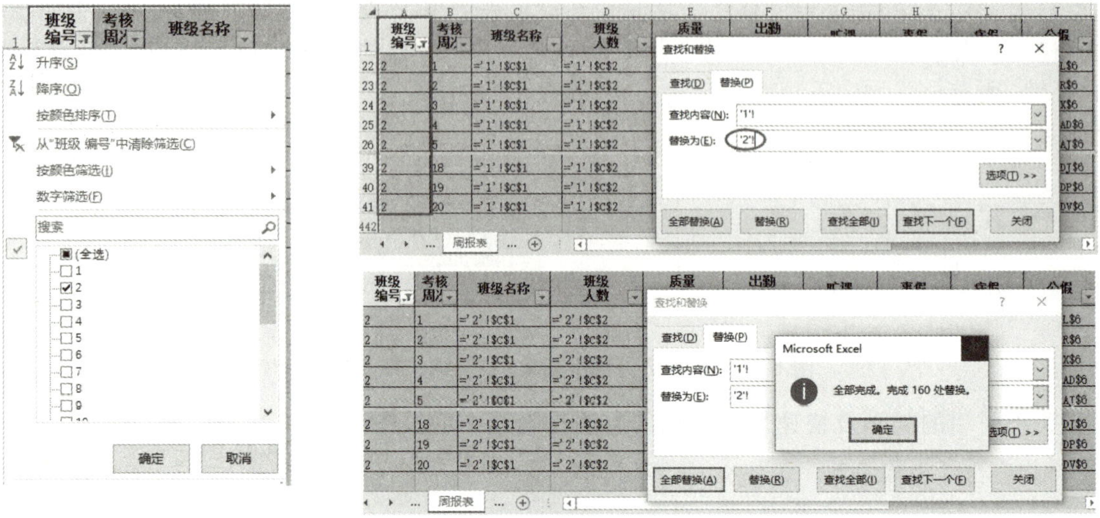

（b）替换班名号

图 5.48　查找与替换（续）

4．输入排名公式

1）按周次排序

若只按周次排序，则单击周次列任意单元格，应用升序按钮排序；也可按周次+班号排序，或按周次+星级评比排序，多重排序需要打开排序对话框。**不同软件版本的操作方法见附录操作说明 10**。

例如，在“排序”对话框“主要关键字”下拉列表框中选择“考核周次”，单击【添加条件】按钮，在“次要关键字”下拉列表框中选择“班级编号”，其他按默认设置，最后单击【确定】按钮。

2）输入公式

① 质量排名：

质量排名按周次进行，对于不同周次相应的区域也不同，可以运用选择函数配合完成。

K2=CHOOSE(B2,RANK(E2,E$2:E$23),RANK(E2,E$24:E$45),RANK(E2,E$46:E$67),RANK(E2,E$68:E$89),RANK(E2,E$90:E$111),RANK(E2,E$112:E$133),RANK(E2,E$134:E$155),RANK(E2,E$156:E$177),RANK(E2,E$178:E$199),RANK(E2,E$200:E$221),RANK(E2,E$222:E$243),RANK(E2,E$244:E$265),RANK(E2,E$266:E$287),RANK(E2,E$288:E$309),RANK(E2,E$310:E$331),RANK(E2,E$332:E$353),RANK(E2,E$354:E$375),RANK(E2,E$376:E$397),RANK(E2,E$398:E$419),RANK(E2,E$420:E$441))

该公式的主体为参数 2：RANK(E2,E$2:E$23)，参数 3~参数 21 均由参数 2 修改而成。

公式运用 CHOOSE 函数进行参数选择，对应参数 1（即 B2 单元格中的值）为 1，2，…，20，分别选择参数 2，3，…21，公式中 B2、E2 均采用相对行引用，向下填充时行号相对变化，可显示该行对应的周数及该行的考核班质量分，而各 RANK 函数中的参数 2 均为固定区域，公式解读见表 5-4。

表 5-4 对公式的解读

周次	所在区	排名表达式	周次	所在区	排名表达式
1	E$2:E$23	RANK(E2,E$2:E$23)	11	E$222:E$243	RANK(E2,E$222:E$243)
2	E$24:E$45	RANK(E2,E$24:E$45)	12	E$244:E$265	RANK(E2,E$244:E$265)
3	E$46:E$67	RANK(E2,E$46:E$67)	13	E$266:E$287	RANK(E2,E$266:E$287)
4	E$68:E$89	RANK(E2,E$68:E$89)	14	E$288:E$309	RANK(E2,E$288:E$309)
5	E$90:E$111	RANK(E2,E$90:E$111)	15	E$310:E$331	RANK(E2,E$310:E$331)
6	E$112:E$133	RANK(E2,E$112:E$133)	16	E$332:E$353	RANK(E2,E$332:E$353)
7	E$134:E$155	RANK(E2,E$134:E$155)	17	E$354:E$375	RANK(E2,E$354:E$375)
8	E$156:E$177	RANK(E2,E$156:E$177)	18	E$376:E$397	RANK(E2,E$376:E$397)
9	E$178:E$199	RANK(E2,E$178:E$199)	19	E$398:E$419	RANK(E2,E$398:E$419)
10	E$200:E$221	RANK(E2,E$200:E$221)	20	E$420:E$441	RANK(E2,E$420:E$441)

② 出勤排名：

L2=CHOOSE(B2,RANK(F2,F$2:F$23),RANK(F2,F$24:F$45),RANK(F2,F$46:F$67),RANK(F2,F$68:F$89),RANK(F2,F$90:F$111),RANK(F2,F$112:F$133),RANK(F2,F$134:F$155),RANK(F2,F$156:F$177),RANK(F2,F$178:F$199),RANK(F2,F$200:F$221),RANK(F2,F$222:F$243),RANK(F2,F$244:F$265),RANK(F2,F$266:F$287),RANK(F2,F$288:F$309),RANK(F2,F$310:F$331),RANK(F2,F$332:F$353),RANK(F2,F$354:F$375),RANK(F2,F$376:F$397),RANK(F2,F$398:F$419),RANK(F2,F$420:F$441))

该公式可由上一公式复制粘贴（均在公式编辑区中操作），再选择 L 列，将 E 替换为 F，最后再将函数名“CHOOSF”替换为“CHOOSE”。

③ 星级评比：

M2=IF(OR(E2=0,F2=0),"",IF(AND(K2<=MAX(A:A)*20%,L2<=MAX(A:A)*20%),"★★★★★",IF(AND(K2<=MAX(A:A)*40%,L2<=MAX(A:A)*40%),"★★★★",IF(AND(K2<=MAX(A:A)*50%,L2<=MAX(A:A)*50%),"★★★",IF(OR(K2<=MAX(A:A)*50%,L2<=MAX(A:A)*50%),"★★","★")))))

该公式的意义：出勤排名及质量排名均列班级数的前 20%，得 5 颗★；出勤排名及质量排名均列班级数的前 40%，得 4 颗★；出勤排名及质量排名均列班级数的前 50%，得 3 颗★；出勤排名或质量排名至少有一项列班级数的前 50%，得 2 颗★；其他 1 颗★。

式中 MAX(A:A)统计的是 A 列中最大的班级编号数，即班数。

将 K3:M3 中的公式向下填充至数据表末行，如图 5.49 所示。

5. 打印设置

（1）打印前的基本设置。

① 全选数据表（单击表中任意单元格，按 Ctrl+A 组合键即可全选当前数据表）。

② 单击功能区的【设置打印区域】按钮（在“页面布局”选项卡/“打印区域”下拉列表中选择）。

③ 选择“页面布局”选项卡，点击右下角的“页面设置”启动器，在“页面”标签中选择“横向”和“A4”纸张；在“页边距”标签中选中“水平居中”，“左”“右”设置“0”“上”

“下”分别为“1”和“0.5”；在“工作表”标签中的“顶端标题行”文本框选择表头第 1:2 行（“$1: $2”），单击【确定】按钮。

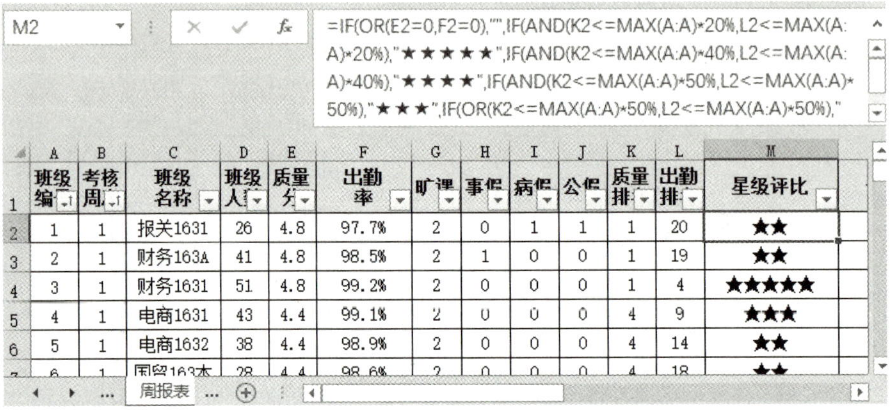

图 5.49　星级评比显示

（2）实际打印时，应先按周次-班号或按周次-星级评定排序后再筛选出指定的周次，选择“文件”选项卡中的“打印”命令，效果如图 5.50 所示。

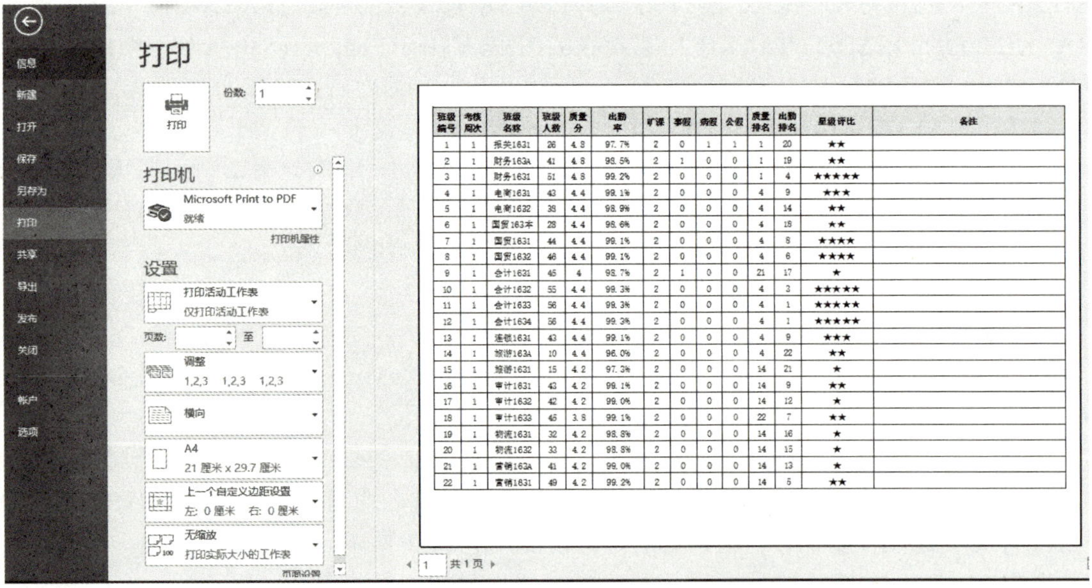

图 5.50　打印显示

6. 制作排序按钮

为方便使用，本例设置了三种排序按钮，即按周及班号排序、按周及星级排序、按班号及周排序等。前两种按周的排序通常可用于打印周报表，而“按班号及周排序”的方式则用于编辑公式。下面以制作按周及星级排序的按钮为例进行说明。

（1）录制排序操作。选择“视图”选项卡中的宏、录制新宏，取宏名为“按周及星级排序”。进行以下操作：

① 取消筛选，全部显示数据表。

② 单击表中任意列标单元格（如 C3）。

③ 打开排序对话框，在“排序”对话框“主要关键字”下拉列表框中选择“考核周次”，单击【添加条件】按钮；在“次要关键字”下拉列表框中选择“星级评比”，在“次序”中分别设为“升序”和“降序”，单击【确定】按钮。

④ 停止录制宏。按此方法分别录制另两种方式排序的操作（宏名分别为“按周及班号排序”“按班号及周排序”）。

（2）制作按钮并与宏关联。

① 在“周报表”的空白处插入任意图形作为按钮，如果要绘制标准按钮，可打开“控件”工具箱，取用按钮工具。**不同软件版本的操作方法见附录 1 操作说明 7**。

② 右击此按钮，选择“指定宏”命令，在对话框中选择相应的宏名（例如“按周及星级排序”）；再次右击此按钮，选择“编辑文字”命令，命名为“按周及星级排序”。

右击该按钮，鼠标移至边框上，当出现四方向箭时按住鼠标左键可以拖动，例如移至顶行空白处。之后，调整合适的大小。

可以利用已有的按钮，复制粘贴出两个按钮，并分别关联至相应宏名、编辑更改相应的按钮名。

（3）测试。图 5.51 两个子图分别显示的是单击“按周及星级排序”“按周及班号排序”按钮的排序效果。这两种排序都可用于打印周报表（配合筛选“考核周次”）。

班级编	考核周	班级名称	班级人	质量分	出勤率	旷课	事假	病假	公假	质量排	出勤排	星级评比	备注
3	1	财务1631	51	4.8	99.2%	2	0	0	0	1	4	★★★★★	
10	1	会计1632	55	4.4	99.3%	2	0	0	0	4	3	★★★★★	
11	1	会计1633	56	4.4	99.3%	2	0	0	0	4	1	★★★★★	
12	1	会计1634	56	4.4	99.3%	2	0	0	0	4	1	★★★★★	
7	1	国贸1631	44	4.4	99.1%	2	0	0	0	4	8	★★★★	
8	1	国贸1632	46	4.4	99.1%	2	0	0	0	4	6	★★★★	
4	1	电商1631	43	4.4	99.1%	2	0	0	0	4	9	★★★	
13	1	连锁1631	43	4.4	99.1%	2	0	0	0	4	9	★★★	
1	1	报关1631	26	4.8	97.7%	2	0	1	1	1	20	★★	

按周及班号排 | 按周及星级排 | 按班号及周排

周报表

（a）按周及星级排序

班级编	考核周	班级名称	班级人	质量分	出勤率	旷课	事假	病假	公假	质量排	出勤排	星级评比	备注
1	1	报关1631	26	4.8	97.7%	2	0	1	1	1	20	★★	
2	1	财务163A	41	4.8	98.5%	2	1	0	0	1	19	★★	
3	1	财务1631	51	4.8	99.2%	2	0	0	0	1	4	★★★★★	
4	1	电商1631	43	4.4	99.1%	2	0	0	0	4	9	★★★	
5	1	电商1632	38	4.4	98.9%	2	0	0	0	4	14	★★	
6	1	国贸163本	28	4.4	98.6%	2	0	0	0	4	18	★★	
7	1	国贸1631	44	4.4	99.1%	2	0	0	0	4	8	★★★★	
8	1	国贸1632	46	4.4	99.1%	2	0	0	0	4	6	★★★★	
9	1	会计1631	45	4	98.7%	2	1	0	0	21	17	★	

按周及班号排 | 按周及星级排 | 按班号及周排

（b）按周及班号排序

图 5.51 单击不同按钮的显示

至此，本考核软件基本完成。如果有必要可为各工作表添加公式保护。**保护工作表中部分单元格的方法见附录中的操作技巧 19**。

【任务导读】

【示例文件】

任务 4　设计多项多人考勤统计表

本任务以某班 51 名学生多项考勤（包括早锻炼、班会活动、晚自习及各课程等）为例，制作适合多人多项的考核软件。参考示例文件：项目 5-4　在绩效考勤管理中的应用（多人多项考核）。该软件能通过“项目索引”表查阅各项目考核明细，如图 5.52（a）和图 5.52（b）、图 5.52（c）所示；在“统计”表可查看个人在班级中的动态排名及考核评语，如图 5.52（d）所示。该软件在绩效考勤管理中能起到良好的自律和激励作用。

项目5-4在绩效考勤管理中的应...

	A	B	C
1	项目索引	课程名称	负责人
2	活动		班团委
3	早操		纪检部
4	课0	晚自习	自律部
5	课1	PLC可编程控制器技术	张老师
6	课2	高职英语	邱老师
7	课3	电子技术	陈老师
8	课4	创业实务	静老师
9	课5	军事理论	志老师
10	课6	机械制图	顾老师
11	课7		
12	课8		
13	课9		
14	课10		
15	统计		
16	查询卡片		

项目索引 / 活动

（a）项目索引表

项目5-4在绩效考勤管理中的应用（多项多人考核）

	A	B	C	D	E	F	G
1	姓名	早操迟退	早操请假	旷操次数	缺操统计	出勤率	3月26日
2	陈德生	0	2	5	7	78.1%	
3	陈关敏	0	5	2	7	78.1%	4
4	陈桂兰	0	6	0	6	81.3%	
5	陈文坤	0	0	0	0	100.0%	
6	陈玉林	0	0	0	0	100.0%	
7	邓都平	0	3	1	4	87.5%	
8	丁小飞	0	2	0	2	93.8%	
9	符智佟	0	0	0	0	100.0%	
10	何国一	1	7	4	11	65.6%	
11	何家強	0	0	6	6	81.3%	
12	贺东	0	1	0	1	96.9%	
13	胡冰	0	0	0	0	100.0%	
14	佳龙	0	11	1	12	62.5%	
15	姜鄂卫	0	0	0	0	100.0%	
16	李少杰	0	0	18	18	43.8%	
17	梁鸿	0	2	0	2	93.8%	
18	梁勇	0	4	7	11	65.6%	4
19	林桂琴	0	1	0	1	96.9%	

项目索引 / 活动 / 早操 / 课0 / 课1 / 课2 / 课3

（b）早操考勤表

项目5-4在绩效考勤管理中的应用（多项多人考核）

	A	B	C	D	E	F	G	H
1	姓名	上课迟退	上课请假	旷课次数	缺课小计	出勤率	2月27日	3月1日
2	陈德生	0	2	0	2	85.7%		
3	陈关敏	0	0	2	2	85.7%		
4	陈桂兰	2	0	2	2	85.7%		
5	陈文坤	0	0	0	0	100.0%		
6	陈玉林	0	0	0	0	100.0%		
7	邓都平	0	1	0	1	92.9%		
8	丁小飞	1	1	0	1	92.9%		
9	符智佟	0	0	0	0	100.0%		
10	何国一	1	3	0	3	78.6%		
11	何家強	1	1	1	2	85.7%		
12	贺东	0	0	0	0	100.0%		
13	胡冰	0	0	0	0	100.0%		
14	佳龙	0	2	3	5	64.3%		
15	姜鄂卫	0	0	0	0	100.0%		
16	李少杰	0	0	0	0	100.0%		
17	梁鸿	1	1	0	1	92.9%		
18	梁勇	1	1	2	3	78.6%		
19	林桂琴	0	0	0	0	100.0%		

课0 / 课1 / 课2 / 课3 / 课4 / 课5 / 课6 / 课7 / 课8 / 课

（c）课 1 考勤表

	A	B	C	D	E	F	G	H	I	J	K	L	M	N	O	P	Q
1	姓名	活动迟退	活动请假	活动旷缺	活动缺勤	早操迟退	早操请假	旷操次数	缺操统计	上课迟退	上课请假	旷课次数	缺课小计	累计缺勤次数	累计旷课节数	缺课排名	考核评价
2	陈德生	0	1	0	1	0	2	5	7	0	6	8	14	22	21	6	你已符合校规处分条例中的“警告或严重警告处分”！
3	陈关敏	0	0	1	1	0	5	2	7	0	5	9	14	22	20	6	你已符合校规处分条例中的“警告或严重警告处分”！
4	陈桂兰	0	0	1	1	0	6	0	6	2	5	9	14	21	18	8	你已符合校规处分条例中的“警告或严重警告处分”！
5	陈文坤	0	0	0	0	0	0	0	0	0	2	0	2	2	0	29	望继续努力，追求更高的目标！
6	陈玉林	0	0	0	0	0	0	0	0	0	0	0	0	0	0	43	祝贺你保持着全勤记录！
7	邓都平	0	1	0	1	0	3	1	4	0	5	0	5	10	1	16	望继续努力，追求更高的目标！
8	丁小飞	0	0	0	0	0	2	0	2	1	4	0	4	6	0	22	望继续努力，追求更高的目标！
9	符智佟	0	0	0	0	0	0	0	0	0	1	0	1	1	0	36	望继续努力，追求更高的目标！
10	何国一	0	0	1	1	1	7	4	11	1	10	6	16	28	16	4	你已符合校规处分条例中的“警告或严重警告处分”！
11	何家強	0	0	1	1	0	0	6	6	1	8	2	10	17	10	12	请注意，你已接近校纪处分边缘！
12	贺东	0	0	0	0	0	1	0	1	0	1	0	1	2	0	29	望继续努力，追求更高的目标！
13	胡冰	0	0	0	0	0	0	0	0	0	0	0	0	0	0	43	祝贺你保持着全勤记录！
14	佳龙	0	0	1	1	0	11	1	12	0	23	11	34	47	23	1	你已符合校规处分条例中的“记过处分”！
15	姜鄂卫	0	0	0	0	0	0	0	0	0	2	0	2	2	0	29	望继续努力，追求更高的目标！
16	李少杰	0	0	0	0	0	0	18	18	0	0	0	0	18	18	10	你已符合校规处分条例中的“警告或严重警告处分”！
17	梁鸿	0	1	0	1	0	2	0	2	1	4	0	4	7	0	20	望继续努力，追求更高的目标！
18	梁勇	0	0	1	1	0	4	7	11	1	9	8	17	29	23	3	你已符合校规处分条例中的“警告或严重警告处分”！

统计 / 查询卡片

（d）统计表

图 5.52　考勤表样式

步骤一　制作索引及分项目考勤表

1. 建立项目索引表

“项目索引”表如图 5.52（a）所示。其作用是列出各“序号”所代表的考勤项目，通过对各“序号”分别建立与对应项目考勤表的超链接关系，点击某序号便可进入该项目考勤表。关于超链接方法请参考任务 2 步骤三，这里不再赘述。

2．制作项目考核表

1）按项目独立建表

多项目考核按每一考核项目独立建表，如图 5.52（b）、图 5.52（c）所示的是其中的“早操”考核和“课 1”考核表。这些工作表样式相似，整个表的设计方法与任务 3 步骤一主体部分第四行及以下部分相仿。其中 A 列为学生姓名，B:F 列为个人统计信息，包括“迟到早退次数”“请假次数”“旷课次数”“缺课小计次数”及“出勤率”（根据考核名称略有不同）。G 列至 IV 列为本学期的出勤记录。这里规定：迟到或早退输入“2”，请假输入“3”，缺勤输入“4”，在输入了具体的日期后，若无任何记录则默认为出勤。

2）设置数据有效性

由于约定以数字 2、3、4 分别表示迟到或早退、请假、缺勤，所以对考核区 G:IV 设置数据有效性和输入信息提示。**关于设置下拉列表选择输入的方法见附录中的操作技巧 45。**

3）输入公式

各项目考核表中的公式是相同的，即在第一位学生所在行输入以下公式（表 5-5），并向下填充至其他单元格即可。

表 5-5　第一位学生所在行中的公式及说明

公　　式	说　　明
B2=COUNTIF(G2:IV2,2)	计算个人本项目全学期迟到早退次数（规定：2——迟到早退）
C2=COUNTIF(G2:IV2,3)	计算个人本项目全学期请假次数（规定：3——请假）
D2=COUNTIF(G2:IV2,4)	计算个人本项目全学期缺勤次数（规定：4——缺勤）
E2=C2+D2	累计个人本项目全学期请假及缺勤次数（=请假次数+缺勤次数）
F2=IF(COUNTA($G$1:$IV$1) =0,"",1-E2/COUNTA($G$1:$IV$1))	COUNTA($G$1:$IV$1)，计算有考勤日期的天数 E2/COUNTA($G$1:$IV$1，为缺勤率 1-E2/COUNTA($G$1:$IV$1，为出勤率 IF 函数 参数 1：COUNTA($G$1:$IV$1)=0（判断考勤天数是否为 0） 参数 2：""（如果参数一成立，则不显示） 参数 3：1-E2/COUNTA($G$1:$IV$1) 如果参数一成立，则不显示，否则统计个人本项目全学期出勤率

以上公式中使用了 COUNTIF、COUNA、IF 等函数。**相关函数的用法见附录 4。**

制作好一张表后可以用复制或填充至各工作组的方法（见本项目任务 3 步骤一中的相关介绍），完成对其他空白工作表的填充，修改考核栏目和工作表名即可。

步骤二　制作分项合并数据统计表

1．构建统计列表框架

“统计”表结构如图 5.53 所示。

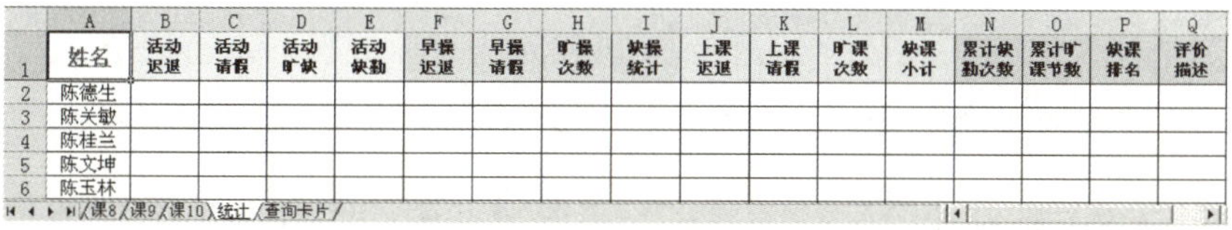

图 5.53　“统计”表结构

结构说明如下：

A 列中的姓名与其他各表排序一致。

B:E 列为活动考核统计（此部分缺勤不计入旷课，但计入累计缺勤，纳入评价范围）。

F:I 列为早操考勤（规定缺操 1 次计旷课 1 节）。

J:M 列为各课程考勤（缺课 1 次计旷课 2 节）。

N 列为累计缺勤次数（包含各项目的累计缺勤次数）。

O 列为累计旷课的节数（缺操次数×1+缺课次数×2）。

P 列为缺课排名。

Q 列为考核评价描述。

2．输入单表引用公式

“统计”表中 B:I 列输入的公式均可用单表引用。

例如，单击“统计”表 B2，输入“=”号后，再单击“活动”表 B2，确定后将此公式向右填充至 E2，如图 5.54 所示。

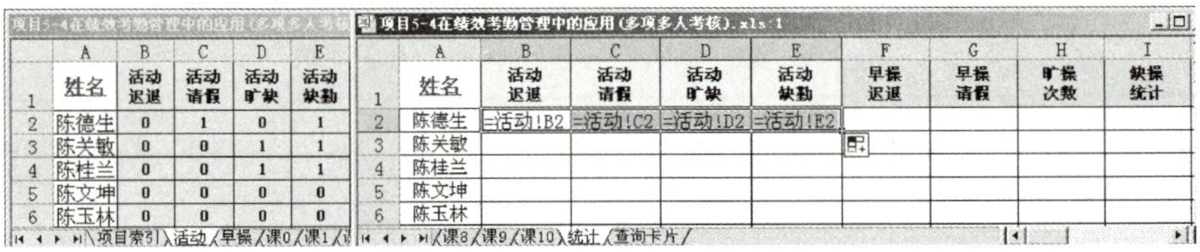

图 5.54　“统计”表 B2=活动!表 B2，确定后向右填充至 E2

同样，单击“统计”表 F2，输入“=”号后，再单击“早操”表 B2 并确定，然后将此公式向右填充至 I2，如图 5.55 所示。

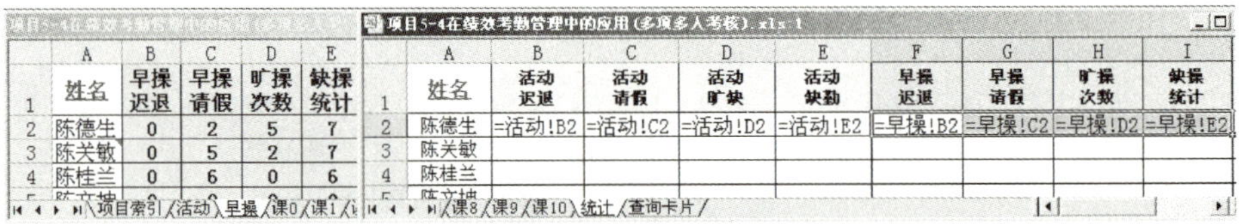

图 5.55　“统计”表 F2=早操!B2，确定后向右填充至 I2

3．输入多表求和公式

本任务的核心是将各课程的考勤进行汇总统计。

Excel 提供了几种方式来合并计算数据，最灵活的方法是创建公式。

（1）输入三维公式。在“统计”表 J2 中输入公式 J2=SUM(课 0:课 10!B2)并确定，然后将此公式向右填充至 M2，如图 5.56 所示。

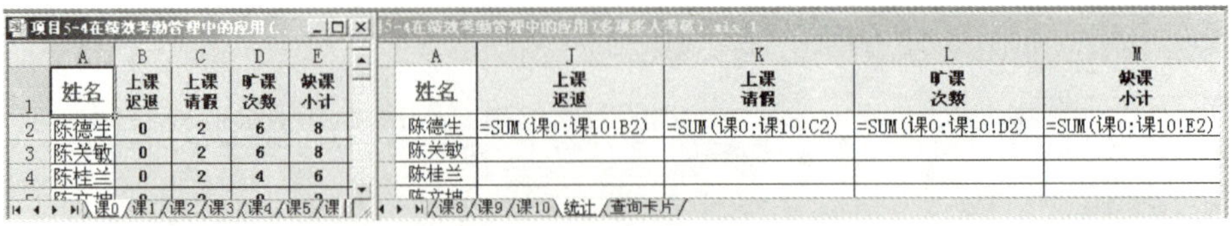

图 5.56　在统计表 J2 中输入多表求和公式=SUM(课 0:课 10!B2)，确定后向右填充至 M2

该公式的作用是：对“课 0”至“课 10”之间所有的工作表中的 B2 单元格进行求和。这种引用了多张工作表上的单元格的公式称为三维公式。

（2）关于三维公式的应用介绍。三维公式在计算时分为以下两种情形：

① 所有源工作表具有相同布局（如上例中各课程考勤统计表结构完全相同），那么可以在三维公式中使用工作表名称。上例中 J2=SUM(课 0:课 10!B2)，即对工作表名为课 0 与课 10 之间的所有工作表的 B2 求和。如果要向合并计算中添加其他工作表，只要将工作表插入到公式所引用的区域（即课 0:课 10!之间）即可。

② 对于不满足相同布局的条件（图 5.57），单元格 A2 中的公式将计算位于 3 个不同表中的不同位置上的数值之和=SUM(销售!B4,人力资源!F5,营销!B9)。

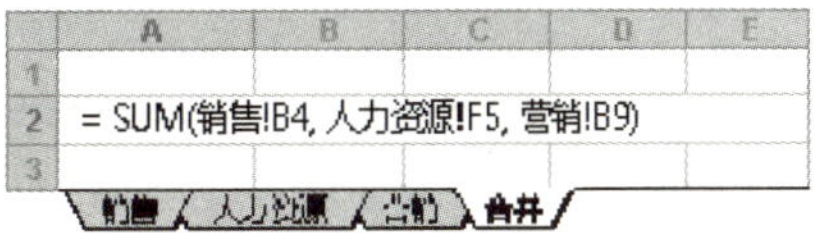

图 5.57　工作表具有不同布局

4．输入其他公式

1）计算累计缺勤次数

N2=E2+I2+M2(包含活动、早操、上课等各项目的累计缺勤次数)

2）计算累计旷课次数

O2 =H2*1+L2*2(累计旷课的节数=缺操次数×1+缺课次数×2)

3）计算缺课排名

P2=IF(SUM(N:O)=0,"",RANK(N2,$N$2:$N$52))

该公式中使用了 IF、SUM、RANK 等函数。**相关函数的使用见附录 4，关于输入公式及函数参数的方法见附录中的操作技巧 22。**

该公式的作用是：如果 N 列（累计缺勤次数所在列）与 O 列（累计旷课次数所在列）求和为零（即尚未有考勤），则不显示排名，否则按本人的缺课次数与全班进行比较排序。

4）向指定区域填充公式

在名称框中输入 B2:P52（该班 51 人），分别按 Enter 键和 Ctrl+D 组合键即快速完成所有公式向下的填充，如图 5.58 所示。按 Ctrl+`组合键，可在公式与值之间转换。

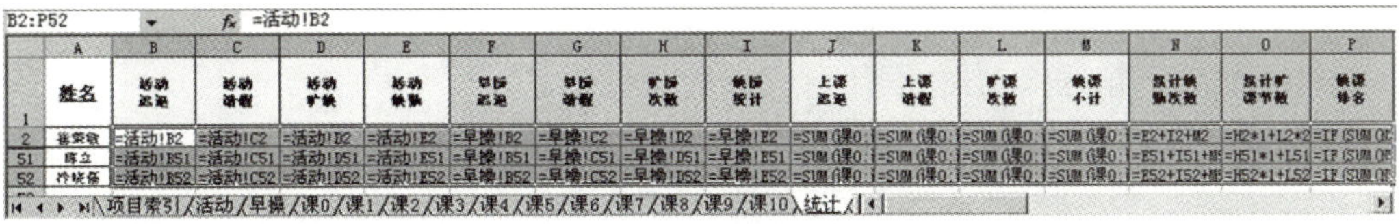

图 5.58　快速定位填充

5．输入考核评语

设评价方案分为 7 类，见表 5-6。

表 5-6　考评评语

分类	条件表达式	条件文字描述	显　示
1	AND(N2=0,O2=0)	无任何请假及旷课记录	祝贺你保持着全勤记录!

续表

分类	条件表达式	条件文字描述	显　示
2	O2>=60	旷课节数达到或超过 60 节	你已符合校规处分条例中的“留校察看处分”！
3	O2>=30	旷课节数在 30 ~ 60（含 30）	你已符合校规处分条例中的“记过处分”！
4	O2>=18	旷课节数在 18 ~ 30（含 18）	你已符合校规处分条例中的“警告或严重警告处分”！
5	O2>=12	旷课节数在 12 ~ 18（含 12）	请注意，你已接近校纪处分边缘!
6	AND(P2>=1,P2<=10)	缺勤排名在 1 ~ 10（含 10）	你的出勤率在班级偏低!
7	不满足上述条件者		望继续努力，追求更高的目标!

画出判断流程图，如图 5.59 所示。

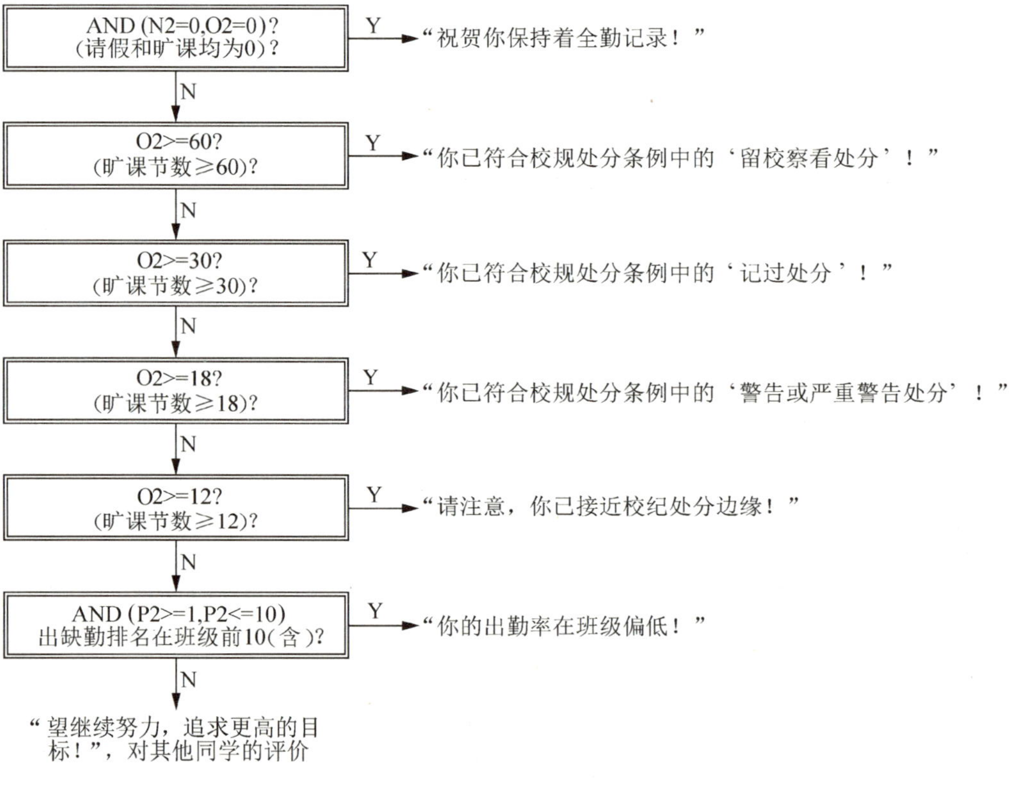

图 5.59　考核评价的判断流程图

选择 Q2:Q52，在公式编辑栏中输入公式=IF(AND(N2=0,O2=0),"祝贺你保持着全勤记录!",IF(O2>=60,"你已符合校规处分条例中的“留校察看处分”!",IF(O2>=30,"你已符合校规处分条例中的“记过处分”!",IF(O2>=18,"你已符合校规处分条例中的“警告或严重警告处分”!",IF(O2>=12,"请注意，你已接近校纪处分边缘!",IF(AND(P2>=1,P2<=10),"你的出勤率在班级偏低!","望继续努力，追求更高的目标!")))))), 按 Ctrl+Enter 组合键，即快速完成了该列对每位学生的考评意见和建议，如图 5.60 所示。切换到值显示，显示效果如图 5.52（d）所示。该公式中主要使用了 AND、IF 函数。**相关函数的用法见附录 4。**

在 2003 版中函数最多嵌套 7 级，若评语类型超过 7 个，可使用接力的方法。**关于 IF 函数嵌套超 7 级的设置见附录中的操作技巧 26。**

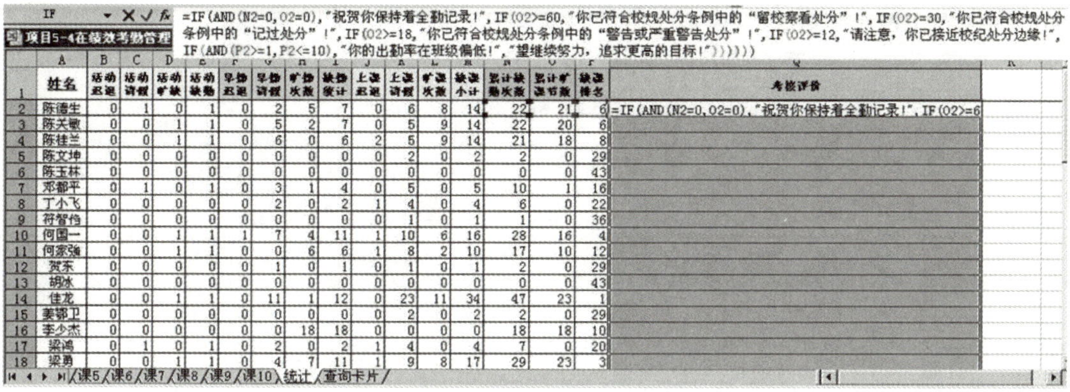

	A	B	C	D	E	F	G	H	I	J	K	L	M	N	O	P	Q
1	姓名	活动迟退	活动请假	活动旷缺	活动缺勤	早操迟退	早操请假	旷操次数	缺操累计	上课迟退	上课请假	旷课次数	缺课小计	累计缺勤次数	累计旷课节数	缺课排名	考核评价
2	陈德生	0	1	0	1	0	2	5	7	0	6	8	14	22	21	6	=IF(AND(N2=0,O2=0),"祝贺你保持着全勤记录！",IF(O2>=6
3	陈关敏	0	0	1	1	0	5	2	7	0	5	9	14	22	20	6	
4	陈桂兰	0	0	1	1	0	6	0	6	2	5	9	14	21	18	8	
5	陈文坤	0	0	0	0	0	0	0	0	0	2	0	2	2	0	29	
6	陈玉林	0	0	0	0	0	0	0	0	0	0	0	0	0	0	43	
7	邓都平	0	1	0	1	0	3	1	4	0	5	0	5	10	1	16	
8	丁小飞	0	0	0	0	0	2	0	2	1	4	0	4	6	0	22	
9	符智伟	0	0	0	0	0	0	0	0	0	1	0	1	1	0	36	
10	何国一	0	0	1	1	1	7	4	11	1	10	6	16	28	16	4	
11	何家強	0	0	1	1	0	0	6	6	1	8	2	10	17	10	12	
12	贺东	0	0	0	0	0	1	0	1	0	1	0	1	2	0	29	
13	胡冰	0	0	0	0	0	0	0	0	0	0	0	0	0	0	43	
14	佳龙	0	0	1	1	0	11	1	12	0	23	11	34	47	23	1	
15	姜鄂卫	0	0	0	0	0	0	0	0	0	2	0	2	2	0	29	
16	李少杰	0	0	0	0	0	0	18	18	0	0	0	0	18	18	10	
17	梁鸿	0	1	0	1	0	2	0	2	1	4	0	4	7	0	20	
18	梁勇	0	0	1	1	0	4	7	11	1	9	8	17	29	23	3	

图 5.60　选择 Q2:Q52，在公式编辑栏中输入公式

步骤三　制作清空原始记录的按钮

如果要清除各表中的数据，以便新学期重新使用，必须清除以往的历史记录。

1. 录制宏

（1）打开"录制新宏"对话框（**不同软件版本操作方法见附录中的操作说明 8**），将宏名改为"清空记录"，单击【确定】按钮，如图 5.61 所示。此后的操作均会被自动记录，直到停止录制宏为止。

（2）选择"活动"工作表，按 Shift 键，单击"课 12"工作表，即同时选取了该区间连续的 14 张表成为工作组，在名称框中输入 G1:IV52，分别按 Enter 和 Delete 键，再选择统计表或其他未激活的工作表，以解除工作组。

（3）选择"停止录制宏"命令（**不同软件版本操作方法见附录中的操作说明 9**）。

2. 绘按钮

（1）在"统计"表中，打开"窗体"工具箱（**不同软件版本操作方法见附录中的操作说明 3**），单击其中的"按钮"工具，画出一大小合适的按钮，如图 5.62 所示。

（2）在弹出的"指定宏"对话框中选择宏名为"清空记录"的宏，单击【确定】按钮。

（3）右击该按钮，选择"编辑文字"命令，将按钮重命名为"清空记录"。设置字号及字体颜色、按钮颜色等。

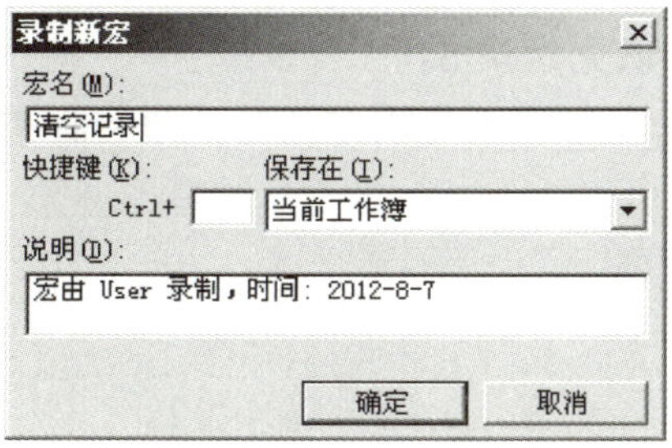

图 5.61　录制宏名"清空记录"

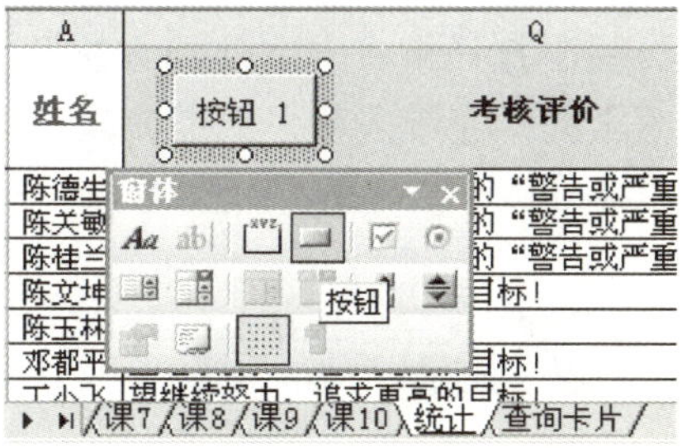

图 5.62　绘制按钮

3. 运行宏

被指定过宏的按钮可以运行，单击此按钮，即可实现一键清空历史记录，且可以反复使用。图 5.63 为【清空记录】按钮运行前后的效果。

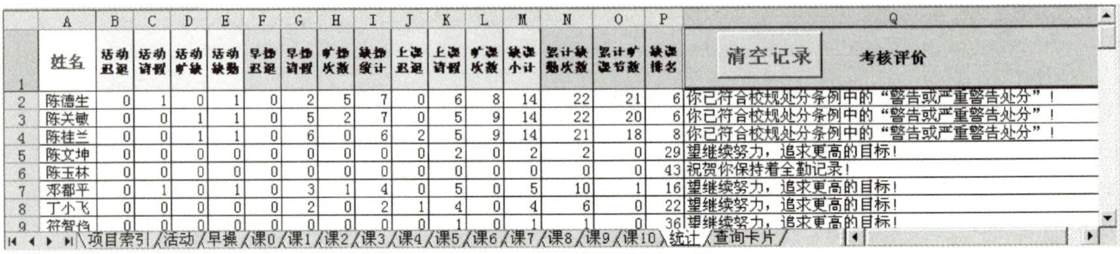

	A	B	C	D	E	F	G	H	I	J	K	L	M	N	O	P	Q
1	姓名	活动迟退	活动请假	活动旷缺	活动缺勤	早操迟退	早操请假	旷操次数	缺操统计	上课迟退	上课请假	旷课次数	缺课小计	累计缺勤次数	累计旷课节数	缺课排名	清空记录 考核评价
2	陈德生	0	1	0	1	0	2	5	7	0	6	8	14	22	21	6	你已符合校规处分条例中的“警告或严重警告处分”！
3	陈关敏	0	0	1	1	0	5	2	7	0	5	9	14	22	20	6	你已符合校规处分条例中的“警告或严重警告处分”！
4	陈桂兰	0	0	1	1	0	6	0	6	2	5	9	14	21	18	8	你已符合校规处分条例中的“警告或严重警告处分”！
5	陈文坤	0	0	0	0	0	0	0	0	0	2	0	2	2	0	29	望继续努力，追求更高的目标！
6	陈玉林	0	0	0	0	0	0	0	0	0	0	0	0	0	0	43	祝贺你保持着全勤记录！
7	邓都平	0	1	0	1	0	3	1	4	0	5	0	5	10	1	16	望继续努力，追求更高的目标！
8	丁小飞	0	0	0	0	0	2	0	2	1	4	0	4	6	0	22	望继续努力，追求更高的目标！
9	符智伦	0	0	0	0	0	0	0	0	0	1	0	1	1	0	36	望继续努力，追求更高的目标！

（a）【清空记录】按钮运行前

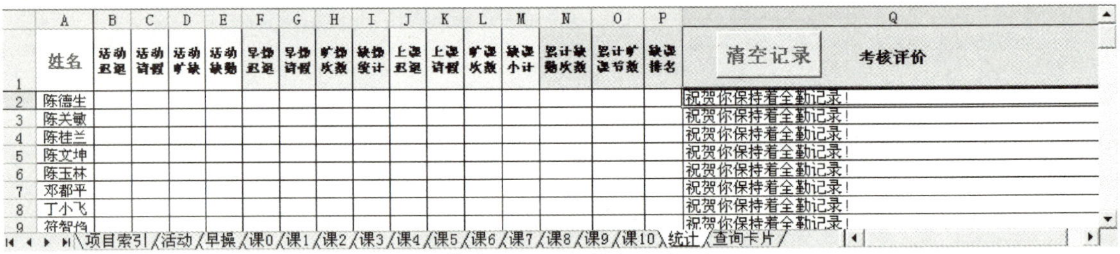

	A	B	C	D	E	F	G	H	I	J	K	L	M	N	O	P	Q
1	姓名	活动迟退	活动请假	活动旷缺	活动缺勤	早操迟退	早操请假	旷操次数	缺操统计	上课迟退	上课请假	旷课次数	缺课小计	累计缺勤次数	累计旷课节数	缺课排名	清空记录 考核评价
2	陈德生																祝贺你保持着全勤记录！
3	陈关敏																祝贺你保持着全勤记录！
4	陈桂兰																祝贺你保持着全勤记录！
5	陈文坤																祝贺你保持着全勤记录！
6	陈玉林																祝贺你保持着全勤记录！
7	邓都平																祝贺你保持着全勤记录！
8	丁小飞																祝贺你保持着全勤记录！
9	符智伦																祝贺你保持着全勤记录！

（b）【清空记录】按钮运行后

图 5.63　运行宏前后效果

4. 编辑宏

如果需要修改宏名或编辑宏，可以按 Alt+F11 组合键，打开（或退出）VBA 工作窗口，查看或编辑宏，如图 5.64 所示。

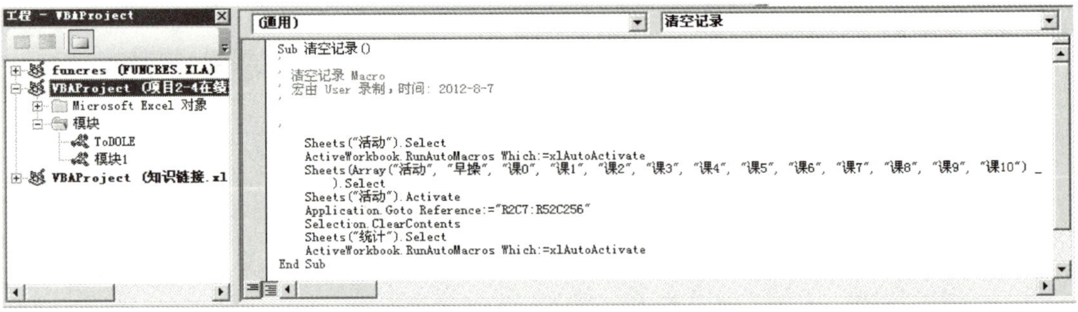


```
Sub 清空记录()
'
' 清空记录 Macro
' 宏由 User 录制，时间: 2012-8-7
'

'
    Sheets("活动").Select
    ActiveWorkbook.RunAutoMacros Which:=xlAutoActivate
    Sheets(Array("活动", "早操", "课0", "课1", "课2", "课3", "课4", "课5", "课6", "课7", "课8", "课9", "课10") _
        ).Select
    Sheets("活动").Activate
    Application.Goto Reference:="R2C7:R52C256"
    Selection.ClearContents
    Sheets("统计").Select
    ActiveWorkbook.RunAutoMacros Which:=xlAutoActivate
End Sub
```

图 5.64　查看或编辑宏

关于打开带有宏文件的方法及 VBA 的相关知识见附录 5。

至此，完成多项多人考核软件的设计，如有必要可对工作表中的公式进行保护，方法见项目 4 任务 4，这里不再赘述。

项目回顾

本项目通过几个真实的考勤管理实例，介绍了数据排序、分类汇总、数据验证、常规打印设置、条件格式设置、表间超链接、数据统计、多重排序、工作组多表操作、三维数据合并、VBA 等知识。本项目主要介绍了 COUNT、COUNTA、COUNTIF、SUM、AVERAGE、RANK、IF、AND、OR、CHOOSE 等函数。

项目训练

1. 建立班级（或学习小组、社团）考勤及统计表。
2. 说出对图 5.34 中 G1:DV1 范围设置数据有效性（只允许输入“优”“良”“中”“差”）的操作过程。
3. 说出对图 5.44 中 F1:IV1 范围设置条件格式（对 4 个等级显示不同颜色）的操作过程。
4. 设某工作簿中的销售表 1、销售表 2、销售表 3 结构完全一致，现欲对 3 个表中的 B10 单元格求和，写出公式。
5. 了解某企业车间或班组的考勤管理制度，建立相关的电子考勤模型。
6. 某组学生设计了全院晚自习出勤情况统计表（见项目 5 训练参考　晚自习出勤情况统计表）。在“晚自习查询表”中可以通过选择班级获得查询结果，并针对不同的考核结果设置了不同的评语，如图 5.65（a）所示；该查询表的数据来自于“晚自习汇总表”，如图 5.65（b）所示；而“晚自习汇总表”的数据又与各系分表关联，单击“常州纺院系别”表中的系别名称可以进入相关系名查看各系原始考核记录，如图 5.65（c）所示；在各系名表中单击图标或标题栏均可返回“常州纺院系别”表，如图 5.65（d）所示。根据所学知识揭示其中的秘密。

【训练参考】

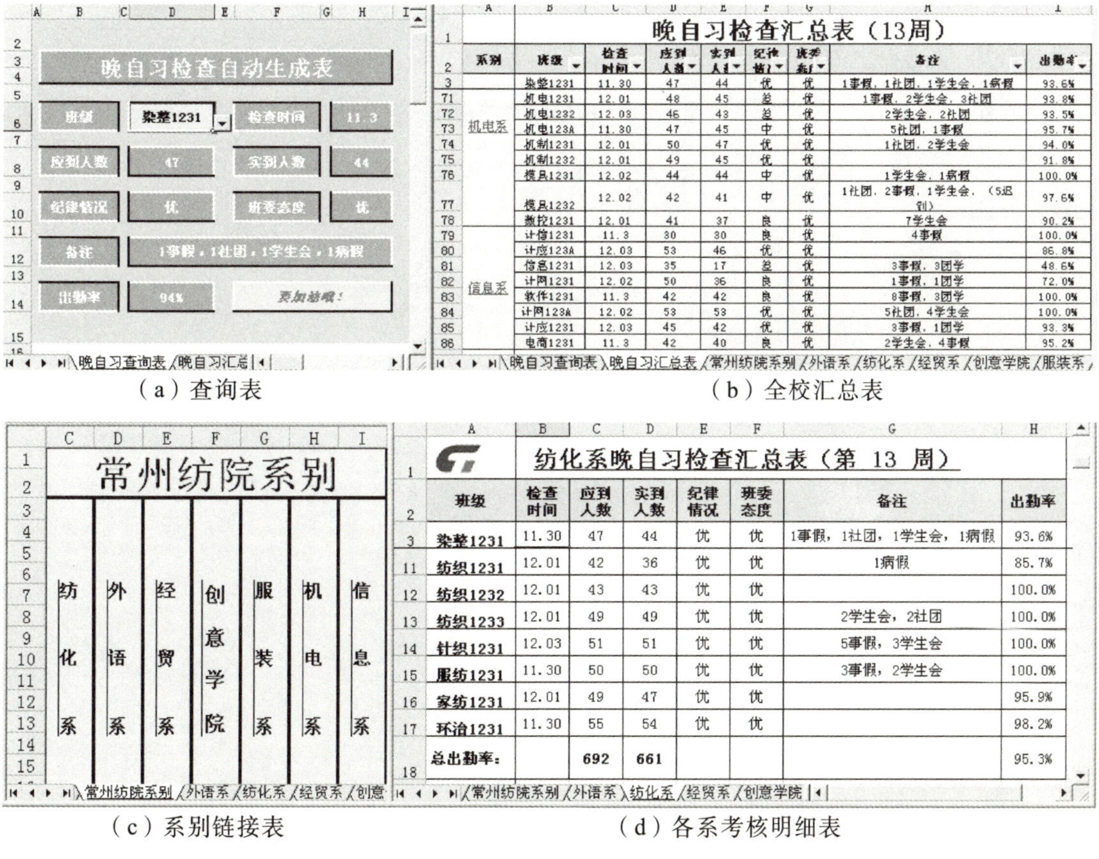

（a）查询表　（b）全校汇总表

（c）系别链接表　（d）各系考核明细表

图 5.65　晚自习考勤管理系统

【训练参考】

7. 某组学生将本项目任务 3 设计的周报表由纵向改为横向放置（见项目 5 训练参考单项多人多组考核表），如图 5.66 所示；单击对应的打印周报表按钮可打印，请分析设计原理，并比较横向放置与纵向放置的优、缺点。

	A	B	C	D	E	F	G	H	I	J	K	L	M	N
1	清零	序号	班级	应到人数	第1周									
2	第1周报表				质量分	出勤率	旷课	事假	病假	公假	质量排名	出勤排名	星级评比	备注
3	第2周报表	1	报关1631	26	4.8	98%	2		1	1	1	20	★★	
4	第3周报表	2	财务163A	41	4.8	99%	2	1			1	19	★★	
5	第4周报表	3	财务1631	51	4.8	99%	2				1	4	★★★★★	
6	第5周报表	4	电商1631	43	4.4	99%	2				4	9	★★★★	
7	第6周报表	5	电商1632	38	4.4	99%	2				4	14	★★★	
8	第7周报表	6	国贸163本	28	4.4	99%	2				4	18	★★	
9	第8周报表	7	国贸1631	44	4.4	99%	2				4	8	★★★★	
10	第9周报表	8	国贸1632	46	4.4	99%	2				4	6	★★★★★	

周报表1

就绪

='1'!$L$1

	A	B	C	D	O	P	Q	R	S	T	U	V	W	X
1	清零	序号	班级	应到人数	第2周									
2	第1周报表				质量分	出勤率	旷课	事假	病假	公假	质量排名	出勤排名	星级评比	备注
3	第2周报表	1	报关1631	26	4.2	99%			1	3	22	19	★	
4	第3周报表	2	财务163A	41	4.8	99%	1	1	1		1	21	★★	
5	第4周报表	3	财务1631	51	4.8	100%			1		1	4	★★★★★	
6	第5周报表	4	电商1631	43	4.8	100%			1		1	10	★★★★	
7	第6周报表	5	电商1632	38	4.8	99%			1		1	15	★★★	
8	第7周报表	6	国贸163本	28	4.8	99%			1		1	18	★★	
9	第8周报表	7	国贸1631	44	4.8	100%			1		1	9	★★★★	
10	第9周报表	8	国贸1632	46	4.8	100%			1		1	6	★★★★★	

周报表1

图 5.66　横向放置的周报表

8. 欲将本项目任务 3 设计的多项多人考勤统计表中的“公假”改为“迟到”，请修改考核区数据验证中的输入信息。

项目 6

Excel 在绩效管理中的应用

【项目导读】

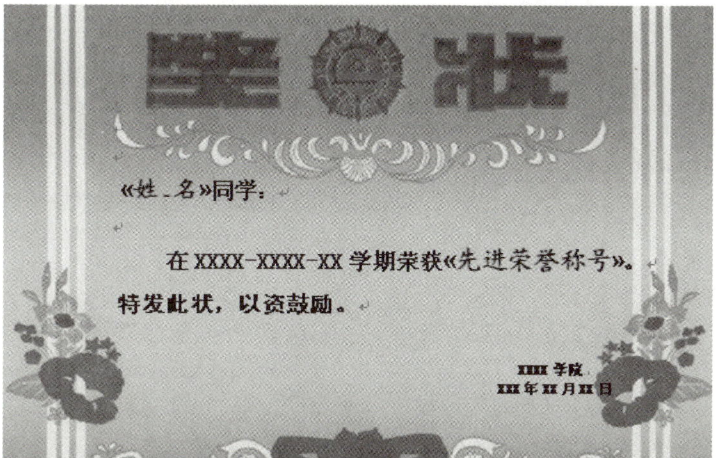

绩效考评是企业运行状况诊断的重要内容。实施绩效管理，有助于激发员工的工作潜力，促进员工职业发展，达到企业的经营目标，并提高员工的满意度和成就感。本项目以学生成绩评价为例，运用 Excel 进行统计、反馈、评比、报告，能对实施绩效管理起到良好的技术保障作用。

【任务导读】

【示例文件】

任务 1　汇总各科成绩表

本任务以某班学生多门课程成绩为例，介绍多表数据合并及相关的统计函数。参考示例文件：项目 6-1　在绩效评比管理中的应用（合并及图表查询）。

步骤一　合并数据表

设各位任课教师评出的单科成绩存放在不同的数据表中，且每位教师对学生成绩的排序方式不同，如图 6.1 所示，现用数据合并的方法将各科成绩汇总于一张工作表内，步骤如下：

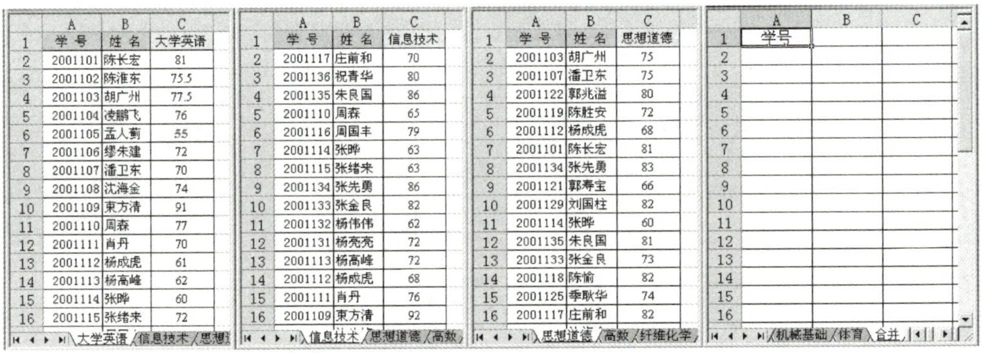

	A	B	C
1	学 号	姓 名	大学英语
2	2001101	陈长宏	81
3	2001102	陈淮东	75.5
4	2001103	胡广州	77.5
5	2001104	凌鹏飞	76
6	2001105	孟人蓟	55
7	2001106	缪朱建	72
8	2001107	潘卫东	70
9	2001108	沈海金	74
10	2001109	東方清	91
11	2001110	周森	77
12	2001111	肖丹	70
13	2001112	杨成虎	61
14	2001113	杨高峰	62
15	2001114	张晔	60
16	2001115	张绪来	72

	A	B	C
1	学 号	姓 名	信息技术
2	2001117	庄前和	70
3	2001136	祝青华	80
4	2001135	朱良国	86
5	2001110	周森	65
6	2001116	周国丰	79
7	2001114	张晔	63
8	2001115	张绪来	63
9	2001134	张先勇	86
10	2001133	张金良	82
11	2001132	杨伟伟	62
12	2001131	杨亮亮	72
13	2001113	杨高峰	72
14	2001112	杨成虎	68
15	2001111	肖丹	76
16	2001109	東方清	92

	A	B	C
1	学 号	姓 名	思想道德
2	2001103	胡广州	75
3	2001107	潘卫东	75
4	2001122	郭兆溢	80
5	2001119	陈胜安	72
6	2001112	杨成虎	68
7	2001101	陈长宏	81
8	2001134	张先勇	83
9	2001121	郭寿宝	66
10	2001129	刘国柱	82
11	2001114	张晔	60
12	2001135	朱良国	81
13	2001133	张金良	73
14	2001118	陈愉	82
15	2001125	季耿华	74
16	2001117	庄前和	82

	A	B	C
1	学号		

图 6.1　各科成绩位于不同的工作表中，具有相同的结构但学号、姓名排序均不相同

（1）插入一新表，命名为“合并”。

（2）在“合并”表 A1 单元格输入“学号”，在“数据”功能区中选择“数据→合并计算”命令，打开“合并计算”对话框，在“函数”下拉列表框中选择平均值，在“引用位置”单击“大学英语”表，选择 A:C 列，单击【添加】按钮，再依次单击其他各成绩表（在引用位置会自动出现与第一次选择相同的区域），逐一添加完毕，再选中“标签位置”中的“首行”“最左列”复选框，单击【确定】按钮。生成的合并成绩表如图 6.2 所示。

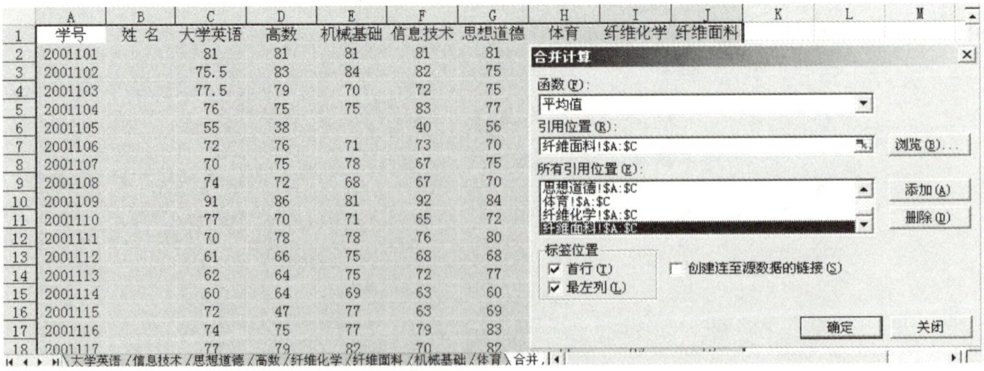

	A	B	C	D	E	F	G	H	I	J
1	学号	姓 名	大学英语	高数	机械基础	信息技术	思想道德	体育	纤维化学	纤维面料
2	2001101		81	81	81	81	81			
3	2001102		75.5	83	84	82	75			
4	2001103		77.5	79	70	72	75			
5	2001104		76	75	75	83	77			
6	2001105		55	38		40	56			
7	2001106		72	76	71	73	70			
8	2001107		70	75	78	67	75			
9	2001108		74	72	68	67	70			
10	2001109		91	86	81	92	84			
11	2001110		77	70	71	65	72			
12	2001111		70	78	78	76	80			
13	2001112		61	66	75	68	68			
14	2001113		62	64	75	72	77			
15	2001114		60	64	69	63	60			
16	2001115		72	47	77	63	69			
17	2001116		74	75	77	79	83			
18	2001117		77	79	82	70	82			

图 6.2　合并成绩表

步骤二　添加姓名列

在图 6.2 中，缺失的姓名可以利用查找类函数如 VLOOKUP 或 LOOKUP 函数添加。

为说明这两个函数的使用，不妨插入一列（C 列），在 B 列和 C 列中输入不同的公式进行比较。

1. 用 VLOOKUP 函数添加

在 B2 中输入公式 B2=VLOOKUP(A2,大学英语!A:B,2,0)，并向下填充公式。该公式的作用是：根据 A2 值（2001101），到“大学英语”工作表的 A:B 列中查找，并返回第 2 列中匹配的值（陈长宏）。

关于 VLOOKUP 函数的用法见附录 4。

2. 用 LOOKUP 函数添加

在 C2 中输入公式：C2= LOOKUP(A2,大学英语!A:A,大学英语!B:B)，并向下填充公式。该公式的作用是：根据 A2 值（2001101），到“大学英语”工作表的 A 列中查找，并返回 B 列中匹配的值（陈长宏），如图 6.3 所示。

关于 LOOKUP 函数的用法见附录 4，输入公式及函数参数的方法见附录中的操作技巧 22。

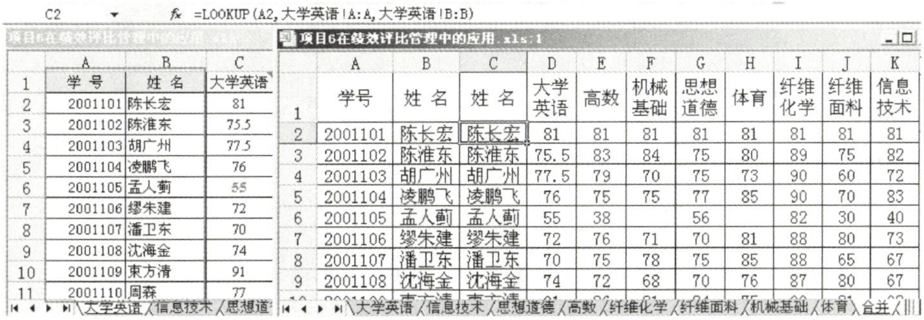

图 6.3　用 VLOOKUP、LOOKUP 函数均可添加姓名

3. 比较

VLOOKUP 和 LOOKUP 函数的使用及注意事项比较见表 6-1。

表 6-1　VLOOKUP 和 LOOKUP 函数的使用及注意事项比较

LOOKUP	VLOOKUP
待显示的数据列可以位于查找列的左侧或右侧	待显示的数据列必须位于查找列的右侧。如果不满足，可移动或复制该列至查找列右侧
查找列（即参数 2 所在列）必须要按升序排序（读者可以改变“大学英语”表的学号列为降序加以验证）	无此要求，只要将参数 4 设为“0”即可精确匹配

若要将学号与姓名合并为一列，可复制“合并”工作表，表名自动为“合并（2）”，清除 C 列原有的公式，在 C1 单元格中输入=A1&B1，并向下填充，然后选择 C 列公式执行复制和粘贴命令（在粘贴选项中选择“粘贴数值”），之后即可删除 A、B 两列。

任务 2 制作成绩查询图

【任务导读】 数据信息可以用图表形式进行可视化展示，图表是交互式的，用户可以在瞬间很方便地改变图表中显示的数据集。本任务通过制作在一张图表中可选择查看不同对象的成绩图为例，介绍动态图表的制作。参考示例文件：同任务 1。

步骤一 制作普通成绩图表

1. 快速生成单人成绩图

设要生成某学生（例如陈淮东）的成绩图，如图 6.4 所示。

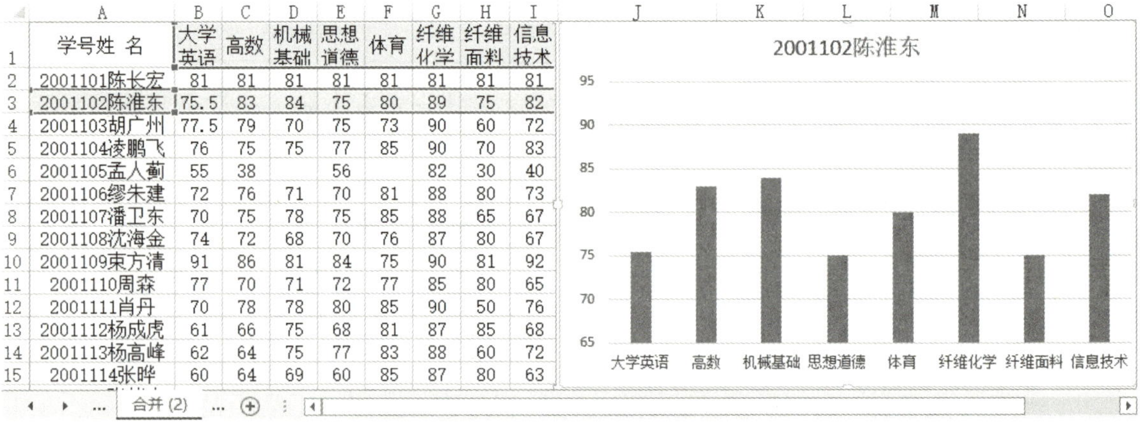

	A	B	C	D	E	F	G	H	I
1	学号姓 名	大学英语	高数	机械基础	思想道德	体育	纤维化学	纤维面料	信息技术
2	2001101陈长宏	81	81	81	81	81	81	81	81
3	2001102陈淮东	75.5	83	84	75	80	89	75	82
4	2001103胡广州	77.5	79	70	75	73	90	60	72
5	2001104凌鹏飞	76	75	75	77	85	90	70	83
6	2001105孟人蓟	55	38		56		82	30	40
7	2001106缪朱建	72	76	71	70	81	88	80	73
8	2001107潘卫东	70	75	78	75	85	88	65	67
9	2001108沈海金	74	72	68	70	76	87	80	67
10	2001109束方清	91	86	81	84	75	90	81	92
11	2001110周森	77	70	71	72	77	85	80	65
12	2001111肖丹	70	78	78	80	85	90	50	76
13	2001112杨成虎	61	66	75	68	81	87	85	68
14	2001113杨高峰	62	64	75	77	83	88	60	72
15	2001114张晔	60	64	69	60	85	87	80	63

图 6.4 某学生（陈淮东）的成绩图

制作步骤如下：

（1）选择 A1:I1，按住 Ctrl 键，再选择 A3:I3。

（2）选择“插入”功能区中的“推荐图表”命令，选择第一个二维柱形图。**关于快速创建默认图表的方法见附录中的操作技巧 34。**

（3）拖动图表至适当之处，如图 6.4 所示。

2. 编辑图表

对不满意之处，可右击该处，Excel 会弹出相应的快捷菜单，选择相应命令进行编辑修改。

如要将图表类型改为饼图，右击绘图区或图表区，选择“图表类型”命令，在“图表类型”对话框中选择“分离型”饼图，确定后如图 6.5 所示。再右击系列，选择“数据系列格式”命令，在“数据标志”选项卡中选中“类别名称”及“值”复选框，最终效果如图 6.6 所示。如要修改图表标题格式，可选中标题中的文字，进行字体设置。

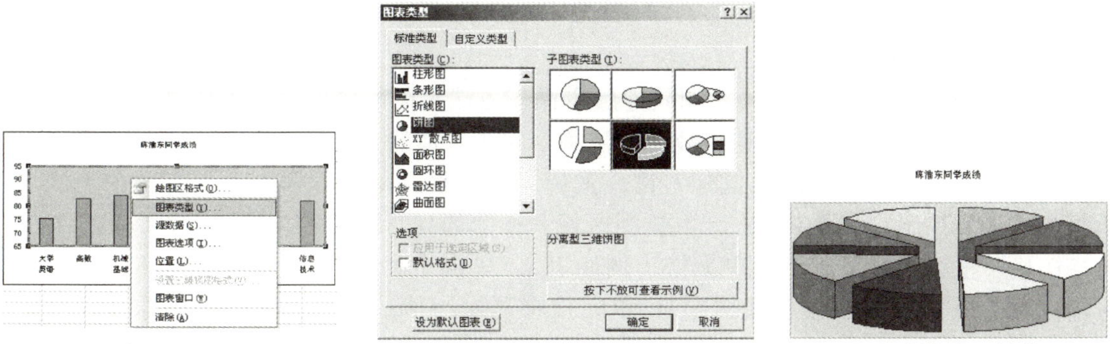

（a）右击绘图区，选择“图表类型”命令　（b）选择分离型饼图　（c）完成类型转换

图 6.5　将柱形图表转换为分离型饼图的过程

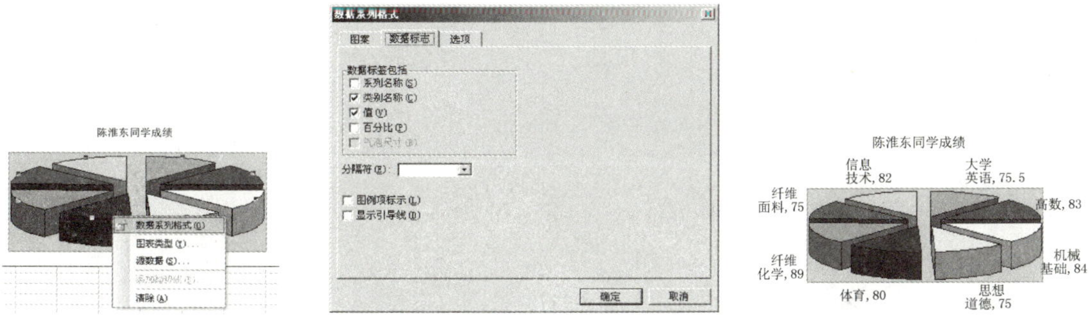

（a）右击系列，选择“数据系列格式”　（b）选中“类别名称”及“值”　（c）完成添加“类别名称”及“值”

图 6.6　为饼图添加分类名称及值的过程

步骤二　制作可查询成绩图

1. 制作个人成绩查询图

个人成绩查询图如图 6.7 所示。该图表的功能是：在列表中选择欲查看的对象即能显示相应的学生成绩图表。

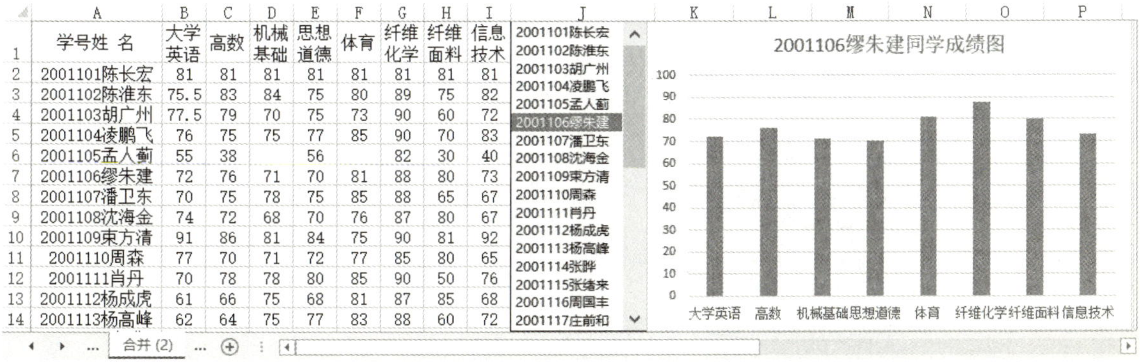

	A	B	C	D	E	F	G	H	I
1	学号姓 名	大学英语	高数	机械基础	思想道德	体育	纤维化学	纤维面料	信息技术
2	2001101陈长宏	81	81	81	81	81	81	81	81
3	2001102陈淮东	75.5	83	84	75	80	89	75	82
4	2001103胡广州	77.5	79	70	75	73	90	60	72
5	2001104凌鹏飞	76	75	75	77	85	90	70	83
6	2001105孟人蓟	55	38		56		82	30	40
7	2001106缪朱建	72	76	71	70	81	88	80	73
8	2001107潘卫东	70	75	78	75	85	88	65	67
9	2001108沈海金	74	72	68	70	76	87	80	67
10	2001109束方清	91	86	81	84	75	90	81	92
11	2001110周森	77	70	71	72	77	85	80	65
12	2001111肖丹	70	78	78	80	85	90	50	76
13	2001112杨成虎	61	66	75	68	81	87	85	68
14	2001113杨高峰	62	64	75	77	83	88	60	72

图 6.7　在列表中选择“姓名”即能显示相应的图表

制作可查询成绩图的具体方法如下所述。

1）添加列表框

（1）打开“窗体”工具箱（**不同软件版本操作方法见附录中的操作说明 3**），选用“列表框”工具，在“合并（2）”表适当处拖放出一个大小合适的列表框。

（2）在空白列表框处单击鼠标右键，选择“设置控件格式”命令，在“对象格式”对话框中选择“控制”选项卡，在“数据源区域”框中选择 A2:A37（学号姓名区域），在“单元格链接”框中输入某一空白单无格（例如 J1），单击【确定】按钮，如图 6.8（a）所示；这样选择列表框中的某个对象时，J1 单元格将显示与所选学号姓名相应的位置序号，如图 6.8（b）所示。

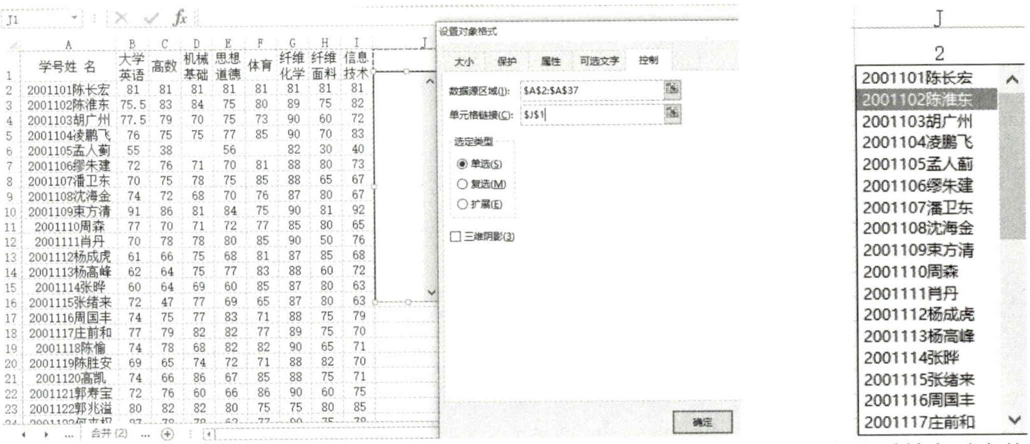

	学号姓 名	大学英语	高数	机械基础	思想道德	体育	纤维化学	纤维面料	信息技术
2	2001101陈长宏	81	81	81	81	81	81	81	81
3	2001102陈淮东	75.5	83	84	75	80	89	75	82
4	2001103胡广州	77.5	79	70	75	73	90	60	72
5	2001104凌鹏飞	76	75	75	77	85	90	70	83
6	2001105孟人蓟	55	38		56		82	30	40
7	2001106缪朱建	72	76	71	70	81	88	80	73
8	2001107潘卫东	70	75	78	75	85	88	65	67
9	2001108沈海金	74	72	68	70	76	87	80	67
10	2001109束方清	91	86	81	84	75	90	81	92
11	2001110周森	77	70	71	72	77	85	80	65
12	2001111肖丹	70	78	78	80	85	90	50	76
13	2001112杨成虎	61	66	75	68	81	87	85	68
14	2001113杨高峰	62	64	75	77	83	88	60	72
15	2001114张晔	60	64	69	60	85	87	80	63
16	2001115张绪来	72	47	77	69	65	87	80	63
17	2001116周国丰	74	75	77	83	71	88	75	79
18	2001117庄前和	77	79	82	82	77	89	75	70
19	2001118陈愉	74	78	68	82	82	90	65	71
20	2001119陈胜安	69	65	74	72	71	88	82	70
21	2001120高凯	74	66	86	67	85	88	75	71
22	2001121郭寿宝	72	76	60	66	86	90	60	75
23	2001122郭兆溢	80	82	82	80	75	75	80	85

（a）设置控件格式　　　（b）查看姓名对应的序号

图 6.8　对列表框设置对象格式

2）增加辅助行

辅助行建在数据表的下方，本例为 38 行。

（1）在 A38 单元格中输入公式 A38=INDEX(A2:A37,$J$1,1)，并向右填充至 I38，如图 6.9 所示。

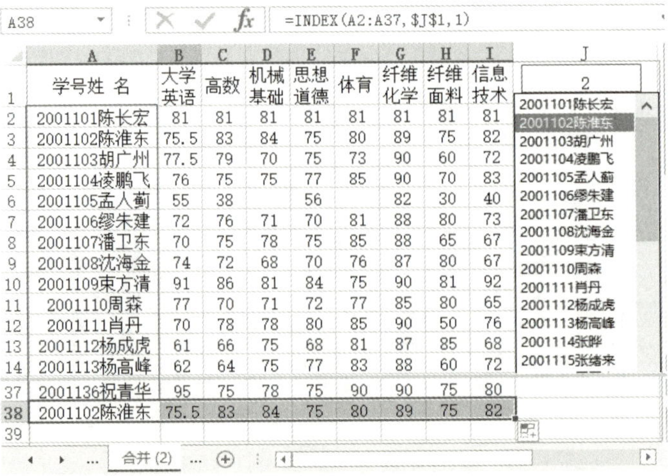

	学号姓 名	大学英语	高数	机械基础	思想道德	体育	纤维化学	纤维面料	信息技术
2	2001101陈长宏	81	81	81	81	81	81	81	81
3	2001102陈淮东	75.5	83	84	75	80	89	75	82
4	2001103胡广州	77.5	79	70	75	73	90	60	72
5	2001104凌鹏飞	76	75	75	77	85	90	70	83
6	2001105孟人蓟	55	38		56		82	30	40
7	2001106缪朱建	72	76	71	70	81	88	80	73
8	2001107潘卫东	70	75	78	75	85	88	65	67
9	2001108沈海金	74	72	68	70	76	87	80	67
10	2001109束方清	91	86	81	84	75	90	81	92
11	2001110周森	77	70	71	72	77	85	80	65
12	2001111肖丹	70	78	78	80	85	90	50	76
13	2001112杨成虎	61	66	75	68	81	87	85	68
14	2001113杨高峰	62	64	75	77	83	88	60	72
37	2001136祝青华	95	75	78	75	90	90	75	80
38	2001102陈淮东	75.5	83	84	75	80	89	75	82

图 6.9　在辅助行输入公式

该公式的作用是显示指定区域（A2:A37）中，指定行号为 J1（J1 中的值受列表框控制而动态改变），指定列号为 1（即区域所在列）所对应的单元格信息。图中 J1=2，则应显示 A3 单元格信息（即 2001102 陈淮东）。

关于函数 INDEX 的用法见附录 4。

（2）将 A38 中的公式修改为=INDEX(A2:A37,$J$1,1)&"同学成绩图"。公式中的“&"同学成绩图"”是将 A38 单元格中的信息与该文本链接成一体，用于后续要建立的图表标题。

3）制作查询图

选择 A2:I2 单元格区域，再按 Ctrl 键，选择 A38:I38 单元格区域，按步骤一插入图表。

选择列表框控件中的不同姓名，可查看所选对象的成绩图表，如图 6.10 所示。

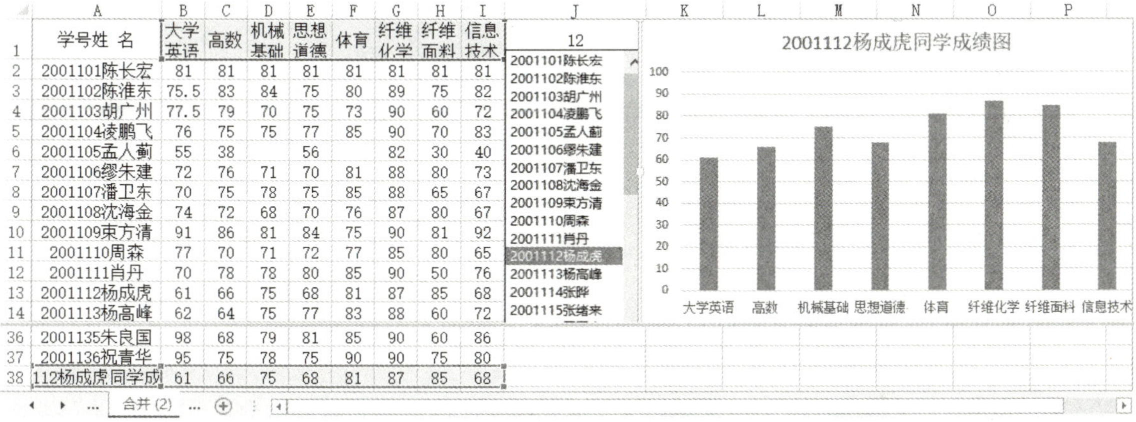

	A	B	C	D	E	F	G	H	I
1	学号姓 名	大学英语	高数	机械基础	思想道德	体育	纤维化学	纤维面料	信息技术
2	2001101陈长宏	81	81	81	81	81	81	81	81
3	2001102陈淮东	75.5	83	84	75	80	89	75	82
4	2001103胡广州	77.5	79	70	75	73	90	60	72
5	2001104凌鹏飞	76	75	75	77	85	90	70	83
6	2001105孟人蓟	55	38		56		82	30	40
7	2001106缪朱建	72	76	71	70	81	88	80	73
8	2001107潘卫东	70	75	78	75	85	88	65	67
9	2001108沈海金	74	72	68	70	76	87	80	67
10	2001109束方清	91	86	81	84	75	90	81	92
11	2001110周森	77	70	71	72	77	85	80	65
12	2001111肖丹	70	78	78	80	85	90	50	76
13	2001112杨成虎	61	66	75	68	81	87	85	68
14	2001113杨高峰	62	64	75	77	83	88	60	72
36	2001135朱良国	98	68	79	81	85	90	60	86
37	2001136祝青华	95	75	78	75	90	90	75	80
38	112杨成虎同学成	61	66	75	68	81	87	85	68

图 6.10　查看所选对象的成绩图

4）美化动态图表

（1）清除网格线。右击“数值轴主要网格线”，选择“清除”命令。

（2）设置图表区、绘图区和系列格式。右击图表区，在“图表区格式”对话框中设置图案及边框的颜色；右击绘图区，在“绘图区格式”对话框中设置图案及边框的颜色；右击系列，在“数据系列格式”对话框“图案”选项卡中设置图案，在“数据标志”选项卡中选中“值”。

（3）调整图表的大小。单击图表区，拖动外边框至合适大小并放置于 K1:P14，选择绘图区，缩放至合适大小。

（4）其他处理。鼠标右键双击控件列表框，可移动控件遮盖住 J1，并调整大小。

隐藏“序号”列和“学号”列。**关于隐藏和取消隐藏行、列的方法见附录中的操作技巧 54。**

2．制作班组竞赛查询图

以上是对一个集体中的多个成员设计的考核查询图表，而对于一个部门的多个班组之间进行的多项考核竞赛也可以设计班组考核查询图。如图 6.11 所示的是对某年级 3 个平行班 6 门课程成绩竞赛设计的查询图表。

班级	姓名	语文成绩	数学成绩	英语成绩	物理成绩	化学成绩	生物成绩
高三(1)班	伊然	79.5	98.5	68	100	96	66
高三(2)班	张月	74	72.5	67	94	78	90
高三(2)班	周晓彤	97	75.5	73	81	66	76
高三(3)班	沈君毅	62.5	76	57	67.5	88	84.5
高三(2)班	苏武	83.5	78.5	70.5	100	68.5	69
高三(1)班	王海强	96	72.5	100	86	62	87.5
高三(2)班	萧潇	75.5	72.5	75	92	86	55
高三(1)班	刘玉晓	93.5	85.5	77	81	95	78
高三(3)班	王晓燕	62.5	57.5	85	59	79	61.5
高三(3)班	尹志刚	96.5	74.5	63	66	71	69
高三(2)班	张志强	76.5	70	64	75	87	78
高三(2)班	张严	95	95	70	89.5	61.5	61.5
高三(3)班	钟幻	76	63.5	84	81	65	62
高三(1)班	李巧	88	82.5	83	75.5	72	90
高三(1)班	鲁帆	82.5	63.5	90.5	97	65.5	99
高三(3)班	吴开	63.5	73	65	95	75.5	61

班级平均分	人数	语文	数学	英语	物理	化学	生物
高三(1)班	15	85.9	77.3	83.3	90.5	81.5	77.7
高三(2)班	15	77.0	81.6	75.2	81.5	73.1	76.8
高三(3)班	14	76.4	67.8	74.0	68.9	71.6	72.4

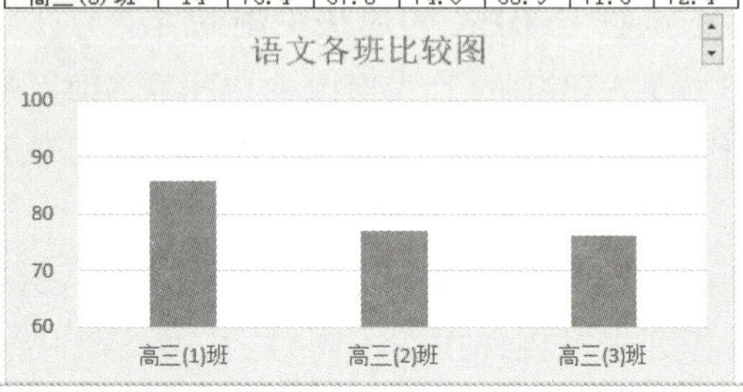

年级成绩

图 6.11　某年级 3 个平行班 6 门课程成绩竞赛图表

该图表的功能是：单击图表区右上角的“数值调节钮”，可以选择查看任意科目各班级平均成绩对比图。其设计步骤如下所述。

1）建立分项统计表

K1:R4 为汇总统计区域，与数据表之间有一空列相隔，这样不影响数据表的操作（如透视、分类汇总等）。

汇总统计区域中的公式如图 6.12 所示。

IF　=COUNTIF(B:B,K2)

班级	语文成绩	数学成绩	英语成绩	物理成绩	化学成绩	生物成绩		班级	人数	语文平均	数学平均
高三(1)班	79.5	98.5	68	100	96	66		高三(1)班	=COUNTIF(B:B,K2)	=SUMIF($B:$B,$K2,D:D)/$L2	
高三(2)班	74	72.5	67	94	78	90		高三(2)班			
高三(2)班	97	75.5	73	81	66	76		高三(3)班			

纤维面料 / 机械基础 / 体育 / 陈淮东 / 胡广州 / 合并 / 年级成绩

图 6.12　输入高三（1）班人数统计公式及语文平均分统计公式，并向下、向右填充

（1）输入各班人数统计公式。

在“年级成绩”表 L2 中输入公式=COUNTIF(B:B,K2)，该公式的作用是：在 B 列中统计符合 K2［即高三（1）班］的记录数。向下填充后，公式中的 K2 会发生行相对位移，即统计其他各班级对应人数。

（2）输入各班语文平均分统计公式。

在 M2 中输入公式=SUMIF($B:$B,$K2,D:D)/$L2，该公式的分子为在 B 列中统计符合 K2［即高三（1）班］的语文总分，分母为该班级人数。运算结果为高三（1）班语文平均分。公式向下填充后，公式中的 K2 与 L2 会发生行相对位移，即统计其他各班级语文平均分。

（3）填充各课程各班级平均分。

选择 M2:R4，按 Ctrl+R 组合键（向右填充），完成各课程各班级的公式复制。由于 M2 公式 SUMIF($B:$B,$K2,D:D)/$L2，其中 B 列（班级）与 K 列（人数）均为绝对引用，故向右填充时不会移位。

以上公式中使用了 COUNTIF 和 SUMIF 函数。**相关函数的用法见附录 4**。

2）添加微调按钮

（1）打开“窗体”工具箱（**不同软件版本操作方法见附录中的操作说明 3**），选择“数值调节钮”工具，在“年级成绩”表适当处拖放出一个大小合适的控件。

（2）右击“数值调节钮”，选择“设置控件格式”命令，在“对象格式”对话框中选择“控制”选项卡，在“最小值”框中输入“1”，在“最大值”框中输入“6”（对应 6 门课程），在“单元格链接”框中单击某一空白单元格（如 T1），单击【确定】按钮。

（3）查看。选择“数值调节钮”时，T1 单元格数值将在 1 ~ 6 变化，如图 6.13 所示。

图 6.13　为数值调节钮设置控件格式，与 T1 链接

3）增加辅助列

辅助列建在数据表的右方，本例为 S 列。

（1）在 S1 元格中输入公式 S1=INDEX(M1:R1,1,$T$1)，并向下填充至 S4，如图 6.14 所示。

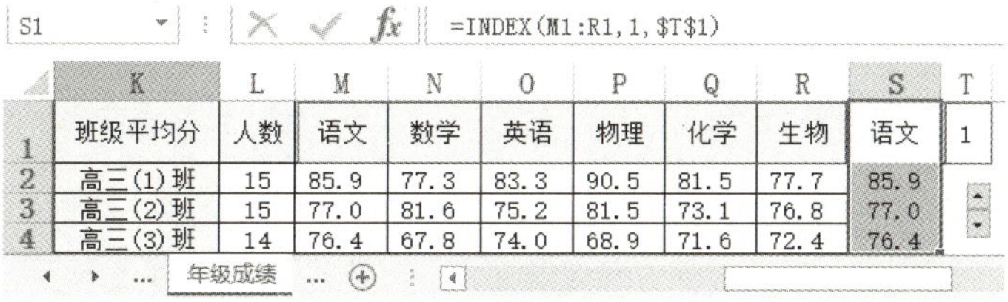

图 6.14　在辅助列输入公式

该公式的作用是显示指定区域（M1:R1）中，指定行号为 1 行（即区域所在行），指定列号为 T1 单元格（T1 中的值受数值调节钮控制而动态改变）所对应的单元格信息。图中 T1=1，则应显示 M1 单元格信息（即语文）。

关于函数 INDEX 的用法见附录 4。

（2）将 T1 中的公式修改为=INDEX(M1:R1,1,$T$1)&"各班比较图"。公式中的“&"各班比较图"”，是将 S1 单元格中的信息与该文本链接成一体，用于后续要建立的图表标题。

4）制作查询图

（1）选择 K1:K4 单元格区域，再按 Ctrl 键，选择 S1:S4 单元格区域，插入图表。

（2）单击【数值调节钮】可查看不同科目的各班成绩对比图表，如图 6.15 所示。

	B	C	D	E	F	G	H	I
1	班级	姓名	语文成绩	数学成绩	英语成绩	物理成绩	化学成绩	生物成绩
2	高三(1)班	伊然	79.5	98.5	68	100	96	66
3	高三(2)班	张月	74	72.5	67	94	78	90
4	高三(2)班	周晓彤	97	75.5	73	81	66	76
5	高三(3)班	沈君毅	62.5	76	57	67.5	88	84.5
6	高三(2)班	苏武	83.5	78.5	70.5	100	68.5	69
7	高三(1)班	王海强	96	72.5	100	86	62	87.5
8	高三(2)班	萧潇	75.5	72.5	75	92	86	55
9	高三(1)班	刘玉晓	93.5	85.5	77	81	95	78
10	高三(3)班	王晓燕	62.5	57.5	85	59	79	61.5
11	高三(3)班	尹志刚	96.5	74.5	63	66	71	69
12	高三(2)班	张志强	76.5	70	64	75	87	78
13	高三(2)班	张严	95	95	70	89.5	61.5	61.5
14	高三(3)班	钟幻	76	63.5	84	81	65	62
15	高三(1)班	李巧	88	82.5	83	75.5	72	90
16	高三(1)班	鲁帆	82.5	63.5	90.5	97	65.5	99
17	高三(3)班	吴开	63.5	73	65	95	75.5	61

K	L	M	N	O	P	Q	R
班级平均分	人数	语文	数学	英语	物理	化学	生物
高三(1)班	15	85.9	77.3	83.3	90.5	81.5	77.7
高三(2)班	15	77.0	81.6	75.2	81.5	73.1	76.8
高三(3)班	14	76.4	67.8	74.0	68.9	71.6	72.4

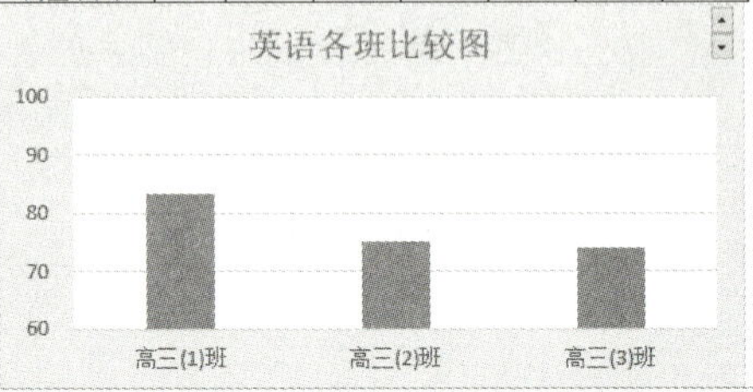

年级成绩

图 6.15　查看不同科目的各班成绩对比图

（3）对图表进行适当的格式美化，并将其移到 K5:R17，再将【数值调节钮】移到图表右上角，隐藏 T 列，这样一张各班级科目查询图即制作完成。

任务 3　制作成绩反馈条

【任务导读】

阶段评价反馈是绩效评比中不可缺少的环节。科学有效的评价，不仅包括绝对评价、相对评价、差异化评价，而且还应注意反馈的方式，防止出现由于过度“曝光”而导致被评者的心理受到伤害。

本任务设计的成绩条，不仅能报告学生各科成绩（与标准分 100 分比较），而且对应有班级各科平均成绩（与班组相对比较），同时能报告与前次的排名比较（差异化个性比较），且每位被评价者只能知道自己的成绩（具有相对保密性）。成绩条样式如图 6.16 所示。

	A	C	D	E	F	G	H	I	J	M	N	O	P	Q
1	学号	大学英语	高数	机械基础	思想道德	体育	纤维化学	纤维面料	信息技术	成绩总分	平均成绩	本次排名	上次排名	进步/退步
2	2001101	81	81	81	81	81	81	81	81	648	81	5	6	进步1名
3	班级	76	72	75	73	78	88	72	74	605	76	——	——	——
136														
137	学号	大学英语	高数	机械基础	思想道德	体育	纤维化学	纤维面料	信息技术	成绩总分	平均成绩	本次排名	上次排名	进步/退步
138	2001135	98	68	79	81	85	90	60	86	647	81	6	2	退步4名
139	班级	76	72	75	73	78	88	72	74	605	76	——	——	——
140														
141	学号	大学英语	高数	机械基础	思想道德	体育	纤维化学	纤维面料	信息技术	成绩总分	平均成绩	本次排名	上次排名	进步/退步
142	2001136	95	75	78	75	90	90	75	80	658	82	3	3	与上次排名相同
143	班级	76	72	75	73	78	88	72	74	605	76	——	——	——
144														

成绩1 / 成绩2 / 成绩条

图 6.16　根据“成绩 2”表生成的成绩条

参考示例文件：项目 6-2　在绩效评比管理中的应用（成绩条统计评比）。“成绩 1”表中存有上一次全班成绩及排名记录，“成绩 2”表为本次各科成绩汇总，“成绩条”表由“成绩 2”表自动生成。

【示例文件】

步骤一　统计个人及各科成绩

1．统计个人成绩

（1）计算个人缺考、不及格门数及总分、平均分。

在“成绩 2”表中，输入相关公式，如图 6.17 所示。

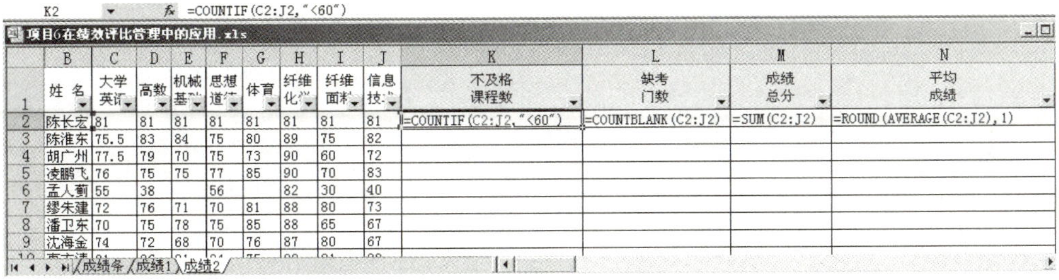

图 6.17　输入总分、平均分及排名公式

① 不及格课程门数：K2=COUNTIF(C2:J2,"<60")。

② 缺考门数：L2=COUNTBLANK(C2:J2)，即计算空格的个数。

③ 成绩总分：M2=SUM(C2:J2)。

④ 平均成绩：N2=ROUND(AVERAGE(C2:J2),1)，设置该区域的单元格格式为数值型，小数位数 1 位。

以上公式中使用了 COUNTIF、COUNTBLANK、SUM、AVERAGE、ROUND 等函数。**相关函数的用法见附录 4，关于输入公式及函数参数的方法见附录中的操作技巧 22。**

（2）计算本次成绩排名、引用上次排名。

本次成绩排名：O2=RANK(M2,M:M,0)。

引用上次排名：P2=VLOOKUP(A2,成绩 1!A:C,3,0)。

说明：该公式的作用是根据 A2（值为 2001101），在“成绩 1”表中的 A:C 列之首列（A 列）查找，并由此返回第 3 列（C 列）匹配值（6），如图 6.18 所示。

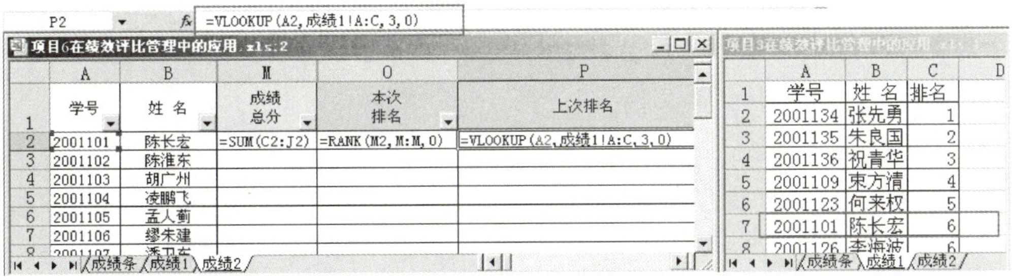

图 6.18　输入引用上期排名公式

以上公式中使用了 RANK 和 VLOOKUP 函数。**相关函数的用法见附录 4。**

（3）判断进、退步情况。

在“成绩 2”表中，输入公式 Q2=IF(O2<P2,"进步"&(P2-O2)&"名",IF(O2>P2,"退步"&(O2-P2) &"名","与上次排名相同"))，如图 6.19（a）所示。图 6.19（b）是关于该公式的说明。

（4）将上述公式向下填充至 37 行。

在名称框中输入 K2:Q37，按 Enter 键后即选定了该区域，按 Ctrl+D 组合键，即可完成对所有公式的向下填充，结果如图 6.20 所示。

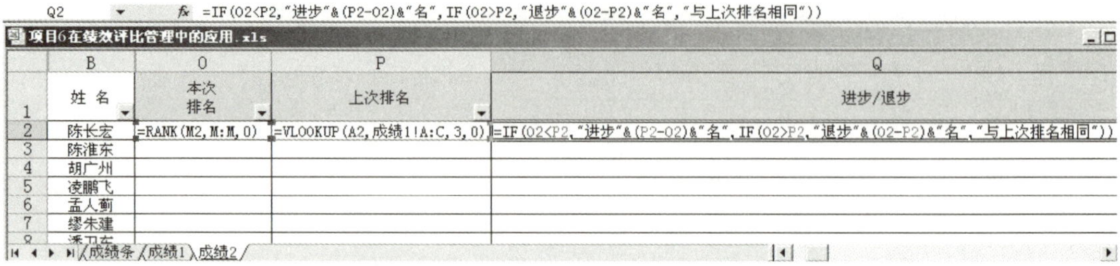

（a）输入判断个人进、退步的公式

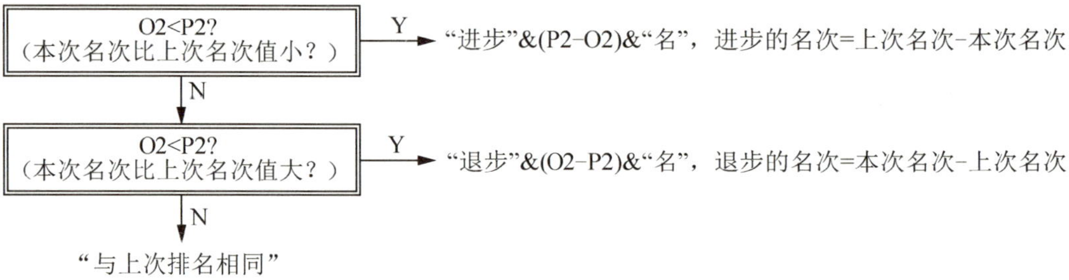

（b）对判断个人进、退步的公式说明（"&"符号起字符连接作用）

图 6.19　个人进、退步公式的输入及说明

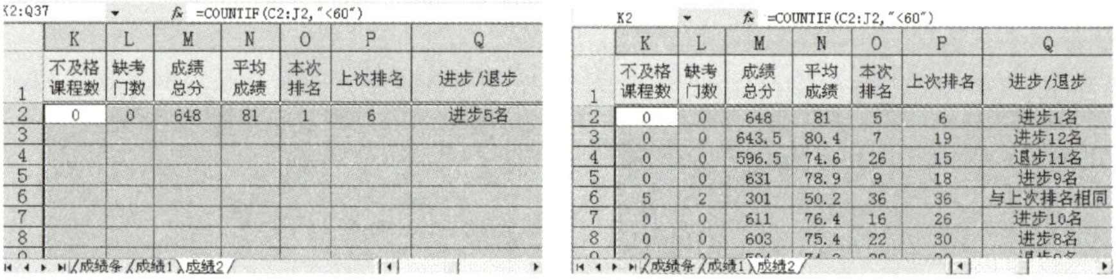

图 6.20　将公式向下填充

2．统计课程成绩

（1）计算各课程班级平均分。

选择 C38:J38，在编辑栏输入公式=AVERAGE(C2:C37)，同时按 Ctrl+Enter 组合键，如图 6.21 所示，或者在 C38 中输入公式=AVERAGE(C2:C37)，然后向右填充公式至 J38。

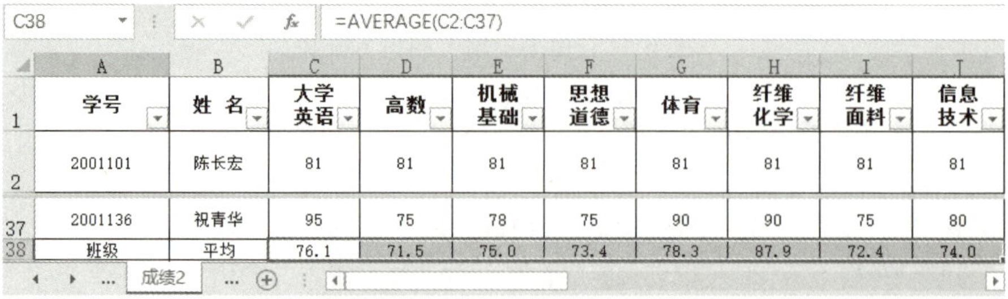

图 6.21　输入计算各课程班级平均分公式

设置该区域的单元格格式为数值型，小数位数 1 位。

（2）统计各课程前后两名分数。

C39=MAX(C2:C37)

C40=LARGE(C2:C37,2)

C41=MIN(C2:C37)

C42=SMALL(C2:C37,2)

选择 C39:J42，按 Ctrl+R 组合键向右填充，如图 6.22 所示。

以上公式使用了 MAX、LARGE、MIN、SMALL 等函数。**相关函数的用法见附录 4。**

C39 　=MAX(C2:C37)

	A	B	C	D	E	F	G	H	I	J
1	学号	姓 名	大学英语	高数	机械基础	思想道德	体育	纤维化学	纤维面料	信息技术
2	2001101	陈长宏	81	81	81	81	81	81	81	81
3	2001102	陈淮东	75.5	83	84	75	80	89	75	82
37	2001136	祝青华	95	75	78	75	90	90	75	80
39	**前两名**	**最高分**	=MAX(C2:C37)	=MAX(D2:D3	=MAX(E2:E3	=MAX(F2:F3	=MAX(G2:G3	=MAX(H2:H3	=MAX(I2:I3	=MAX(J2:J3
40		**次高分**	=LARGE(C2:C37, 2)	=LARGE(D2:	=LARGE(E2:	=LARGE(F2:	=LARGE(G2:	=LARGE(H2:	=LARGE(I2:	=LARGE(J2:
41	**后两名**	**最低分**	=MIN(C2:C37)	=MIN(D2:D3	=MIN(E2:E3	=MIN(F2:F3	=MIN(G2:G3	=MIN(H2:H3	=MIN(I2:I3	=MIN(J2:J3
42		**次低分**	=SMALL(C2:C37, 2)	=SMALL(D2:	=SMALL(E2:	=SMALL(F2:	=SMALL(G2:	=SMALL(H2:	=SMALL(I2:	=SMALL(J2:

年级成绩 / 成绩1 / 成绩2

图 6.22　输入前后两名公式

（3）统计各课程分数段人数。

① 在 B43:B46 单元格录入学生考试成绩的统计分段点 100、89、74、59，即统计 59 分及以下，60～74 分，75～89 分，90～100 分四个区段的考核成绩分布。

② 选择要进行公式统计的单元格区域 C43:C46，在编辑栏输入公式=FREQUENCY(C$2:C$37,$B$43:$B$46)，并按 Ctrl+Shift+Enter 组合键，则 C43:C46 四个单元格全部完成。

说明：由于该公式为数组公式，对于数组公式的输入，必须同时按 Ctrl+Shift+Enter 组合键，才会产生数组公式的标志大括号“{ }”，如图 6.23 所示。

	A	B	C	D	E
1	学号	姓 名	大学英语	高数	机械基础
44	**各分数段人数**	**89**	=FREQUENCY(C2:C37, $B$43:$B$46)	=FREQUENCY(D2:D37, $B$43:$B$46)	=FREQUENCY(E2:E37, $B$43:$B$46)
45		**74**	=FREQUENCY(C2:C37, $B$43:$B$46)	=FREQUENCY(D2:D37, $B$43:$B$46)	=FREQUENCY(E2:E37, $B$43:$B$46)
46		**59**	=FREQUENCY(C2:C37, $B$43:$B$46)	=FREQUENCY(D2:D37, $B$43:$B$46)	=FREQUENCY(E2:E37, $B$43:$B$46)
47	**各分数段百分比**	**考试人数**	=COUNT(C2:C37)	=COUNT(D2:D37)	=COUNT(E2:E37)
48		**90-100**	=C43/C$47	=D43/D$47	=E43/E$47
49		**75-89**	=C44/C$47	=D44/D$47	=E44/E$47
50		**60-74**	=C45/C$47	=D45/D$47	=E45/E$47
51		**0-59**	=C46/C$47	=D46/D$47	=E46/E$47

成绩2

图 6.23　输入统计各课程分数段人数及百分比公式

③ 拖动所选区域 C43:C46 右下角的填充柄向 J 列填充，即完成其他课程的分数段计算。

（4）计算各课分数段百分比。

① 考试人数：C47=COUNT(C2:C37)。

② 90～100 分占百分比：C48=C43/C$47。

③ 选择 C47:J51，分别按 Ctrl+D、Ctrl+R 组合键向下、向右填充。

以上公式使用了 FREQUENCY、COUNT 函数。**相关函数的用法见附录 4。**本例中也可以用 COUNTIF 函数计算分数段人数，例如：

=COUNTIF(C2:C37,">=90"),为求英语 90 分及以上人数；

=COUNTIF(C2:C37,">=75")-COUNTIF(C2:C37,">=90")，为求英语 75～89 分人数。

步骤二　制作个人成绩反馈条

1．输入成绩条公式

1）定义区域名称

为方便后续公式中调用“成绩 2”表中的 A1:O38 区域，先将该区域定义一个名称为“CJB”。方法是选择“成绩 2”表中 A1:O38，在名称框中输入“CJB”，按 Enter 键即可。

2）输入成绩条公式

在“成绩条”表 A1 中输入公式=IF(MOD(ROW(),4)=0,"",IF(MOD(ROW(),4)=1,成绩 2!A$1,IF(MOD(ROW(),4)=2,INDEX(CJB,(ROW()+6)/4,COLUMN()),成绩 2!A$38)))，如图 6.24 所示。

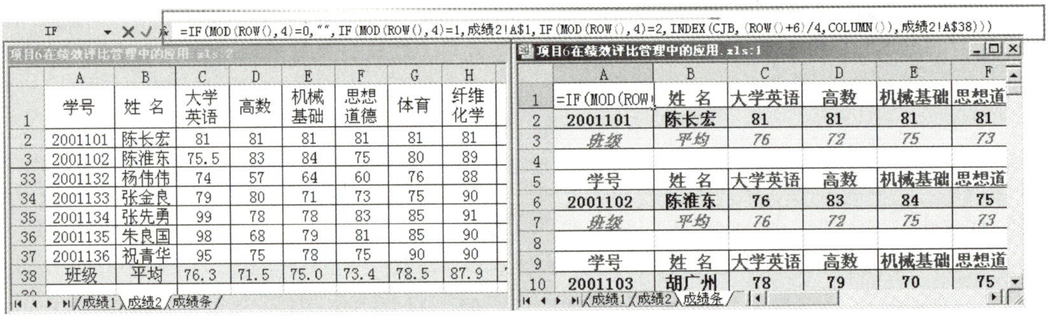

图 6.24　在“成绩条”表的 A1 中输入公式

公式中使用了 IF、MOD、ROW、COLUMN、INDEX 函数。**相关函数的用法见附录 4，关于输入公式及函数参数的方法见附录中的操作技巧 22**。

图 6.25 为对该公式的判断流程与说明。

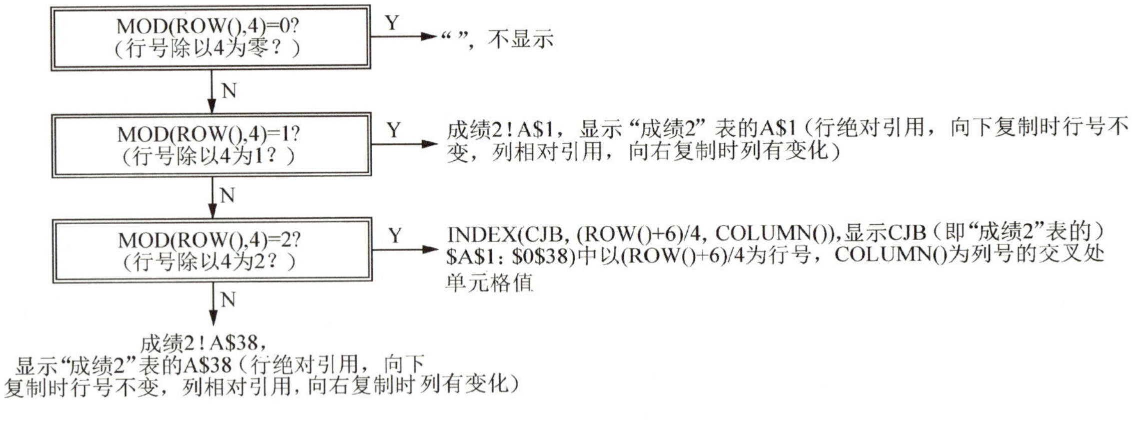

图 6.25　公式判断流程图

式中的(ROW()+6)/4 是为了匹配“成绩条”表与“成绩 2”表对应学生的行号关系而做的调整。

例如，“成绩条”表中当前行号为 2 时，(ROW()+6)/4=(2+6)/4=2，显示“成绩 2”表中的第 2 行信息；“成绩条”表中当前行号为 6 时，(ROW()+6)/4=(6+6)/4=3，显示“成绩 2”表中的第 3 行信息。

2. 设置条件格式公式

选择“成绩条”表中的 A1，打开“条件格式”对话框进行设置，如图 6.26（a）所示，2010 及以上版本为“条件规则管理器”对话框，如图 6.26（b）所示（**不同软件版本操作方法见附录中的操作说明 13**）。下面以图 6.26（a）为例介绍。

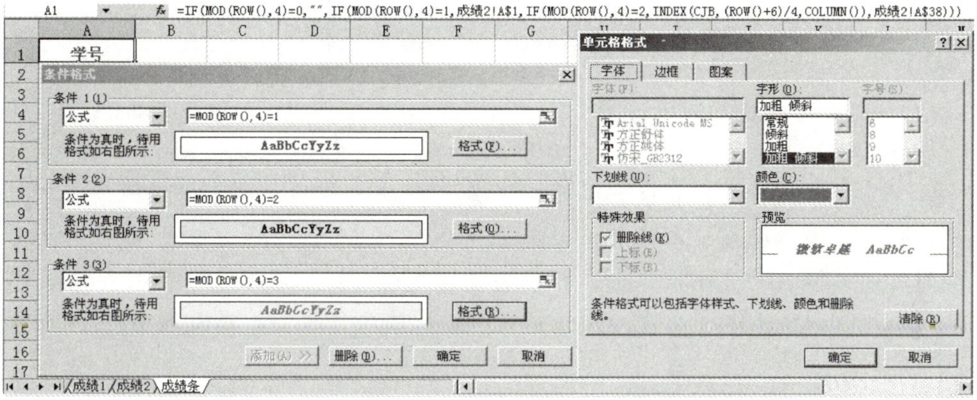

（a）2003 版本为“条件格式”对话框

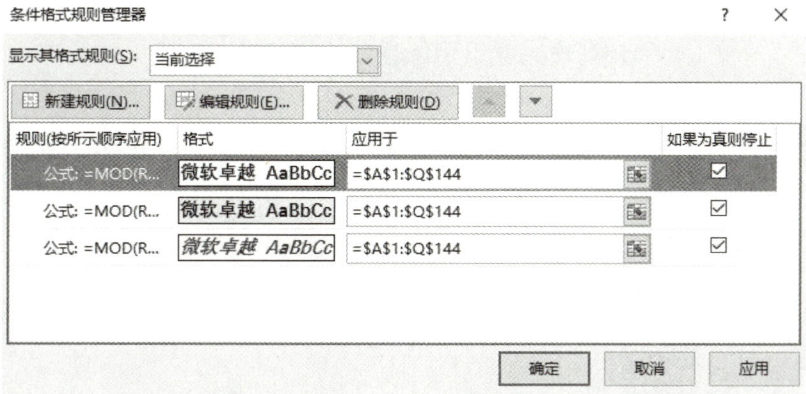

（b）2010 及以上版本为“条件规则管理器”对话框

图 6.26　设置条件格式

（1）在“条件 1”中选择“公式”，在其右框中输入公式=MOD(ROW(),4)=1，单击【格式】按钮，在“字体”选项卡中选择“颜色”为蓝色，“字形”为加粗倾斜，在“边框”选项卡中选择有边框，在“图案”选项卡中选择白色，单击【确定】按钮，返回“条件格式”对话框。

（2）单击【添加】按钮，在“条件 2”中选择“公式”，在其右框中输入公式=MOD(ROW(),4)=2，在“字体”选项卡中选择“字形”为加粗倾斜，在“边框”选项卡中选择有边框，在“图案”选项卡中选择浅绿色，单击【确定】按钮，返回“条件格式”对话框中。

（3）单击【添加】按钮，在“条件 3”中选择“公式”，在其右框中输入公式=MOD(ROW(),4)=3，在“字体”选项卡中选择“字形”为加粗倾斜、“颜色”为红色，在“边框”选项卡中选择有边框，在“图案”选项卡中选择浅黄，再连续单击两次【确定】按钮，结束设置。

（4）填充公式和格式。在“成绩条”表的名称框中输入 A1:Q144（36 位学生，每人占 4 行），分别按 Enter、Ctrl+D 和 Ctrl+R 组合键，即定位、向下和向右填充，效果参见图 6.16。

至此，完成了成绩条的基本制作。该成绩条不仅能显示个人各科成绩，且可与绝对分（满分）和相对分（单科平均分）进行比较，并可以通过前后两次学习排名比较反映出本阶段个人学习的努力程度及目前处于班级中的位置；而成绩条的反馈形式相对保密，因而更具有人性化。

任务4　生成评价报告单

【任务导读】

绩效考评的结果可以直接影响到薪酬调整、奖金发放及职务升降等全体员工的切身利益。考评报告可以让员工明白企业对自己的评价，自己的优势、不足和努力方向，这对员工改进自己的工作有很大好处。任务3制作的简易成绩条反馈的内容相对简单，且不利于作为考核档案保存。本任务将对上一任务中的“成绩2”表赋予更多的内涵，并自动生成各类获奖名单和考核评语，生成相应的评价报告和荣誉证书，如项目导读所示。

参考示例文件：同任务3，及项目6-奖状和项目6-报告单。

【示例文件】

步骤一　完善个人评价信息

1．为“成绩2”表添加相关信息

（1）在R列输入或引用综合素质测评分。

（2）在S列计算综合排名。

在名称框中输入S2:S37，确定后，在编辑栏中输入=RANK(R2,R:R,0)，同时按Ctrl+Enter组合键即可，也可以在S2中输入公式，确定后向下填充至S37。**关于RANK函数的用法见附录4，输入公式及函数参数的方法见附录中的操作技巧22。**

（3）在T列输入受处分信息。

（4）在U列输入任职信息。

2．按标准评定操行等第

1）了解操行评定标准

设某校设操行评定标准见表6-2。

表6-2　操行评定标准

等　第	条　件
优秀	综合测评分大于85分、无处分和不及格
良好	测评分大于75分、无处分、不及格门数小于三门
及格	测评分大于60分、无处分
不及格	凡有处分者

2）输入判断操行等第的公式

V2=IF(AND(R2>=85,K2=0,T2=0),"优秀",IF(AND(R2>=75,T2="",K2<3),"良好",IF(AND(R2>=60,T2=""),"及格","不及格")))，如图6.27（a）所示。向下填充至其他单元格，效果如图6.27（b）所示。

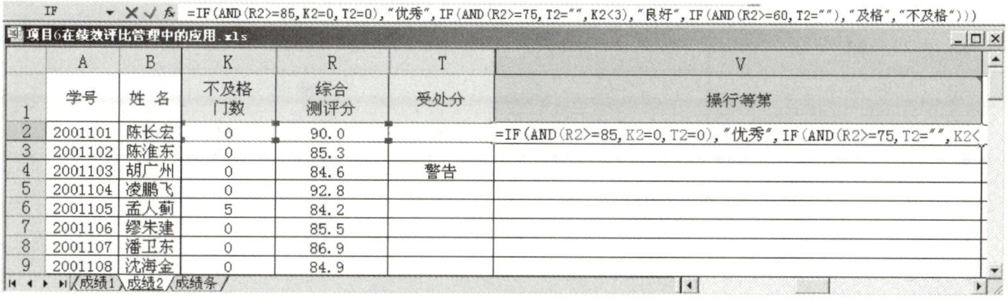

（a）输入操行等第计算公式

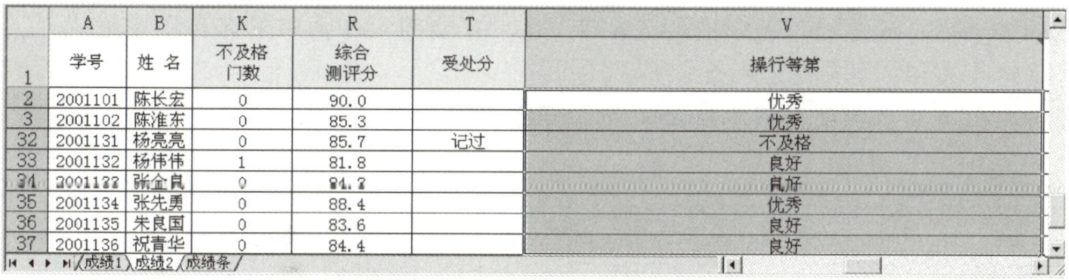

（b）公式向下填充后的结果

图 6.27　输入换行等第计算公式及其效果

该公式中主要运用了逻辑函数 IF、AND。**相关函数的用法见附录 4**。图 6.28 给出了关于该公式逻辑判断的流程。

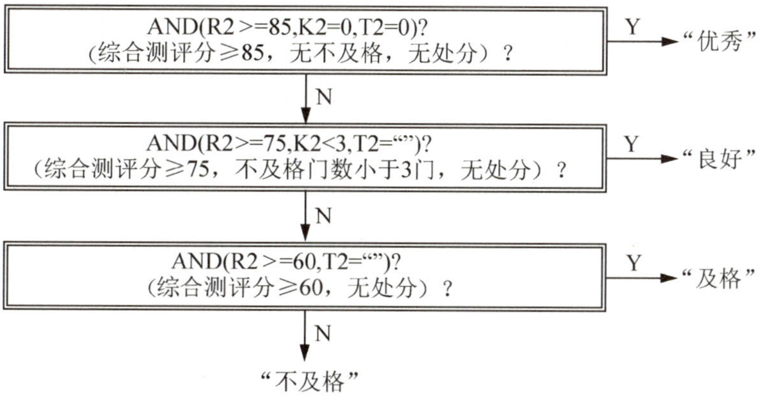

图 6.28　关于判断操行等第的公式说明

3．按标准评定奖学金

1）了解奖学金评定标准

设某校奖学金评定标准见表 6-3。

表 6-3　奖学金评定标准

类　别	条　件
院优秀奖学金	综合测评前 10%，成绩前 3 名，操行优秀
系一等奖学金	综合测评前 15%，成绩前 6 名，操行优秀

续表

类　别	条　　件
系二等奖学金	综合测评前 25%，成绩前 9 名，操行优秀
系三等奖学金	综合测评前 25%，成绩前 12 名，操行优秀

2）定义班级人数公式名称

由于表 6-3 中需要根据班级人数计算综合测评成绩列班级前位的百分比，且后续的公式中也多次使用，故定义一个方便调用的公式名称。

按 Ctrl+F3 组合键，打开“定义名称”对话框，在“引用位置”输入公式=COUNTA()，并在括号中选择“成绩 2”表中的 A2:A37，在“在当前工作簿中的名称”中输入“人数”，单击【确定】按钮，如图 6.29（a）所示。

读者可以在某空白单元格中按 F3 键，单击粘贴列表可查看已定义过的函数名称及其引用，如图 6.29（b）所示。

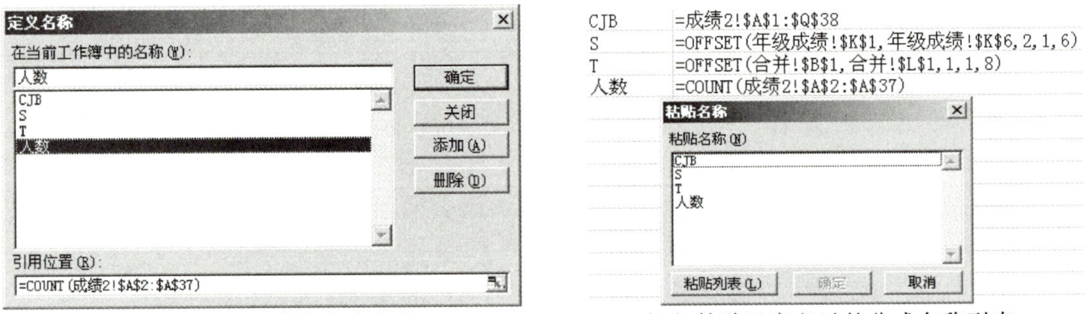

（a）定义班级人数的公式名称　　（b）粘贴已定义过的公式名称列表

图 6.29　定义并粘贴班级人数公式

3）输入奖学金评定公式

W2=IF(AND(S2<=人数*10%,O2<=3,V2="优秀"),"院优秀奖学金",IF(AND(S2<=人数*15%, O2<=6,V2="优秀"),"系一等奖学金",IF(AND(S2<=人数*25%,O2<=6,V2="优秀"),"系二等奖学金",IF(AND(S2<=人数*25%,O2<=12,V2="优秀"),"系三等奖学金","")))), 并向下填充至其他单元格，如图 6.30 所示。

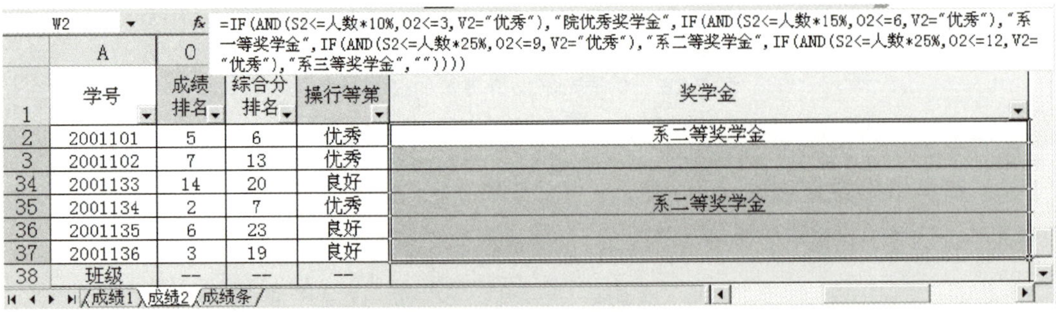

图 6.30　输入奖学金评定公式

图 6.31 给出了关于该公式逻辑判断的流程。

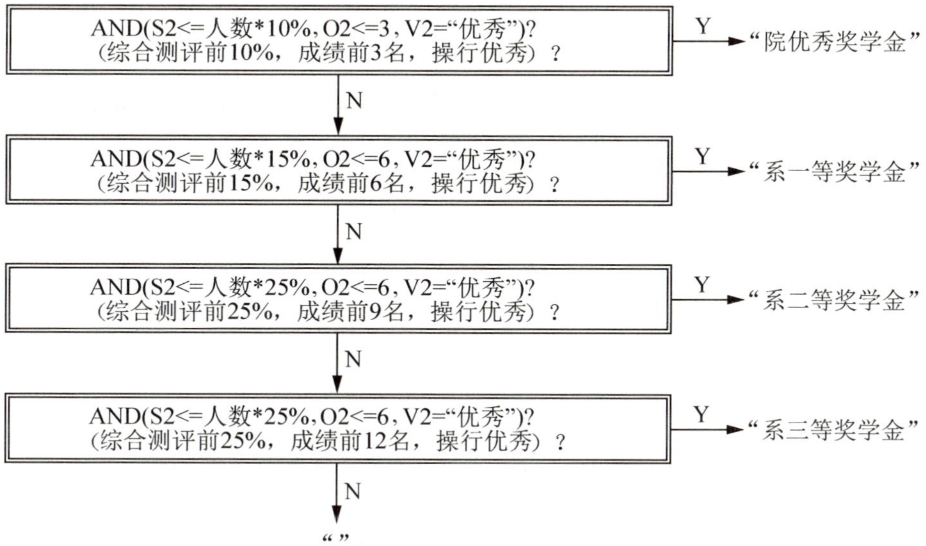

图 6.31　关于评定奖学金的公式说明

读者可以通过自动筛选“奖学金”列中的非空白，查看相关的记录，如图 6.32 所示。

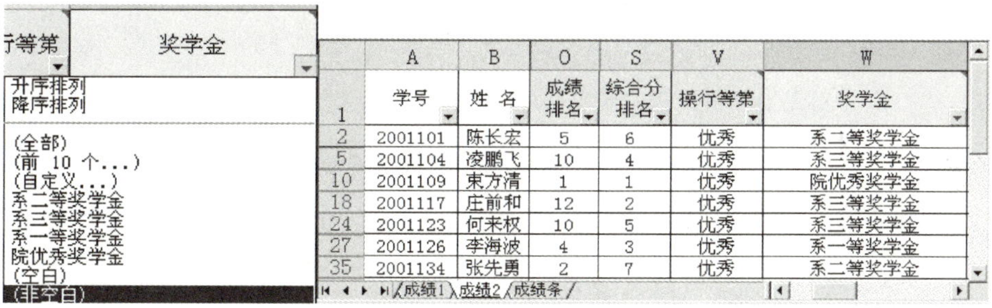

图 6.32　自动筛选查看由公式评出的奖学金记录

4. 按标准评定荣誉称号

1）了解评优标准

设某校三好学生及优秀学生干部评定标准见表 6-4。

表 6-4　三好学生及优秀学生干部评定标准

类　别	条　件
院三好学生	操行优秀，综合测评排名前 15%，各课程成绩平均 75 分及以上，体育成绩 75 分及以上，无不及格课程
院优秀学生干部	操行优秀，综合测评排名前 50%，任学生干部，无不及格课程

2）输入判断评优的公式

X2=IF(AND(S2<=人数*15%,V2="优秀",N2>=75,G2>=75),"院三好学生",IF(AND(S2<=人数*50%,V2="优秀",U2<>""),"院优秀学生干部","")), 并向下填充至其他单元格，如图 6.33 所示。

图 6.34 给出了关于该公式逻辑判断的流程。

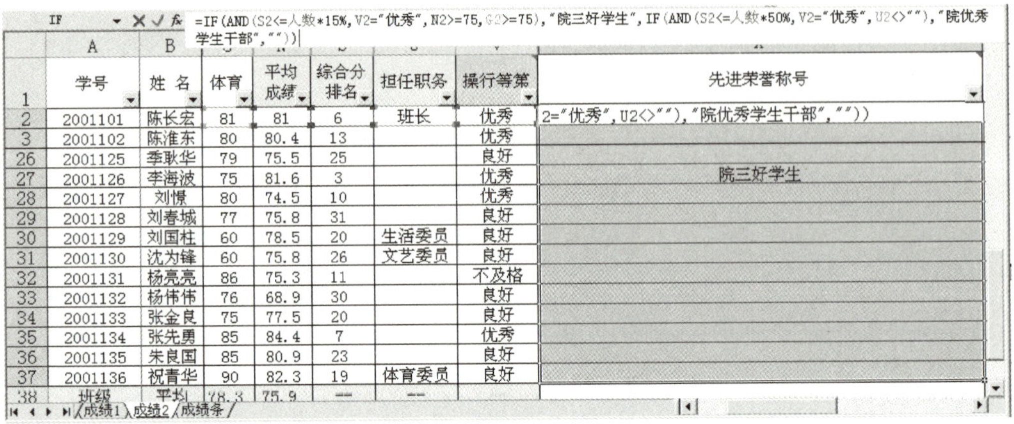

图 6.33 输入荣誉称号评定公式

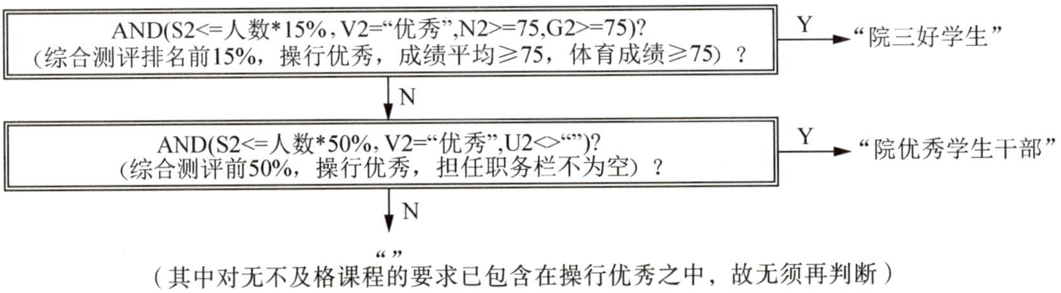

图 6.34 关于判断三好生及优干的公式说明

可以通过自动筛选“先进荣誉称号”列中的非空白，查看相关的记录，如图 6.35 所示。

5．自动生成相关评语

1）设计评语方案

管理者可根据“成绩 2”表中的信息，设计相关的评语。表 6-5 列出了 6 类评语。

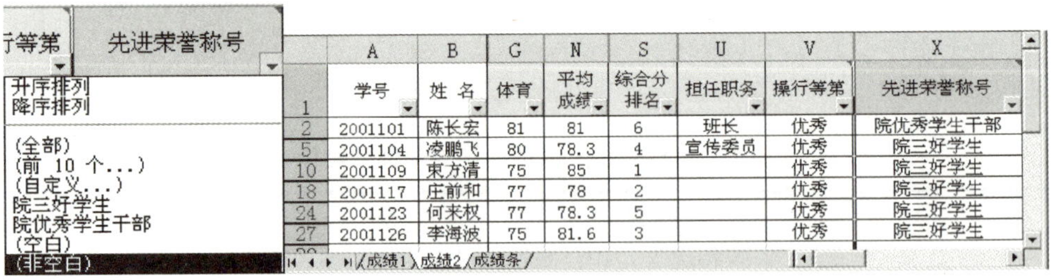

图 6.35 自动筛选查看由公式评出的先进荣誉记录

表 6-5 阶段评语设计

类 别	评 语	条 件
1	您有不及格或缺考，请假期认真复习！	有缺考或不及格
2	本学期各方面表现突出，望继续保持领先！	同时获得先进荣誉和奖学金
3	本学期有较大的收获，望再接再厉！	获得先进荣誉或奖学金
4	希望有好的表现，争取尽早撤销处分！	受到处分

续表

类　别	评　　语	条　　件
5	成绩有进步，希望树立更高目标，争创佳绩！	本次成绩名次比上次前进
6	加油啊，争取更大的进步！	无进步或退步的其他学生

2）用公式完成评语

如图 6.36 所示，根据 K（不及格门数）、L（缺考门数）、O（成绩排名）、P（上次排名）、T（受处分）、W（奖学金）、X（先进荣誉称号）等列的内容设计 Y 列的评语。

Y2=IF(OR(K2>=1,L2>=1),"您有不及格或缺考,请假期认真复习!",IF(AND(X2<>"",W2<>""),"本学期各方面表现突出,望继续保持领先!",IF(OR(X2<>"",W2<>""),"本学期有较大的收获,望再接再厉!",IF(T4<>"","希望有好的表现,争取尽早撤销处分!",IF(O2<P2,"成绩有进步,希望树立更高目标,争创佳绩!","加油啊,争取更大的进步!")))))

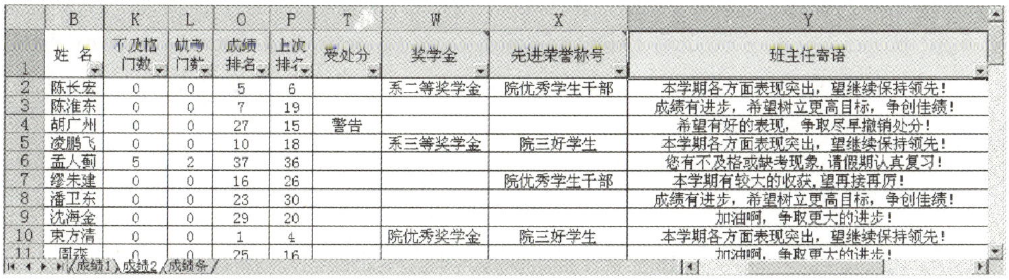

	B	K	L	O	P	T	W	X	Y
1	姓　名	不及格门数	缺考门数	成绩排名	上次排名	受处分	奖学金	先进荣誉称号	班主任寄语
2	陈长宏	0	0	5	6		系二等奖学金	院优秀学生干部	本学期各方面表现突出，望继续保持领先！
3	陈淮东	0	0	7	19				成绩有进步，希望树立更高目标，争创佳绩！
4	胡广州	0	0	27	15	警告			希望有好的表现，争取尽早撤销处分！
5	凌鹏飞	0	0	10	18		系三等奖学金	院三好学生	本学期各方面表现突出，望继续保持领先！
6	孟人蓟	5	2	37	36				您有不及格或缺考现象，请假期认真复习！
7	缪朱建	0	0	16	26			院优秀学生干部	本学期有较大的收获，望再接再厉！
8	潘卫东	0	0	23	30				成绩有进步，希望树立更高目标，争创佳绩！
9	沈海金	0	0	29	20				加油啊，争取更大的进步！
10	束方清	0	0	1	4		院优秀奖学金	院三好学生	本学期各方面表现突出，望继续保持领先！
11	周森	0	0	25	16				加油啊，争取更大的进步！

成绩1　成绩2　成绩条

图 6.36　根据 K、L、O、P、T、W、X 等列的内容设计 Y 列的评语

图 6.37 给出了关于该公式逻辑判断的流程。

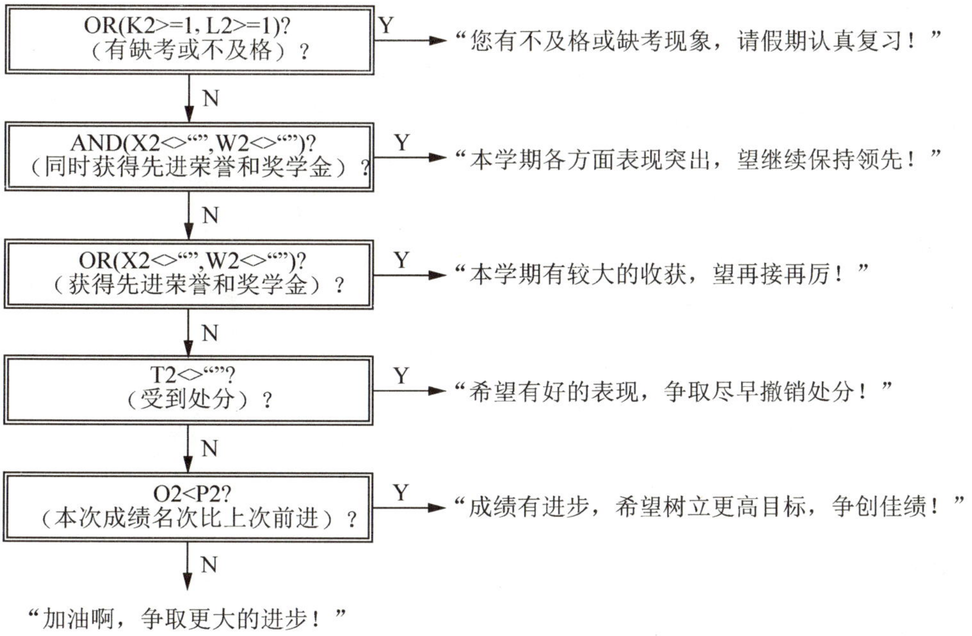

图 6.37　关于判断评语的公式说明

以上公式中主要运用了逻辑函数 IF、AND、OR。**相关函数的用法见附录 4。**

可以在自动筛选“班主任评语”列中看到生成的各类评语，如图 6.38 所示。

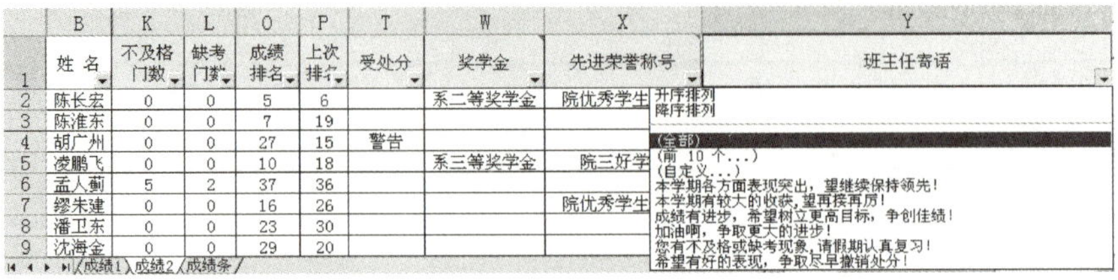

图 6.38　打开班主任评语中的自动筛选按钮，可查看由公式生成的 6 类评语

对于较复杂的条件关系（如奖学金评定、先进荣誉称号评定），可以预先添加在备注栏中，按 Shift+F2 组合键即可添加批注。**关于设置、编辑、删除批注的方法见附录中的操作技巧 43**。

步骤二　邮件合并生成报告

如图 6.39 所示的绩效考核报告单或获奖的相应奖状，是通过 Excel 与 Word 联合使用生成的，Excel 与 Word 同为 Microsoft Office 家族成员，巧用 Word 邮件合并功能即可将 Excel 的信息呈现为规范的报告文档。

1．创建报告单

启动 Word 应用程序，根据需要设计成绩报告单和奖状形式，分别命名为“报告单.doc”和“奖状.doc”。对于“奖状.doc”文档，可在 Word“填充效果”对话框（**不同软件版本操作方法见附录中的操作说明 25**）中，单击“图片”选项卡，选择事先准备好的奖状样式图片（以方便文字排版，打印时并不显示）。

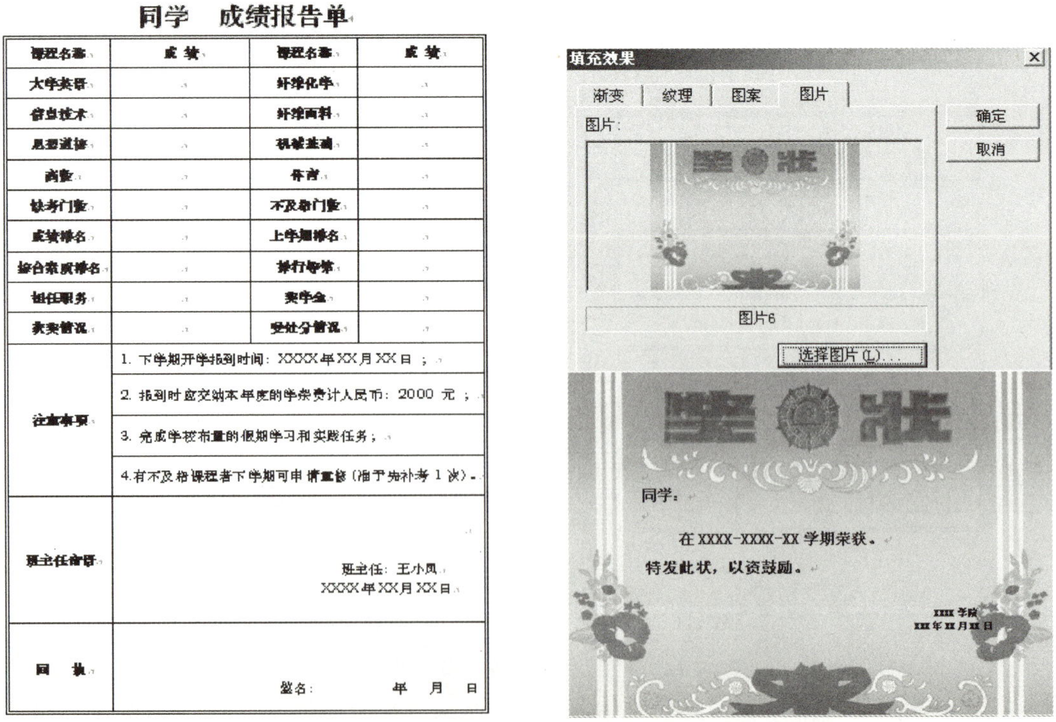

图 6.39　在 Word 中分别建立报告单和奖状中的共性部分，个性内容有待合并数据源后生成

2. 合并数据源

以成绩报告单为例，步骤如下：

（1）打开“项目 6-2　在绩效评比管理中的应用（成绩条统计评比）”工作簿。

（2）在“报告单.docx”文档中，打开“邮件合并”工具箱（**不同软件版本操作方法见附录中的操作说明 26**）。图 6.40（a）和图 6.40（b）所示分别为 2003 版和 2010 版“邮件”工具箱中的相关按钮名称。

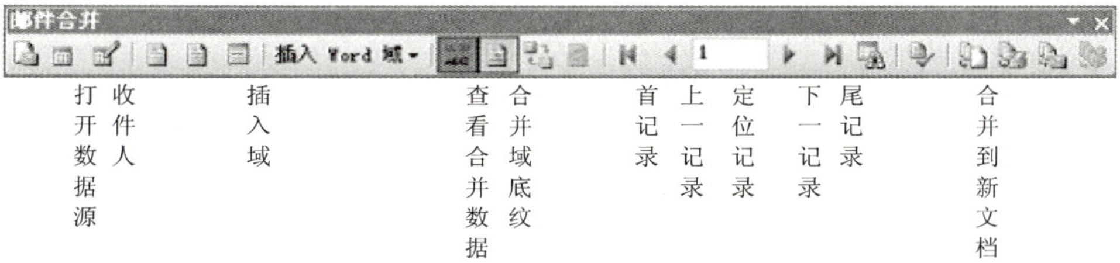

（a）2003 版“邮件合并”工具箱

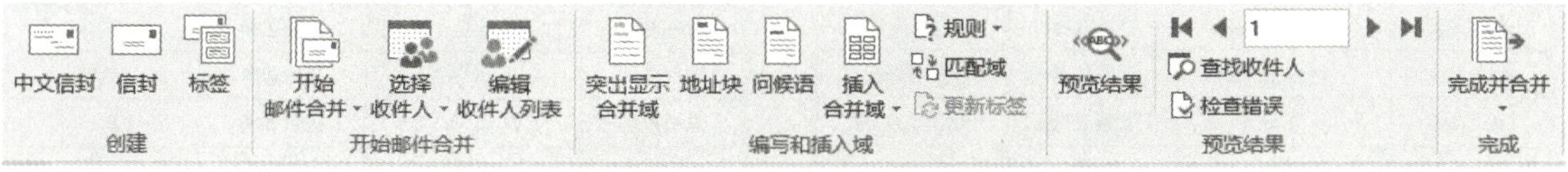

（b）2010 版“邮件”选项卡

图 6.40　不同版本“邮件”工具箱中的相关按钮

（3）打开数据源。对于 2010 版，选择“选择收件人→使用现有列表”命令，弹出“选取数据源”对话框，如图 6.41 所示。将“项目 6　在绩效评比管理中的应用（成绩条统计评比）.xls”打开，并在“选择表名”对话框中选择相应的表名，如图 6.42 所示，单击【确定】按钮。

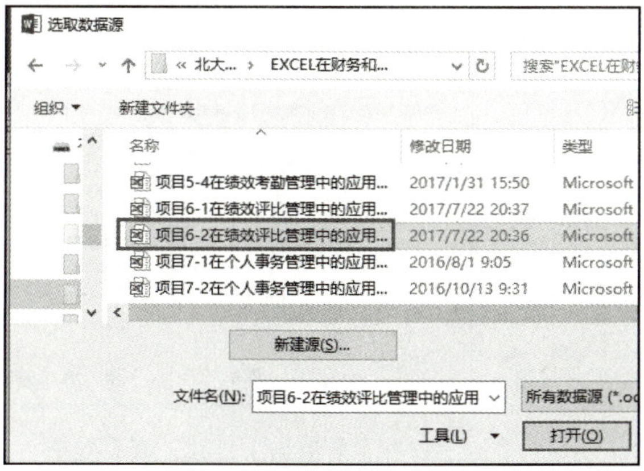

图 6.41　在“选取数据源”对话框中打开文件

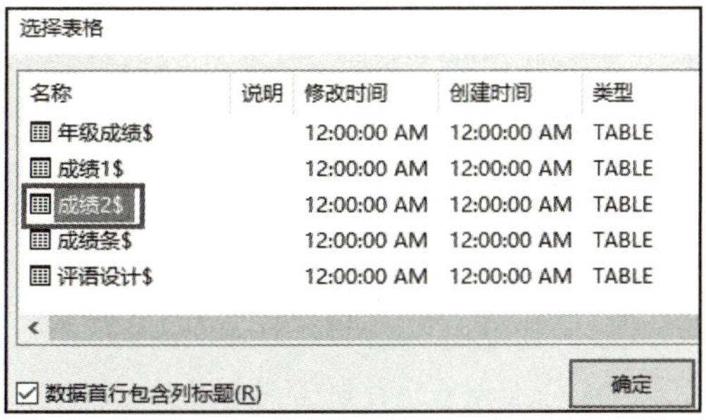

图 6.42　在“选择表格”对话框里选择表名

（4）光标移至 Word 文档中需要插入域处，单击【邮件合并域】按钮（2003 版为【插入域】按钮），打开“插入合并域”对话框，选择所要插入的域名，操作过程如图 6.43 所示。

（5）所有合并域插入完成后效果如图 6.44（a）所示。单击【预览结果】按钮（2003 版的【查看合并数据】按钮），可以看到第一位学生的报告单，如图 6.44（b）所示。单击“下一记录”“尾记录”“上一记录”“首记录”或在“定位记录”中输入指定记录号的数字均可显示相关成员的报告单。若要突出显示或取消合并域的底纹，可单击【突出显示合并域】按钮（2003 版为【合并域底纹】按钮）。

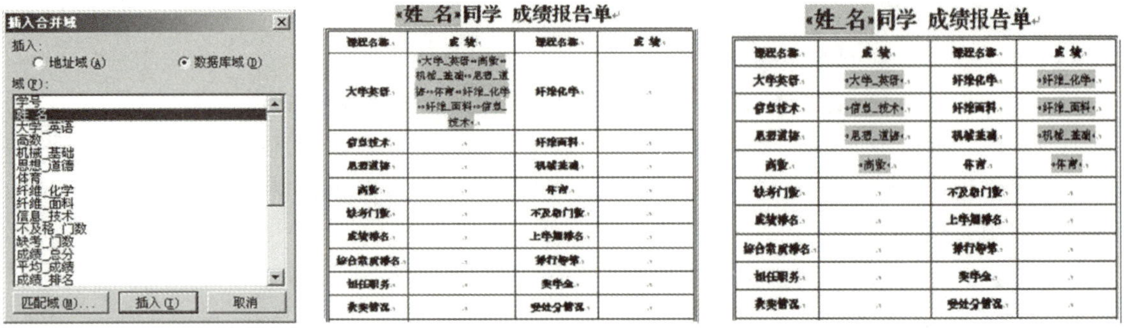

（a）选择要插入的域名　　（b）可以逐一插入多个域名　　（c）将域名移动到报告单中对应处

图 6.43　插入域名的操作过程

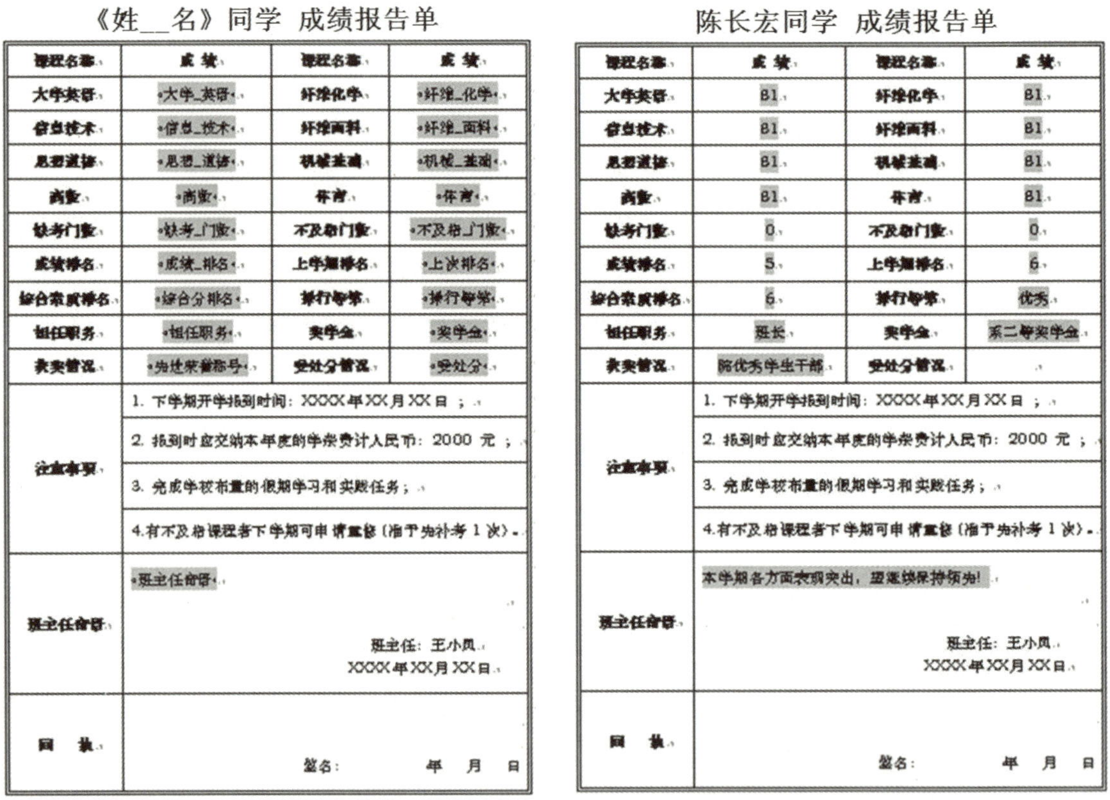

（a）所有合并域插入完成后效果　　（b）单击【查看合并数据】按钮，查看效果

图 6.44　合并域插入及效果查看

3. 生成新报告

1）生成全体同学的成绩报告单

单击【完成并合并】按钮（2003 版为【合并到新文档】），在打开的对话框中选中【全部】单选按钮，如图 6.45 所示，单击【确定】按钮，即可生成新文档并打印全部。

图 6.46 为生成的全班 36 位同学的成绩报告单的打印预览效果。该文档为临时生成的文档（名为 1.docx），可根据需要决定是否保存。原文档“奖状.docx”仍然存在，以后仍可使用。

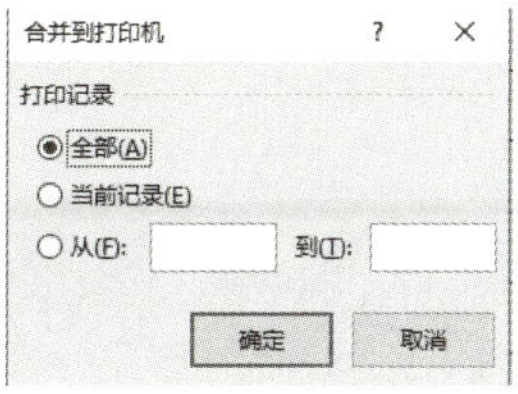

（a）2010 版

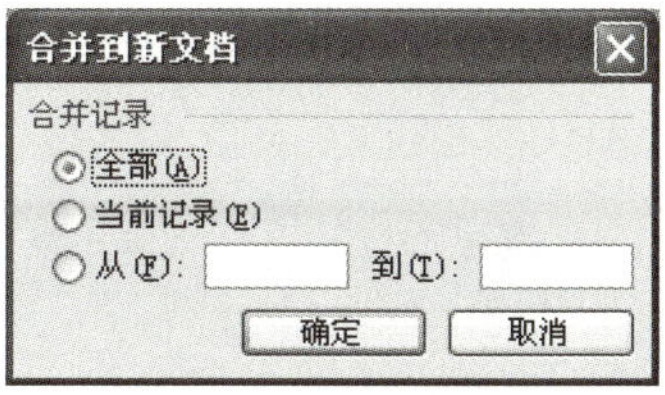

（b）2003 版

图 6.45　选择“全部”即可生成打印

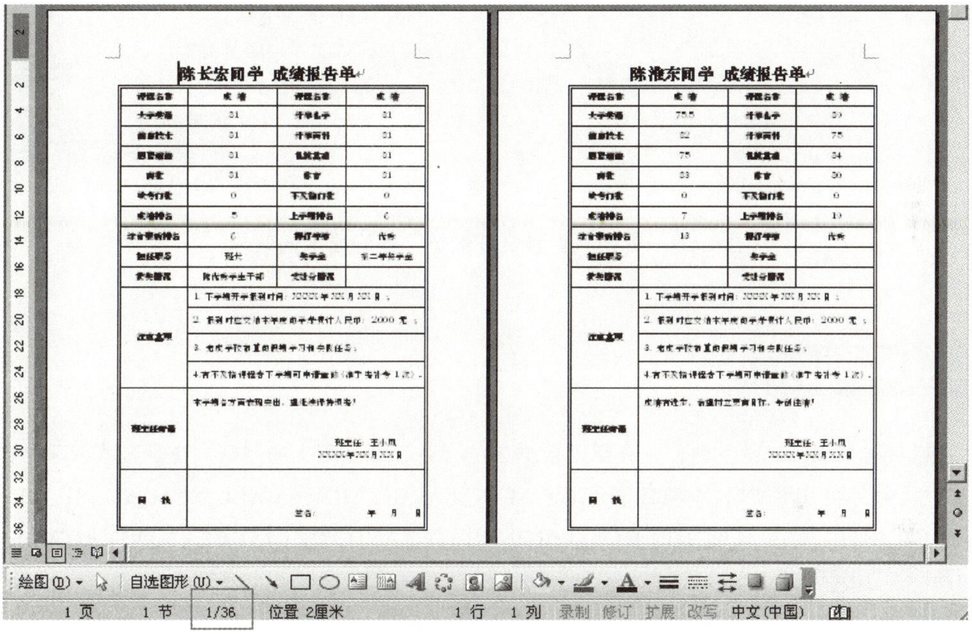

图 6.46　全班 36 人的报告单打印预览

2）选择生成部分成员获奖证书

单击【收件人】按钮，在打开的“邮件合并收件人”对话框中进行设置，该对话框具有排序的功能，单击相应的列标题对列表进行排序，可使用复选框或按钮添加或删除邮件合并的收件人，也可单击列标题左侧的箭头进行筛选以选择满足某种条件，如只要打印“院三好学生”“院优秀学生干部”的荣誉证书，可在“先进荣誉称号”列筛选条件中选择“非空白”，将自动选择出 8 位获奖学生，如图 6.47 所示。

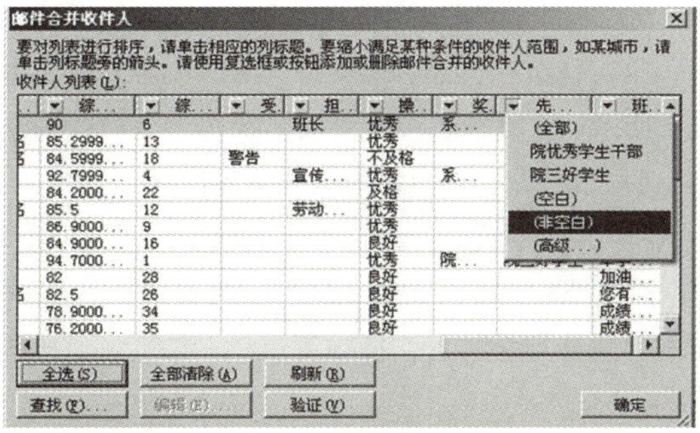

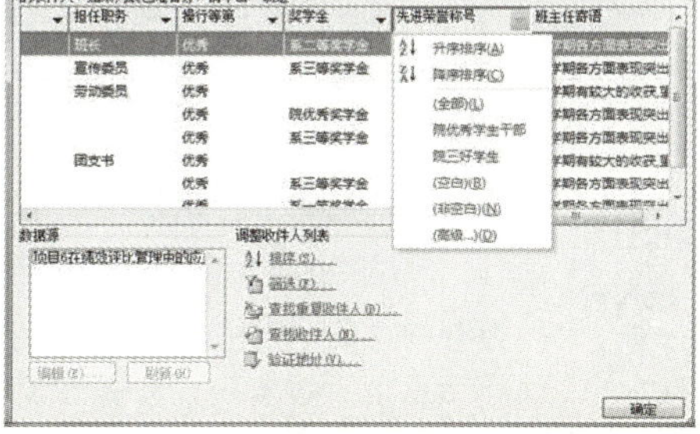

图 6.47　选择“先进荣誉称号”列筛选条件中的“非空白”（左为 2003 版，右为 2010 版）

图 6.48 为经过筛选收件后，单击【查看合并数据】按钮及“首记录”和“尾记录”的效果。

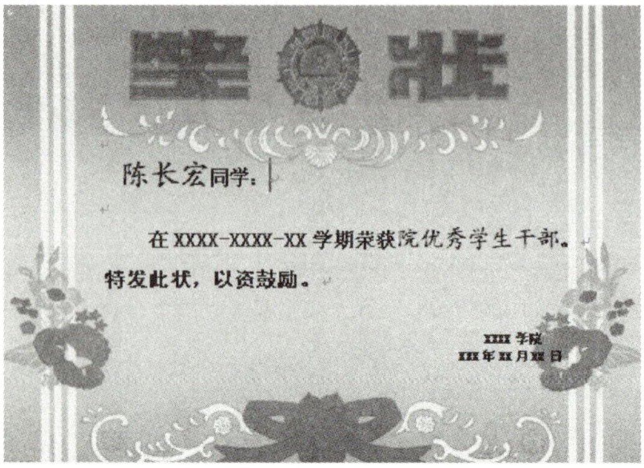

（a）首记录

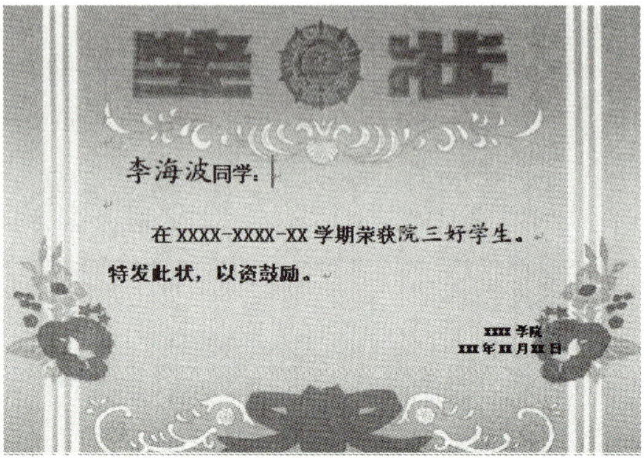

（b）尾记录

图 6.48　单击“查看合并数据”按钮显示的效果

项目回顾

本项目通过对某班班级学生评价，介绍了数据表的合并、动态图表的制作、统计与查找函数的应用、条件格式应用、邮件合并等知识。本项目还介绍了 MAX、LARGE、MIN、SMALL、SUM、SUMIF、AVERAGE、COUNTIF、COUNTBLANK、COUNT、RANK、ROUND、IF、AND、OR、INDEX、MOD、ROW、COLUMN 等函数。

项目训练

1. 某企业欲召开新产品发布会，制作邀请函样式，并通过邮件合并方式自动生成已有客户信息库中所有客户的邀请函。

【训练参考】

2. 某组同学模拟英语比赛，设计了一个评比及查询系统（见项目 6 训练参考　竞赛排名及查询）。设有 10 个参赛选手，比赛分 3 个单项（口语、听力、写）比赛，各单项评分规定去掉评委中的一个最高分、一个最低分后计算总分，排出单项名次，并生成相应评语，如图 6.49（a）、图 6.49（b）和图 6.49（c）所示。根据单项成绩自动生成最终成绩及冠军、亚军、季军和优秀奖（4 ~ 7 名），如图 6.49（d）所示。奖品分别为笔记本电脑、数码相机、MP5 和奥妙洗衣粉，如图 6.49（e）所示。在查询表中能根据参赛选手编号查询包括单项成绩及名次、总分成绩及名次、获奖等级和奖品，并根据不同获奖给出相应的评语和格式，如图 6.56（f）所示。根据所学知识设计一个多人多项评比系统，并设计生成奖状。

【训练参考】

3. 某组同学设计了宿舍考评管理系统（见项目 6 训练参考　宿舍评比）。图 6.50（a）为查询用的“宿舍成绩卡”，在 D2 中选择宿舍号可获得相关信息，且星级评比栏出现不同的显示，所有信息均来自于“宿舍评比”表。

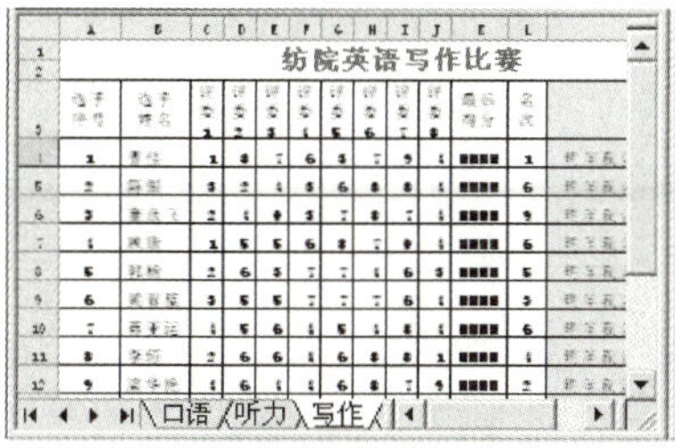

（a）写作比赛评分

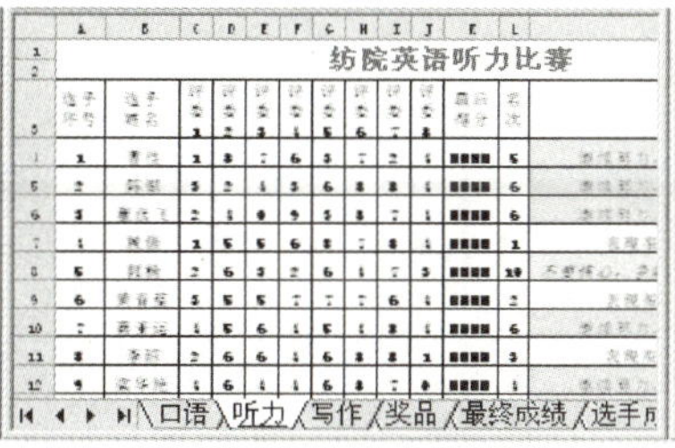

（b）听力比赛评分

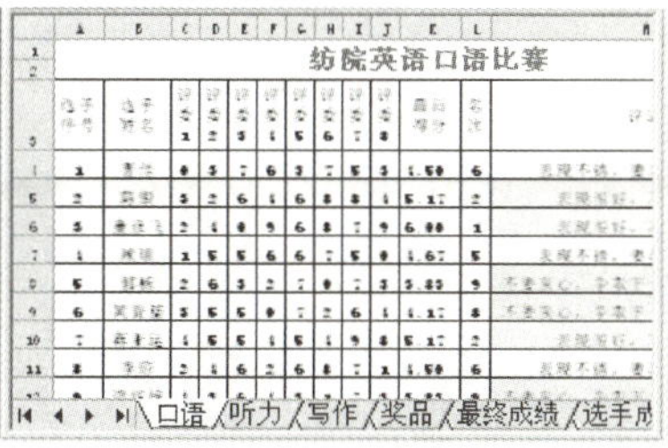

（c）口语比赛评分

（d）设置的奖品

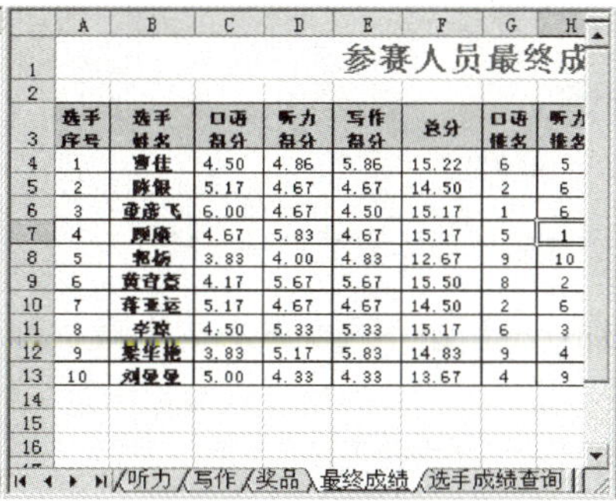

（e）最终成绩

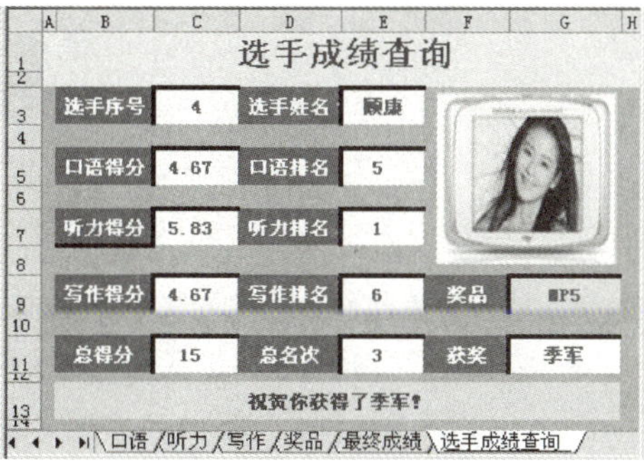

（f）选手成绩查询

图 6.49　多人多项比赛评奖系统

图 6.50（b）为全系宿舍评比汇总，在 K 列建立了星级评比公式，规定：平均分在 95 分以上且每月分不低于 90 为★★★★★；平均分在 90 分以上且每月分不低于 85 为★★★★；平均分在 85 分以上且每月分不低于 80 为★★★；且星级评比栏出现不同的显示格式。此外，每月还显示前 3 名分数和后 3 名分数。单击“班级”的超链接可以查看班级表。

图 6.50（c）为“纺化系班级目录”表，输入了各班级的基本信息，共有 26 个班级，单击班级名称前的序号也可以进入班级表查看。

图 6.50（d）为班级宿舍成员分布表，其中的获奖情况根据图 6.50（b）表自动生成，并能按星级显示格式，单击 A2“宿舍”可以返回“宿舍评比”表。单击 A1 图标，可以返回“纺化系班级目录”表。

根据所学知识揭示其中的秘密。

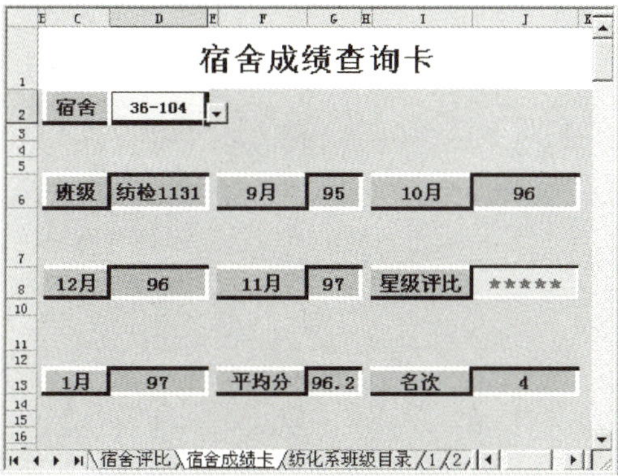

（a）宿舍成绩卡（查询）

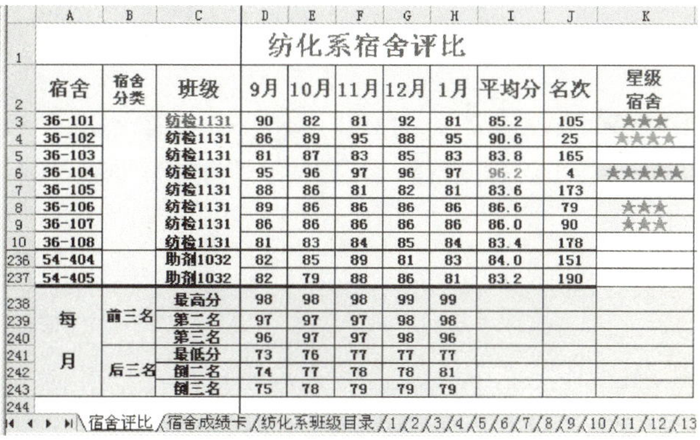

（b）宿舍评比（汇总统计）

图 6.50　宿舍考核评比管理系统

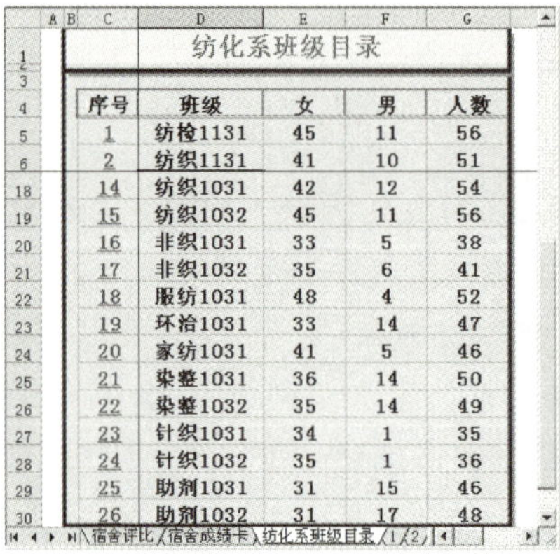

纺化系班级目录

序号	班级	女	男	人数
1	纺检1131	45	11	56
2	纺织1131	41	10	51
14	纺织1031	42	12	54
15	纺织1032	45	11	56
16	非织1031	33	5	38
17	非织1032	35	6	41
18	服纺1031	48	4	52
19	环洽1031	33	14	47
20	家纺1031	41	5	46
21	染整1031	36	14	50
22	染整1032	35	14	49
23	针织1031	34	1	35
24	针织1032	35	1	36
25	助剂1031	31	15	46
26	助剂1032	31	17	48

（c）纺化系班级目录

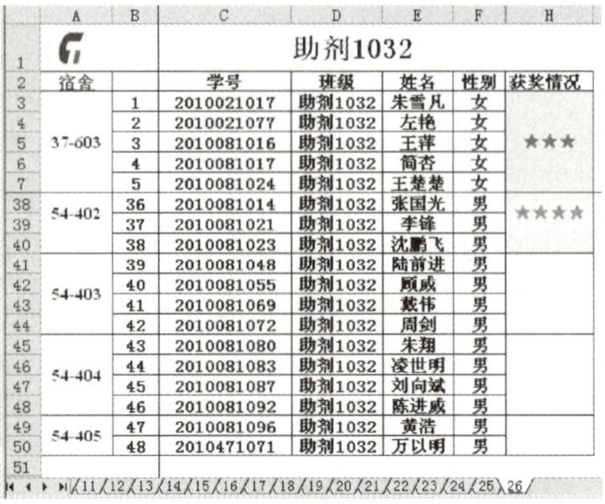

助剂1032

宿舍		学号	班级	姓名	性别	获奖情况
37-603	1	2010021017	助剂1032	朱雪凡	女	★★★
	2	2010021077	助剂1032	左艳	女	
	3	2010081016	助剂1032	王萍	女	
	4	2010081017	助剂1032	简杏	女	
	5	2010081024	助剂1032	王楚楚	女	
54-402	36	2010081014	助剂1032	张国光	男	★★★★
	37	2010081021	助剂1032	李锋	男	
	38	2010081023	助剂1032	沈鹏飞	男	
54-403	39	2010081048	助剂1032	陆前进	男	
	40	2010081055	助剂1032	顾威	男	
	41	2010081069	助剂1032	戴伟	男	
	42	2010081072	助剂1032	周剑	男	
54-404	43	2010081080	助剂1032	朱翔	男	
	44	2010081083	助剂1032	凌世明	男	
	45	2010081087	助剂1032	刘向斌	男	
	46	2010081092	助剂1032	陈进威	男	
54-405	47	2010081096	助剂1032	黄浩	男	
	48	2010471071	助剂1032	万以明	男	

（d）各班级宿舍评比

图 6.50　宿舍考核评比管理系统（续）

4. 请写出用邮件合并的方法快速生成获得荣誉称号的学生奖状的步骤。

5. 某组同学根据任务 2 年级成绩表数据，设计了能选择班级查询各科成绩的图表，见图 6.51 左图，请分析所用的控件及辅助行中的公式。参考项目 6-1　在绩效评比管理中的应用（合并及图表查询）。

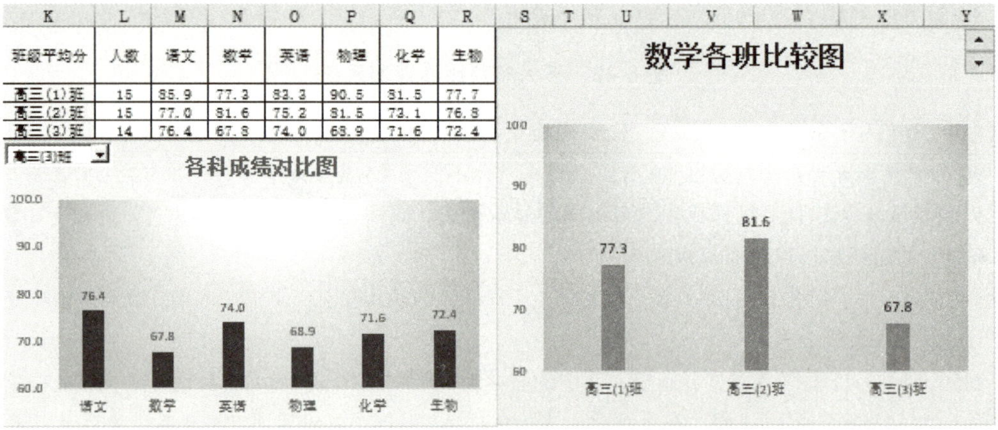

班级平均分	人数	语文	数学	英语	物理	化学	生物
高三(1)班	15	85.9	77.3	83.3	90.5	81.5	77.7
高三(2)班	15	77.0	81.6	75.2	81.5	73.1	76.8
高三(3)班	14	76.4	67.8	74.0	68.9	71.6	72.4

图 6.51　能选择班级查询各科成绩的图表

项目 7

Excel 在个人管理中的应用

【项目导读】

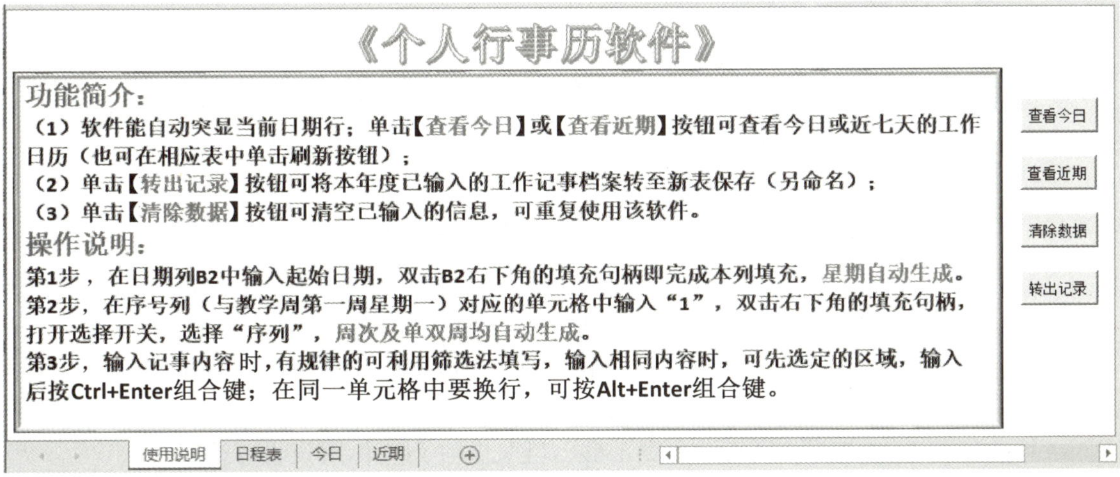

本项目通过制作个人行事历查询软件，实现快速提醒个人近期已安排的事务，快速查看曾经发生过的事务记录，快速统计任意阶段可以量化的工作。

【任务导读】

【示例文件】

任务1 建立个人行事历记事表

本任务以制作适合教学记事的日程表为例，参考示例文件：项目7-1 在个人事务管理中的应用（记事）。

如图7.1所示，在“日程表”中建立记事表的表头。

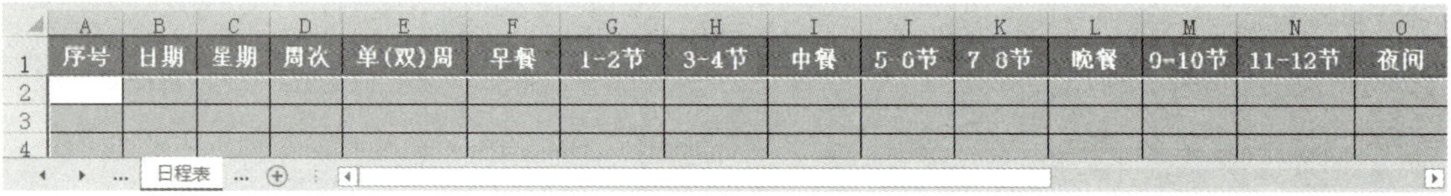

图7.1 日程表中的表头部分

步骤一 共性部分的快速输入

1．日期列的输入

（1）将B列设为日期格式。选择B列，按Ctrl+1组合键，在“设置单元格格式”对话框“数字”标签中选择“日期”→“3月14日”，如图7.2所示。

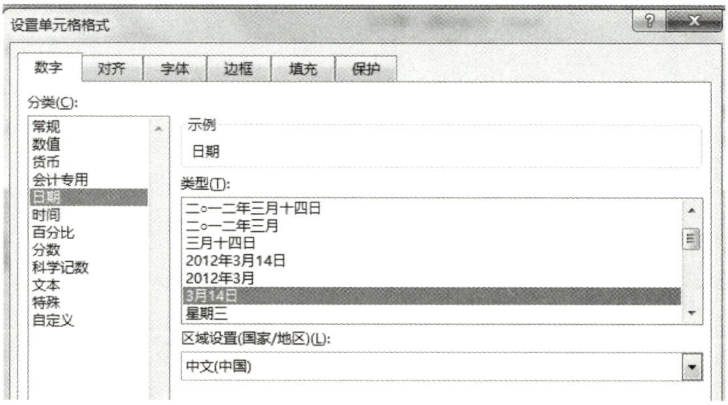

图7.2 选择日期列，设置日期格式

（2）在B2中输入开始记事的日期，例如学期开学日为3月7日，只需输入“3-7”（当前年份可不输入，编辑栏上可见系统将自动添加当年年份）。

（3）拖动B2的填充句柄向下填充至370行（大于或等于一年的天数），即完成全年日期的填充。

（4）若出现“######”，则表示列宽不够，可双击B列列标线设置自动列宽。

2．星期列的输入

（1）在C列输入显示星期的函数。C2= WEEKDAY(B2,2))，向下填充公式（双击填充柄即可）。该公式能根据B2的日期返回该日期对应这一周中的第几天的数值，是一个1到7之间的整数。若从星期一=1到星期日=7，则参数2应为“2”。**关于函数WEEKDAY的用法见附录4。**

（2）优化公式。增加条件判断，如果日期未输入，则不显示，否则按上述公式显示C2=IF(B2="","",WEEKDAY(B2,2))。将修改后的公式向下填充（双击C2单元格的填充柄即可快速复制公式至数据表的最后一行）。

（3）查看公式。按Ctrl+~组合键，可以查看公式，再按该组合键则还原显示，如图7.3所示。

关于在公式和数值两者间切换的方法见附录中的操作技巧23。

C2 =IF(B2="","",WEEKDAY(B2,2))

	A	B	C
1	序号	日期	星期
364		42432	=IF(B364="","",WEEKDAY(B364,2))
365		42433	=IF(B365="","",WEEKDAY(B365,2))
366		42434	=IF(B366="","",WEEKDAY(B366,2))
367		42435	=IF(B367="","",WEEKDAY(B367,2))
368		42436	=IF(B368="","",WEEKDAY(B368,2))
369		42437	=IF(B369="","",WEEKDAY(B369,2))
370		42438	=IF(B370="","",WEEKDAY(B370,2))
371			

日程表

图7.3 查看公式

3．周次列的输入

（1）在合适的位置输入起始序号1。以学校指定的每学期第一周的星期一为始，例如某校某年春季开学日为2月28日，首开课日为2月29日（星期一），秋季开课的第一周为8月31日（星期一），则在对应的A4和A179中输入“1”，如图7.4所示。

	A	B	C	D	E	F	G	H	I	J	K	L	M	N	O
1	序号	日期	星期	周次	单(双)周	早餐	1-2节	3-4节	中餐	5-6节	7-8节	晚餐	9-10节	11-12节	夜间
2		1月1日	7												
3		1月2日	1												
57		2月25日	6												
58		2月26日	7												
59	1	2月27日	1												
60		2月28日	2												
61		3月1日	3												
246		9月2日	6												
247		9月3日	7												
248	1	9月4日	1												
249		9月5日	2												
250		9月6日	3												
365		12月30日	6												
366		12月31日	7												

日程表

图7.4 对应学期第一周的周一，输入序号为“1”

（2）向下填充序列号，有以下两种方法：

方法一，直接双击序号为1的单元格填充柄（例如A59），在“自动填充选项”中选择“填充序列”。

方法二，在“1”下方的单元格中输入“2”，然后选择这两个单元格（例如A185:A186），再双击填充柄，如图7.5所示。

（a）方法一

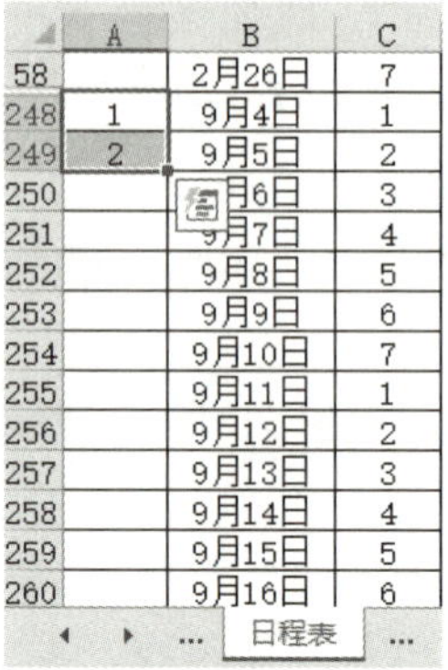

（b）方法二

图 7.5　快速输入序号

（3）分情况判断周次。周次判断分情显示见表 7-1。

表 7-1 周次判断分情显示表

层级	分情摘要	提　示
1	A2 中未输入序号 条件描述 1：A2=0	不显示（即显示为空） 提示 1：“”
2	序号除以 7 取整与序号除以 7 两数值相等 条件描述 2：INT(A2/7)=A2/7	提示 2：序号除以 7 取整 INT(A2/7)
3	其他 无须描述	提示 3：序号除以 7 取整+1 INT(A2/7)+1

注：INT 函数的功能是取出某数的整数部分。

关于函数 INT 的用法见附录 4。

输入多重条件嵌套函数的步骤如下：

① 在 D2 单元格中先输入=IF，然后分别双击该函数名及公式栏中的 *fx*，如图 7.6 所示。

图 7.6　快速输入函数并打开“函数参数”对话框

② 弹出函数参数对话框，在第一个输入框中输入“A2=0”（条件描述 1），在第二个输入框中输入““””（提示 1），在第三个输入框中选择函数列表中的“IF”，如图 7.7 所示。

③ 弹出第二层嵌套对话框，在第一个输入框中输入“INT(A2/7)=A2/7”（条件描述 2），在第二个输入框中输入“INT(A2/7)”（提示 2），在第三个输入框中输入“INT(A2/7)+1”（提示 3），如图 7.8 所示。

④ 将 D2 中的公式向下填充（双击填充柄即可）。

（4）测试公式。凡能被 7 整除的序号如 7、14，公式计算的周次分别为 INT(7/7)=1，INT（14/7）=2，与实际相符。

凡不能被 7 整除的如 1、13，公式计算的周次分别为 INT(1/7)+1=0+1=1，INT(13/7)+1=1+1=2；与实际相符。

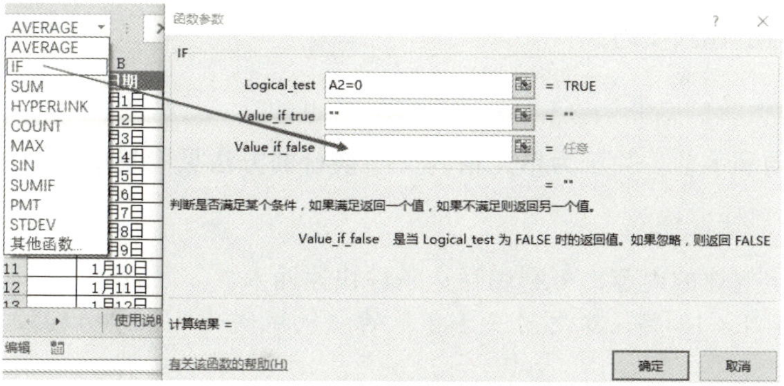

图 7.7　第一级的公式输入

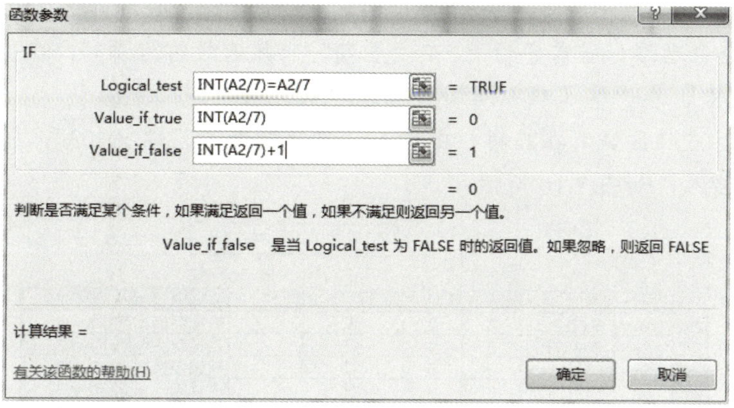

图 7.8　第二级的公式输入

4．单双周的判断

（1）MOD 函数判断奇偶。在 E2 单元格中输入公式 E2=IF(MOD(D2,2)=1,"单","双")，并将该公式向下填充至最后一行（双击填充柄即可）。该公式的意义：将 D2 中的数值除以 2 取余数，如果为 1，则为单数，否则为双数。**关于函数 MOD 的用法见附录 4。**

（2）优化公式。为防止序号未输入时，该公式报错，需对以上公式进行改进。

E2=IF(A2="","", IF(MOD(D2,2)=1,"单","双"))，公式的意义是如果序号值为空，则不显示，否则才执行上一步公式，如图 7.9 所示。

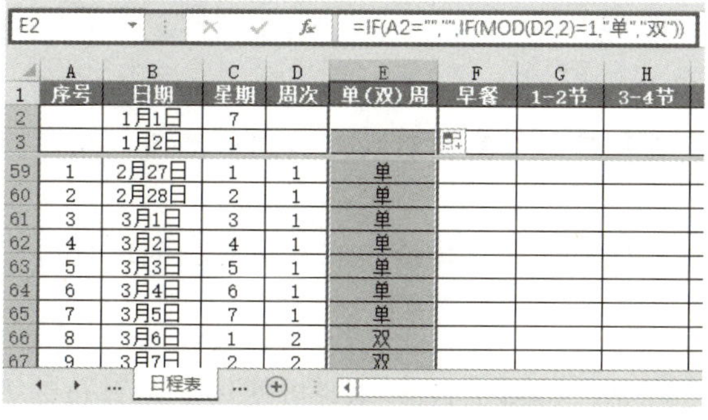

图 7.9　输入判断单双周的公式

步骤二　个性部分的输入技巧

1．在单元格中换行记事

换行分为自动和手动。**关于为单元格内文字换行的方法见附录中的操作技巧 9。**

2．用筛选工具快速输入

对于符合一定规律的内容，可利用筛选条件快速输入。

例 1：以秋季 1 ~ 18 周、双周周三 1-2 节的《机械制造工艺学 A403》定位区域并输入数据。

打开筛选器，关于打开或关闭自动筛选器的方法见附录中的操作技巧 49。

在“日期”列选择“日期筛选”/“之后的”，在“自定义自动筛选方式”对话框右边输入“9-4”（系统会自动添加当前年份）；在“星期”列筛选数值为“3”，在“周次”列筛选数值小于或等于“18”，在“单（双）周”列筛选“双”。

选择 1-2 节对应的区域，在编辑栏中输入“机械制造工艺学 A403”，按 Ctrl+Enter 组合键，即完成批量输入，如图 7.10 所示。

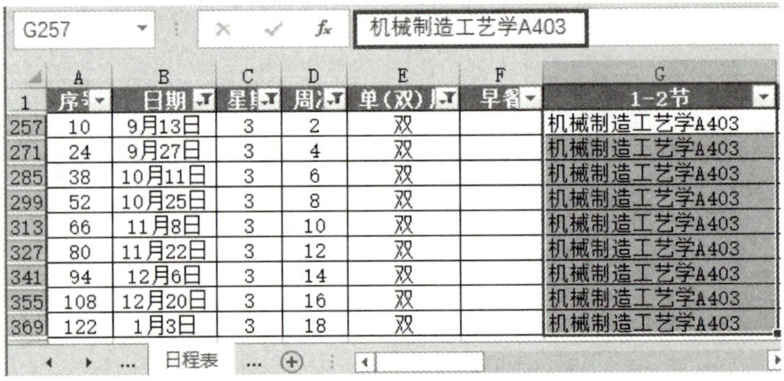
G257　　×　✓　fx　机械制造工艺学A403

	A	B	C	D	E	F	G
1	序号	日期	星期	周次	单(双)周	早餐	1-2节
257	10	9月13日	3	2	双		机械制造工艺学A403
271	24	9月27日	3	4	双		机械制造工艺学A403
285	38	10月11日	3	6	双		机械制造工艺学A403
299	52	10月25日	3	8	双		机械制造工艺学A403
313	66	11月8日	3	10	双		机械制造工艺学A403
327	80	11月22日	3	12	双		机械制造工艺学A403
341	94	12月6日	3	14	双		机械制造工艺学A403
355	108	12月20日	3	16	双		机械制造工艺学A403
369	122	1月3日	3	18	双		机械制造工艺学A403

日程表

图 7.10　批量输入

例 2：以周六 1-4 节《EXCEL 高级应用，纺织学院 2C512（第 1、3、5 ~ 7、9 ~ 13）周》定位区域并输入数据。

“日期列”筛选同上例，在“单（双）周”列筛选“全选”，在“星期”列筛选数值为“6”，在“周次”列先取消“全选”前的钩，再选中相关 1、3、5 ~ 7、9 ~ 13 数字号。

选择 1-4 节对应的区域，在编辑栏中输入“EXCEL 高级应用，纺织学院 2C512”，按 Ctrl+Enter 组合键，即完成批量输入。

按以上方法分别完成课表其他信息的输入，关闭筛选器，或在已筛选列中选择“全选”，直到全部显示。

对于其他非课表内的日程安排可直接输入在相应日期的时区内。

3．始终保持表头区可见

为保持数据表头始终可见，如图 7.11 所示，可使用冻结首行的方法。**关于始终能看到工作表的某些信息的方法见附录中的操作技巧 4。**

	A	B	C	D	E	F	G	H	I	J	K	L	M	N
1	序号	日期	星期	周次	单(双)周	早餐	1-2节	3-4节	中餐	5-6节	7-8节	晚餐	9-10节	11-12节
248	1	9月4日	1	1	单					体育课			加工中心	
249	2	9月5日	2	1	单		液压与气动, C108	就业指导, B106						
250	3	9月6日	3	1	加工中心			夹具设计, C109					艺术鉴赏	
251	4	9月7日	4	1	单		液压与气动, C111			和朋友打篮球, 篮球场	和朋友打篮球, 篮球场			
252	5	9月8日	5	1	单		机械制造工艺学 A403			机械设计, C211			加工中心	
253	6	9月9日	6	1	单		EXCEL高级应用, 纺织学院2C512	EXCEL高级应用, 纺织学院						
254	7	9月10日	7	1	单									
255	8	9月11日	1	2	双		夹具设计, C307			体育课			加工中心	

日程表　秋季课表

图 7.11　始终显示表头，并显示工作表任意区域的信息

步骤三　突出显示重要的信息

1. 突出显示今日记事行

（1）全选数据表。单击“日程表”的 A1 单元格，按 Ctrl+A 组合键，快速全选该表区域 \$A\$1:\$O\$370。

说明： 如果任选其他单元格，按 Ctrl+A 组合键，虽然也能全选该工作表，但后续设置条件格式的公式会与本例不同。

（2）设置条件格式。

① 打开“条件格式”对话框。**不同软件版本操作方法见附录中的操作说明 13**。

② 在对话框“条件 1”选择“公式”，输入公式=\$B1=TODAY()。其中行号必须为相对引用，若为绝对行号则只能对第 1 行进行判断，而无法判断数据表的其他行；列号采用绝对，可以保证所选区域且符合条件的行中任何一列都显示该条件格式。

③ 单击【格式】按钮，选择“填充”选项中的某背景色，例如选黄色。

④ 单击【确定】按钮，即可查看与系统当前日期一致的整行格式的变化。例如将系统日期调至 2017-9-21，按 F9 键刷新，显示如图 7.12 所示。

	A	B	C	D	E	F	G	H	I	J	K	L	M	N	O
1	序号	日期	星期	周次	单(双)周	早餐	1-2节	3-4节	中餐	5-6节	7-8节	晚餐	9-10节	11-12节	夜间
265	18	9月21日	4	3	单		液压与气动, C111			和朋友打篮球, 篮球场	和朋友打篮球, 篮球场				
266	19	9月22日	5	3	单		机械制造工艺学 A403			机械设计, C211			加工中心		
267	20	9月23日	6	3	单		EXCEL高级应用，纺织学院 2C512	EXCEL高级应用，纺织学院 2C512							
268	21	9月24日	7	3	单										
269	22	9月25日	1	4	双		夹具设计, C307			体育课			加工中心		
270	23	9月26日	2	4	双		液压与气动, C108	就业指导, B106							
271	24	9月27日	3	4	双		机械制造工艺学 A403	夹具设计, C109					艺术鉴赏		

日程表　16:14 2017/9/21

图 7.12　与系统当前日期一致的整行格式会自动变化

2．差异化显示不同信息

为了突出显示教学记事中不同课程的信息，可利用查找、定位，加以统一设置。

（1）快速查找相同信息。全选工作表，按 Ctrl+F 组合键，打开“查找”对话框，在“查找内容”文本框中输入指定要显示的信息，例如“EXCEL 高级应用”，单击【查找全部】按钮，此时在“查找和替换”对话框的底部显示有 20 个单元格被找到，如图 7.13 所示。

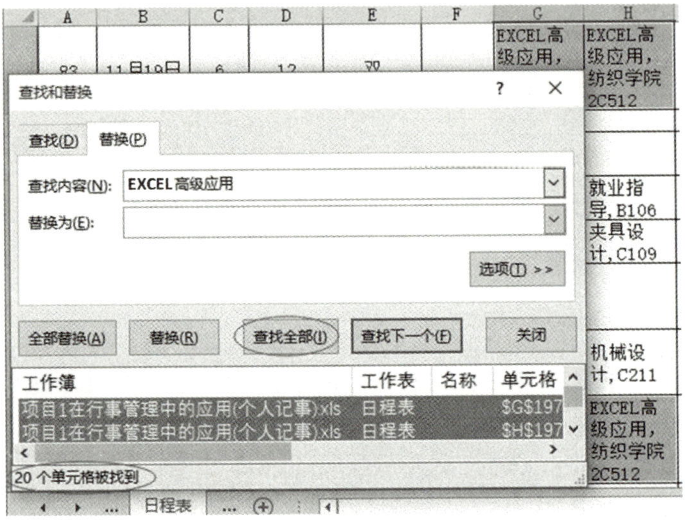

图 7.13　快速定位所选单元格

（2）选定所有被找到的单元格。在“查找和替换”对话框中下方的列表中，拖动右侧的滚动条可选择查看任一条记录所在的单元格。若要一次选定所有指定的单元格，可将光标定位在对话框下方的列表中，按 Ctrl+A 组合键，如图 7.13 所示。

（3）批量为单元格设格式。例如为所有含“EXCEL 高级应用”的单元格设置红色加粗，如图 7.14 所示。

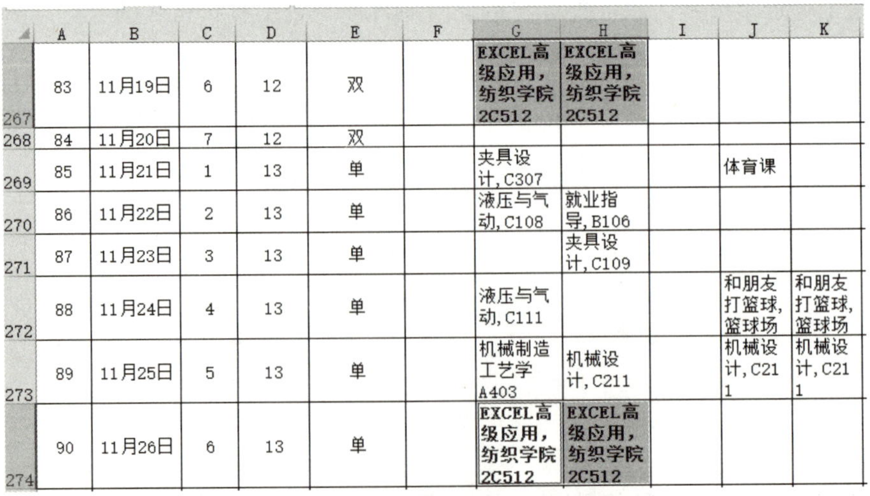

	A	B	C	D	E	F	G	H	I	J	K
267	83	11月19日	6	12	双		**EXCEL高级应用，纺织学院2C512**	**EXCEL高级应用，纺织学院2C512**			
268	84	11月20日	7	12	双						
269	85	11月21日	1	13	单		夹具设计，C307			体育课	
270	86	11月22日	2	13	单		液压与气动，C108	就业指导，B106			
271	87	11月23日	3	13	单			夹具设计，C109			
272	88	11月24日	4	13	单		液压与气动，C111			和朋友打篮球，篮球场	和朋友打篮球，篮球场
273	89	11月25日	5	13	单		机械制造工艺学A403	机械设计，C211		机械设计，C211	机械设计，C211
274	90	11月26日	6	13	单		**EXCEL高级应用，纺织学院2C512**	**EXCEL高级应用，纺织学院2C512**			

图 7.14　批量为所指定的单元格添加颜色

3. 独立显示近期的活动

利用高级筛选的功能，可以将筛选结果显示在指定的工作表中，而不影响原数据表。

（1）建立高级筛选条件区。条件区与数据源区至少有空列或空行相隔，且条件区首行的字段名必须与数据源中的字段名一致，Q1:Q2、Q4:Q 单元格区域分别建立了两个条件区，其首行均为字段名“日期”，在第一个条件区的 Q2 中输入公式=TODAY()；在第二个条件区 Q5~Q11 中依次输入公式=TODAY()，=TODAY()+1，…，=TODAY()+6（本例选择近七天显示，用户可根据自己的需要设计）。

反复按 Ctrl+~组合键可以在公式和值两者间切换查看，如图 7.15 所示。

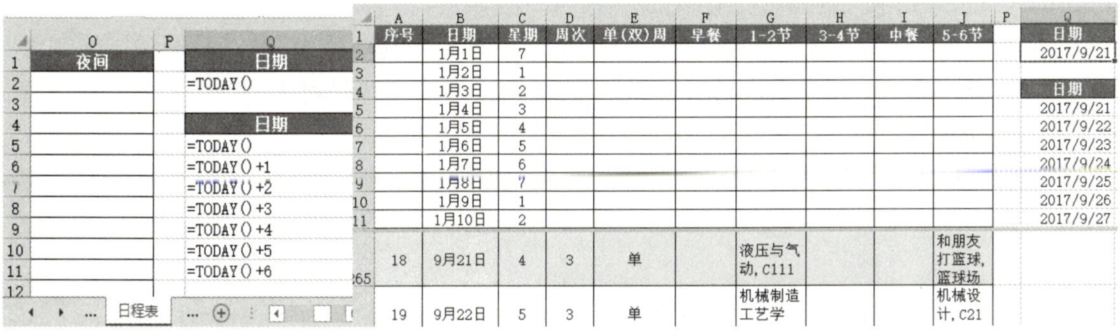

图 7.15　条件区域分别建立在 Q1:Q2、Q4:Q11 单元格区域

（2）在“今日”工作表中显示“今日”工作计划。

① 新建一工作表，并更名为“今日”。

② 在 A2 单元格，选择“高级筛选”命令。**关于打开或关闭高级筛选的方法见附录中的操作技巧 49-1。**

③ 在“高级筛选”对话框中选择“将筛选结果复制到其他位置”；在“列表区域”文本框中选择“日程表!$A:$O”，在“条件区域”文本框中选择“日程表!$Q$1:$Q$2”，在“复制到”文本框中选择“今日!$A$2”，如图 7.16 所示。

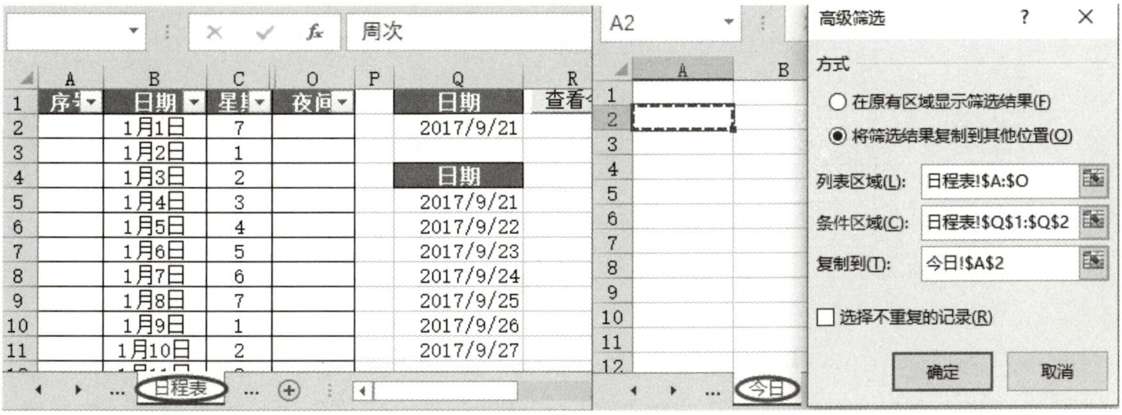

图 7.16　从“今日”表入手进行高级筛选

④ 单击【确定】按钮。如图 7.17 所示为“今日”的计划，可与图 7.12 对比。

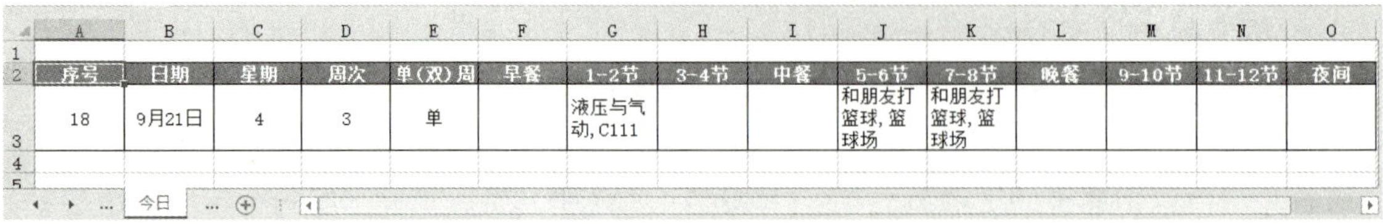

序号	日期	星期	周次	单(双)周	早餐	1-2节	3-4节	中餐	5-6节	7-8节	晚餐	9-10节	11-12节	夜间
18	9月21日	4	3	单		液压与气动,C111			和朋友打篮球,篮球场	和朋友打篮球,篮球场				

图 7.17　在“今日”工作表中单独显示今日的计划

（3）在“近期”工作表中显示“近期”的计划。

① 新建一工作表，并更名为“近期”。

② 在 A2 单元格，选择“高级筛选”命令。

③ 在“高级筛选”对话框中选择“将筛选结果复制到其他位置”；在“列表区域”文本框中选择“日程表!$A:$O”，在“条件区域”文本框中选择“日程表!$Q$4:$Q$11”，在“复制到”文本框中选择“近期!$A$2”，如图 7.18（a）所示。

④ 单击【确定】按钮。如图 7.18（b）所示为“近期”的计划，可与图 7.12 对比。

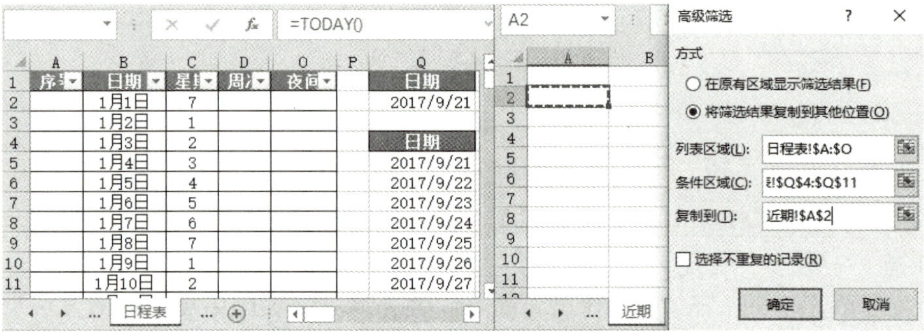

（a）从“近期”表入手进行高级筛选

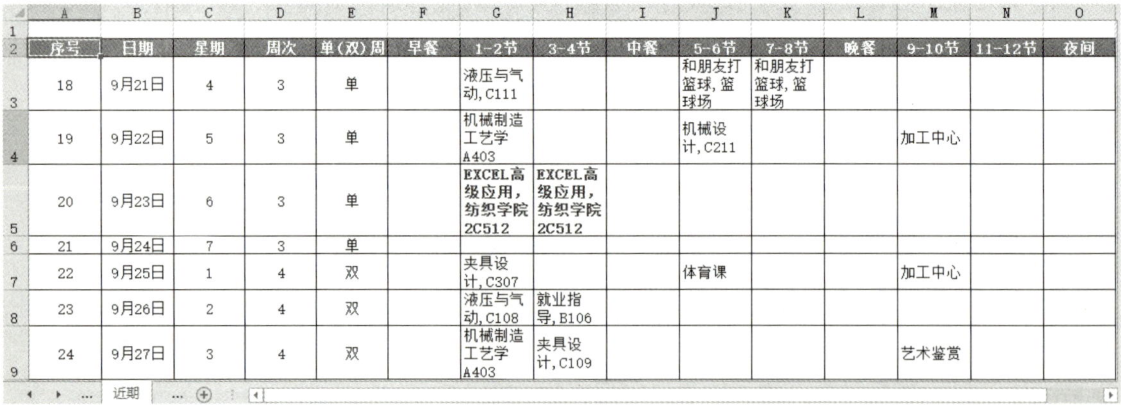

序号	日期	星期	周次	单(双)周	早餐	1-2节	3-4节	中餐	5-6节	7-8节	晚餐	9-10节	11-12节	夜间
18	9月21日	4	3	单		液压与气动,C111			和朋友打篮球,篮球场	和朋友打篮球,篮球场				
19	9月22日	5	3	单		机械制造工艺学A403			机械设计,C211			加工中心		
20	9月23日	6	3	单		EXCEL高级应用,纺织学院2C512	EXCEL高级应用,纺织学院2C512							
21	9月24日	7	3	单										
22	9月25日	1	4	双		夹具设计,C307			体育课			加工中心		
23	9月26日	2	4	双		液压与气动,C108	就业指导,B106							
24	9月27日	3	4	双		机械制造工艺学A403	夹具设计,C109					艺术鉴赏		

（b）筛选结果

图 7.18　在“近期”工作表中显示近期的计划

（4）隐藏条件筛选区。高级筛选的条件区不可以删除，建议隐藏。**关于隐藏或恢复隐藏行和列的方法见附录中的操作技巧 54、54-1。**

4．制作更新显示的按钮

利用 VBA 技术，可以动态显示今日或近期信息。**关于录制宏的方法见附录 5。**

（1）录制“今日”宏。录制的操作为：选择“今日”工作表（如果当前表即是，则必须单击其他表名后再重新进入该表）；选择2:3行，右击鼠标，在弹出的快捷菜单中选择“删除”命令，再执行3（2）的②③两步，单击【确定】按钮，停止录制宏。

（2）录制“近期”宏。录制的操作为：选择“近期”工作表（如果当前表即是，则必须单击其他表名后再重新进入该表）；选择2:8行，右击鼠标，在弹出的菜单中选择“删除”命令，再执行3（3）的②③两步，单击【确定】按钮，停止录制宏。

（3）绘按钮与宏关联。

① 在“日程表”的空白处插入任意图形作为按钮，右击此按钮，选择“指定宏”命令，在对话框中选择录制的宏名“今日”。再次右击此按钮，选择“编辑文字”命令，命名为“查看今日”。

② 可以将该按钮复制粘贴到“今日”工作表的空白处，以方便多用户操作。

③ 可以利用已有的按钮复制并重命名为“查看近期”，并右击此按钮，选择“指定宏”命令，在对话框中选择录制的宏名“近期”。

用按钮多处控制如图7.19所示。

如果要绘制标准按钮，可打开“控件”工具箱，取用按钮工具。**不同软件版本的操作方法见附录1操作说明7。**

（4）测试。当更改日期或新增记录后单击相关按钮可见相关工作表的内容能自动更新。

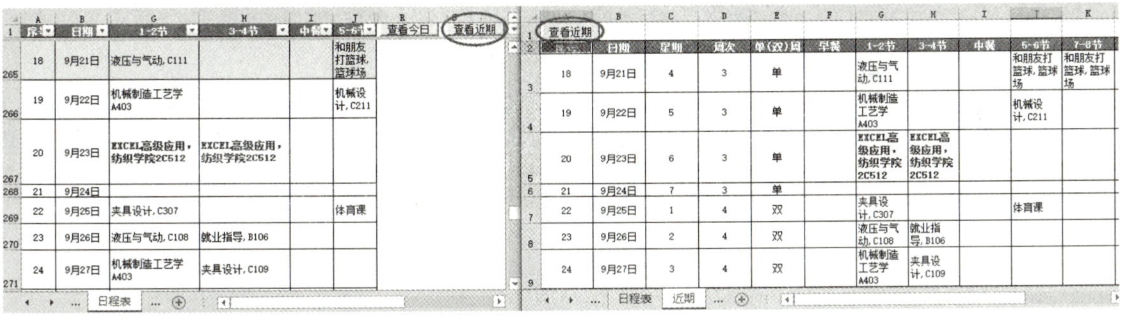

图7.19　按钮多处可控

（5）欲查看宏程序。可按Alt+F11组合键，读者可以对照录制宏的每一步操作，大致了解程序功能。

步骤四　数据转出与公式保护

一年的记事结束后应转出保存，并清空日程表中原有记录（但仍要保持日程表原有的功能），以便下一年再次使用。

1. 转出全年的活动记录

（1）录制宏（宏名为“转出”）录制的操作如下：

① 选择“日程表”工作表（若当前工作表就是该表，也必须单击其他工作表名后再单击“日程表”），选择A:O列，按Ctrl+C组合键（即复制）。

② 右击“日程表”表名，在弹出的菜单中选择“插入”并单击【确定】按钮，在新插入的工作表A1中按Ctrl+V组合键（即粘贴）。

③ 选择 C:E 列，按 Ctrl+C 组合键（即复制此三列公式），再右击选择“粘贴选项中的（值）”命令（即将公式转为值），然后按回车键，单击 A1。

④ 停止录制宏。

（2）制作按钮以方便使用。

① 复制按钮。切换到“日程表”，右击某按钮，在快捷菜单中选择“复制”命令（或按 Ctrl+C 组合键），单击目标处按 Ctrl+V 组合键（粘贴），即复制了一个相同大小的按钮。

② 右击新增按钮，选择“指定宏”命令，将宏指定给刚才录制的宏名“转出”。

③ 右击该按钮，选择“编辑”命令，将按钮更名为“转出记录”。

（3）测试。

每单击一次【转出】按钮，系统就会自动插入一张新表（内容为不含公式的日程记录）。

Excel 工作簿即使是 2003 版也可以插入 255 张工作表，由此可见，将每年的工作日程记录下来并转出保存，是完全可行的。实际中可以将转出的记录以数字序号或年份重命名，然后通过目录设置超链接，以方便查看。具体方法见本项目任务 2。

2. 重复使用日程表记事

在输入下年日程记事表前，必须先将上年的日程记事内容清空，但公式必须保留。

（1）为人工编辑区域定义名称。

① 确定数据表最大行号。在英文输入法下，按 Ctrl+~组合键，切换到公式显示状态，可见 C、D、E 三列为公式，再确认“日程表”的最大行号（在有公式的任何一列某单元格按 Ctrl+↓组合键，都可以看到最后一行的行号为 370）。

② 定义名称。在工作表左上角的名称框中输入 A2:B370，按 Enter 键，即快速选取定了 A、B 两列中除列标志以外的区域，再在名称框中输入名称“用户 1”，按 Enter 键。用同样的方法在工作表左上角的名称框中输入 F2:O370，按 Enter 键，再在名称框中输入名称“用户 2”，按 Enter 键，如图 7.20 所示。

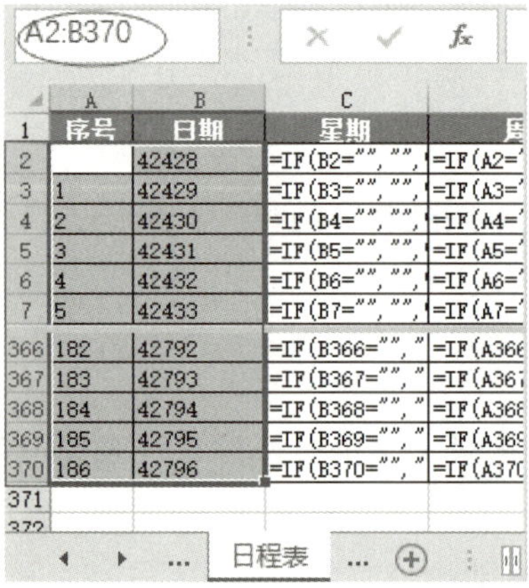

（a）在名称框中快速选区 A2:B370

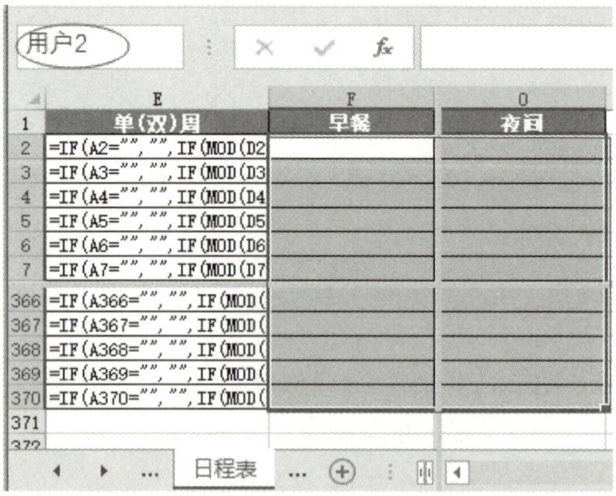

（b）为选定的区域 F2:O370 定义名称

图 7.20 为区域定义名称（在名称框中输入地址并按 Enter 键，然后在名称框输入名称再按回车键）

③ 查看名称。按 Ctrl+F3 组合键，可以查看、编辑、删除定义名称。

（2）录制宏清除人工数据。由于这项工作每年都要进行，故录制宏（宏名为“清空”）。录制的操作如下：

① 选择“日程表”工作表（若当前工作表就是该表，也必须单击其他工作表名后再单击“日程表”）。

② 按 F5 键，打开定位对话框，在“引用”位置输入框中输入“用户 1，用户 2”（之间用英文逗号隔开），单击【确定】按钮，如图 7.21 所示。按 Delete 键，选择填充颜色“无”，字体颜色为“自动”，单击 A1。

停止录制宏。

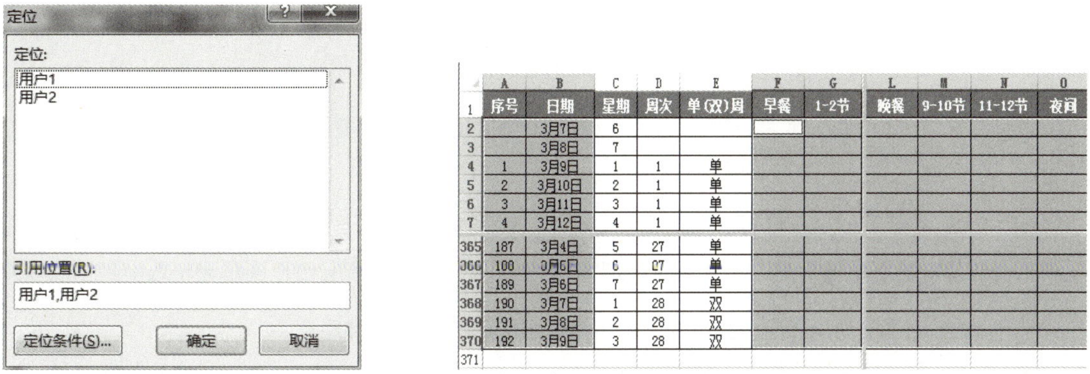

（a）打开定位对话框，输入用户 1，用户 2　　（b）确定后可见用户 1 与用户 2 两个区域同时被选

图 7.21　快速定位用户区域

（3）用按钮控制宏。

① 右击“日程表”中的某按钮，在快捷菜单中选择“复制”命令（或按 Ctrl+C 组合键），单击目标处按 Ctrl+V 组合键（粘贴），即复制了一个相同大小的按钮。

② 右击该按钮，选择“指定宏”命令，将宏指定给刚才录制的宏名“清空”。

③ 右击该按钮，选择“编辑”命令，将按钮更名为“清除数据”。

（4）测试。单击该按钮将清除日程表中人工输入的所有数据，但公式仍被保留（建议先转出数据再清空）。

可以通过编辑宏，将“清空”程序接至“转出”程序的尾部，这样即可同时完成转出和清空的任务。

3. 保护日程表中的公式

“日程表”工作表的 C、D、E 列中的数值是由公式自动产生的，如果用户使用不当，极有可能删除其中的公式，为此必须加以保护，但用户输入的区域（非公式区）则必须开放。

（1）锁定和隐藏公式区。选公式所在区域 C2:E370，按 Ctrl+1 组合键，在设置单元格格式对话框中选择“保护”选项卡，选中“锁定”和“隐藏”，并单击【确定】按钮。

（2）允许用户编辑区域。在“日程表”工作表中按 Ctrl+A 组合键，全选该工作表，按 F5 键，在定位对话框中输入“用户 1，用户 2”，单击【确定】按钮，再按 Ctrl+1 组合键，在“设置单元格格式”对话框中选择“保护”选项卡，取消选中“锁定”复选框，如图 7.22 所示。

（3）实施对工作表保护。以上只是对保护区和可编辑区做了区分，真实的保护工作表还必须执行“保护工作表”命令。

打开“保护工作表”对话框，**不同软件版本的操作方法见附录 1。**

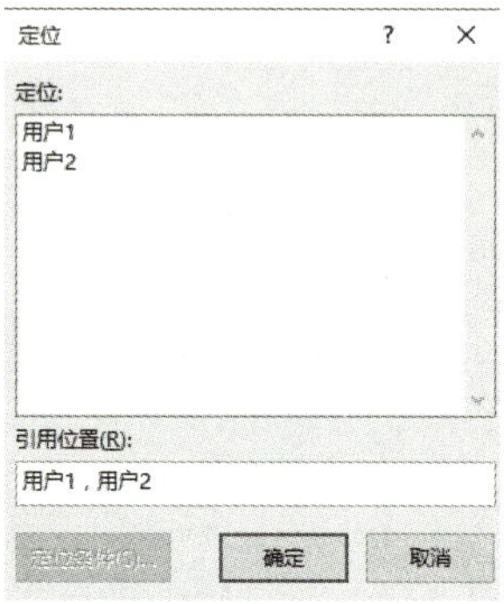

（a）在定位对话框中输入用“户 1，用户 2”并确定

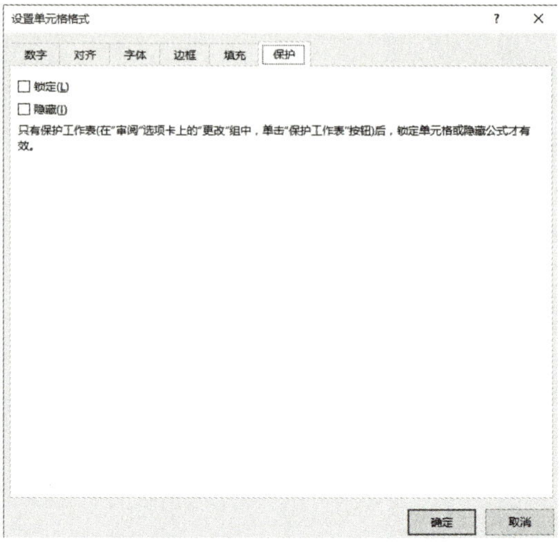

（b）对所有用户区单元格取消锁定和隐藏

图 7.22　选择非公式区，清除锁定和隐藏

选择是否输入密码，单击【确定】按钮。

（4）录制宏。用户可将经常要用的操作（例如“撤销保护”“保护工作表”“自动筛选”等）录制为相应的宏。

4．查看、编辑、测试宏

（1）查看宏。按 Alt+F11 组合键，打开 VBA 窗口，进入“模块”（如果看不到“模块”，可单击“视图”菜单下的“工程资源管理器”），可查看已经录制的所有宏程序。

（2）编辑宏。由于“今日”“近期”这两个程序的功能中使用了高级筛选，系统将自动关闭“自动筛选”，所以可将“撤销保护”“自动筛选”“保护”三个宏程序的主体部分复制到一起完成“三合一”的功能，并将该组合程序添加到“今日”“近期”程序之后，这样即可确保自动筛选功能始终出现，为用户提供方便。

改进后的“今日”宏程序如下（单撇号以后的部分为注解），框线部分为增加“撤销保护”“自动筛选”“保护”功能，如图 7.23 所示。

```
Sub 今日()
    Sheets("今日").Select                   '选择“今日”工作表
    Rows("2:3").Select                      '选择2：3行
    Selection.Delete Shift:=xlUp            '全部删除
    Range("A2").Select                      '选择A2单元格
    Sheets("日程表").Range("A1:O370").AdvancedFilter Action:=xlFilterCopy,
        CriteriaRange:=Sheets("日程表").Range("Q1:Q2"), CopyToRange:=Range("A2"), _
        Unique:=False                       '高级筛选结果显示在“今日”表A2为起始处的区域
    Sheets("日程表").Select                 '选择“日程表”工作表
    ActiveSheet.Unprotect                   '撤消保护工作表
    Range("A1").Select                      '选择A1
      Selection.AutoFilter                  '设置自动筛选
      ActiveSheet.Protect DrawingObjects:=False, Contents:=True, Scenarios:= _
        False, AllowFiltering:=True         '保护工作表
   Sheets("今日").Select                    '选择“今日”工作表
End Sub
```

图 7.23　编辑宏

（3）测试。按 Alt+F11 组合键，退出 VBA 窗口。在“日程表”中单击【今日】按钮后，“日程表”中的“自动筛选”功能依然保持。

任务2　查询往事及工作量统计

【任务导读】

【示例文件】

本任务以某教师记录的历年任教班学生信息表为例，介绍通过建立表间联系快速实现跳转查询，并介绍如何实现一键定位查出所有信息的地址，以及快速汇总统计任一阶段的教学工作量。参考示例文件：项目7-2　在个人事务管理中的应用（统计）。

步骤一　建立目录与链接

1. 新建目录索引表

为方便管理和查询，可以制作一个目录索引表。

（1）打开项目7-2 在个人事务管理中的应用（统计），新插入一张工作表，并更名为“目录”。

（2）在表内输入序号、教学班级、课程名称、开课学期、课时、人数等信息，与序列编号相同的工作表名，其内存放该班级的具体信息，如图7.24所示。

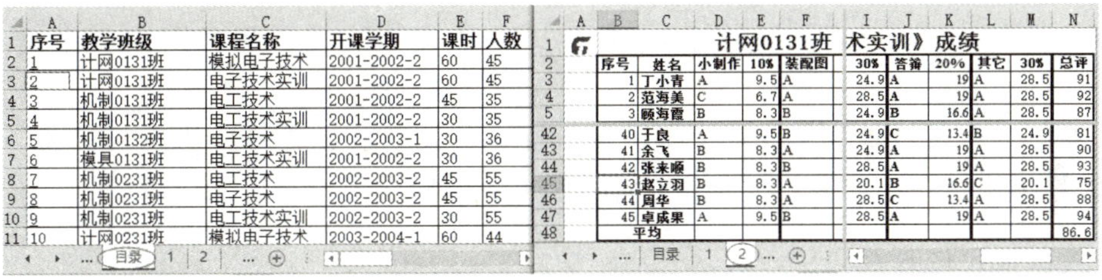

图7.24　在“目录”表中建立序号与教学班级对应信息

2. 设置表间超链接

（1）建立“目录”表与各相应表的超链接。例如，将“目录”表中的A3单元格（其序号值为2）与“2”表超链接的方法是：单击A3，按Ctrl+K组合键，打开“插入超链接”对话框，在“链接到：”下方单击【本文档中的位置】按钮，在“或在此文档中选择一个位置”下框中选择“2”，单击【确定】按钮，如图7.25所示。

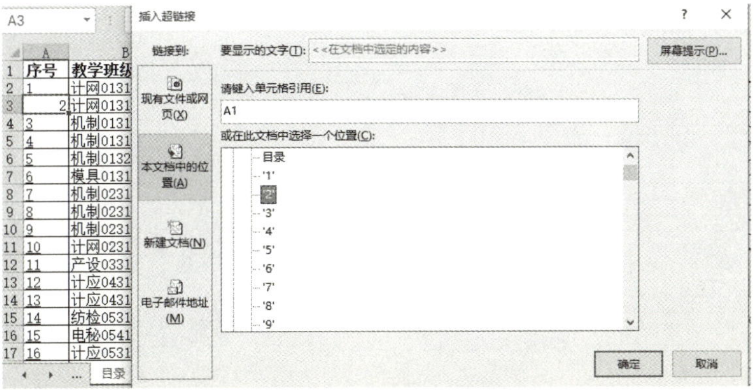

图7.25　将“目录”表中的序列编号与相应号码的工作表超链接

由于不同的序号链接的表名不同，故必须逐一设置。

（2）建立教学班表与目录表的超链接。例如，选择表“1”中的A1单元格或预设的图形对象，右击，选择“超链接”命令，打开“插入超链接”对话框，在“链接到:”下方单击【本文档中的位置】按钮，在右边列表框里选择“目录”，单击【确定】按钮，如图7.26所示。

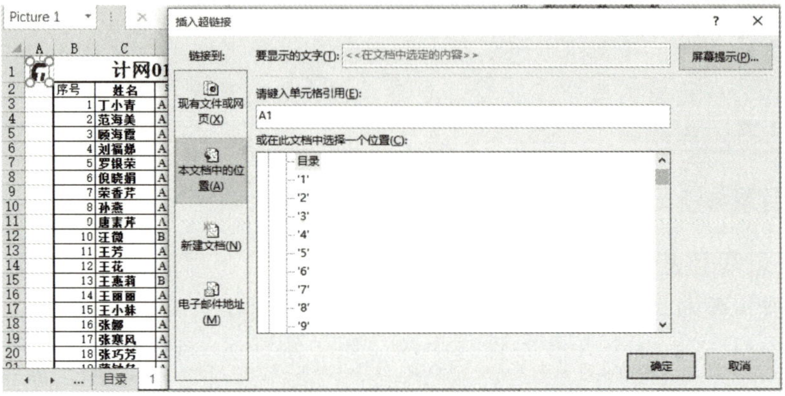

图7.26　将“1”表中的预设对象与“目录”表超链接

由于其他各表与目录表的超链接目标一致，故可将表“1”中已经设置超链接的单元格（或预设图标）填充或复制到其他工作表中。**关于向工作组填充的方法见附录中的操作技巧38。**

（3）测试。在“目录”工作表中单击某一序号，如“3”，将自动切换到对应序号的工作表“3”表，单击该表中的A1单元格（或图标）将返回至“目录”工作表。

步骤二　关键词定位查找

1. 单表查找

例如，欲查找《纺织1431、纺织1432》班的班长信息。

（1）在“目录”表中单击与该教学班对应的序号所在单元格，快速切换到第132号表。

（2）按Ctrl+H组合键，打开查找对话框。在“查找内容”中输入“班长”，单击【查找全部】按钮。

（3）系统自动显示查找到的记录数，共有2个单元格被找到，并提供相应的单元格地址为“$F$30”“$F$2”，如图7.27所示。

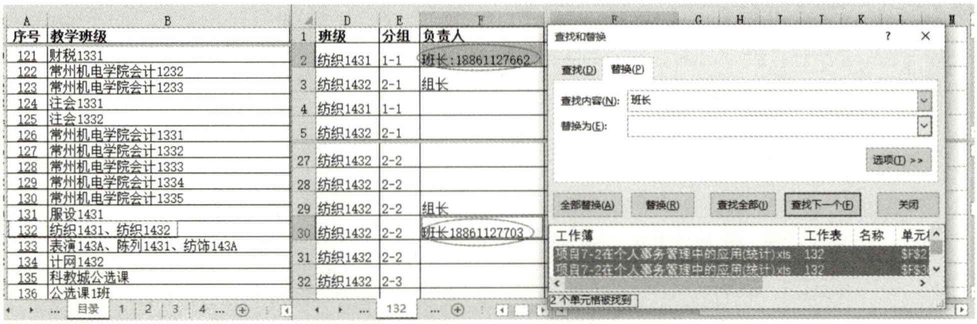

图7.27　单表查找

（4）单击下方的查找提示，即可查看明细。

2. 多表查找

如果要对往事查询，却不知发生时间与地点，可进行多表查询。例如，查找曾经教过的姓名为“王永航”同学及班级与课程名称。

（1）在任一张表名上右击，选择“选定全部工作表”命令。

（2）按 Ctrl+H 组合键，打开查找对话框。在“查找内容”中输入“王永航”，单击【查找全部】按钮。提示有 3 个单元格被找到，如图 7.28 所示。

（3）单击下方的查找提示，即可查看“王永航”同学来自财会 1331 班，曾上过该教师的“EXCEL 应用与提高”“EXCEL 在财务中的应用”“计算机职业技能基础”三门课程，其成绩分别为 86 分、95 分、95 分，如图 7.29 所示。

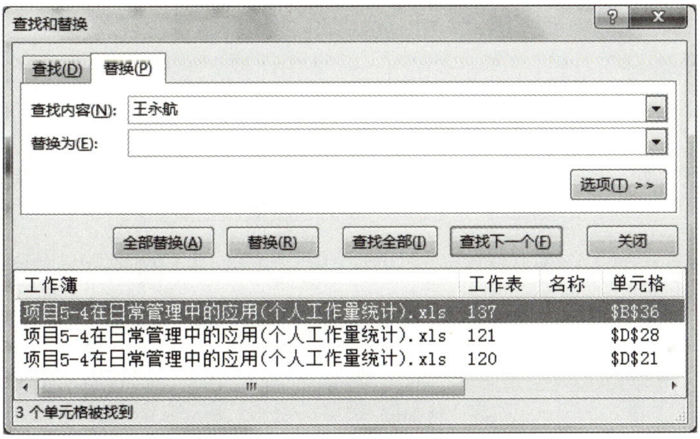

图 7.28　多表查找（一）

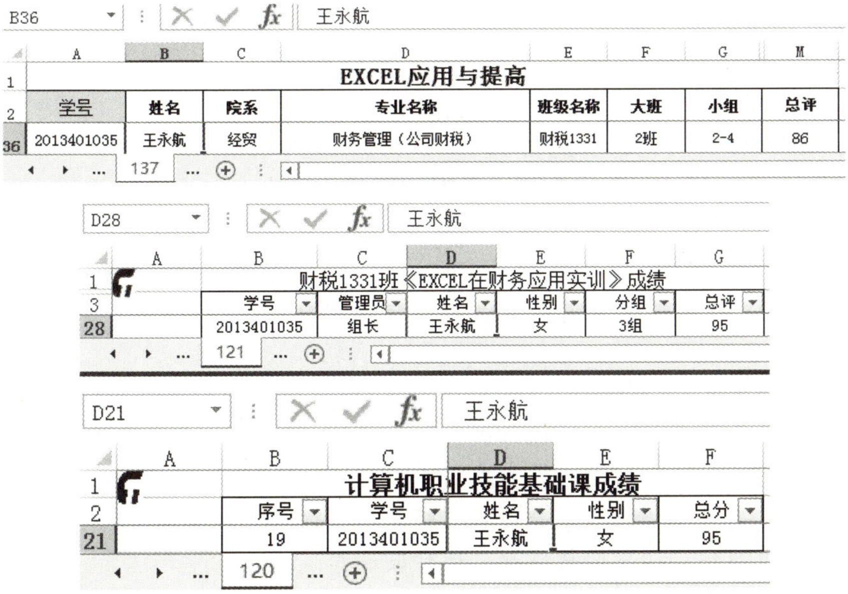

图 7.29　多表查找（二）

步骤三　阶段工作量统计

1．自动筛选查看法

（1）打开自动筛选开关。**不同软件版本的操作方法见附录 1 操作说明 17**。

（2）筛选某时段，例如开课学期为 2014-2015-1 学期，在状态栏中显示在记录中找到 10 个，如图 7.30（a）所示。

（3）选择 E 列（“课时”），在状态栏里显示求和“400”，此即为该教师在该学期的教学课时数，如图 7.30（b）所示。

（4）选择 F 列（“人数”），在状态栏里显示求和“467”，此即为该教师在该学期的教学过的人次数，如图 7.30（c）所示。

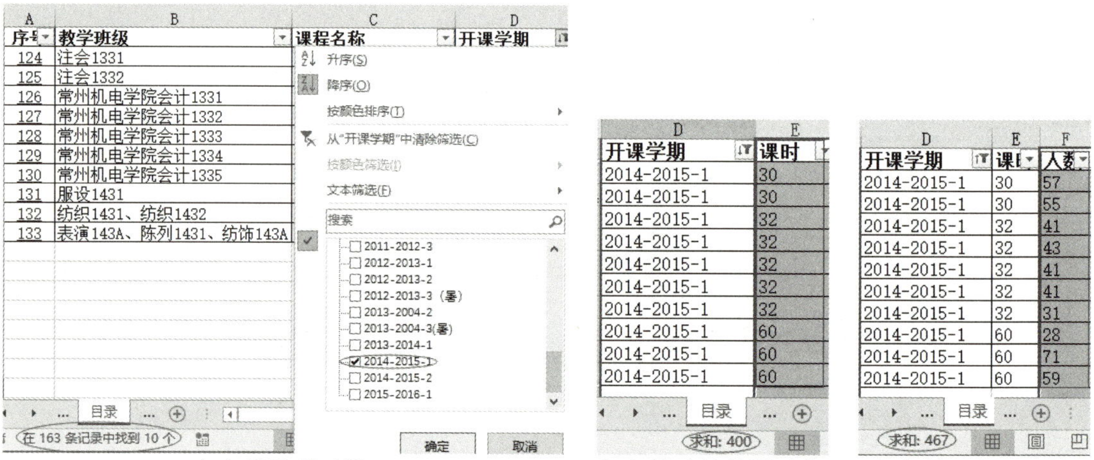

（a）筛选某时段　　（b）筛选教学课时数　　（c）筛选教过人数

图 7.30　筛选查看

2．数据透视分析法

（1）单击“目录”工作表任意一个有数据的单元格，打开“创建数据透视表”对话框中（**不同软件版本的操作方法见附录说明 22**），单击【确定】按钮。

（2）系统将自动新建一个工作表显示数据透视表，将此工作表重命名为“数据透视”表。在右侧“数据透视表字段”中，将需要分析的在其复选框中打“√”。打“√”后的数据被全部插入到下方的四个区域中：四个区域的名称分别为“筛选器”“行”“列”“值”（2003 版为“页字段”“行字段”“列字段”“数据项”），如图 7.31 所示。

例：设问题如下。

① 统计该老师各学期任教过的班级数。

② 统计该老师各学期任教过的课时数。

③ 统计该老师各学期教过的学生人数。

④ 同时统计以上三项（即各学期任教班级数、课时数、学生人数）。

⑤ 按教过的课程统计相关的班级数、课时数和学生人数。

⑥ 按所教课程、分布于哪些学期，统计相关的班级数、课时数及学生人数。

⑦ 按学期开设的课程，统计相关的班级数、课时数及学生人数。

【解】

① 在“数据透视表字段”中，分别选择“开课学期”拖到“行”区域；选择“教学班级”拖到“值”区域，关闭“数据透视表字段”，该透视表不仅显示各学期任教过的班级数，且有总计，共有 155 个教学班级，如图 7.31 所示（图中设置了拆分窗口，可显示不同区域）。

② 统计该老师各学期任教过的课时数。在上例中，单击透视表，右击选择“显示字段列表”，打开“数字透视表字段”对话框。将“值”区域中的“教学班级”拖回到“数字透视表字段”列表区域（或在“数字透视表字段”列表区域中，取消“教学班级”复选项的选中，再选择“课时数”拖到“值”区域，关闭“数据透视表字段”。统计结果不仅显示各学期教学时数，且显示课时总和为 6626，如图 7.32 所示。

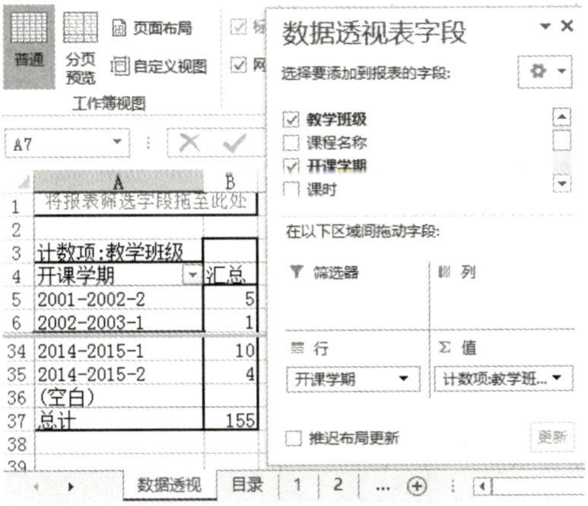

图 7.31　问题①的设置

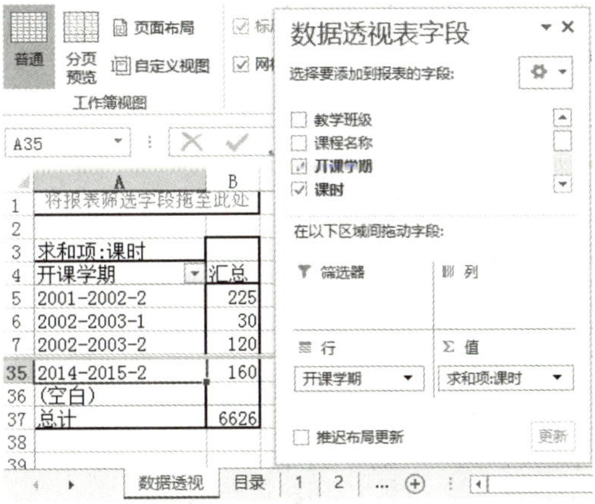

图 7.32　问题②的设置

如果计算的类型不是问题所要的，则可以单击“值字段设置”命令，在其中选择所要的类型，本例中选“求和”，如图 7.33 所示。

③ 统计该老师各学期教过的学生人数。在上例中，单击透视表，右击选择“显示字段列表”，打开“数字透视表字段”对话框，将“值”区域中的“课时”拖回到“数字透视表字段”列表区域（或在“数字透视表字段”列表区域中，取消“课时”项的选择，再选择“人数”拖到“值”区域，关闭“数据透视表字段”，统计结果不仅显示各学期学生人数，且有总的求和数为 9437，如图 7.34 所示。

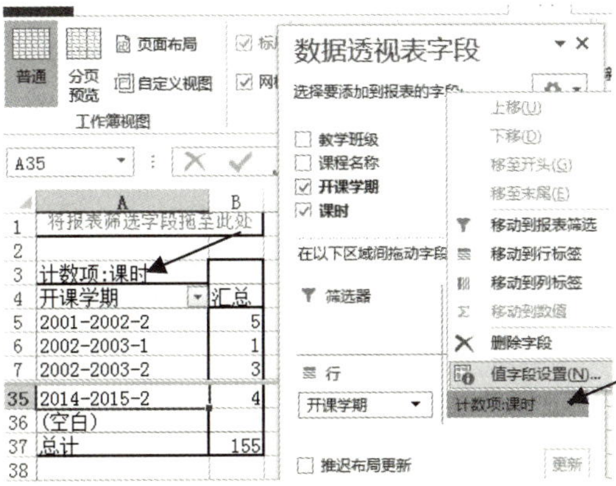

图 7.33　改变问题②的计算类型

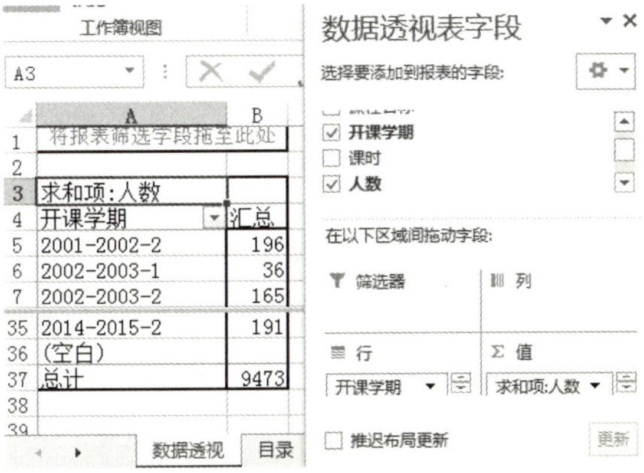

图 7.34　问题③的设置

④ 同时统计以上 3 项（即各学期任教班级数、课时数、学生人数）。打开“数据透视表字段”（方法同前）。将统计的字段“教学班级”“课时”“人数”分别拖至“值”区域，其中文本型的字段，将以计数方式统计，而对于数值型的字段，则可在该统计项某数字中右击（或在“数据透视表字段”值的下拉列表中）选择“值字段设置”命令，在弹出的对话框中设置。最后关闭“数据透视表字段”，显示结果如图 7.35 所示。

⑤ 按该老师教过的课程统计相关的班级数、课时数和学生人数。在上例中，打开“数据透视表字段”（方法同前），将“行”区域中将“开课学期”字段拖回到“数字透视表字段”列表区域（或在“数字透视表字段”列表区域中，取消“开课学期”项的选择，再选择“课程名称”拖到“行”区域，关闭“数据透视表字段”。统计结果班级总数、总人数及总课时数均与上例相同，但行字段由“学期”变为了“课程名称”），如图 7.36 所示。

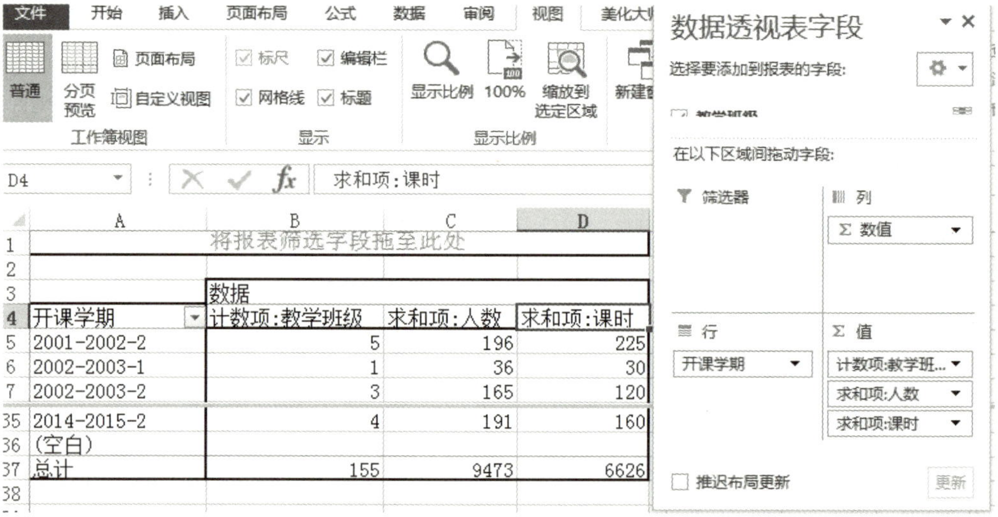

	A	B	C	D
1	将报表筛选字段拖至此处			
2				
3		数据		
4	开课学期	计数项:教学班级	求和项:人数	求和项:课时
5	2001-2002-2	5	196	225
6	2002-2003-1	1	36	30
7	2002-2003-2	3	165	120
35	2014-2015-2	4	191	160
36	(空白)			
37	总计	155	9473	6626
38				

图 7.35　问题④的设置

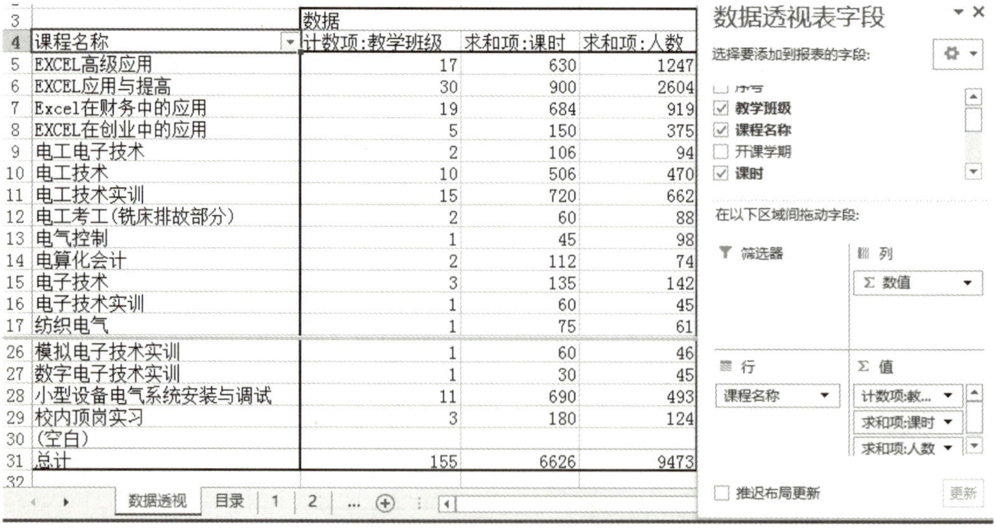

3		数据		
4	课程名称	计数项:教学班级	求和项:课时	求和项:人数
5	EXCEL高级应用	17	630	1247
6	EXCEL应用与提高	30	900	2604
7	Excel在财务中的应用	19	684	919
8	EXCEL在创业中的应用	5	150	375
9	电工电子技术	2	106	94
10	电工技术	10	506	470
11	电工技术实训	15	720	662
12	电工考工(铣床排故部分)	2	60	88
13	电气控制	1	45	98
14	电算化会计	2	112	74
15	电子技术	3	135	142
16	电子技术实训	1	60	45
17	纺织电气	1	75	61
26	模拟电子技术实训	1	60	46
27	数字电子技术实训	1	30	45
28	小型设备电气系统安装与调试	11	690	493
29	校内顶岗实习	3	180	124
30	(空白)			
31	总计	155	6626	9473

图 7.36　问题⑤的设置

⑥ 按所教课程、分布于哪些学期，统计相关的班级数、课时数及学生人数。在上例中，

打开“数据透视表字段”（方法同前），将“开课学期”也拖到“行”区域中，关闭“数据透视表字段”，统计结果班级总数、总人数及总课时数均与上例相同，如图 7.37 所示。

此时“行”区域中出现了多个字段，其数据透视表中的高一级别字段中出现展开和折叠标记，供选择。

⑦ 按学期开设的课程，统计相关的班级数、课时数及学生人数。

在上例中，打开“数据透视表字段”，单击“行”区域中的“开课学期”，在下拉菜单中选择“上移”命令，即改变了排序的顺序，结果如图 7.38 所示。

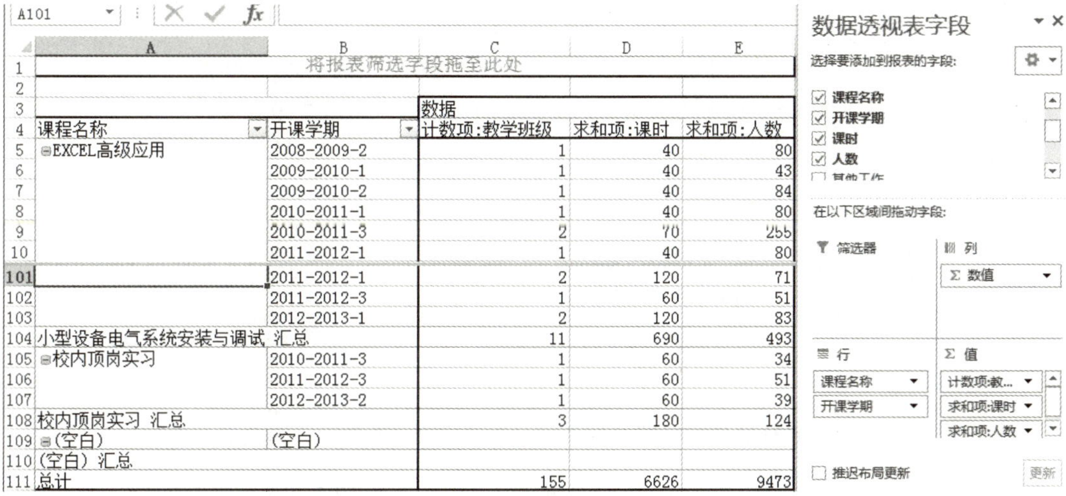

课程名称	开课学期	计数项:教学班级	求和项:课时	求和项:人数
⊟EXCEL高级应用	2008-2009-2	1	40	80
	2009-2010-1	1	40	43
	2009-2010-2	1	40	84
	2010-2011-1	1	40	80
	2010-2011-3	2	70	255
	2011-2012-1	1	40	80
	2011-2012-1	2	120	71
	2011-2012-3	1	60	51
	2012-2013-1	2	120	83
小型设备电气系统安装与调试 汇总		11	690	493
⊟校内顶岗实习	2010-2011-3	1	60	34
	2011-2012-3	1	60	51
	2012-2013-2	1	60	39
校内顶岗实习 汇总		3	180	124
⊟(空白)	(空白)			
(空白) 汇总				
总计		155	6626	9473

图 7.37 问题⑥的设置

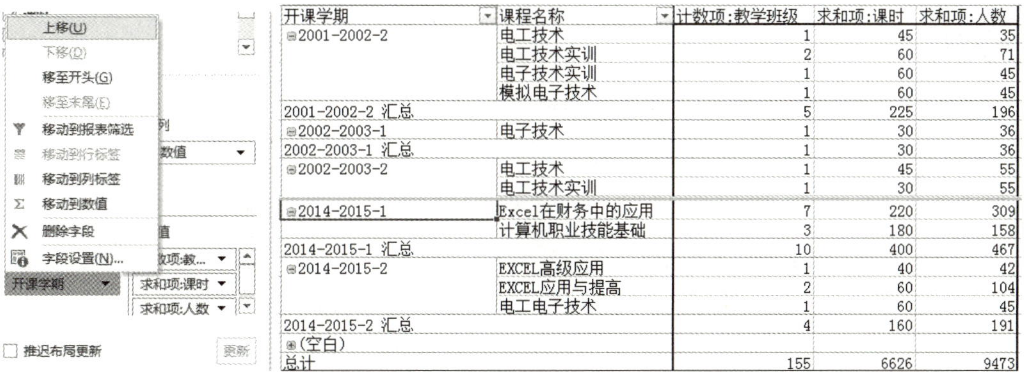

开课学期	课程名称	计数项:教学班级	求和项:课时	求和项:人数
⊟2001-2002-2	电工技术	1	45	35
	电工技术实训	2	60	71
	电子技术实训	1	60	45
	模拟电子技术	1	60	45
2001-2002-2 汇总		5	225	196
⊟2002-2003-1	电子技术	1	30	36
2002-2003-1 汇总		1	30	36
⊟2002-2003-2	电工技术	1	45	55
	电工技术实训	1	30	55
⊟2014-2015-1	Excel在财务中的应用	7	220	309
	计算机职业技能基础	3	180	158
2014-2015-1 汇总		10	400	467
⊟2014-2015-2	EXCEL高级应用	1	40	42
	EXCEL应用与提高	2	60	104
	电工电子技术	1	60	45
2014-2015-2 汇总		4	160	191
⊞(空白)				
总计		155	6626	9473

图 7.38 问题⑦的设置

项目回顾

本项目通过制作个人日程记事查询软件，介绍了数据有效性、日期函数及条件判断函数；学习条件格式、高级筛选功能、录制宏、超链接技术；通过实例介绍了在多表中准确定位查找所有符合条件的记录；并使用透视、筛选等方法统计某阶段的个人工作量。本项目还介绍了 IF、OR、TODAY、WEEKDAY、INT、MOD 等函数。

项目训练

1. 在任务 1 步骤三中，将条件格式中的公式“=$B1=TODAY()”，改为“=B1=TODAY()”（即列也为相对），则当前日期对应行中仅 A 列单元格会改变显示。请解释。

【训练参考】

2. 在任务 1 步骤三中，请为含有“就业指导”的单元格设置红色加粗。

3. 某同学参考任务 1 制作了通用的个人行事历查询软件（见项目 7　训练参考—简易记事本），请列出突出显示当前日期对应行的方法。

4. 在任务 2 步骤三中，某同学用数据透视法生成了开课学期为“2014-2015-1”对应的课程名称、教学班数、课时数、班级人数报表，如图 7.39 所示，请与图 7.30 比较，并列出两者所使用的操作方法及步骤。

	A	B	C	D	E
3			数据		
4	开课学期	课程名称	计数项:教学班级	求和项:课时	求和项:人数
5	⊟2014-2015-1	Excel在财务中的应用	7	220	309
6		计算机职业技能基础	3	180	158
7	2014-2015-1 汇总		10	400	467
8	总计		10	400	467

数据透视　目录

图 7.39　同时显示某学期课程名称、教学班数、课时数、人数汇总表

5. 某同学为自己设计一个要事倒计时电子表，如图 7.40 所示。见项目 7 训练参考　要事倒计时。该电子表具有以下功能：

【训练参考】

（1）在 B 列（到期日）中输入的日期若小于或等于系统当前日期，则提示禁止输入。

（2）在 C 列（提示）中输入的公式能针对未到期、即将到期、已过期等给出不同的文字提示（包括天数提示）及格式提示。

要求：

（1）说出 B 列设置数据有效性的方法

（2）请分析 C2 中的公式意义。

（3）说出为 C 列设置条件格式的方法。

C2　=IF(OR(A2="",B2=""),"",IF(B2<TODAY(),"已过期"&(TODAY()-B2)&"天","还有"&(B2-TODAY())&"天"))

	A	B	C
1	事项名	到期日	提示
2	距2016年里约热内卢奥运会开幕	2016/8/5	还有4天
3	距2016年国庆日：	2016/10/1	还有61天
4	距研究生考试日：	2017/1/8	还有160天
5	距足球开业庆典日：	2016/3/14	已过期140天
6	距外公九十大寿日：	2017/3/2	还有213天
7	距中学同学聚会日：	2016/8/2	还有1天
8	距第21届世界杯足球赛	2018/6/14	还有682天

倒计时提醒

图 7.40　为要事设计倒计时

附　　录

附录1　操 作 说 明

序号	操　　作	2003版	2010版	2016版
1	打开“保护工作表”对话框	选择“工具→保护→保护工作表”命令	选择“审阅→更改组中的保护工作表”命令	同2010版
2	打开“保护工作簿”对话框	选择“工具→保护→保护工作簿”命令	选择“审阅→更改组中的保护工作簿”命令	同2010版
3	打开“窗体”工具箱	选择“视图→工具栏→窗体”命令	选择“开发工具→控件组中的插入→表单控件”命令（如果没有“开发工具”，必须先选择“文件→选项→自定义功能区”命令，选中“开发工具”项）	同2010版
4	打开“高级筛选”对话框	选择“数据→筛选→高级筛选”命令	选择“数据→排序和筛选组中的高级筛选”命令	同2010版
5	打开“工作表背景”对话框	选择“格式→工作表→背景”命令	选择“页面布局→页面设置组中的背景”命令	同2010版
6	打开“公式求值”对话框	选择“工具→公式审核→公式求值”命令	选择“公式→公式审核组中的公式求值”命令	同2010版
7	打开“控件”工具箱	选择“视图→工具栏→控件”命令	选择“开发工具→控件组中的插入→ActiveX控件”命令（如果没有“开发工具”，必须先选择“文件→选项→自定义功能区”命令，选中“开发工具”项）	同2010版
8	打开“录制新宏”对话框	选择“工具→宏→录制新宏”命令	选择“视图→宏组中的录制宏”命令，或按状态栏中的【录制新宏】快捷按钮	同2010版
9	选择“停止录制宏”命令	选择“工具→宏→停止录制宏”命令	选择“视图→宏组中的停止录制”命令，或按状态栏中的【停止录制】快捷按钮	同2010版
10	打开“排序”对话框	选择“数据→排序”命令（一次最多仅能按3个字段同时排序）	选择“数据→排序和筛选组中的排序”命令，或鼠标右击任意单元格，在快捷菜单中选择“自定义排序”命令（一次可按64个字段同时排序，并新增了按单元格颜色、字体颜色、单元格图标排序）	同2010版
11	打开“数据有效性”对话框	选择“数据→有效性”命令	选择“数据→数据工具组中的数据有效性”命令	选择“数据→数据工具组中的数据验证”命令
12	打开“填充成组工作表”对话框	选择“编辑→填充→至同组工作表”命令	选择“开始→编辑组中的填充→成组工作表”命令	同2010版
13	打开“条件格式”对话框	选择“格式→条件格式”命令（最多只能设置3种，颜色数有56种）	选择“开始→样式组中的条件格式”命令（最多只能设置64个，且颜色数共有1600万种）；可以为数据条设置不同的填充效果；并增加了图标集	同2010版

续表

序号	操　　作	2003 版	2010 版	2016 版
14	打开“选项”对话框	选择“工具→选项”命令	选择“文件→选项→高级”命令	同 2010 版
15	打开“页面设置”对话框	选择“文件→页面设置”命令	选择“页面布局→页面设置启动器”命令	同 2010 版
16	打开“自定义序列”对话框	选择“工具→选项”命令，在“选项”对话中，单击“自定义序列”选项卡	选择“文件→选项→高级”命令，在“常规”组中单击【编辑自定义列表】按钮	同 2010 版
17	打开“自定义自动筛选方式”对话框	选择“数据→筛选→自动筛选”命令，在筛选列表中选择“自定义…”命令	选择“数据→排序和筛选组中的筛选”命令，在筛选列表中选择“文本筛选或数字筛选或日期筛选→自定义筛选”命令	同 2010 版
18	打丌“自动套用格式”对话框	选择“格式→自动套用格式”命令	选择“开始→样式组中的套用表格格式”命令	同 2010 版
19	设置为打印区域	选择“文件→打印区域→设置打印区域”命令	选择“页面布局→页面设置组中的打印区域→设置打印区域”命令	同 2010 版
20	选择“插入艺术字”命令	选择“视图→工具栏→绘图”命令，单击插入艺术字按钮，选择所要的艺术字样式	选择“插入→文本组中的艺术字”命令	同 2010 版
21	选择“圈释无效数据”命令	选择“视图→工具栏→公式审核”命令，在“公式审核工具”条中单击【圈释无效数据】按钮	选择“数据→数据工具组中的数据有效性→圈释无效数据”命令	选择“数据→数据工具组中的数据验证→圈释无效数据”命令
22	选择“数据透视”命令	选择“数据→数据透视表与数据透视图”命令。 “数据透视字段列表”对话框中的列表字段可拖至“页字段”“行字段”“列字段”“数据项”	选择“插入→数据透视表（或数据透视图）”命令。 “数据透视字段列表”对话框中的列表字段可拖放的区域改名为“筛选项”“行”“列”“值”	选择“插入→表格组中的数据透视表”命令 或选择“插入→图表组中的数据透视图”命令 在“数据透视字段列表”对话框的设置方法同 2010 版
23	打开“单元格格式”对话框	按 Ctrl+1 组合键即可，该对话框设有数字、对齐、字体、边框、图案、保护等选项卡	按 Ctrl+1 组合键即可，该对话框改名为“设置单元格格式”，且“图案”选项卡改名为“填充”	同 2010 版
24	选择“隐藏（工作表）”命令（一次可对选中的多个工作表进行隐藏，若有工作表隐藏，则可以选择“取消隐藏”命令，但一次只能取消隐藏一个工作表）	选择“格式→工作表→隐藏”命令	方法一：选择“开始→格式→隐藏→隐藏工作表”命令 方法二：在待隐藏的工作表标签上右击，在弹出的快捷菜单中选择“隐藏”命令。若要取消隐藏，可在任一工作表标签上右击，在弹出的快捷菜单中选择“取消隐藏”命令	同 2010 方法二
25	在 Word 中打开“填充效果”对话框	在菜单栏依次单击“格式”→“背景”→“填充效果”命令	选择“页面布局→页面背景组中的页面颜色”命令，在下拉列表框中选择“填充效果”命令	选择“设计→页面背景组中的页面颜色”命令
26	在 Word 中打开“邮件合并分步向导”	在“工具”栏单击“信函与邮件”→“邮件合并”，在“邮件合并”任务窗格中按分步操作	选择“邮件→开始邮件合并→邮件合并分步向导”命令	同 2010 版

附录2 操作技巧

分类	名称	技巧	序号
查找	快速查找替换	按 Ctrl+F 或 Shift+F5 组合键，打开“查找和替换”对话框，在执行查找操作之前，可以将查找区域确定在某个单元格区域、整个工作表或者工作簿里的多个工作表范围内。在“查找内容”框中输入时，可以使用问号（？）和星号（*）作为通配符，以方便查找操作。问号（？）代表一个字符，星号（*）代表一个或多个字符。需要注意的是，既然问号（？）和星号（*）作为通配符使用，那么如何查找问号（？）和星号（*）呢？只要在这两个字符前加上波浪号(~)就可以了。 如果要替换，单击“替换”选项卡，在“替换为”框中输入指定内容	1
超链接	设置、编辑、取消超链接	选择欲添加或编辑超链接的区域，按 Ctrl+K 组合键，在弹出的“插入超链接”或“编辑超链接”对话框中进行设置。可以选择“链接到原有文件或网页、本文档中的位置、新建文档、电子邮件地址”；如果选择“链接到本文档中的位置”，则应再选择表名或定义的名称，还可输入要显示的文字等。 若要取消超链接，右击该单元格，在快捷菜单中选择“取消超链接”命令即可	2
	怎样将单元格中的文本链接到图表文本框	选中该图表的标题栏，清除其中已有的内容，或者插入一文本框，然后在编辑栏中输入一个“=”符号，再单击选中需要链接的单元格，最后按 Enter 键即可完成。修改该单元格的内容时，图表中文本框的内容也会相应地被修改	2-1
窗口	同时查看同一工作簿中的不同工作表	先在菜单栏选择“窗口→窗口组中的新建窗口”命令。如果要同时显示 N 个表，则重复以上操作 N-1 次。此时新建的窗口和原窗口的工作簿名称在原文件名之后会增加:1 和:2…… 再选择“窗口组中的重排窗口”命令，在“排列方式”下，单击所需的选项。若只显示当前工作簿，请选中“当前活动工作簿的窗口”，然后在各窗口中选择需要显示的工作表名即可。对其中任何一个数据表进行编辑修改，保存后均有效	3
	怎样保持拖动滚动条时仍能看到工作表的某些信息	如果需要在浏览时始终能看到第一行，光标应放第一行的下方（即第 2 行），如果始终能看到 A 列，则光标应放在 A 列的右侧（即 B 列），如果要同时满足以上两个条件，光标应放在 B2，然后再在菜单栏选择“窗口→窗口组中的冻结窗格”命令。 要取消冻结，可按原路操作，此时命令改为“取消冻结窗格”	4
	怎样能看到工作表多个部分	选择“视图→窗口组中的拆分”命令，这时当前窗口就会被拆分为不同窗格，这些窗格可单独滚动。光标放在分隔条上出现双向箭头时可按住拖动分隔条，如果要取消分隔条只要用鼠标双击分隔条即可	4-1
打印	如何完整打印出超过页面宽度的数据表？	打开“页面设置”对话框（不同软件版本操作方法见附录中的操作说明 15），选择“页面”选项卡，然后在“缩放比例”项后面的调整框中设置缩放比例	5
	怎样打印工作表中部分数据	选择需要打印的数据区域或者按住 Ctrl 键来选择分散的数据单元格，然后选择“页面布局→页面设置组中的打印区域”命令，在下拉列表中选择“设置打印区域”命令，这时刚才选择的单元格边框会变成虚线，单击【打印】按钮执行打印即可 若要取消该打印区域，可按原路操作，选择“取消打印区域”命令	5-1
	怎样一次打印多个工作表	可以按住 Ctrl 键，然后单击工作表标签选择要打印的数据工作表，再执行打印操作即可	5-2
	怎样在每页中都打印出表头	打开“页面设置”对话框，选择“工作表”选项卡，在“顶端标题行”直接输入“$X:$Y”（X 和 Y 分别表示文件标题的起始行和结束行），或选择标题栏单元格区域，单击【确定】按钮即可	5-3

续表

分类	名　称	技　巧	序号
定义名称	给单元格区域命名	方法1：选定该区域，在工作表的左上角名称框中输入名称，按Enter键；要删除该区域原有的名称，必须在“定义名称”对话框中删除。 方法2：选中要命名的单元格区域，按Ctrl+F3组合键，打开“名称管理器”（2003版为“定义名称”）对话框，单击【新建】按钮，在“在当前工作簿中的名称”框里输入名字，单击【确定】按钮即可。 注意：在给单元格命名时需注意名称的第一个字符必须是字母或汉字，它最多可包含255个字符，可以包含大、小写字符，但是名称中不能有空格且不能与单元格引用相同	6
	定义名称的作用	名称可以代表单元格、单元格区域、公式或常量值的单词或字符串。 （1）通过定义名称可以使公式简洁、直观、更容易理解。 （2）定义过名称的区域可以在工作簿内随意调用。 （3）在2003版中，不支持条件格式和数据有效性中直接引用其他工作表的单元格区域，可以通过定义名称解决（2010及以上版本无此问题）。 （4）显示图像的公式必须通过定义函数才可引入	6-1
	查看或引用已定义的名称	按F3键，可打开“粘贴名称”对话框，单击【粘贴列表】按钮，可以把定义的名称复制到空白区域，便于查看。 如果在输入公式时，按F3键，则可以选择引用已定义的名称	6-2
格式	复制单元格格式常用方法	方法1：使用格式刷。单击格式刷按钮后，每次只能复制格式一次，若双击格式刷按钮则可重复复制格式，如果要取消“格式刷”模式，只要按Esc键或再单击一次该按钮即可。 方法2：选择已经设置好的单元格，然后选择“复制”命令，再选择需要相同设置的目标单元格，接着在菜单栏选择“编辑→选择性粘贴”命令，在弹出的对话框中选择【格式】单选按钮。 方法3：如果需要复制的区域是连续的，可以用填充法，在智能选项中选择“仅填充格式”。 方法4：如果仅重复上一次的格式操作，可按F4键	7
	快速设置单元格边框	方法1：按Ctrl+1组合键，打开“设置单元格格式”（2003版为“单元格格式”）对话框，选择“边框”选项卡进行设置。 方法2：选择“开始→字体组中的其他边框”命令，在列表中选择适合的方案。 方法3：选择区域后直接按Ctrl+Shift+7组合键。按Ctrl+Shift+_组合键删除边框	8
	在单元格内让文本换行及设置对齐方式	方法1：单击“开始→对齐方式组中的自动换行按扭”（此法适用于2010及以上版本），对于2003版需按Ctrl+1组合键，在“单元格格式”对话框中选择“对齐”选项卡中的“自动换行”选项。 方法2：在文本需要换行处，同时按Alt＋Enter组合键，这种换行方式为手动换行，不随列宽变化。 方法3：按Ctrl+1组合键，在“设置单元格格式”（2003版为“单元格格式”）对话框中选择“对齐”选项卡，单击“方向”下方的选择框，将改变文字排列方向	9
	快速让字号增大或减小	对于2010及以上版本，可单击“开始→字体组中的【增大字号】或【减小字号】按钮”。 对于2003版，可能选择“工具→自定义”命令，在“命令”选项卡的“类别”列表中选择“格式”项，在“命令”列表中找到【增大字号】或【缩小字号】两个命令按钮，将它们拖到工具栏的合适位置。这样只要选择需要设置的文字，然后选择命令按钮就可以实现	10
	设置单元格背景色	选择要设置背景色的单元格，按Ctrl+1组合键，在打开的对话框中单击“填充”（2003版为“图案”）选项卡，可设置背景色、图案颜色及图案样式	11

续表

分类	名　称	技　巧	序号
格式	小数点位数	方法 1：选中数据单元格，根据需要单击“开始→数字组中的【增加小数位数】或【减少小数位数】”按钮。 方法 2：选中数据单元格，右击选择“设置单元格格式”命令，在对话框中单击“数字”选项卡，选中“数值”，在右侧的“小数位数”中输入需要的数字	11-1
	将数值转换为中文大写	按 Ctrl+1 组合键，打开“单元格格式”对话框，在“数字”选项卡“分类”中选择“特殊”，在“类型”中选择“中文大写数字”，单击【确定】按钮即可	12
	批量为单元格数据添加单位并保持其运算功能	在一批数字后面手工输入相同单位，不仅太慢而且这些数据将成为文本，不能参与数据统计分析，如果要求能自动添加单位并保持数据特性，可以选择添加单位的单元格区域，按 Ctrl+1 组合键，在“单元格格式”对话框中选择“数字”选项卡，在“分类”列表中选择“自定义”项，再在右侧的“类型”列表框中选择适合的数字格式。 例如，如果是小数 2 位形式，则选择“0.00”，如果是整数则选择“0”，然后在该数字格式后添加单位（如岁、元、立方米），注意是英文输入法中的引号	13
	输入以“0”开头的编号或身份证号	（1）在输入数据前先输入一个“'”（单引号），这样以“0”开头的数字“0”就不会被系统自动消除；如果某列均要输入这样的数，可先选择该列，按 Ctrl+1 组合键，打开“单元格格式”对话框，选择“数字”标签卡中的“文本”并确定，以后就不需要输入“'”了。 （2）如果要将其他软件中的报表以 0 开头的编号或身份证号复制到 Excel 中，应先将目标区单元格设置为文本，然后再执行“复制→粘贴”操作，并在“粘贴选项”中选择“匹配目标格式”	14
	将数值型数据转换为文本	选择位于同一列中的包含数值型数据的单元格，选择“数据→数据工具组中的分列”命令，在打开的“文本分列向导”对话框中两次单击【下一步】按钮，在第三步“列数据格式”中选择“文本”项，最后单击【确定】按钮	14-1
	将文本型数字转换为数值	选中工作表中的一个空白单元格（或数字为 1 的单元格），按 Ctrl+C 组合键，再选择所有需要转换格式的单元格并右击，选择“选择性粘贴”命令，在对话框中选择“运算”项下的“加”（或“乘”）单选按钮，最后单击【确定】按钮	14-2
	填充工作表背景	选择“背景”命令（不同软件版本操作方法见附录中的操作说明 5），再选择背景图案要使用的图形文件。所选图形将填充到整个工作表中，建议对包含数据的单元格再填充纯色背景来加以区分。 注意：背景图案不能打印，并且不会保留在保存为网页的单个工作表或项目中。除非将整个工作簿发布为网页，背景才能保留	15
	行高与列宽的设置	方法 1 自动设置：选择需要设置的列或行，移动鼠标指针到列的右边界（或行的下边界）处，当出现两边有箭头的十字时双击，这样系统就会自动调整列宽和行高，以保证该列中数据长度最长的单元格也能完整显示数据（但在合并单元格且手动换行后，行高不能自动设置）。 方法 2 任意设置：选择需要设置的列或行，右击，选择“列宽”或“行高”命令，可精确设置；也可左右拖动列标键，或上下拖动行标键进行调节	16
工作表与工作簿	复制或移动工作表	单击需要移动或复制的工作表标签，然后拖到新的位置后松开鼠标即可完成移动。若要复制工作表，则在移动时按住 Ctrl 键。不仅可以在当前工作簿里移动和复制工作表，而且可以把表移动或复制到其他工作簿里（但必须已打开目标工作簿）。若目标工作簿窗口可见，可直接拖动；若目标工作簿窗口不可见，则右击待移动或复制表名，在快捷菜单中选择复制或移动到新工作簿的名称	17

续表

分类	名　称	技　巧	序号
工作表与工作簿	插入、删除与重命名工作表	（1）插入工作表：按 Shift+F11 或 Alt+Shift+F1 组合键均可以插入一张新工作表；也可右击已选择的工作表，在快捷菜单中选择“插入”命令（一次选择 *N* 张表，则插入 *N* 个新表）；如果要在打开工作簿时能打开更多的表，可打开“选项”对话框（不同软件版本操作方法见附录中的操作说明 14），选择“常规”选项卡，在“新工作簿内的工作表数”列表框中设置需要的工作表数。 （2）删除工作表，右击已选择的工作表，在弹出的快捷菜单中选择“删除”命令。 （3）重命名工作表：选择要改名的工作表，双击工作表标签名称，即可直接输入新的名称	18
	在多个工作表间快速切换	按 Ctrl+ PageUp 或 Ctrl+ PageDown 组合键可向右、向左切换工作表	18-1
	在多个工作簿间快速切换	按 Ctrl+Tab 可在打开的工作簿间切换	18-2
	快速选择多张工作表	若选择一组相邻的工作表，可先选第一个表，按住 Shift 键，再单击最后一个表的标签；若选不相邻的工作表，要按住 Ctrl 键，依次单击要选择的每个表的标签；若要选定工作簿中全部的工作表，可从表标签快捷菜单中选择“选定全部工作表”命令。若要在一个有很多个工作表的工作簿中快速地选择某一个工作表，可将鼠标指针移到工作簿左下角的工作表滚动轴，然后右击，在弹出的快捷菜单中选择你想要的工作表即可	18-3
	缩放显示	方法 1：在视图工具栏上的“显示比例”下拉列表中，可以根据需要选择放大的倍数，最大可以放大到 400%。也可以直接在“显示比例”框中输入所需的显示比例。而且该缩放操作并不影响打印效果。 方法 2：按住 Ctrl 键，滚动鼠标滚轮，工作区中的表格也会以 15%的比例放大或缩小。 方法 3：对于 2010 版，在状态栏右区有显示比例调节按钮	18-4
	保护工作表中的部分单元格	第一步，先全选工作表，按 Ctrl+1 组合键，打开“单元格格式”对话框，单击“保护”选项卡，取消选中“锁定”复选项，单击【确定】按钮（即取消对所有单元格保护）。 第二步，选择需要保护的单元格，再在“单元格格式”对话框“保护”选项卡中，选中“锁定”复选项，单击【确定】按钮。 第三步，打开“保护工作表”对话框（不同软件版本操作方法见附录中的操作说明 1），在“允许此工作表的所有用户进行”列表中，选择需要用户更改的元素，输入密码(或不输入)，单击【确定】按钮	19
公式	不用公式快速查看计算结果	选择要计算结果的所有单元格，在工作表下方的状态栏右击，打开快速计算工具，可选择均值、计数、计数值、求和等运算操作命令，在状态栏就会显示相应的计算结果	20
	输入日期与日期-序列号转换	（1）输入日期：输入当年日期时可不用输入年份（3-4，即 3 月 4 日）；按 Ctrl+;组合键可以得到当前日期，按 Ctrl+Shift+;组合键可以得到当前时间，若输入文字如“当前时间为:”再按下上述组合键，则会在单元格中显示所输入的文字及时间。但以上日期不能更新，如果要获得动态日期和时间，可分别输入“=today()”“=now()”，按 F9 键可刷新显示日期和时间。 （2）对应序列：日期与数字之间有对应的关系，默认情况下，1900 年 1 月 1 日的序列号是 1，即出生越早的序列号越小。 （3）转换显示：按 Ctrl+Shift+`组合键可以获得该日期所对应的序列号，按 Ctrl+Shift+3 组合键可以返回日期显示（2010 及以上版本也可在“开始”工具栏中选取）	21
	怎样快速找到你要的函数	按 Shift+F3 组合键，在弹出的对话框的“搜索函数”项下面直接输入所要的函数功能，如直接输入“排序”两个字。然后单击【转到】按钮，在“选择函数”对话框中会列出好几条用于排序的函数。单击某个函数，在对话框最下面就会显示该函数的具体功能，如果觉得还不够详细，还可以单击“有关该函数的帮助”链接来查看更详细的描述	22

续表

分类	名　　称	技　　巧	序号
公式	获取输入函数参数的帮助	（1）如果对于函数参数不熟悉，当在编辑栏中输入函数名(如“=IF”)后按 Ctrl+A 组合键，系统就会自动弹出该函数的参数输入选择框，可以直接单击来选择各个参数。 （2）输入函数名称后，当光标定位在括号内，则屏幕也会显示提示条，单击该函数名时，可打开有关该函数的帮助。对已输入的函数也可通过单击参数查看。如果没有该提示条，必须打开“选项”对话框（不同软件版本操作方法见附录中的操作说明 14），选中“函数工具提示”复选框。 （3）在输入公式中，按 F3 键可选择已定义的名称，加快输入公式的速度	22-1
	怎样查看公式的运算过程	查看公式的分步运算过程有助于帮助理解具有嵌套函数的公式。 单击公式所在单元格，打开“公式求值”对话框（不同软件版本操作方法见附录中的操作说明 6）。依次单击【求值】按钮，可查看全过程	22-2
	在公式与值两者之间快速切换	按 Ctrl+`组合键（数字 1 键左边的键）可在显示公式和显示值之间快速切换（2010 及以上版本也可反复单击“公式→公式审核组中的公式显示”按钮）	23
	怎样将单元格区域从公式转换成数值	若要将某个单元格区域中的公式转换成数值，可使用“选择性粘贴”中的“数值”选项来转换数据	23-1
	怎样不显示公式错误信息	当分母为零或由于精确查找的信息不存在等缘故，会出现报错信息。例如计算 Q3/Q$6，若 Q$6 值为 0，则会报错。用以下方法可以避免显示。 方法 1 用公式：=IF(Q$6=0,"", Q3/Q$6)或者=IF(ISERROR(Q3/Q$6),"",Q3/Q$6)。 方法 2 用条件格式：按 F5 键，在“定位”对话框中单击【定位条件】按钮，在其中选择“公式/错误”，单击【确定】按钮，即找出了所有错误单元格；然后打开 条件格式”对话框（不同软件版本操作方法见附录中的操作说明 13），在条件 1 中选择“公式”，并输入=ISERROR(B2)（参数中的 B2 应为当前名称框中的显示），然后设置字体颜色与底纹相同，单击两次【确定】按钮	24
	R1C1 与 A1 的地址转换	地址分为 R1C1 样式和 A1 样式，系统默认是 A1 样式，若要改变为 R1C1 样式，打开“选项”对话框（不同软件版本操作方法见附录中的操作说明 14），对于 2003 版，在“常规”选项卡中选中 R1C1 样式。对于 2010 版，在“公式”选项卡中选中 R1C1 样式。 A1 样式中的 IV1 与 R1C1 样式中的 R1C256 引用的单元格相同，这可在名称框中输入得到验证	25
	怎样创建超过 7 级的条件判断	2003 版在一个单元格输入函数最多可嵌套七层，而 2010 版可以嵌套 64 层。在 2003 版中超过七级的条件判断，可以用接力的方式。例如，根据职务或职称区别出九类，可以借用同一行中某空单元格作为中转，继续完成，也可用“&”字符连接	26
	引用的类别及快速切换引用	（1）引用分类：引用分为相对引用（如 A1）、混合引用（如$A1、A$1）及绝对引用（如$A$1）。 （2）选用区别： A1——向下或向右填充时行号或列号均会变化。 $A1——向下填充时行号相对变化，但列号不变。 A$1——向下填充时行号不变，但列号相对变化。 $A$1——向下或向右填充时行号或列号均不会变化。 （3）快速切换：在输入的公式中，选择其中的引用（如 A1），连续按 F4 键，就可以在以上 4 种引用之间循环切换	27
	快速求矩形区域行列和	首先选择整个数据矩阵（多选择一空白列和空白行），然后按 Alt+=组合键（或工具栏中的 Σ 按钮）即可。 注意：用这种方法来求和时，必须保证所有的单元格都是直接输入的数据，不能是通过函数公式计算得到的数据；否则，在该单元格前的所有单元格数据都不会参与求和	28

续表

分类	名　称	技　巧	序号
公式	应用三维公式对多表求和	第一种情形：所有源工作表具有相同布局，那么可以在三维公式中使用工作表名称。例如，J2=SUM(课 0:课 10!B2)，即对工作表名为课 0 与课 10 之间所有的工作表的 B2 求和。如果要向合并计算中添加其他工作表，只要将工作表插入到公式所引用的区域（即课 0:课 10!之间）即可。 第二种情形：对于不满足相同布局条件，如单元格 A2 中的公式=SUM(销售!B4,人力资源!F5,营销!B9)，表明计算位于 3 个不同表中的不同位置上的数值之和	28-1
	快速合并多列中的内容	欲将 A、B、C 列内容合并后放入 D 列，可在 D1 中输入=A1&B1&C1，按 Enter 键，后再向下填充；若仅要保留合并值，可在上一步之后，然后右击，选择“复制”命令，再次右击，选择“选择性粘贴”命令，在打开的对话框中选择“数值”，单击【确定】按钮即可	28-2
	如何快速在空白单元格填入与上方一致的内容	在取消合并单元格或数据透视时均会产生许多空格，如果要填充与上方一致的内容，可先选择该表，按 F5 键，在“定位”对话框中单击“定位条件”按钮，选择“空值”，并确定，然后在编辑栏中输入公式=名称框中显示的单元格地址的上一个地址，再同时按 Ctrl+Enter 组合键	28-3
	用公式实现序号的自动显示	设自 A2 向下编号，要求根据数据表 B 列（有空行不编号），可在 A2 中输入公式 A2=IF(B2=0,"",COUNTA($B$2:B2))或 A2=IF(B2=0,"",ROW()-1)，并向下填充。 如果需要添加的序号为“20120001”的类型(即前四位为指定 2012，后四位为 1～9999)，则先选择该列，按 Ctrl+1 组合键，在“数字”选项卡“分类”中选择“自定义”，在“类型”中输入“20120000”，然后将上述公式修改为 A2=IF(B2=0,"","2012"& TEXT(COUNTA($B$2:B2),"0000"))	28-4
	怎样使复制粘贴的信息能随数据源自动更新	方法 1：选择数据源中待复制的单元格，选择“复制”命令后，到目标区单击右键，选择“选择性粘贴”命令，在对话框中单击【粘贴链接】按钮，以后目标区的内容将与引用数据源的单元格同步变化。 方法 2：先在目标单元格中输入“=”，再单击数据源单元格，确定后即可，这两种方法均称为引用。前者适合对区域引用，后者适合对单元格引用。 引用与复制粘贴的区别：前者能随数据源自动更新，而后者不能	29
绘图与图表	在 Excel 单元格中绘制斜线表头	利用 Excel“边框”选项卡的斜线按钮，可以在单元格中画出一条斜线。如果要在单元格中画多条斜线，可选择“插入→插图组中的形状”命令，选择其中的【直线】按钮，即可画出需要的多条斜线。只要画法正确，斜线可随单元格自动伸长或缩短。当然，斜线单元格的数据输入要麻烦一些，通常的做法是让数据在单元格内手动换行（按 Alt+Enter 组合键），再添加空格即可将数据放到合适位置。 由于 Word 提供有绘制表头的命令，所以也可以在 Word 中根据需要绘制好表头，然后单击该表头，选择“复制”操作（Ctrl+C），转到 Excel 工作表中目标处	30
	图表编辑的方法	快速修改图表元素的格式：双击图表元素，将调出此图表元素的格式对话框。根据选择的图表元素不同，此对话框会有所不同。 要准确选择图表中的元素，可在选择该图表后，利用上、下方向键来选择不同的元素组，利用左、右方向键在相同组的元素中选择	31
	重新设置图表类型	右击已创建好的图表，在弹出的菜单中选择“图表类型”选项，再在弹出的对话框中选择一种希望的图表类型，当然也可以选择自己设置定义的类型，然后单击【设置为默认图表】按钮完成即可	31-1
	怎样使柱形图变苗条	右击已创建好的图表中的任一系列，在弹出的快捷菜单中选择“数据系列格式”命令，在“数据系列格式”对话框中单击【选项】按钮，在“分类间距”中输入间距数值（最大值为 500），或单击【增大】按钮，最后单击【确定】按钮	31-2

续表

分类	名　　称	技　　巧	序号
绘图与图表	怎样为图表添加文字说明	先选中该图表，对于 2003 版，在“编辑栏”直接输入需要添加的文字说明，完成后按下 Enter 键即可。此时在图表中会自动生成一个文本框来显示刚才输入的文字，可以通过拖动操作来改变其在图表中的位置，也可以编辑文本框中的文字（如字号、字体、颜色等）；若要使建立的文本与某单元格链接，选中图表后，在“编辑栏”应输入“=”，然后单击包含要链接文本的单元格，按 Enter 键即可。 对于 2010 版，选择“图表工具→布局组中和图表标题”命令。 对于 2016 版，单击图表右上角的【+】按钮，打开“图表元素”列表框，在其中选择“图表标题”命令	31-3
	快速创建默认图表	选取用来制作图表的数据区域，然后按 Alt+F1 组合键或 F11 即可快速创建图表，它是一个二维柱形图。且后者为分离式的图表，或要将其嵌入到数据表中，可对该图表右击，在弹出的快捷菜单中执行“位置”（2016 版为“移动图表”）命令，在对话框选择“作为其中的对象插入”，再在下拉选择列表框中选择要插入到的数据工作表名称	31-4
数据排序分类透视	如何实现对三个以上关键字段排序	2003 版本排序关键字个数限制为 3 个（2010 及以上版本有 64 个），对于 2003 版要实现对 3 个以上关键字段排序方法是：排序前可以全选数据表或数据表中某单元格（切忌不能只选择某几列，或某区域特别是有隐藏列时尤其要注意），在菜单栏选择“数据→排序”命令，依次在“主要关键字”“次要关键字”“第三关键字”中选择优先级最低的几个排序关键字，然后执行排序操作。然后依次选择优先级较高的几个关键字，进行第二次排序。这样直到最高优先级的关键字排序完成为止	32
	如何实现嵌套汇总	进行分类汇总的条件是数据表第一行的每一列都有标志，并且同一列中的数据类型一致，在区域中没有空行或空列。 （1）对区域进行排序，首先对外部分类汇总列进行排序，再对嵌套分类汇总的内部列进行排序（即由外及里），如此重复。 （2）插入外部分类汇总。在菜单栏选择“数据→分类汇总”命令，在“分类字段”框中单击外部分类汇总的列。 在“汇总方式”框中，单击所需的用于计算分类汇总的汇总函数 （求和、计数和平均值等）。 在“选定汇总项”框中，选中包含了要进行分类汇总的数值的每一列的复选框。如果想在每个分类汇总后有一个自动分页符，请选中“每组数据分页”复选框。 如果希望分类汇总结果出现在分类汇总的行的上方，而不是在行的下方，请取消选择“汇总结果显示在数据下方”复选框。 （3）插入嵌套分类汇总。再次选择“分类汇总”命令。在“分类字段”框中，单击嵌套分类汇总的列。 选择汇总函数和其他选项。清除“替换当前分类汇总”复选框。 对多个嵌套的分类汇总，重复进行上一步，应从最外层的分类汇总开始进行	33
	如何取消分类汇总	第一步，在含有分类汇总的列表中，展开所有明细显示。 第二步，单击任一列标志，在菜单栏选择“数据→分类汇总”命令。 第三步，在“分类汇总”对话框中，单击【全部删除】按钮。 删除分类汇总时，将自动删除分级显示以及随分类汇总一起插入列表中的所有分页符	33-1

续表

分类	名　称	技　巧	序号
数据排序分类透视	如何创建数据透视表	数据透视表是交互式报表，可快速合并和比较大量数据。可旋转其行和列以看到源数据的不同汇总，而且可显示感兴趣区域的明细数据。 要创建数据透视表，单击数据源工作表任一单元格，对于2003版，在菜单栏选择“数据→透视表和数据透视图”命令；对于2010及以上版本，选择“插入→表格组中的数据透视表”命令，可选择放置数据透视表的位置，若直接单击对话框中的【完成】按钮，则Excel会自动新插入一表，可将字段从列表窗口拖到行、列、页（2010及以上版本称“页”为“筛选”）处，将关注的焦点作为数据项，即自动汇总并计算报表。 根据数据透视表可以创建数据透视图（对透视表单击鼠标右键，选择“数据透视图”命令）	34
	如何创建数据透视图	方法1：由数据透视表创建数据透视图。对于2003版，可右击透视表，选择“数据透视图”命令；对于2010及以上版本，单击数据透视表，选择“数据透视表工具→分析→工具组中的数据透视图”命令。 方法2：同时创建数据透视图表。对于2003版，单击菜单栏上的“数据→数据透视表和数据透视图”命令，在弹出的“数据透视表和数据透视图向导—3步骤之1”对话框中选择“所需创建的报表类型”为“数据透视图（及数据表）”；对于2010及以上版本，选择“插入→表格组中的数据透视图”命令	34-1
清除与删除	彻底清除单元格内容	清除分为清除全部、清除内容、清除格式、清除批注等。若选定单元格按Delete键，这时仅删除了单元格内容，它的格式和批注还保留。要彻底清除单元格，可选定想要清除的单元格或单元格范围，在菜单栏选择“编辑→清除→全部”命令即可，当然也可以选择删除“格式”“内容”或“批注”中的任一个	35
	完全删除单元格	选择需要删除的单元格，按Ctrl+-（减号）组合键，在弹出的对话框中选择单元格移动的方式，周围的单元格将移过来填充删除后留下的空间	35-1
	快速删除空行	先在表中第一行插入新的一行(全空)，然后全选工作表，在菜单栏选择“数据→筛选→自动筛选”命令（2010版中按Ctrl+Shift+L组合键），在每一列的顶部，从下拉列表中选择“空白”。在所有数据都被选中的情况下，单击鼠标右键，选择“删除”命令，所有的空行将被删去。 注意：插入一个空行是为了避免删除第一行数据	35-2
输入与编辑	快速向大范围填充公式	如果要将B1中的公式向下填充至B2000，可在名称框中输入B1:B2000，按Enter键后，再按Ctrl+D组合键即完成向下填充。 也可以双击B1单元格右下角的填充柄快速填充(但此法要求其左列数据无空格或其他列已有公式填充至2000行)	36
		如果要将B1:B2000的内容向右填充到R1:R2000，可在名称框中输入B1:R2000，按Enter键后，再按Ctrl+R组合键，即完成向右填充	36-1
	手动智能填充	用鼠标拖动单元格右下角的填充句柄可向左、向右或向上、向下填充，停止拖动时，可打开该区域右下角的“自动填充选项”开关，针对不同类型的数据源其选项不同： （1）若单元格为公式，可选择复制单元格、仅填充格式、不带格式填充等。 （2）若单元格为数值，增加以序列方式填充项。 （3）若单元格为日期，再增加以天数填充、以工作日填充、以月填充、以年填充等项	37
	向工作组填充	如果已插入了多张空白表，可用填充至同组工作表的方法完成对所有工作表的填充。方法是在已完成的工作表中选择需要复制的区域，再选择待填充的工作表（此时工作簿名称栏上会出现“工作组”字样），打开“填充成组工作表”对话框（不同软件版本操作方法见附录中的操作说明12），选择“全部”即可。如果要取消“成组工作表”模式，只要单击任一未激活的工作表名（如果所有工作表均在工作组内，则单击其中的任一工作表名）即可	38

续表

分类	名　称	技　巧	序号
输入与编辑	对多个工作表同时编辑	按住 Shift 键或 Ctrl 键并配以鼠标操作，在工作簿底部选择多个彼此相邻或不相邻的工作表标签（此时工作簿名称栏上会出现“工作组”字样），可实行多方面的批量处理。一般情况下，进行的操作主要有以下几种： （1）页面设置。 （2）输入相同的数据。 （3）快速操作，如设置字号、字体、颜色，进行单元格的合并撤销等。 （4）输入公式，快速输入相同的公式，进行公式计算。 如果要取消“成组工作表”模式，只要在任一工作表名称上单击鼠标右键，在快捷菜单中选择“取消成组工作表”选项即可	38-1
	填充花边	要制作“*”或任意字符组成的条纹，可以选择要填充的区域，按 Ctrl+1 组合键，在“对齐”选项卡中的“水平对齐”下拉列表中选择“填充”并单击【确定】按钮。然后输入或插入所要的字符，并按 Ctrl+Enter 组合键	39
	对一批单元格快速输入相同信息或公式	选择需要输入数据的区域（如果不连续，则按住 Ctrl 键分别选择，或利用 F5 键进行条件定位），在编辑栏中输入数据后，如果输入的是公式，则公式应与当前名称框的地址对应），然后同时按 Ctrl+Enter 组合键	40
	怎样添加自定义序列	打开“自定义序列”对话框（不同软件版本操作方法见附录中的操作说明 16），在“自定义序列”列表框中选择“新序列”项，再在“输入序列”列表框中按顺序依次输入新序列。每输入完一项后，按 Enter 键转到下一行再输入第二项。最后单击【添加】按钮即可。如果序列内容较多，可以先将序列输入某列，然后切换到【导入】按钮左框，选择已建立的序列区域，单击【导入】按钮并确定	41
	编辑单元格中的内容	方法 1：双击要键入数据的单元格，直接输入数据或对其中内容进行修改，完成后若要确认所做的改动，按 Enter 键即可；若取消所做的改动，按 Esc 键。 方法 2：单击单元格后在编辑栏编辑单元格中的数据。 方法 3：对某单元格按 F2 键，也可以进入编辑	42
	为单元格设置、编辑、删除批注	对需要添加批注的单元格，按 Shift+F2 组合键，打开批注输入框，可以输入或编辑要添加的批注。输入完成后，鼠标单击任意位置，批注文本框就会自动隐藏起来。这时在该单元格的右上角部位会多出一个红色的小三角形符号，当鼠标移动至该单元格上时，会自动弹出刚才添加的批注内容。同时还可以用鼠标右击该单元格，在快捷菜单中通过“编辑批注”和“清除批注”命令来进行其他的修改操作。若要清除所有批注，可先按 Ctrl+Shift+O 组合键（或按 F5 键定位）选取所有含批注的单元格	43
	在连续单元格输入等比数据序列	先在第一个单元格中输入该序列的起始值，然后选择要填充的所有单元格。再在菜单栏选择“编辑→填充→序列”命令，在弹出的“序列”对话框中，选择“类型”为【等比序列】单选按钮，在“步长”文本框中输入等比序列的比值。最后还要在“终止值”文本框中输入一个数字。不一定要是该序列的最后一个值，只要比最后一个数大的数字均可，单击【确定】按钮即可。 对于 2010 及以上版本，还可以在连续 2 个单元格中输入等比序列的前两个数，然后选择这两个单元格右下角的填充柄，按住鼠标右键拖动至目标结束区域，在弹出的快捷菜单中选择“等比序列”即可	44
	在连续单元格输入等差数据序列	在连续 2 个单元格中输入等差序列的前两个数，然后选择这两个单元格右下角的填充柄，按住鼠标左键拖动至目标结束区域即可	44-1
	在连续单元格输入系统中的有序文本	需要输入一些有规律的序列文本（系统中自带），如数字（1，2，…）、日期（1 日，2 日，…）等，可以先在需要输入序列文本的第 1、第 2 两个单元格中输入该文本的前两个元素（如甲、乙）。同时选中上述两个单元格，然后移动鼠标指针至该单元格右下角的填充柄处，当指针变为黑色十字形时，按住鼠标左键，根据需要按行或者列方向拖动鼠标，释放鼠标后，可选择右下角的智能填充选项，或填充时间或日期、序列。 则该序列的后续元素（如丙、丁、戊……）依序自动填入相应的单元格中	44-2

续表

分类	名　　称	技　　巧	序号
输入与编辑	在连续单元格输入自定义的有序文本	对于经常要输入的数据，如单位职工名单，可以将职工姓名连续输入在单元格区域中，并选中它们，打开“自定义序列”对话框（不同软件版本操作方法见附录中的操作说明16），先后按【导入】【确定】按钮即可（注意该区域不可删除）。以后在任一单元格中输入某一职工姓名（不一定非得是第一位职工的姓名），用“填充柄”即可将该职工后面的职工姓名快速填入后续的单元格中	44-3
数据验证（或数据有效性）	设置下拉列表以便快速选择输入	方法1：对于比较简单的序列，可以选择待输入数据的单元格区域，打开“数据有效性”对话框（不同软件版本操作方法见附录中的操作说明11），选择“设置”选项卡，在“允许”下拉列表中选择“序列”项。在“来源”项中输入供用户选择的序列。不同的选项用“,”（注意是英文输入状态下）分开，然后单击【确定】按钮。 方法2：对于较多的序列，可先将序列连续输入在列表中，在“数据有效性”对话框“来源”项中选择序列所在的区域（但该区域不能删除，可以隐藏）。 方法3：若序列所在的区域不在当前表中，必须先对序列区域定义名称（如xm），在“数据有效性”对话框“来源”项中输入“=xm”。 以后在设置过的区域中的任何单元格均可在下拉列表中选择输入	45
	信息输入时自动提示，以减少错误	选择需要给予输入提示信息的所有单元格，打开“数据有效性”对话框（不同软件版本操作方法见附录中的操作说明11），选择“输入信息”选项卡，接着在“标题”和“输入信息”文本框中输入提示信息的标题和内容即可	45-1
	防止重复或检测重复数据	（1）防止重复：选择待输入数据区域（例如A列），打开“数据有效性”对话框（不同软件版本操作方法见附录中的操作说明11），选择“设置”选项卡，在“允许”中选择“自定义”，在公式中输入=COUNTIF(A:A,A1)=1（注意：参数2必须与当前名称框中显示的一致），单击【确定】按钮即可。以后当数据重复输入时，计算机将自动弹出“输入值非法”的提示。 （2）检测重复：对已输入的信息进行检测应分两步进行。 先定义数据有效性，同上一步操作，再选择“圈释无效数据”命令（不同软件版本操作方法见附录中的操作说明21）。若要清除该标识，可选择“清除无效数据标识圈”命令	46
	怎样保证输入的身份证位数正确	输入身份证号之前应先将待输入数据区域(如I2:I40)设为文本格式。然后在“数据有效性”对话框中（不同软件版本操作方法见附录中的操作说明11），选择“设置”选项卡，在“允许”中选择“自定义”，在公式中输入=LEN(I2)=18（注意：参数必须与当前名称框中显示的一致），再选择“出错警告”选项卡，输入“请检查数据位数”，单击【确定】按钮即可。以后当数据输入位数不正确时，将自动弹出提示。 如果要同时保证数据不重复及数据位数的正确，则将上述公式改为=AND(COUNTIF(I2:I40,I2)=1,LEN(I2)=18)	47
条件格式	隔行显示不同底纹	选定要设置的区域，打开“条件格式”对话框中（不同软件版本操作方法见附录中的操作说明13），在条件1中，选择“公式”，在公式区输入=MOD(ROW(),2)=0（行号为2的倍数时显示）、=MOD(ROW(),3)=0（行号为3的倍数时显示）……以此类推，若要求当行首输入了信息才显示底纹，则输入AND(MOD(ROW (),2)=0,$B3<>"")（B3与当前名称框显示应一致），然后再单击【格式】按钮，在弹出的对话框中选择“图案”选项卡，在调色板中选择喜欢的背景色，最后单击【确定】按钮完成	48
显示与隐藏	自动筛选	自动筛选一次最多对某列设置两个条件。可以筛选包含特定文本的行（如始于、并非始于、止于、并非结束于、包含、不包含），可以筛选出符合数字条件的行（如等于、不等于、大于、大于或等于、小于、小于或等于）；可以填入两个条件并把它们按照“与”“或”的关系组合起来进行筛选。 2010及以上版本中增加了一个搜索框，并且支持模糊搜索。鼠标右击任意数字、日期或有颜色单元格，在快捷菜单中选择按所选单元格的值、颜色、字体颜色、单元格的图标筛选等	49

续表

分类	名　称	技　巧	序号
显示与隐藏	高级筛选	（1）建立条件区。条件区与列表区域之间至少有一空行或空列相隔。条件区域的第一行为列标志，可与列表区域的表头字段一致，从第二行开始向下若干行填入条件要求，同时满足的条件输入在同一行，不同时满足的条件另输入一行。 （2）进行高级筛选。单击列表区域中的任一单元格，在菜单栏选择“数据→筛选→高级筛选”命令，在“高级筛选”对话框中列表区域将自动确定。在条件区域，选取包括条件标志的区域范围，选择“不重复的记录”，单击【确定】按钮后，筛选结果显示在原有区域。 （3）如果要将筛选结果显示在其他指定的表格，应从指定的工作表入手，选择“高级筛选”命令，执行（2）操作后，在“高级筛选”对话框中选择“将筛选结果复制到其他位置”，在“复制到”文本框中单击将要显示的区域起始单元格，单击【确定】按钮即可	49-1
	取消筛选	取消对某一列的筛选：单击该列首单元格右端的下拉箭头，再单击【全部】按钮；取消对所有列的筛选：在菜单栏选择“数据→筛选→全部显示”命令。 退出筛选模式：选择“数据→筛选→自动筛选”命令（2010 版中按 Ctrl+Shift+L 组合键）	49-2
	不显示“0”	（1）不显示工作表中所有“0”：打开“选项”对话框（不同软件版本的操作见附录中的操作说明 14），取消选中“零值项”。 （2）不显示部分单元格中的“0”：利用数字格式。先选择要隐藏的单元格，按 Ctrl+1 组合键，在“单元格格式”对话框中选择“数字”选项卡，再在“分类”列表框中选择“自定义”项，在右边的“类型”输入框中输入“0；0;；@”(全部符号都在英文输入状态输入，双引号不要输入)。最后单击【确定】按钮	50
	不显示数值	方法一：与不显示部分单元格中的“0”相似，只是在“类型”输入框中输入“;;;”（3 个分号），单击【确定】按钮即可，该数据在单元格被隐藏，但在编辑栏中可见。按 Ctrl+Shift+`组合键，则按正常显示。 方法二：设置单元格文字颜色与单元格填充底色相同	51
	隐藏或显示工作表网格线	在 2010 版中，“视图”菜单中自带有显示或隐藏工作表网格线的切换按钮；在 2003 版中，可选择“工具→自定义”命令，单击“命令”选项卡，在“类别”列表框中选择“窗体”项，再在“命令”列表框中找到“切换网格”，将它拖放到工具栏上适当位置即可	52
	不显示行号、列标、滚动条	对于 2003 版，选择“工具→选项”命令，在“视图”选项卡中设置；对于 2010 及以上版本，选择“文件→选项→高级”命令，在“此工作表的显示选项”下面设置	53
	快速隐藏行、列	（1）隐藏单行或单列：在某单元格按 Ctrl+9 或 Ctrl+0 组合键，将分别隐藏当前单元格所在行或列。 （2）隐藏多行或多列，可以按住 Ctrl 键，分别选择需要隐藏的行列所在任意单元格，然后再按 Ctrl+9 或 Ctrl+0 组合键	54
	快速恢复隐藏列或隐藏行	（1）恢复部分隐藏的行或列：将鼠标指针放置在被隐藏行或列的分割线上，轻轻地向下或向右移动鼠标指针，直到鼠标指针从两边有箭头的单线变为两边有箭头的双线时双击即可打开隐藏行或列。 （2）恢复全部隐藏的行或列：先全选工作表，分别双击任一行号线或任一列标线，则取消隐藏行或隐藏列（但原设置的行高和列宽不再保留，变为自动行高和列宽）	54-1

续表

分类	名　　称	技　　巧	序号
选择	快速选定区域	方法一：选定矩形区域的一个角的单元格，再按 Shift 键，单击该区域对角单元格。按住 Ctrl 键还可再用以上方法任意选定多个不相邻的区域。 方法二：对于连续区域，可在“名称”框中输入该操作区域的起始单元格地址，然后输入该操作区域的最后一个单元格地址，中间用冒号“:”分开，按 Enter 键即可。 方法三：对于多个不连续区域，按 F5 键，在打开的定位对话框中的“引用位置”，用上述方法输入某个区域，多个区间用“,”分隔，再单击【确定】按钮即可。 方法四：如果要同时选择多表的相同区域，可利用 Ctrl 或 Shift 键选择部分或连续的工作表，再按上述方法选区域，如果要退出工作组，可单击未选表（如果所有表均在工作组内，则单击任意表）	55
	选择已设置超链接的单元格或对象	方法一：选择与该单元格相邻的单元格，按箭头方向键进入，再按住 Shift 键和向下的光标键，逐步扩大选区至全部。 方法二：按 F5 键，在打开的“定位”对话框中的“引用位置”输入相应的地址，单击【确定】按钮。 方法三：在名称框中输入地址，然后按 Enter 键。 方法四：如果要选择带有超链接的对象，则可按住 Ctrl 键后再选择该对象，或右键双击该对象	56
	按条件定位选择单元格	按 F5 键，在打开的“定位”对话框中单击【定位条件】按钮，在该对话框中选择需要选中的单元格类型（批注、常量、公式、空值、当前区域、对象、可见单元格、条件格式、数据有效性等），单击【确定】按钮后符合条件的所有单元格将被选中	56-1
	快速选取或取消选择工作表中的对象	（1）选择部分对象：选择了工作表中的某个对象后，按住 Ctrl 键可分别选择其他对象。 （2）选择全部对象：按 F5 键，在“定位”对话框中单击【定位条件】按钮，选择“对象”单击【确定】按钮，即可选择全部对象。也可选中其中一个对象后按快捷键选取（2003 版按 Ctrl+Shift+空格组合键，2010 及以上版本按 Ctrl+A 组合键）。 （3）取消对某个对象的选择，可按住 Ctrl 键并单击要取消的对象；若要取消对所有对象的选择，可按 Esc 键	57
	全选工作表和数据表的区别与技巧	工作表的范围是指 256 列 × 65536 行（2003 版）、16384 列 × 1048567 行（2010 及以上版本），欲全选该工作表的范围，只要单击行号与列号交叉处的空白按钮即可。 数据表的范围是指表中不含空行和空列（包括被隐藏的空行或空列）的最大矩形，欲全选数据表，可将光标定位在表中任意一个列标志，按一次 Ctrl+A 组合键即可；若按两次 Ctrl+A 组合键将选择整个工作表	58
移动或复制	复制可见单元格的数据	分类汇总可以分级显示，如果要将分级统计的结果单独建表，而不再关心明细，选择要复制的区域，按 F5 键，在定位条件中选择“可见单元格”并单击【确定】按钮（另一种方法是选择要复制的区域按 Alt+;组合键），再执行“复制”“粘贴”操作	59
	快速移动或复制单元格	选择待移动的区域，若要移动，按 Ctrl+X 组合键（若要复制，按 Ctrl+C 组合键），选定目标单元格，直接按 Enter 键即可。 另一种更快的方法是：先选定操作对象后移动鼠标指针到单元格边框上，出现四方向箭时，按下鼠标左键并拖动到新位置，释放按键即可，若要复制单元格，则在释放鼠标之前按 Ctrl 键即可	60
	将数据表行列交换	有时候横放的表格，随着项目的增多，希望能转换成纵向报表，可选择该表，选择“复制”命令，再单击目标处首单元格，单击右键，选择“选择性粘贴”命令，在弹出的对话框中选择“转置”复选框，最后再单击【确定】即可	60-1

续表

分类	名　称	技　巧	序号
移动或复制	将复制的单元格安全地插入到现有单元格之间	选择要复制的单元格并执行“复制”操作，在工作表上选择将要放置被复制单元格的区域，然后单击右键，选择“插入”命令或按 Ctrl+Shift+=组合键，在“插入粘贴”对话框中选择“活动单元格右移”或“活动单元格下移”，单击【确定】按钮	60-2
	快速移动或复制行或列	移动某列：如将 W 列移至 A 列前，请先选择 W 列，按 Ctrl+X 组合键（剪切）（说明：该列有合并单元格时不可操作），再选择 A 列，按 Ctrl+V 组合键（粘贴）。 复制某列：如将 W 列复制到 A 列前，请先选择 W 列，按 Ctrl+C 组合键（复制）（说明：该列有合并单元格时仍可操作），再选择 A 列，按 Ctrl+V（粘贴）。 说明：对于 2003 版，以上操作前建议先取消合并单元格	60-3
	将 Word 表格引用为 Excel 工作表的方法	打开要处理的 Word 表格和 Excel 文件，并调整好两窗口的位置，选中 Word 中的表格，按住鼠标左键，将表格拖到 Excel 窗口中，释放鼠标键将表格放在需要的位置即可。也可用“复制→粘贴”的方法	60-4
	快速进行单元格之间的切换	正常输入后按 Enter 键将切换到下一行，如果选定好一行区域，按 Enter 键将切换到右边的单元格。如果选定了多行多列的区域，按 Tab 键，使目标单元格向后移，当前行区域输完后会跳转到下一行的行最左区域；按 Shift+Tab 组合键则向前移。这样就可以在键盘上连续输入一组数据而不需用鼠标，从而提高输入速度	61
	输入信息或公式后，怎样保证当前单元格仍为活动单元格	输入后按 Ctrl+Enter 组合键	61-1
	快速浏览长工作表	按 Ctrl+Home 组合键可以回到 A1 单元格，按 Ctrl+End 键可以跳到工作表含有数据部分的右下角。 在单元格的边框上双击四方向键（或按 Ctrl+方向键）可分别移动到当前列或当前行的上、下、左、右的最边上的非空格处	61-2

附录 3　快捷键（对应英文输入状态）

分类	快捷键	作　用
菜单工具栏（2003 版）	F10 或 Alt	激活菜单栏，按菜单名称中带下划线的字母，即可打开菜单，然后再按所需命令中带下划线的字母
	Ctrl+Tab	激活菜单栏后，可在菜单栏-常用工具栏-格式工具栏中切换
	Ctrl+Shift+Tab	激活菜单栏后，可在菜单栏-格式工具栏-工具栏中切换
	Shift+Tab 或←键	激活菜单栏或工具栏时，可选择上一个工具按钮或菜单
	Tab 或→键	激活菜单栏或工具栏时，可选择下一个工具按钮或菜单
	Shift+F10	激活快捷菜单
	F1	显示“帮助”任务窗格
	Alt+空格键	显示 Excel 窗口的“控制”菜单
对话框	Ctrl+F 或 Shift+F5	打开“查找”对话框
	Ctrl+H	打开“查找和替换”对话框
	Ctrl+Shift+=	打开“插入”对话框，可插入空白单元格或已复制的单元格（非筛选模式下）
	Ctrl+K	打开“插入超链接”对话框，或“编辑超链接”对话框
	Shift+F3	打开“插入函数”对话框
	Ctrl+L	打开“创建列表”对话框
	Ctrl+F12 或 Ctrl+O	打开“打开”对话框，可打开或查找文件
	Ctrl+P 或 Ctrl+Shift+F12	打开“打印”对话框
	Ctrl+1	打开“单元格格式”对话框，2010 及以上版本为“设置单元格格式”对话框
	Ctrl+G 或 F5	打开“定位”对话框
	Ctrl+F3	打开“定义名称”对话框
	Alt+F8	打开“宏”对话框
	F12	打开“另存为”对话框
	F7	打开“拼写检查”对话框
	Alt+'	打开“样式”对话框
	F3	打开“粘贴名称”对话框，选择“粘贴列表”，可以把定义的名称复制到空白区域
	Ctrl+Shift+F3	打开“指定名称”对话框，2010 及以上版本为“从选定区域创建名称”对话框
打印预览显示（2003 版）	箭头键	打印预览放大显示时，在文档中移动，缩小显示时在文档中每次滚动一页
	Ctrl+↑键	打印预览缩小显示时滚动到第一页
	Ctrl+↓键	打印预览缩小显示时滚动到最后一页
	PageDown	打印预览缩小显示时在文档中向后滚动一页
	PageUp	打印预览缩小显示时在文档中向前滚动一页
格式	Ctrl+Shift+_	选定区域删除外边框
	Ctrl+Shift+7	选定区域应用外边框
	Ctrl+Shift+`	应用“常规”数字格式
	Ctrl+Shift+5	应用不带小数位的“百分比”格式
	Ctrl+Shift+6	应用带两个小数位的“科学记数”数字格式
	Ctrl+B 或 Ctrl+2	应用或取消字体加粗格式设置
	Ctrl+5	应用或取消删除线
	Shift+工具栏上的下划线按钮	应用或取消双下划线（2010 及以上版本不需要按 Shift 键，执行“开始→字体组中有双下划线”命令）

续表

分类	快捷键	作　用
格式	Ctrl+U 或 Ctrl+4	应用或取消下划线
	Ctrl+I 或 Ctrl+3	应用或取消字体倾斜格式
	Ctrl+Shift+1	应用货币格式，且负数用负号（-）表示，2003 版还有千位分隔符
	Ctrl+Shift+3	应用年月日“日期”格式
	Ctrl+Shift+2	应用小时和分钟“时间”格式
工作表、图表、宏	Ctrl+F11	插入 Microsoft Excel 4.0 宏工作表
	Alt+Shift+F1 或 Shift+F11	插入新工作表
	F11	创建当前范围内数据的图表
	Alt+F1	创建当前范围中数据的图表
	Alt+Shift+F11	打开 Microsoft 脚本编辑器
	Alt+F11	打开 Visual Basic 编辑器
	Alt+O H R	对当前工作表重命名
	Alt+E M	移动或复制工作表
	Alt+E L	删除当前工作表
	Ctrl+Alt+方向键	旋转工作表（表头在上、下、左、右）
	Ctrl+Shift+PageUp	选择工作簿中的当前和上一个工作表
	Ctrl+Shift+PageDown	选择工作簿中的当前和下一个工作表
	Ctrl+PageUp	移动到工作簿中的上一个工作表
	Ctrl+PageDown	移动到工作簿中的下一个工作表
	方向键	在图表编辑状态下，利用上、下方向键来选择不同的元素组，利用左、右方向键在相同组的元素中选择
工作簿、对话框、窗口	Ctrl+N	创建一个新的工作簿
	Esc	关闭打开的对话框或消息窗口
	Ctrl+F4 或 Ctrl+W	关闭选定的工作簿窗口
	Shift	关闭全部文件。按住 Shift 键，打开“文件”菜单，单击“全部关闭”命令即可
	Ctrl+F5	恢复活动工作簿窗口的大小
	Ctrl+S	使用其当前文件名保存活动文件
	Enter	在对话框中，按该键可执行对话框中默认命令按钮（带有突出轮廓的按钮，通常为【确定】按钮）的操作
	方向键	在对话框中，按方向键可在打开的下拉列表中的各个选项之间移动，或在一组选项的各个选项之间移动
	空格键	在对话框中，选中或清除复选框
	Ctrl+F8	执行“大小”命令（菜单栏中的工作簿图标菜单），或使用方向键调整窗口的大小
	Ctrl+F7	执行“移动”命令（菜单栏中的工作簿图标菜单），或使用方向键移动窗口
	Ctrl+F10	最大化工作簿窗口
	Ctrl+F9	最小化工作簿窗口
公式	Ctrl+Shift+A	当输入函数名称后按此组合键可插入参数名称和括号
	Ctrl+Shift+Enter	公式作为数组形式输入
	Shift+F9	计算活动工作表
	Ctrl+Alt+F9	计算活动工作簿中的所有工作表
	F9	计算所有打开工作簿中的所有工作表
	F3	将定义的名称粘贴到公式中
	F4	将公式中选定的引用范围在绝对、混合、相对中切换

续表

分类	快捷键	作　用
公式	Shift+F3	将函数粘贴到公式中
	Esc	如果不小心更改公式的构成，按此键可退出，避免破坏了公式
	Ctrl+;	输入当前日期
	Ctrl+Shift+;	输入当前时间
	=	在单元格或编辑栏中键入公式
	Alt+=	在单元格或编辑栏中插入“自动求和”公式，相当于工具栏中的自动求和按钮
	Ctrl+`	在工作表中切换显示单元格值和公式
	Ctrl+A	在公式中键入函数名之后，显示“函数参数”对话框
剪切、复制、填充	Ctrl+C	复制选定的单元格区域
	Ctrl+X	剪切选定的单元格区域
	Ctrl+'	将当前单元格上方单元格中的公式复制到当前单元格或编辑栏中
	Ctrl+Shift+'	将当前单元格上方单元格中数值复制到当前单元格或编辑栏中
	Alt+PrScrn	将活动窗口的图像复制到剪贴板中
	PrScrn	将屏幕图像复制到剪贴板中
	Ctrl+D	将选定范围最上边单元格的内容和格式向下填充
	Ctrl+R	将选定范围最左边单元格的内容和格式向右填充
	Ctrl+Enter	用当前输入项填充选定的单元格区域
	Ctrl+V 或 Enter	粘贴选定区域（只有在剪切或复制了对象、文本或单元格内容后，才能使用此快捷键）
筛选、隐藏、查找	Ctrl+Shift+0	取消隐藏选定范围内所有隐藏的列
	Ctrl+Shift+9	取消隐藏选定范围内所有隐藏的行
	Ctrl+7	显示或隐藏“常用”工具栏
	Ctrl+8	显示或隐藏大纲符号（如分类汇总时）
	Ctrl+0	隐藏活动单元格所在的列
	Ctrl+9	隐藏活动单元格所在的行
	Alt+↑键或 Alt+↓键	在筛选模式下，选择包含列标的单元格后按此键，可显示当前列的“自动筛选”列表；在设置有数据有效性的单元格中，可显示“序列”列表
	Ctrl+6	在隐藏对象、显示对象与对象占位符之间切换（在自动筛选时）
	Shift+F4	重复上一次“查找”操作（等同于“查找下一个”）
输入与编辑	Shift+F2	编辑单元格批注
	F2	编辑活动单元格并将插入点放在单元格内容的结尾
	Ctrl+Z	撤销最后一次操作
	Esc	取消单元格或编辑栏中的输入
	Delete	删除插入点右边的字符，或删除选定区域文本
	BackSpace	删除插入点左边的字符，或删除单元格文本
	Ctrl+-	删除选定区域
	Enter	完成单元格输入，并在选定区域中下移；若在数据记录单中，按该键可移动到下一条记录中的第一个字段
	Tab	完成单元格输入并在选定的区域右移
	Shift+Tab	完成单元格输入并在选定的区域左移
	Shift+Enter	完成单元格输入并在选定区域中上移
	Alt+↓键	显示“记忆式键入”列表，方便选择输入
	Alt+Enter	在单元格中换行
	方向键	在输入或编辑时，向上、下、左、右移动一个字符
	F4 或 Ctrl+Y	重复最后一次操作

续表

分类	快捷键	作　用
选择区域及对象	Ctrl+Shift+End	将单元格的选定范围扩展到工作表上所使用的最后一个单元格（右下角）
	Ctrl+Shift+方向键	将单元格的选定范围扩展到与活动单元格同一列或同一行中的最后一个非空白单元格
	Ctrl+Shift+Home	将选定范围扩展到工作表的开始（即 A1）
	Shift+PageUp	将选定区域向上扩展一屏
	Shift+PageDown	将选定区域向下扩展一屏
	Ctrl+[	选定当前区域中公式的直接引用单元格
	Ctrl+Shift+[	选定当前区域中公式直接或间接引用的所有单元格
	Ctrl+Shift+]	选定当前区域中所有带有公式的单元格，这些公式直接或间接引用当前单元格
选择区域及对象	Ctrl+Shift+空格键	选定了一个对象时，按此快捷键则可选择工作表上的所有对象
	Ctrl+Shift+O	选定所有带批注的单元格
	Ctrl+空格键	选择工作表中的整列（未打开中文输入法时）
	Shift+空格键	选择工作表中的整行（未打开中文输入法时）
	Ctrl+Shift+8	选择活动单元格周围的当前区域（相当于按下 Ctrl+A）
	Ctrl+\	选择行中不与该行内活动单元格的值相匹配的单元格
	Ctrl+Shift+\	选中列中不与该列内活动单元格的值相匹配的单元格
	Ctrl+A 或 Ctrl+Shift+空格键	选择整个工作表如果工作表包含数据，则将选择当前区域，再按一次选择整个工作表
	Ctrl+/	选中当前数组，此数组是活动单元格所属的数组
	Shift+Tab	在选定的区域由右往左移动
	Tab	在选定的区域由左向右移动
	Enter	在选定区域中由上往下移动
	Alt+;	只选定当前区域中的可视单元格
	Ctrl+]	只选定直接引用当前单元格的公式所在单元格

附录4 函数应用

函 数	功 能	语 法	应用处
ADDRESS	按照给定的行号和列标，建立文本类型的单元格地址。 说明：地址分为R1C1样式和A1样式，系统默认是A1样式，也可在“选项”对话框中，选中R1 C1样式	ADDRESS(row_num,column_num,abs_num,a1,sheet_text) 参数1为在单元格引用中使用的行号； 参数2为在单元格引用中使用的列标； 参数3指定返回的引用类型（1或省略——绝对引用，2——绝对行号、相对列标，3——相对行号、绝对列标，4——相对引用）； 参数4用以指定A1或R1C1引用样式（如果省略，则返回A1样式的引用；如果为0，则返回R1C1样式）； 参数5为一文本，指定作为外部引用的工作表的名称，如果省略，则不使用任何工作表名	项目2 项目4
AND	所有参数的逻辑值为真时，返回TRUE；只要一个参数的逻辑值为假，即返回FALSE	AND(logical1,logical2,⋯) 可以有需要进行检验的1～30个条件参数，分别为TRUE或FALSE	项目2 项目3 项目4 项目5 项目6
AVERAGE	返回参数的平均值（算术平均值）	AVERAGE(number1,number2,⋯) 参数组为需要计算平均值的1～30个参数	项目5 项目6
CHOOSE	可以基于索引号返回多达29个基于参数1待选数值中的任一数值	CHOOSE(index_num,value1,value2,⋯) 参数1用以指明待选参数序号的参数值。 为1时，则返回 value1；为2时，则返回value2⋯⋯依此类推	项目3 项目5
COLUMN	返回给定引用的列标	COLUMN(reference) 参数为需要得到其列标的单元格或单元格区域。如果省略则为对所在单元格的引用	项目2 项目6
CONCA TENATE	将几个文本字符串合并为一个文本字符串。 可以用&（和号）运算符代替此函数实现文本项的合并	CONCATENATE(text1,text2,⋯) 参数组为1～30个将要合并成单个文本项的文本项	项目3
COUNT	返回包含数字以及包含参数列表中的数字的单元格的个数	COUNT(value1,value2,⋯) 参数组为包含或引用各种类型数据的参数（1～30个），但只有数字类型的数据才被计算	项目2 项目3 项目5 项目6
COUNTA	返回参数列表中非空值的单元格个数	COUNTA(value1,value2,⋯) 参数个数为1～30个	项目3 项目5
COUNTBLA NK	计算指定单元格区域中空白单元格的个数	COUNTBLANK(range) 参数为需要计算其中空白单元格个数的区域	项目6
COUNTIF	计算区域中满足给定条件的单元格的个数	COUNTIF(range,criteria) 参数1为需要计算其中满足条件的单元格数目的单元格区域； 参数2为确定哪些单元格将被计算在内的条件	项目2 项目3 项目5 项目6

续表

函　　数	功　　能	语　　法	应用处
DATE	返回代表特定日期的序列号。如果在输入函数前，单元格格式为“常规”，则结果将设为日期格式。 按下 Ctrl+Shift+~组合键和 Ctrl+Shift +#组合键可以切换	DATE(year,month,day) 参数 1 可以为一到四位数字； 参数 2 代表每年中月份的数字； 参数 3 代表在该月份中第几天的数字	项目 4
DATEDIF	返回某阶段的年数、月数、天数	DATEDIF（起始日期,当前日期,计算方式) 当计算方式为“y”时，返回该阶段的整年数； 当计算方式为“m”时，返回该阶段的整月数； 当计算方式为“d”时，返回该阶段的整天数； 当计算方式为“ym”时，返回该阶段的去除整年后的月数； 当计算方式为“yd”时，返回该阶段的去除整年后的天数； 当计算方式为“md”时，返回该阶段的去除整月后的天数	项目 4
FREQ UENCY	计算在给定的分数范围内测验分数的个数。返回的是一个数组，所以必须以数组公式的形式输入	FREQUENCY(data_array,bins_array) 参数 1 为一数组或对一组数值的引用； 参数 2 为间隔的数组或对间隔的引用，该间隔用于对参数 1 中的数值进行分组	项目 6
IF	执行真假值判断，根据逻辑计算的真假值，返回不同结果	IF(logical_test,value_if_true,value_if_false) 参数 1 为逻辑表达式； 参数 2 为参数 1 成立时返回的值； 参数 3 为参数 1 不成立时返回的值； 例 1：IF(A2=15,"Y","N")如果单元格 A2 中的值等于 15，则返回 Y，否则返回 N。 例 2：IF(AND(A2>A3,A2<A4),"Y","N")如果 A2 中的值大于 A3 中的值并小于 A4 中的值，则返回 Y，否则返回 N。 例 3：IF(OR(A2>A3,A2<A4),"Y","N")如果 A2 中的值大于 A3 中的值，或 A2 中的值小于 A4 中的值，则返回 Y，否则返回 N	项目 1 项目 2 项目 3 项目 4 项目 5 项目 6 项目 7
INDEX	返回表或区域中的值或值的引用	INDEX(array,row_num,column_num) 参数 1 为单元格区域或数组常量； 参数 2 为数组中某行的行序号，函数从该行返回数值； 参数 3 为数组中某列的列序号，函数从该列返回数值	项目 2 项目 4 项目 6
INDIRECT	返回由文本字符串指定的引用。此函数立即对引用进行计算，并显示其内容	INDIRECT(ref_text,a1) 参数 1 为对单元格的引用，此单元格可以包含 A1-样式的引用、R1C1-样式的引用、定义为引用的名称或对文本字符串单元格的引用； 参数 2 为一逻辑值，指明参数 1 引用的类型。如果为 TRUE 或省略，则为 A1 样式的引用；如果为 FALSE 或 0，则为 R1C1 样式的引用。 说明：地址分为 R1C1 样式和 A1 样式，系统默认是 A1 样式，R1C1 样式中的 R1C256=A1 样式中的 IV1	项目 3 项目 4
INT	将数字向下舍入到最接近的整数	INT(number) 参数 Number 为需要进行向下舍入取整的实数	项目 2 项目 7
ISERROR	当检测到的值为任意错误值（#N/A）	ISERROR(value) 参数为需要进行检验的数值	项目 2

续表

函　数	功　能	语　法	应用处
ISERROR	#VALUE!、#REF!、#DIV/0!、#NUM!、#NAME?或#NULL!）时显示 TRUE	ISERROR(value) 参数为需要进行检验的数值	项目 2
LARGE	返回数据集中第 k 个最大值	LARGE(array,k) 参数 1 为需要从中选择第 k 个最大值的数组或数据区域； 参数 2 为返回值在数组或数据单元格区域中的位置（从大到小排）	项目 6
LEFT	基于所指定的字符数返回文本字符串中的第一个或前几个字符	LEFT(text,num_chars) 参数 1 为包含要提取字符的文本字符串； 参数 2 为指定要由 LEFT 所提取的字符数	项目 1 项目 4
LOOKUP	在单行区域或单列区域（向量）中查找数值，然后返回第二个单行区域或单列区域中相同位置的数值	LOOKUP(lookup_value,lookup_vector,result_vector) 参数 1 为函数 LOOKUP 在第一个向量中所要查找的数值； 参数 2 为只包含一行或一列的区域（必须按升序排序）； 参数 3 只包含一行或一列的区域，其大小必须与参数 2 相同	项目 1 项目 5
MATCH	返回在指定方式下与指定数值匹配的数组中元素的相应位置	MATCH(lookup_value,lookup_array,match_type) 参数 1 为需要在参数 2 数据表中查找的数值； 参数 2 为可能包含所要查找的数值的连续单元格区域； 参数 3 为查找方式，为 0 时，查找等于参数 1 的第一个数值；为 1 或省略时，查找小于或等于参数 1 的最大数值（此时参数 2 必须按升序排列）；为-1 时，查找大于或等于参数 1 的最小数值（参数 2 必须按降序排列）	项目 3 项目 4
MAX	返回一组值中的最大值	MAX(number1,number2,…) 参数组为要从中找出最大值的 1 ~ 30 个数字参数	项目 6
MID	返回文本字符串中从指定位置开始的由用户指定数目的字符	MID(TEXT,start_num,num_chars) 参数 1 是包含要提取字符的文本字符串； 参数 2 是文本中要提取的第一个字符的位置； 参数 3 指定希望从文本中返回字符的个数	项目 4
MIN	返回一组值中的最小值	MIN(number1,number2,…) 参数组为要从中找出最小值的 1 ~ 30 个数字参数	项目 3 项目 4 项目 6
MOD	返回两数相除的余数。结果的正负号与除数相同	MOD(number,divisor) 参数 1 为被除数； 参数 2 为除数	项目 2 项目 3 项目 4 项目 6 项目 7
MONTH	返回以序列号表示的日期中的月份	MONTH(serial_number) 参数为一个日期值，其中包含要查找的月份。应使用 DATE 函数来输入日期或者将日期作为其他公式或函数的结果输入	项目 2 项目 3
NOW	返回当前日期和时间所对应的序列号。如果在输入函数前，单元格的格式为	NOW() 默认情况下，1900 年 1 月 1 日的序列号是 1，若当前系统日期 2012-8-14，对应序列号显示为 41135，若显示有小数，则小数部分为时间	项目 2

续表

函　数	功　能	语　法	应用处
NOW	"常规"，则结果将设为日期格式。 按 Ctrl+Shift+`、Ctrl+Shift+3、Ctrl+Shift+2 组合键可以切换	注意：按 Ctrl+Shift+组合键；可输入当前时间，但该时间不能随系统更新	
OFFSET	以指定的引用为参照系，通过给定偏移量得到新的引用。返回的引用可以为一个单元格或单元格区域。并可以指定返回的行数或列数	OFFSET(reference,rows,cols,height,width) 参数 1 作为偏移量参照系的引用区域（区域必须连续）； 参数 2 为相对于偏移量参照系的左上角单元格，上（下）偏移的行数。正数代表在起始引用的下方，负数代表在起始引用的上方； 参数 3 为相对于偏移量参照系的左上角单元格，左（右）偏移的列数。正数代表在起始引用的右边，负数代表在起始引用的左边）； 参数 3 为所要返回的引用区域的行数。必须为正数，若省略则与参数 1 行数相同； 参数 4 为要返回的引用区域的列数。必须为正数，若省略则与参数 1 列数相同	项目 2 项目 3 项目 4
OR	在其参数组中，任何一个参数逻辑值为 TRUE，即返回 TRUE；任何一个参数的逻辑值为 FALSE，即返回 FALSE	OR(logical1,logical2,⋯) 可以有需要进行检验的 1～30 个条件参数，分别为 TRUE 或 FALSE	项目 2 项目 5 项目 6 项目 7
RANK	返回一个数字在数字列表中的排位	RANK(number,ref,order) 参数 1 为需要找到排位的数字； 参数 2 为数字列表数组或对数字列表的引用； 参数 3 为一数字，指明排位的方式。如果为 0 或省略，则为按照降序排位；如果不为零，则为按照升序排位	项目 5 项目 6
ROUND	返回某个数字按指定位数取整后的数字	ROUND(number,num_digits) 参数 1 为需要进行四舍五入的数字； 参数 2 为指定的位数，按此位数进行四舍五入	项目 2 项目 3 项目 6
ROW	返回引用的行号	ROW(reference) 参数为需要得到其行号的单元格或单元格区域。如果省略，则为对所在单元格的引用	项目 2 项目 6
SMALL	返回数据集中第 k 个最小值	SMALL(array,k) 参数 1 为需要从中选择第 k 个最小值的数组或数据区域； 参数 2 为返回值在数组或数据单元格区域中的位置（从小到大排）	项目 6
SUM	返回某一单元格区域中所有数字之和	SUM(number1,number2,⋯) 可以有 1～30 个需要求和的参数 对连续单元格求和，参数可选择区域，如 SUM(A2:A4,15) 也可跨表求和，例如 SUM(Sheet1:Sheet3!A1:A3)对选择的自 Sheet1 至 Sheet3 之间所有工作表的 A1:A3 求和	项目 1 项目 2 项目 3 项目 5 项目 6
SUMIF	根据指定条件对若干单元格求和	SUMIF(range,criteria,sum_range) 参数 1 为用于条件判断的单元格区域； 参数 2 为确定哪些单元格将被相加求和的条件； 参数 3 为需要求和的实际单元格区域	项目 1 项目 3 项目 6

续表

函　数	功　能	语　法	应用处
TEXT	将数值转换为按指定数字格式表示的文本	TEXT(value,format_text) 参数 1 为数值、计算结果为数字值的公式，或对包含数字值的单元格的引用； 参数 2 为“单元格格式”对话框中“数字”选项卡上“分类”框中的文本形式的数字格式	附录
TODAY	返回当前日期的序列号。序列号是 Microsoft Excel 日期和时间计算使用的日期-时间代码。如果在输入函数前，单元格的格式为“常规”，则结果将设为日期格式。按 Ctrl+Shift+`、Ctrl+Shift+3 组合键可以切换	today() 默认情况下，1900 年 1 月 1 日的序列号是 1，若当前系统日期 2012-8-14，对应序列号为 41135。 注意：按 Ctrl+;组合键可输入当前日期，但该日期不能随系统更新	项目 2 项目 3 项目 4 项目 7
VLOOKUP	在表格或数值数组的首列查找指定的数值，并由此返回表格或数组当前行中指定列处的数值	VLOOKUP(lookup_value,table_array,col_index_num,range_lookup) 参数 1 为需要在数组第一列中查找的数值； 参数 2 为需要在其中查找数据的数据表； 参数 3 为参数 2 中待返回的匹配值的列序号； 参数 4 为一逻辑值，如果为 TRUE 或省略，则返回近似匹配值，也就是说；如果找不到精确匹配值，则返回小于参数 1 的最大数值所匹配值；如果为 FALSE 或者输入 0，则返回精确匹配值（如果找不到，则返回错误值 #N/A）	项目 2 项目 3 项目 4 项目 5
WEEKDAY	返回某日期为星期几。默认情况下，其值为 1(星期天)到 7(星期六)之间的整数	WEEKDAY(serial_number,[return_type]) 参数 1 为一个序列号，代表尝试查找的那一天的日期 参数 2 可选。用于确定返回值类型的数字。 1 或省略　数字 1（星期日）到数字 7（星期六） 2　　　数字 1（星期一）到数字 7（星期日）	项目 7

附录 5　关于 VBA

1. 认识 VBA

1）什么是 VBA

VBA 的全称是 Visual Basic for Applications，是 Visual Basic 的一种宏语言，主要用来扩展 Windows 的应用程序功能。在微软所有 Office 组件中，如 Word、PowerPoint 等都包含 VBA。

2）VBA 主要用途

Excel 中 VBA 主要有两个功能：一是使电子表格的任务自动化，提高工作效率；这在项目 2～项目 6 中已通过案例进行过介绍；二是创建用于工作表公式的自定义函数，满足实际工作的需要。

2. 怎样打开带有宏的文件

Microsoft Office 软件对宏的安全级设为“非常高”“高”“中”“低”四级。

（1）非常高：只允许运行安装在受信任位置的宏。

（2）高：只允许运行可靠来源签署的宏。

（3）中：可以选用是否运用可能不安全的宏。

（4）低：将不受保护；只有安装了防病毒软件或检查了所有要打开的文档的安全性时，才能选择“低”。

要让宏能顺利运行起来，必须降低宏的安全性设置。当运行宏出现宏被禁用的窗口时，可以先单击【确定】按钮，对于 2003 版选择菜单栏“工具→宏→安全性”命令，选择“中”或“低”，确定后退出 Excel 应用程序，再次进入该工作簿时才能启用宏。对于 2010 版，则选择“文件→选项”，打开“Excel 选项”对话框，选择左侧的“信任中心”，单击右侧的【信任中心设置】按钮，打开“信任中心”对话框，选中左侧的“宏设置”选项，然后根据需要选择宏的安全性选项，如附图 1 和附图 2 所示。

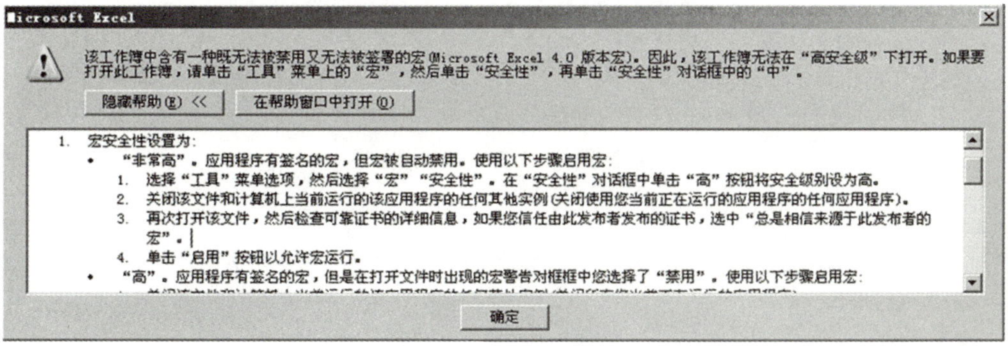

附图 1　2003 版宏被禁用的界面

3. 怎样创建宏

宏是用于自动执行任务的一项或一组操作，可用 VBA 编程语言录制宏。

创建宏可以有以下 3 种方法。

（1）录制宏。即选择菜单栏“工具→宏→录制新宏”命令，在“宏名”框中，输入宏的名称（宏名的首字符必须是字母，其他字符可以是字母、数字或下划线。宏名中不允许有空格、不允许与单元格引用重名）。执行需要录制的操作。在“停止录制”工具栏上，单击【停止录制】按钮或选择菜单栏“工具→宏→停止录制”命令。

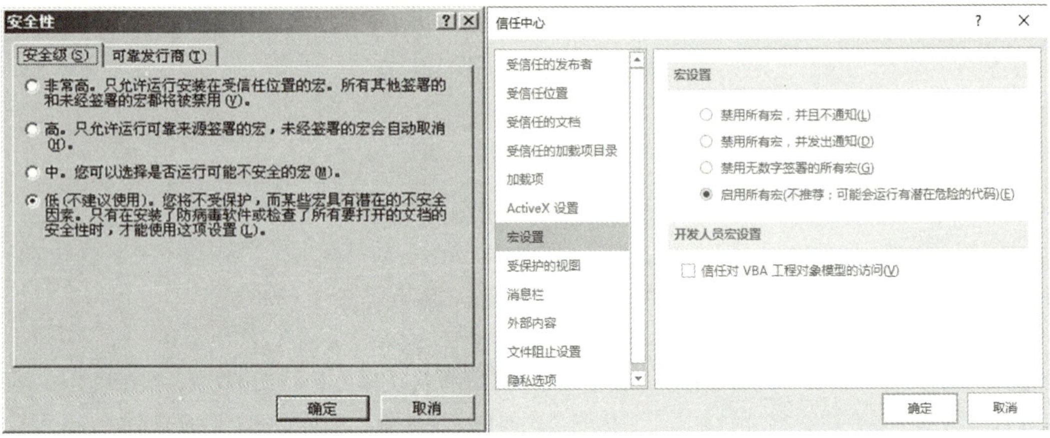

附图 2　宏的安全性设置（左为 2003 版，右为 2016 版）

（2）用 Microsoft Visual Basic 创建宏。按 Alt+F11 组合键。进入 VBA 用户界面，如附图 3 所示。在“插入”菜单上，选择“模块”，将代码键入或复制到模块的代码窗口中。编写完宏后，请选择“文件”菜单上的“关闭并返回到 Microsoft Excel”选项。

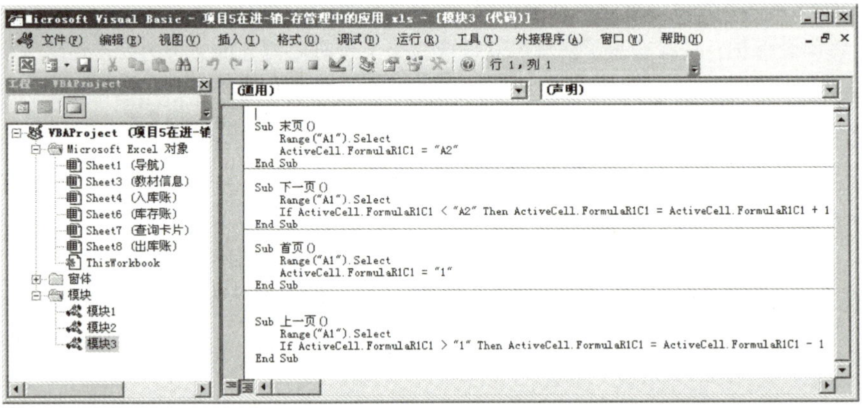

附图 3　VBA 用户界面

（3）复制一部分宏以创建另一个宏。

附图 3 所示有 4 个宏，其中名为“首页”的宏是录制而得的，其他 3 个宏均为复制“首页”宏程序后而创建（适当进行编辑）。

4. 怎样运行宏

（1）如果要在模块窗口中运行宏，请按 F5 键。

（2）如果在工作表中运行宏，可按 Alt+F8 组合键，在“宏”对话框中选择相应的宏，单击【执行】按钮或【单步执行】按钮，如附图 4 所示。

（3）利用按钮运行宏。

制作一个按钮，将按钮与对应的宏关联起来，就可以单击按钮来运行宏。选择菜单栏“视图→工具栏→窗体”命令，选用按钮工具画出一只按钮，对该按钮单击右键，选择“指定宏”命令，在对话框中选择相应的宏名。

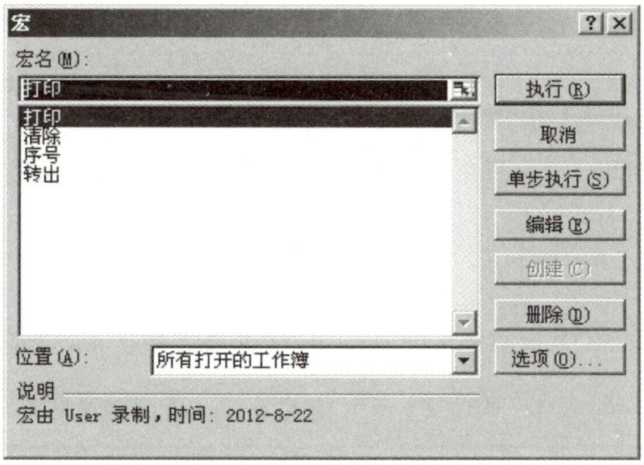

附图 4　“宏”对话框

5. VBA 代码格式

1）子程序代码的语法格式

第一行必须以 Sub 程序名()开头，最后一行以 End Sub 结尾，中间为子程序体。附图 2 所示的为“末页”“下一页”“首页”“上一页”4 个子程序代码。

2）函数代码的语法格式

第一行必须以 Function 函数名([<参数>])开头（参数根据需要，若省略则表示无参数），最后一行以 End Function 结尾，中间为函数体部分。

例 1：用 VBA 自定义一个计算工龄的函数（在项目 2 中曾经用 Excel 函数计算过工龄，这里也可以用 VBA 自定义计算工龄的函数，设名为 Gl。代码如下：

```
Function Gl(参加工作日期)
    Gl = Year(Now()) - Year(参加工作日期)
End Function
```

函数代码如附图 5 所示。

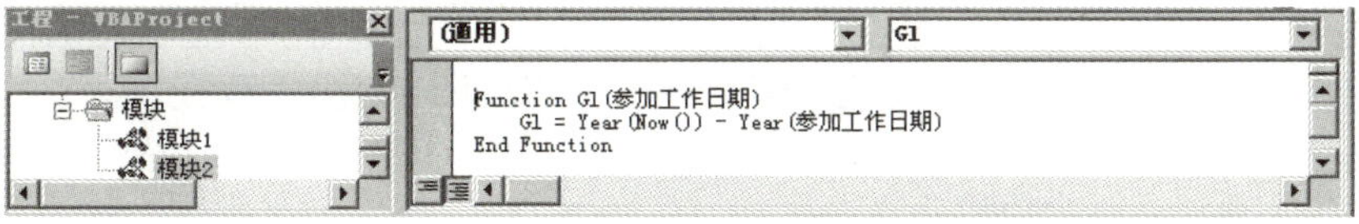

附图 5　输入自定义计算工龄的函数 Gl

以后使用时，按正常函数输入即可，如附图 6 所示。其中用 Excel 函数编写的公式在 N、O、P 列，用 VBA 编写的公式在 P 列。在附图 6 中列出了用 Excel 函数与 VBA 函数计算工龄的比较。

	G	N	O	P	Q
2	参加工作日期	动态工龄1	动态工龄2	动态工龄3	VBA动态工龄
3	32496	=IF(G3=0,"",DATEDIF(G3,TODAY(),"y"))	=IF(G3=0, "",INT((NOW()-G3)/365))	=YEAR(NOW())-YEAR(G3)	=g1(G3)
4	32743	=IF(G4=0,"",DATEDIF(G4,TODAY(),"y"))	=IF(G4=0, "",INT((NOW()-G4)/365))	=YEAR(NOW())-YEAR(G4)	=g1(G4)

人事信息

附图 6　用 Excel 函数与 VBA 函数计算工龄的比较

例 2：分别用 Excel 函数和 VBA 函数根据一代、二代身份证号计算年龄。

Excel 函数与 VBA 函数比较如附图 7 所示。

	A	B	C
1	身份证号码	EXCEL年龄	VBA年龄
2	320405195802210239	=DATEDIF(TEXT(MID(A2,7,6+(LEN(A2)=18)*2),"#-00-00"),TODAY(),"Y")	=myage(A2,1)
3	320405580325024	=DATEDIF(TEXT(MID(A3,7,6+(LEN(A3)=18)*2),"#-00-00"),TODAY(),"Y")	=myage(A3,1)

年龄计算 / Sheet2 / Sheet3

附图 7　用 Excel 函数与 VBA 函数计算年龄的比较

其中用 Excel 函数编写的公式在 B 列，用 VBA 编写的公式在 C 列。

下面分别说明：

（1）用 Excel 函数编写的公式，以附图 7 的 B2、B3 单元格为例，查看求值结果见附表 1。

附表 1　B2、B3 单元格的公式运算过程说明

步骤	公式运算 B2	公式运算 B3
1	DATEDIF(TEXT(MID(A2,7,6+(LEN(A2)=18)*2),"#-00-00"),TODAY(),"Y") MID 中的 A2=320405195802210239	DATEDIF(TEXT(MID(A3,7,6+(LEN(A3)=18)*2),"#-00-00"),TODAY(),"Y") MID 中的 A3=320405580325024
2	DATEDIF(TEXT(MID("320405195802210239",7,6+(LEN(A2)=18)*2),"#-00-00"),TODAY(),"Y") LEN 中的 A2=320405195802210239	DATEDIF(TEXT(MID("320405580325024",7,6+(LEN(A3)=18)*2),"#-00-00"),TODAY(),"Y") LEN 中的 A3=320405580325024
3	DATEDIF(TEXT(MID("320405195802210239",7,6+(LEN("320405195802210239")=18)*2),"#-00-00"),TODAY(),"Y") LEN("320405195802210239")=18，检测身份证号码字符数	DATEDIF(TEXT(MID("320405580325024",7,6+(LEN("320405580325024")=18)*2),"#-00-00"),TODAY(),"Y") LEN("320405580325024")=15，检测身份证号码字符数
4	DATEDIF(TEXT(MID("320405195802210239",7,6+(18=18)*2),"#-00-00"),TODAY(),"Y") 检测 18=18？（TRUE）	DATEDIF(TEXT(MID("320405580325024",7,6+(15=18)*2),"#-00-00"),TODAY(),"Y") 检测 15=18？（FAISE）
5	DATEDIF(TEXT(MID("320405195802210239",7,6+(TRUE)*2),"#-00-00"),TODAY(),"Y") TRUE=1	DATEDIF(TEXT(MID("320405580325024",7,6+(FALSE)*2),"#-00-00"),TODAY(),"Y") FAISE=0
6	DATEDIF(TEXT(MID("320405195802210239",7,6+2),"#-00-00"),TODAY(),"Y") 6+2=8	DATEDIF(TEXT(MID("320405580325024",7,6+0),"#-00-00"),TODAY(),"Y") 6+0=6
7	DATEDIF(TEXT(MID("320405195802210239",7,8),"#-00-00"),TODAY(),"Y") MID("320405195802210239",7,8)=19580221	DATEDIF(TEXT(MID("320405580325024",7,6),"#-00-00"),TODAY(),"Y") MID("320405580325024",7,6)=580325
8	DATEDIF(TEXT("19580221","#-00-00"),TODAY(),"Y") TEXT("19580221","#-00-00")按指定样式显示，1958-02-21	DATEDIF(TEXT("580325","#-00-00"),TODAY(),"Y") TEXT("580325","#-00-00")按指定样式显示，58-03-25
9	DATEDIF("1958-02-21",TODAY(),"Y") 计算当前日期的对应数 41150	DATEDIF("58-03-25",TODAY(),"Y") 计算当前日期的对应数 41150
10	DATEDIF("1958-02-21",41150,"Y") 根据 DATEDIF 函数计算周岁：54	DATEDIF("58-03-25",41150,"Y") 根据 DATEDIF 函数计算周岁：54

由附表 1 步骤 8 可见：

```
TEXT("19580221", #-00-00)=1958-02-21
TEXT("580325", #-00-00)=58-03-25
```

函数 TEXT 参数 2 为“#-00-00”，指定“年-月-日”格式，其中“月”和“日”各占 2 位，年的位数用“#”表示可变，它由参数 1 剩下的位数决定。

（2）用 VBA 函数实现。

在附图 7 中，C2=myage(A2,1)，该函数名为 myage，参数 1 为 A2 单元格的内容，参数 2 为数字 1，表示函数的功能之 1。该函数具体代码如附图 8 所示。

Myage 函数可以完成 3 个功能，分别为计算年龄、计算出生日期、计算性别。

第一行语句：Public Function myage(sfzh As String, fn)，其中 Public Function 表示公共函数，sfzh As String 为字符串类型的身份证号；fn 为函数功能号。

第二行语句：Select Case fn 为情况选择，当计算年龄时，功能号为 1；当计算出生日期时，功能号为 2，当判别男女时，功能号为 3。

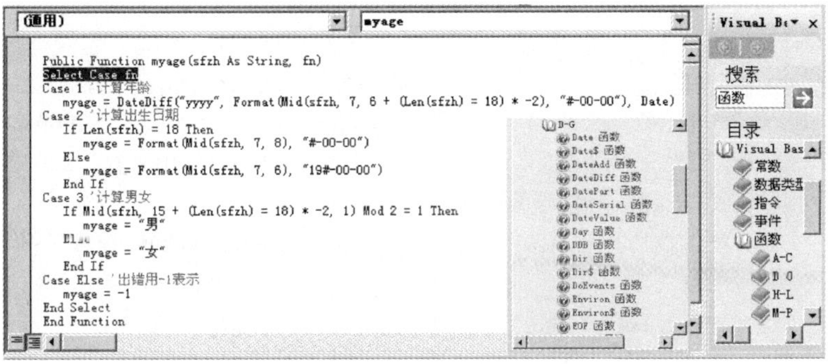

附图 8　关于 myage 函数的 VBA 代码及搜索函数

以下部分为函数主体，完成上述功能，还需要其他函数配合，如嵌套有 DateDiff、Mid、Len、Date、Mod 等函数，这些函数与 Excel 中有相似之处，但也不尽相同，具体可以在帮助系统中查找。附图 8 显示了 DateDiff 函数，与 Excel 中的 Datedif 不完全一致。

第三行语句：End Function 表示函数结束。

附图 9 为运用 VBA 函数 myage 所进行的 3 个功能测试，计算结果与用 Excel 函数完全一致。

	A	B	C	D	E	F	G
1	身份证号码	EXCEL年龄	VBA年龄	EXCEL出生日期	VBA出生日期	EXCEL性别	VBA性别
2	320405195802210239	54	54	1958-02-21	1958-02-21	男	男
3	320405580325024	54	54	1958-03-25	1958-03-25	女	女
4	32038219940405702X	18	18	1994-04-05	1994-04-05	女	女
5	23018319940803283X	18	18	1994-08-03	1994-08-03	男	男
6	32132319890624556X	23	23	1989-06-24	1989-06-24	女	女
7	32088219890728222X	23	23	1989-07-28	1989-07-28	女	女
8	32132119920207787X	20	20	1992-02-07	1992-02-07	男	男
9	320405580221023	54	54	1958-02-21	1958-02-21	男	男
10	320405580325024	54	54	1958-03-25	1958-03-25	女	女

年龄计算　Sheet2　Sheet3

附图 9　用 Excel 函数与 VBA 函数计算年龄、出生日期、性别的比较

参考文献

[1] 吴辉，任晨煜．Excel 在财务会计与管理会计中的应用[M]．2 版．北京：清华大学出版社，2012．

[2] 神龙工作室．Excel 高效办公——会计实务[M]．北京：人民邮电出版社，2006．

[3] 卞学敏．Excel 2007 复杂表格设计与财务会计应用[M]．北京：电子工业出版社，2010．

[4] 桂俊煜．Excel VBA 会计电算化设计基础与实践[M]．北京：机械工业出版社，2007．

[5] 徐艳，周静．Excel 财务[M]．上海：立信会计出版社，2006．

[6] Excel Home．Excel 2010 应用大全[M]．北京：人民邮电出版社，2011．

[7] Excel Home．Excel 2007 精粹实战技巧[M]．北京：人民邮电出版社，2010．

[8] 起点文化．Excel 2007 函数与公式自学宝典[M]．北京：电子工业出版社，2009．

[9] 恒盛杰资讯．Excel 2007 完全手册+办公实例[M]．北京：中国青年出版社，2007．

[10] 史晓艳，马世军，潘庆超．公式与函数应用案例全接触[M]．北京：清华大学出版社，2009．

[11] 前程文化．Excel 精选技巧即时查[M]．成都：成都时代出版社，2006．

[12] 尚红昕．Excel 应用技巧宝典[M]．北京：电子工业出版社，2006．

[13] 张博咏，张维珍．Excel 2003 范例学[M]．北京：中国铁道出版社，2005．

[14] 雪之舫工作室．Excel 应用案例详解[M]．北京：中国铁道出版社，2004．

[15] 郑小玲，等．Excel 在信息管理中的应用[M]．北京：人民邮电出版社，2004．

[16] [美]John Walkenbach. Excel 2003 公式与函数应用宝典[M]．邱燕明，等译．北京：电子工业出版社，2004．

[17] [美]Loren Abdulezer. Excel 商务应用宝典[M]．邱仲潘，等译．北京：电子工业出版社，2004．

[18] 柏松．Excel 2003 实例与技巧[M]．北京：航空工业出版社，2004．